Sándor Ferenczi, der 1873 in Ungarn geborene Arzt und Psychoanalytiker, ist ein Jahr nach der Niederschrift dieses »klinischen Tagebuches« im Alter von 59 Jahren gestorben. Über seine Krankheit ist viel gerätselt worden. Ernest Jones, der Biograph Sigmund Freuds, meinte, die Krankheit habe Ferenczis Rückenmark und Gehirn angegriffen und seine »latenten psychotischen Tendenzen« verschärft. Michael Balint hingegen, Landsmann und berühmtester Schüler Ferenczis, erklärte, er habe Ferenczi in den letzten Monaten vor dessen Tod mehrmals gesehen und keinerlei Gedankentrübungen oder gar Wahnideen bemerkt.

Aus Kreisen, die Ferenczi nahestehen, hört man auch heute noch zuweilen den direkten oder indirekten Vorwurf, Sigmund Freud habe seinen bedeutendsten Schüler durch sein abweisendes, ja »despotisches« Verhalten geradezu in den Tod getrieben. Solcher Legendenbildung entzieht das in seiner Originalsprache veröffentlichte »Tagebuch« jeglichen Boden. Sicher, es hat zwischen den beiden Männern Spannungen gegeben, doch sie beruhten auf sachlichen Differenzen, auf unterschiedlichen Auffassungen vor allem über behandlungstechnische Fragen. Es scheint auch, daß Ferenczi in extremem Maße abhängig war von Freud und deshalb jedes Anzeichen von Distanz bei dem im allgemeinen reservierten Begründer der Psychoanalyse als Ablehnung oder Affront verstand. Jedenfalls ist es bis zum Schluß nicht zu einem offenen Bruch gekommen.

Ferenczis »Tagebuch«, ein streckenweise intimes und zugleich historisch bedeutsames Dokument, geschrieben ein Jahr vor der »Machtergreifung« der Nazis, hat ein bewegtes Schicksal hinter sich, so bewegt wie die Geschichte der Psychoanalyse im europäischen Raum. So erschien der Text 1985 zuerst in französischer Sprache, mehr als 50 Jahre nach seiner Niederschrift. Die deutsche Ausgabe wurde erstmals 1988 veröffentlicht.

Sándor Ferenczi, 1873–1933, war zunächst Schüler, dann Mitarbeiter Sigmund Freuds. Er wurde 1918 zum Präsidenten der Internationalen Psychoanalytischen Vereinigung gewählt; von 1919 bis zu seinem Tode führte er eine psychoanalytische Praxis.

Sándor Ferenczi

Ohne Sympathie keine Heilung

Das klinische Tagebuch von 1932

Herausgegeben von Judith Dupont

Fischer Taschenbuch Verlag

Geist und Psyche
Begründet von Nina Kindler 1964

Das Vorwort von Judith Dupont, die Einleitung von Michael Balint und das Nachwort von Pierre Sabourin hat Roger Lewinter aus dem Französischen übersetzt.

Ungekürzte Ausgabe
Veröffentlicht im Fischer Taschenbuch Verlag GmbH,
Frankfurt am Main, April 1999

Lizenzausgabe mit freundlicher Genehmigung des
S. Fischer Verlages GmbH, Frankfurt am Main
Die französische Originalausgabe erschien 1985
im Verlag Payot, Paris, unter dem Titel »Journal clinique«

Druck und Bindung: Clausen & Bosse, Leck
Printed in Germany
ISBN 3-596-14269-5

Inhalt

Vorwort

von Judith Dupont

Michael Balint hatte 1969 gehofft, die Veröffentlichung des *Tagebuches* von Ferenczi stehe wie die des *Freud-Ferenczi-Briefwechsels* unmittelbar bevor. Mehr als 16 Jahre mußten jedoch noch vergehen, ehe die französische Ausgabe des *Tagebuches* erscheinen und das Erscheinen des *Briefwechsels* mit Sicherheit angekündigt werden konnte (die Veröffentlichung des letzteren hängt nurmehr von der notwendigen Editionsarbeit ab).

Michael Balint hoffte so sehr auf ein gleichzeitiges Erscheinen des *Tagebuches* und des *Briefwechsels*, weil sich diese beiden Texte gegenseitig erhellen und ergänzen. Beim Lesen des *Tagebuches* kann man verstehen, warum Ferenczi, sein Innerstes erforschend und sich selbst in Frage stellend, es schließlich ablehnte, das Amt des Präsidenten der Internationalen Psychoanalytischen Vereinigung zu übernehmen, obwohl Freud sehr daran gelegen war. In ihrem *Briefwechsel* wird das Problem über Monate hin erörtert. Man versteht auch das verzweifelte Bemühen Ferenczis um Freuds Beistand in dieser heiklen Innenwelt-Erforschung; diesen Beistand konnte Freud ihm nicht leisten, denn er war überzeugt, daß sein Freund Ferenczi eine Richtung eingeschlagen hatte, die nach seiner Meinung in Irrtum und Krankheit führen mußte.

Ferenczis *Tagebuch* ist ein offenkundiger Beweis – sofern es eines solchen bedürfte – für die Unversehrheit seiner geistigen Gesundheit; ja, wie er am Ende des *Tagebuches* schreibt, konnte er seine Zuflucht auch nicht in der Geistesstörung suchen. So ist er gestorben: » … muß (wenn ich kann) ich mir eine neue Persönlichkeitsbasis schaffen, wenn ich die bisherige als falsch, unverläßlich, aufgeben muß? Habe ich hier die Wahl zwischen Sterben und ›mich neu einzurichten‹, – und das im Alter von 59 Jahren?« Das schrieb er im Oktober 1932. Und ein wenig weiter, auf den letzten Seiten des *Tagebuches*, findet sich der Satz: »Eine gewisse Stärke meiner psychologischen Organisation scheint zu bestehen, sodaß ich, anstatt psychisch zu erkranken, nur in den organischen Tiefen zerstören – oder zerstört werden – kann.«

Der *Freud-Ferenczi-Briefwechsel* liefert uns wertvolle Einsichten in die Genese des *Tagebuches* und über die Absicht, die Ferenczi mit dessen Niederschrift verfolgte.

Dieser *Briefwechsel* läßt uns auch verstehen, daß Freud seinem Freund auf diesem Weg nicht folgen konnte: Mit seinem Vorgehen untergräbt Ferenczi schließlich alle Abwehren, unter deren Schutz Freud das theoretische Gebäude der Psychoanalyse hat konstruieren können, das heißt, indem er sich so weit abschirmte, um seine Arbeit fortsetzen zu können. Heißt es nicht, es sei erste Pflicht des Guerilleros, am Leben zu bleiben? Ferenczi brachte es nicht über sich, sich zu wehren, und ohne Zweifel hat er es mit seinem Leben bezahlt, als er an diesem Punkt auf seine Abwehren hat verzichten wollen; sicher hat er so für seine Nachfolger neue Wege eröffnet, deren Ergiebigkeit sich nach und nach zeigte, je mehr die Forschung voranschritt. Es bedurfte jedoch eines halben Jahrhunderts, ehe die psychoanalytische Gemeinschaft die Gedanken und Einsichten Ferenczis mehr oder weniger zu integrieren begann.

Im *Freud-Ferenczi-Briefwechsel* findet man die erste, ein wenig genauere Erwähnung des *Tagebuches*, und zwar in einem Brief vom 25. Dezember 1929, in dem Ferenczi Freud, der ihm seine Abwendung vorwarf, nach einer Periode der Reserve wieder sein Herz öffnet:

»Wie nach jeder Überwindung (Verzicht auf Universitätskarriere, Verzicht auf die Leitung des Berliner Instituts etc.) fühle ich mich auch jetzt gewissermaßen von überflüssigen Sorgen befreit, und mein Interesse wandte sich viel wichtigeren Dingen zu; meine eigentliche Veranlagung ist doch die forscherische, und von allen persönlichen Ambitionen befreit, vertiefte ich mich mit doppelter Neugierde ins Studium meiner Fälle…

Auf knappste zusammengefaßt, kann ich Ihnen darüber etwa Folgendes mitteilen:

1.) In *allen* Fällen, in denen ich tief genug drang, fand ich die traumatisch-hysterische Grundlage der Erkrankung.

2.) Wo mir und dem Patienten dies gelang, war die therapeutische Wirkung eine viel bedeutendere. In vielen Fällen mußte ich bereits ›geheilte‹ Fälle zur Nachbehandlung einberufen.

3.) Die kritische Ansicht, die sich dabei in mir allmählich herausbildete, war die, daß die Psychoanalyse viel zu einseitig Zwangsneurosen- und Charakteranalyse, d.h. Ich-Psychologie treibt, die organisch-hysterische Grundlage der Analyse vernachlässigend; die Ursache liegt in der Überschätzung der Phantasie – und der Unterschätzung der traumatischen Realität in der Pathogenese...

4.) Die neugewonnenen (wenn auch im Wesen eher auf Altes zurückgreifenden) Erfahrungen wirken natürlich auch auf Einzelheiten der Technik zurück. Gewisse allzuharte Maßnahmen müssen gemildert werden, ohne die erzieherische Nebenabsicht ganz aus dem Auge zu verlieren.«

In dem folgenden Briefwechsel läßt sich Freud nicht auf eine ausführliche Diskussion der Vorschläge Ferenczis ein, sondern erklärt wieder einmal sein Desinteresse an dem therapeutischen Aspekt der Psychoanalyse. Das mußte für Ferenczi, der vor allem Arzt war und sich folglich für diesen therapeutischen Aspekt in erster Linie interessierte, unannehmbar sein, um so mehr, als er selbst einer der gefährdeten Patienten war, für die er zu sorgen hatte.

Am 17. Januar 1930 schreibt er an Freud, seinen Analytiker:

»... Nun, im Verhältnis zwischen Ihnen und mir handelt es sich (wenigstens in mir) um eine Verquickung der verschiedenartigsten Gefühls- und Einstellungskonflikte. Zuerst waren Sie mein angebeteter Lehrer und unerreichbares Vorbild, gegen den ich die bekanntlich nie ganz ungemischten Gefühle des Lehrlings hegte. Dann wurden Sie mein Analytiker, aber die Ungunst der Verhältnisse gestattete es nicht, meine Analyse zu Ende zu führen. Insbesondere tat es mir leid, daß Sie in mir die zum Teil nur übertragenen, negativen Gefühle und Phantasien in der Analyse nicht durchschaut und nicht zur Abreaktion gebracht haben. Bekanntlich kann das kein Analysand, sogar ich mit meiner jahrelangen Erfahrung mit anderen [nicht], ohne Hilfe leisten. Eine recht mühsame Selbstanalyse war dazu notwendig, die ich nachträglich ganz methodisch durchführte. Selbstverständlich war dies auch damit verknüpft, daß ich meine etwas knabenhafte Einstellung mit der Einsicht vertauschte, daß ich mich nicht so *vollkommen* auf Ihre Gunst verlassen darf, d. h. daß ich meine Bedeutung für Sie nicht überschätzen darf. Kleine Ereignisse auf unseren gemeinsamen Reisen haben auch ihrerseits eine gewisse Hemmung in mir aufkommen lassen, insbesondere die Strenge, mit der Sie mein störrisches Benehmen in der Schreber-Buch-Frage straften. Ich frage mich auch jetzt noch: wäre da Milde und Nachsicht seitens des Autoritätsträgers nicht richtiger gewesen?...«

Doch jetzt glaubt Ferenczi, es sei falsch gewesen, so lange zu zögern, ehe er Freud seine neuen Gedanken mitteilte. Er läßt sich nun sogar hinreißen, zu kritisieren, ja Ratschläge zu erteilen:

»Ich teile z. B. nicht Ihre Ansicht, daß der Heilungsprozeß ein zu vernachlässigender oder unwichtiger Vorgang ist, den man, nur weil er uns nicht so interessant erscheint, vernachlässigen dürfte. Auch ich fühlte mich oft ›fed up‹ damit, doch überwand ich diese Regung und kann Ihnen mit Freude berichten, daß gerade hier anscheinend eine ganze Reihe von Fragen in anderes, schärferes Licht gerückt wird, vielleicht selbst das Problem der Verdrängung!...«

Ferenczi hofft, auf diese Weise den einst vertrauensvollen Gedankenaustausch mit Freud wiederhergestellt zu haben.

Dieser Overtüre folgt ein herzlicherer Gedankenaustausch. Beide Männer fühlen sich in ihrem Leben bedroht und denken an den Tod. Freud jedoch, der Ältere, der sehr unter Krebs leidet, hat kein rechtes Ohr für die Klagen des Jüngeren, dessen Krankheit noch nicht ausgebrochen ist und der eine lange Vorgeschichte als Hypochonder hat.

Am 20. Juli 1930 schreibt Ferenczi:

»Etwas frühzeitiger als Sie, Herr Professor, aber auch ich beschäftige mich viel mit dem Problem des Todes, natürlich gleichfalls im Zusammenhange mit dem eigenen Schicksale und dessen zukünftigen Chancen. Ein Teil meiner körperlichen Selbstliebe scheint sich in wissenschaftliches Interesse sublimiert zu haben, und dieses subjektive Moment sensibilisierte mich, wie ich glaube, für psychische und sonstige Vorgänge in unseren Neurotikern, die sich in Momenten realer oder vermeintlicher Todesgefahr abspielen. Das war wohl der Weg, auf dem ich zur Auffrischung der anscheinend veralteten (zumindest einstweilen beiseite geschobenen) Trauma-Theorie kam...«

Ferenczi hat das Gefühl, daß es sich bei ihm um ein »relativ spätes Auflodern der Produktivität« handelt, und er gibt diesem »manchmal sehr heftigen Druck zu produzieren« nach, ohne darauf zu »verzichten, ihn zu kontrollieren«.

Im Verlauf des Septembers 1930 will sogar eine Diskussion über gewisse, von Ferenczi aufgeworfenen Gedanken in Gang kommen. Sie bricht jedoch bald ab, und im ganzen darauffolgenden Jahr wird der Gedankenaustausch eher sachlicher Natur. Aber hinter den verschiedenen Themen, die erörtert werden, spürt man den Nachklang der tieferen Probleme, namentlich wenn es um das Amt des Präsidenten der Internationalen Gesellschaft geht, das Ferenczi zögert anzunehmen.

Den Brief vom 15. September 1931 widmet Ferenczi gänzlich der Darstellung seiner Forschung, die schließlich zum *Tagebuch* führen wird:

»... ich war und bin noch in einer recht schwierigen inneren und äußerlichen, wohl auch wissenschaftlichen ›Läuterungsarbeit‹ versunken, deren Resultate bisher noch nichts Endgültiges ergeben haben – und mit Halbfertigem möchte man nicht hervortreten. Das Wissenschaftliche gruppiert sich immer noch um die Technik, deren Bearbeitung aber auch manches Theoretische in einigermaßen verändertem Lichte erscheinen läßt. Nach meiner üblichen Art scheue ich nicht davor zurück, die Konsequenzen zu ziehen, soweit nur irgend möglich – oft bis zu einer Grenze, wo ich mich selber ›ad absurdum‹ führe; das entmutigt mich aber nicht, ich suche auf anderen, oft gerade entgegengesetzten Wegen vorwärtszukommen, und habe immer noch die Hoffnung, irgend einmal den richtigen Pfad zu finden.

Das alles klingt sehr mystisch – bitte erschrecken Sie nicht davon. Soweit ich mich beurteilen kann, überschreite ich nicht (oder nur selten) die Grenze der Normalität. Allerdings irre ich oft, bin aber nicht starr in meinen Vorurteilen ...«

Auf dieses Geständnis reagiert Freud am 18. September 1931 mit einem sehr enttäuschten Brief. Seiner Meinung nach entfernt sich Ferenczi von ihm, und Freud betrachtet es als ein Zeichen von Unzufriedenheit, daß Ferenczi seine Forschung in Richtungen treibt, die, »mir zu keinem wünschbaren Ziel zu führen scheinen«. Aber er ist bereit zu warten, bis Ferenczi »den Weg zur Umkehr« einschlägt und von seinen Irrtümern abläßt. Ohne Zweifel handelt es sich bei ihm um eine »dritte Pubertät«.

In seinem Brief vom 10. Oktober 1931 sucht Ferenczi zu argumentieren:

»Ich will durchaus nicht leugnen, daß subjektive Momente die Art und den Inhalt der Produktion bei mir oft wesentlich beeinflussen. In der Vergangenheit führte dies gelegentlich zu Übertreibungen. Schließlich gelang es mir aber, wie ich glaube, einzusehen, wo und wie ich zu weit ging. Anderseits brachten mir selbst diese Ausflüge ins Unsichere immer auch bedeutenden Nutzen ein. – Ähnliches muß ich von Ihrer Diagnose ›dritte Pubertät‹ vermuten. Angenommen, die Diagnose ist richtig: der Wert des in diesem Zustande Geschaffenen will vorerst objektiv beurteilt werden. Auch kann ich mich auch auf ein Zitat aus Schiller berufen (das ich von Ihnen hörte), wonach auch dem Ungewohnten, selbst wenn es zum Teil irrig oder phantastisch aussieht, ermutigendes Interesse entgegenzubringen ist. – Meine neueren Einsichten sind erst in Bildung begriffen; es wäre mir sehr erwünscht, wenn Sie mir etwas Spezielles über die Punkte schreiben könnten, die zu ›keinem wünschenswerten Ziele‹ zu führen scheinen. – Halten Sie es für ausgeschlossen, daß ich nach der von Ihnen erwarteten Reife, d. h. nach der Umkehr, praktisch oder auch theoretisch Brauchbares werde produzieren können?

Ich bin vor allem Empiriker... Die Ideen knüpfen sich immer an die Variationen der Krankenbehandlung an und finden in ihnen Ablehnung oder Bestätigung...«

Im Dezember 1931 findet ein für Ferenczi erschütternder Briefwechsel statt, bei dem es sich, wie uns scheint, mehr um Mißverständnisse als um Meinungsverschiedenheiten handelt. Am 13. Dezember schreibt Freud an Ferenczi seinen berühmten Brief über die »Technik des Kusses«[1], auf den Ferenczi am 27. Dezember mit einem Brief antwortet, den wir in Gänze in einer Fußnote auf Seite 42 des vorliegenden Bandes abdrucken. Diese Mißverständnisse kann nur die Lektüre des *Tagebuches* aufklären. Ferenczi braucht einige Zeit, um sich zu erholen. Am 21. Januar 1932 schreibt er an Freud:

1 Ein nicht ganz vollständiger Abdruck dieses Briefes findet sich im dritten Band der Freud-Biographie von Jones. Maria Török hat in ihrem Artikel über den »Freud-Ferenczi Briefwechsel« eine vollständige französische Übersetzung des Briefes gegeben, in *Confrontations* (Heft 12, Herbst 1984), ein Heft, das vollständig »Briefwechseln« gewidmet ist, erschienen bei Aubier-Montaigne, Paris (Anm. d. Hrsg.).

»Seit unserem letzten Briefwechsel stellte sich bei mir eine Art gemütliche Beruhigung ein, die – wie ich hoffe – günstig auf die Lösung der wissenschaftlich-technischen Probleme, die mich beschäftigen, einwirken wird ...«

Tatsächlich hat er am 7. Januar die erste Eintragung des *Tagebuches* geschrieben, die von der »Fühllosigkeit des Analytikers« handelt ...

Am 1. Mai 1932, in einer Antwort an Freud, der ihm sein Schweigen vorwirft, versucht Ferenczi abermals, sich verständlich zu machen:

»Nun scheine ich für eine Art Überleistung eines halben Lebens mich ausruhen zu wollen; unter Ruhe verstehe ich hier das Versinken in eine Art wissenschaftliche ›Dichtung und Wahrheit‹, aus der irgendwann vielleicht, manchmal glaube ich: bestimmt, etwas nicht Wertloses entstehen wird. Ich glaube nicht, daß man an einer solchen Einstellung willentlich ändern kann ...«

Freud, der nicht aufgehört hatte, Ferenczi zur Annahme der Präsidentschaft zu bewegen, und glaubte, daß dies für ihn von Vorteil wäre, antwortete am 12. Mai 1932:

»...Sie sind unzweifelhaft in den letzten Jahren in die Isolierung zurückgegangen ... Sie aber sollen die Trauminsel, auf der Sie mit Ihren Phantasiekindern hausen, verlassen und sich wieder in den Kampf der Männer mengen ...«

In seinem Brief vom 19. Mai 1932 trägt Ferenczi seine Sache erneut vor:

»Ich muß ehrlich gestehen, daß, indem ich über meine jetzige Tätigkeit in Ausdrücken wie ›Traumleben‹, ›Tagträumen‹, ›Pubertätskrise‹ etc. sprach, dies nicht volle Krankheitseinsicht in mir bedeutet und daß ich in Wirklichkeit die Empfindung habe, daß aus der relativen Verwirrung manches Brauchbare sich entwickeln wird und sich schon entwickelt ... Ich meine also wirklich ein nicht unnützes Werk zu tun, wenn ich eine Zeitlang meine jetzige Arbeitsweise fortsetze ...«

Dann, in einem Brief vom 21. August 1932, verzichtet Ferenczi endgültig auf das Präsidentenamt, denn:

»... Zu den Motiven, über die ich Ihnen bereits berichtete, gesellte sich seither der Umstand, daß ich im Laufe der Anstrengung, meine Analysen tiefer und effektvoller zu gestalten, in ein entschieden kritisches und selbstkritisches Fahrwasser geraten bin, das in einiger Hinsicht nicht nur Ergänzungen, sondern auch Korrekturen unserer praktischen und stellenweise auch unserer theoretischen Ansichten notwendig zu machen scheint...

Ferenczi ist der Ansicht, seine kritische Geistesverfassung sei nicht geeignet, ihn zu einem guten Präsidenten zu machen, denn die Aufgabe eines solchen Amtes sei es doch, das Bestehende zu erhalten.

Auf seinem Weg zum Kongreß von Wiesbaden, der am 3. September 1932 beginnen sollte, unterbricht Ferenczi seine Reise bei Freud in Wien, um ihm das Exposé des Vortrags zu zeigen, den er auf dem Kongreß halten wollte: »Sprachverwirrung zwischen den Erwachsenen und dem Kind«. Es wird ein peinliches Zusammentreffen, denn das Mißverständnis zwischen den beiden Männern erreicht seinen Höhepunkt, Freud, vom Inhalt des Aufsatzes sehr schockiert, verlangt von Ferenczi, er solle sich aller Veröffentlichungen enthalten, solange er nicht von den in besagtem Text geäußerten Einstellungen abgerückt sei.

Nach dem Kongreß, auf dem er seinen Vortrag trotzdem hält, versucht Ferenczi, Ferien zu machen, zuerst in Baden-Baden bei Groddeck, dann in Südfrankreich. Aber es geht ihm sehr schlecht. Es ist eine »voyage de lit à lit« »Fahrt von Bett zu Bett«, wie er Freud am 27. September 1932 schreibt. Die Begegnung mit Freud in Wien – es war tatsächlich ihre letzte – hat ihn tief getroffen, und er protestiert gegen die Forderung Freuds, während einer gewissen Zeit nichts zu publizieren. Freuds Antwort vom 2. Oktober 1932 ist sehr hart:

»... Ich glaube nicht mehr, daß Sie sich berichtigen werden, wie ich mich ein Menschenalter vorher berichtigt habe... Seit zwei Jahren haben Sie sich planmäßig von mir abgewendet... Sachlich meine ich, daß ich in der Lage wäre, Ihnen den theoretischen Fehler in Ihrer Konstruktion aufzuzeigen, aber wozu? Ich bin überzeugt, Sie wären dem Bedenken doch nicht zugänglich...«

Am selben Tag notiert Ferenczi in seinem *Tagebuch* sein schmerzliches Dilemma: »sich neu einzurichten« oder zu sterben. Er wird sieben Monate später sterben, nachdem er in seinen letzten Lebensmonaten in der Korrespondenz mit Freud den Ton der Freundschaft, wenn nicht des gegenseitigen Verständnisses, wiedergefunden hatte.

Ferenczi berührt im *Tagebuch* zahllose Themen: die Paranoia, die Schizophrenie, die Homosexualität, den Ödipuskomplex, die

Lehranalyse, die Beendigung der Analyse, den Masochismus, die therapeutischen Wirkungen der Abreaktion, die Verdrängung usw. usw. Des weiteren hält er eine Reihe von klinischen Beobachtungen fest über Patienten, die er zu der Zeit, da er sein *Tagebuch* verfaßte, in Behandlung hat, vor allem über vier, die er mit den Siglen R. N., S. I., Dm. und B. bezeichnet. Es handelt sich um vier Frauen, darunter drei Amerikanerinnen.

Im Grunde aber dreht sich das *Tagebuch* hauptsächlich um drei große Themen, die Ferenczi von Anfang bis Ende immer wieder aufgreift:

1.) *Ein theoretischer Punkt:* das Trauma. Unter Berufung auf seine laufenden Analysen rechtfertigt er die Bedeutung, die er der Wirklichkeit des Traumas beimißt, und entwickelt eine Theorie des Traumas, seiner Auswirkungen und seiner Behandlung.

2.) *Ein technischer Punkt* (mit dem Problem des Traumas eng verbunden): die mutuelle Analyse. Er zeigt auf, wie der Gedanke entstanden ist, wie diese Analyse durchgeführt worden ist und welcher Kritik er sie schließlich unterziehen mußte.

3.) *Ein persönlicher Punkt*: Ferenczi übt die Kritik an dem analytischen Arrangement, wie Freud es etabliert hat, am Verhalten Freuds als Analytiker, und schließlich analysiert er seine eigene Beziehung zu Freud.

Das Trauma

Bereits im Jahr vor der Niederschrift des *Tagebuches* beginnt Ferenczi, seine Gedanken über das Trauma zu Papier zu bringen. Er beschäftigt sich weiter damit das ganze *Tagebuch* hindurch, aber gleichzeitig formuliert Ferenczi einige schärfer strukturierte Eintragungen, eine am 19. September 1932 während der heiklen Fahrt zum Wiesbadener Kongreß, eine andere am 26. Dezember 1932, nachdem er die *Tagebuch*-Eintragungen unterbrochen hat, am selben Tag, an dem er andere kurze Eintragungen festhält. Es handelt sich, wie es scheint, um die letzten Seiten, die Ferenczi geschrieben hat.[1]

1 Die fünf Eintragungen über das Trauma sind in einem Aufsatz vereinigt mit dem Titel »Gedanken über das Trauma«, erschienen in der *Int. Zeitschr. f. Psychoanalyse*, Band XX, S. 10, 1934 (Anm. d. Hrsg.).

Das *Tagebuch* enthält, Tag für Tag notiert, die Geschichte der verschiedenen klinischen Fälle, auf denen Ferenczi seine Gedanken begründet und aus denen er eine ganze Reihe theoretischer Schlüsse zieht, je nachdem, wie sie auftauchen, Schlußfolgerungen, von denen er gewisse in »Sprachverwirrung« oder in den »Notes et fragments«[1] erläutert hat. Andere wieder sind lediglich skizziert, aber heute erscheinen sie als Grundthemen gewisser wichtiger Strömungen in der modernen Psychiatrie, ja der Antipsychiatrie.

Ferenczi zieht Parallelen zwischen dem von der Hypokrisie der Erwachsenen traumatisierten Kind, dem von der Hypokrisie der Gesellschaft traumatisierten psychisch Gestörten und dem Patienten, dessen frühe Traumen von der professionellen Hypokrisie und der technischen Rigidität des Analytikers wiederbelebt und verstärkt werden.

Ferenczi beschreibt den Prozeß, der sich in der Person abspielt, die sich einer Aggression durch eine überwältigende Macht ausgesetzt sieht: Der Angegriffene, dessen Abwehren niedergerissen werden, überläßt sich sozusagen seinem unentrinnbaren Schicksal und zieht sich aus sich selbst zurück, um das traumatische Erlebnis aus großer Entfernung zu beobachten. Von dieser Position des Beobachters aus kann er unter Umständen den Angreifer als Kranken betrachten, als Verrückten, den er manchmal sogar zu pflegen und zu heilen versucht. Ähnlich wie das Kind, das sich gelegentlich zum Psychiater seiner Eltern macht. Oder wie der Analytiker, der seine eigene Analyse über seine Patienten betreibt: Der Gedanke der mutuellen Analyse ist nicht weit entfernt.

Das Opfer des Traumas, das Kind oder der psychisch Gestörte, spiegelt seinem Angreifer eine Karikatur seiner selbst zurück, Ausdruck zugleich seines Leidens, seines Protestes und der Wahrheiten, denen der andere auszuweichen sucht. Dann verstrickt sich der Traumatisierte allmählich in sein eigenes Szenario, bis er sich alle Auswege versperrt hat. Nur ein von außen kommender therapeutischer Eingriff kann dieses Gefängnis dann aufbrechen.

Ferenczi unterstreicht auch die Hypokrisie gewisser professioneller Attitüden der Analytiker, ihr Leugnen unangenehmer oder ihrer Ethik widerstreitender Gegenübertragungsgefühle, und betrachtet solche Verhaltensweisen als Traumen, die der Patient er-

1 »Notes et fragments«, *Psychanalyse* 4, Payot, Paris 1982, S. 139–147 (Anm. d. Hrsg.).

leidet und die alte Traumen, welche die Analyse eigentlich heilen soll, wiederbeleben. Diese Situation erlebte Ferenczi nicht nur als Analytiker, sondern auch als Analysand und als Mitglied der psychoanalytischen Gruppe. Nie hat er seine – unmittelbare oder übertragene – Feindseligkeit gegenüber Freud, seinem Analytiker und verehrten Meister, wirklich äußern können, der übrigens solche Äußerungen auf seiten seiner Anhänger nicht gut vertragen konnte. Ebensowenig konnte er die anfangs aufgestellten technischen Regeln als unabänderlich akzeptieren oder zulassen, daß man die Theorie in ein Dogma verwandelte. Die Behauptung, ein Kranker, der gemäß dieser Theorie und mittels dieser Technik nicht geheilt werden konnte, sei nicht analysierbar, erschien ihm unzulässig und in sich traumatisierend zu sein. Er war der Ansicht, jeder Kranke, der Hilfe suche, müsse sie auch erhalten, und es sei an dem Analytiker, Mittel und Wege zu ersinnen, wie er den Problemen, die sich ihm stellen, begegnen kann. So wurde Ferenczi zur letzten Zuflucht der als verzweifelt betrachteten Fälle, die seine Kollegen ihm aus allen Teilen der Welt überwiesen.

Mit seinen originellen, »unorthodoxen« Forschungen und Erfahrungen waren alle Bedingungen gegeben, um bei Ferenczi das alte Trauma wiederzubeleben, das entstanden war aus der Kombination infantiler Schuldgefühle und der moralischen Strenge seiner Mutter, die ihm vorgehalten hatte, sie werde sich seinetwegen noch »zu Tode grämen«. Das »Enfant terrible der Psychoanalyse« hat wahrscheinlich etwas ganz Ähnliches wiedererlebt im Verhältnis zu Freud, der sich voller Enttäuschung und Trauer darüber beklagte, daß sein Freund sich unwiderstehlich auf Wege begab, die er für Irrwege ansah, und daß Ferenczi ihn, den alten, kranken Mann, der dem Tode nahe war, verlasse. Und was die Kollegen betraf, so schützten sie sich gegen die von Ferenczi befürwortete und angebahnte Umwälzung, indem sie ihn ins Pathologische abzudrängen suchten. Dies erklärt, warum die – so häufig dementierten – Unterstellungen Jones' über ein angebliches Nachlassen der geistigen Kräfte Ferenczis während seiner drei letzten Lebensjahre auf solchen Glauben stießen.

Das *Tagebuch* legt Zeugnis ab von diesem Kampf, den Ferenczi für seine Patienten und für sich selbst geführt hat. Er führt alle die Mittel an, über die das Opfer eines erdrückenden Traumas verfügt, um überleben und von seiner Persönlichkeit möglichst viel bewahren zu können: Identifizierung mit dem Aggressor; Abwertung des Aggressors, der als ein der Pflege bedürftiger Geisteskranker betrachtet wird; Auflösung des Selbst, um die Schockwirkungen zu verstreuen, in der Hoffnung, einen Teil der Fragmente intakt wiederzubekommen; spontane Erschaffung von Zusatzorganen in Extremsituationen usw.

Neben Passagen, die unmittelbar vom Trauma handeln, findet man im *Tagebuch* eine große Anzahl von Eintragungen, die sich auf das Abwehr- und Gegenübertragungsverhalten des Analytikers beziehen und die sich um das Zentralthema des Traumas gruppieren.

Die mutuelle Analyse

Man hört oft die Meinung, der Analytiker setze sein Lebenlang die eigene Analyse mit Hilfe seiner Patienten fort. Im allgemeinen will man damit sagen, daß die erneute Beschäftigung mit sich selbst während der Analyse-Sitzungen den Analytiker zu einer ständigen Selbstanalyse anhält.

Dieses gilt jedoch nicht für blinde Flecken und Schwächen des Analytikers, deren Bearbeitung er, sowenig wie ein anderer, nicht allein in Angriff nehmen kann. Die Technik der mutuellen Analyse ist getragen von der Vorstellung, daß der Analytiker, wenn er seinem Patienten keine verläßliche Stütze sein kann, ihm zumindest Anhaltspunkte bieten soll. Wenn der Analytiker die eigenen Schwächen und Gefühle so aufrichtig wie möglich zu erkennen gibt, vermittelt er dem Patienten besser, woran er sich zu halten hat. Wenn auch der Patient gezwungen wird, sich mit peinlichen Wirklichkeiten auseinanderzusetzen und sie einzuordnen, kann er sich damit besser einrichten als mit geheuchelten Liebenswürdigkeiten.

In einer Eintragung vom 5. Mai berichtet Ferenczi, wie der Gedanke der mutuellen Analyse entstanden ist. Tatsächlich ist sie die Erfindung einer seiner Patienten: R. N. Die Analyse der Patientin dauerte bereits mehr als zwei Jahre. Anfangs hatte Ferenczi die junge Frau eher unsympathisch gefunden. In einer überkompensatorischen Reaktion hatte er sich im Sinne seiner Mildheits- und Elastizitätstechnik folglich darum bemüht, alle Wünsche seiner Patientin zu erfüllen. Diese schloß daraus, daß ihr Analytiker Liebesgefühle für sie hegte, und sie glaubte, in ihm den »idealen Liebhaber« gefunden zu haben. Erschrocken von dieser Wendung der Dinge, unternahm Ferenczi eine Rückzugsbewegung, versuchte jedoch gleichzeitig seiner Patientin die negativen Gefühle zu deuten, die sie für ihn empfinden mußte. Diese antwortete mit identischen Gegendeutungen, deren Stichhaltigkeit Ferenczi eingestehen mußte. Er entschloß sich daher, seinen Gefühlen freien Ausdruck zu geben, und stellte da fest, daß die nach Jahren ins Stocken geratene Analyse neue Fortschritte machte. Was ihn selbst betraf, so fühlte er sich von seiner Angst befreit, wodurch er zu einem besseren Analytiker wurde, nicht nur für R. N., sondern auch für seine anderen Patienten. So beschloß Ferenczi, das Experiment systematisch zu betreiben: doppelte oder alternierende Sitzungen, eine für die Patientin, eine für ihn. Die Entwicklung der Behandlung führt ihn zu folgender Überlegung:

»Wem gebührt die Anerkennung für diesen Erfolg? Sicherlich vor allem der Patientin, die in ihrer prekären Situation als Patientin nicht müde wurde, für ihr gutes Recht zu kämpfen; dies hätte aber nichts genützt, hätte *ich* mich nicht dem ungewöhnlichen Opfer unterzogen, das Experiment zu wagen, mich als Arzt in die Hände einer nicht ungefährlichen Kranken zu begeben.«

Man kann Ferenczi gewiß nicht den Vorwurf machen, das Experiment aus Bequemlichkeitsgründen unternommen zu haben. Wie diese und manche andere Eintragungen bezeugen, hatte er Angst, fühlte sich erniedrigt, bedroht, technisch sowie auch theoretisch auf gefährlichem Weg. Eigentlich sträubte sich alles in ihm gegen solche Nötigung und solches Risiko.

Aber, seiner Gewohnheit gemäß, war er entschlossen, das Experiment bis zum Ende zu führen. Und so wirft er dann auch das Problem des Vertrauens auf, das unerläßlich ist, will man sich jemandem so völlig ausliefern, wie es die Analyse erfordert. Nun erkennen beide Protagonisten der analytischen Situation, daß beim anderen dunkle Kräfte am Werk sind, die ihn nicht ganz so freundlich erscheinen lassen. Beide Seiten haben also das gleiche Gefühl der Unsicherheit. Die mutuelle Analyse soll diese Schattenseiten beleuchten und dazu beitragen, daß sich jeder dem anderen mit mehr Sicherheit stellen kann.

Dies liefert reichlichen Diskussionsstoff. Sollte man die unerläßliche Vertrauenssituation dadurch schaffen, daß man beim Patienten eine intensive positive Übertragung herbeiführt, eine Idealisierung, die den Analytiker mit all den beruhigenden Zügen ausstattet, die der Patient braucht, um sich dem Analytiker anvertrauen zu können, oder sollte man ihm eher alle Elemente verschaffen, die notwendig sind, damit er abschätzen kann, was er von seinem Analytiker tatsächlich erwarten kann? Diese Diskussion rückt zahlreiche ungenügend erforschte und nur ungenügend beherrschte Folgen des Analytikerverhaltens in ein helleres Licht. In der Folgezeit stieß Ferenczi nach und nach auf eine Reihe von Problemen, die sich aus der Technik der mutuellen Analyse ergaben. In seiner Eintragung vom 31. Januar zählt er sie teilweise auf:

– Die Gefahr, daß der Patient auf diese Weise die Aufmerksamkeit von sich ablenkt, um »auf paranoischer Weise nach Komplexen des Analytikers zu fahnden«.

– Die Unmöglichkeit, sich von jedem seiner Patienten analysieren zu lassen.

– Die dringliche Notwendigkeit, die Empfindlichkeit des Patienten zu respektieren.

– Das Problem der Diskretion gegenüber anderen Patienten, deren Geheimnisse der Analytiker im Prinzip dem Analytiker-Patienten mitteilen müßte (Eintragung vom 16. Februar).

Ferenczi sieht sich also gezwungen, unumgängliche Beschränkungen seiner Technik anzuerkennen:

– Die mutuelle Analyse streng in Funktion zu den Bedürfnissen des Patienten auszuüben, und zwar nicht weiter, als es notwendig ist für ihn.

– Oder eventuell in Betracht zu ziehen, sich vom Patienten erst dann analysieren zu lassen, nachdem er seine Analyse beendet hat.

Ferenczi treibt seine Kritik an der Methode noch weiter. In einer Eintragung vom 3. März erläutert er, wie und in Anschluß an welche Überlegungen er sich entschlossen hat, die mutuelle Analyse mit R. N. zu beenden: Er stellt tatsächlich fest, daß die junge Frau, was ihrer beider »Mitarbeit« betrifft, Gedanken zu entwikkeln beginnt, die an Wahnideen grenzen; sie möchte diese Mitarbeit in Permanenz fortsetzen und gibt ihm sogar zu verstehen, er werde ohne sie all seine therapeutischen Fähigkeiten verlieren. So entschließt er sich, das Experiment abzubrechen. Nach anfänglicher kurzer Feindlichkeit und Verwirrung faßt R.N. den Entschluß, mit der Analyse fortzufahren, und sie macht wesentliche Fortschritte. In seiner Eintragung vom 6. März berichtet Ferenczi über die Auswirkungen der Unterbrechung.

In einer Eintragung vom 3. Juni (Eintragung 140i), kommt er schließlich zu dem Schluß, daß die mutuelle Analyse nur ein »Notbehelf« ist, erforderlich aufgrund der unzureichend tiefen Analyse der Analytiker. »Eine richtige Fremdanalyse, ohne jede Obligation, wäre besser.« Von dieser aufgegebenen Technik bleibt uns jedoch etwas zurück: *die Deutungen der Gegenübertragung.*

Ferenczi hält jedoch gleichzeitig fest, der »beste Analytiker« sei ein »geheilter Patient«. Jeder andere Lehrkandidat »muß: erst krank, dann gesund und wissend gemacht werden«.

Möglicherweise ist das ganze Experiment der mutuellen Analyse im Grunde ein Resultat der Lehranalysen, wie sie damals praktiziert wurden, einschließlich Ferenczis Analyse durch Freud. Sie waren kurzfristige, schnelle, bruchstückartige Analysen, häufig mit einem fremdsprachigen Analysanden in einer fremden Sprache geführt, während gemeinsamer Spaziergänge oder Fahrten oder bei Gelegenheit gegenseitiger Besuche. Aber wie dem auch sei, die mit der mutuellen Analyse aufgeworfene Frage ist noch heutzutage, in einer Zeit sorgfältig ausgearbeiteter Studiengänge und vielfacher Kontrollen, von Belang, nämlich: Wie kann der Analytiker seine eigenen Schwächen und Blindheiten kurieren?

Die Kritik an Freud

Das ganze *Tagebuch* hindurch legt Ferenczi, auch im Zuge seiner Kritik am analytischen Settins und den analytischen Techniken zugleich Rechenschaft ab über seine eigene Analyse durch Freud. Man kann diese Analyse nicht auf die wenigen kurzen, unzusammenhängenden Zeiträume beschränken, in denen sie tatsächlich vonstatten ging. In Wirklichkeit ist die gesamte Beziehung zwischen Freud und Ferenczi, wie sie sich uns vor allem in ihrem Briefwechsel abzeichnet, in gewisser Hinsicht auch Teil dieser

Analyse. Ferenczi weiht Freud in jede Einzelheit seines Privatlebens ein; er teilt ihm seine intimsten Gefühle mit. Freud reagiert darauf teils mit Deutungen, teils mit Versuchen, sich aus dieser schwer erträglichen Situation permanenter Analyse zu lösen, oder gelegentlich auch durch bloßes Schweigen. Unter solchen Umständen ist es kaum verwunderlich, daß sich eine intensive und wenig kontrollierbare Übertragung entwickelt, die mit einer nicht unerheblichen latenten Feindlichkeit belastet ist.

Das *Tagebuch* bezeugt auch den Kampf, den Ferenczi geführt hat, um sich von dieser Feindlichkeit zu befreien und seine durch Ambivalenz und Abhängigkeit geprägte Übertragung aufzulösen, indem er seine nach und nach angehäuften Kritiken und Beschwerden endlich klar zu formulieren versucht. Diese Klärungsarbeit ist im ganzen Text unausgesprochen spürbar, aber eine gewisse Anzahl von Eintragungen beschäftigt sich ausdrücklich mit ihr.

Ferenczi – dem Freud seinen »furor sanandi« vorwirft – bemängelt seinerseits bei Freud ein Uninteresse für die therapeutische Seite der Psychoanalyse, eine Verachtung für Patienten, seinen Abscheu vor Psychotikern, Perversen und allem allzu Abnormen. Er wirft ihm Starrheit des psychoanalytischen Designs vor, wie er es etabliert hat, und die allzu systematische Anwendung seiner Versagungstechnik. Er hält Freud auch vor, daß er nach und nach zu sehr Pädagoge geworden ist und nicht Arzt genug. Denn Ferenczi hat in der Tat den Eindruck, daß Freud seine Patienten zu erziehen versucht, ehe er ihre Analyse tief genug getrieben hat (Eintragung vom 17. März), und zwar aus »Antipathie« gegenüber ihren Schwächen und Abnormitäten. Er glaubt, daß Freud unfähig ist, seine Patienten – und in erster Linie seine Schüler – von sich unabhängig zu machen; als Erläuterung für diesen Umstand zitiert er die Bemerkung Freuds, daß dem Vater, wenn die Söhne erwachsen werden, nur mehr zu sterben bleibt (Eintragung vom 4. August). Ferenczi zieht daraus den Schluß, daß Freud den Ödipuskomplex zum ausschließlichen Gebrauch gegenüber anderen konzipiert hat, ohne ihn wirklich auf sich selbst anzuwenden, um so nicht eingestehen zu müssen, daß auch er möglicherweise den Tod seines Vaters gewünscht habe.

Ferenczi glaubt, daß Freud in seiner Selbstanalyse nicht weit genug gegangen ist. Wir wissen, daß Ferenczi der Ansicht war, keine Selbstanalyse könne dies leisten: Für ihn ist die Analyse ein eminent sozialer Prozeß, wie er in einem Brief an seinen Freund Groddeck des längeren erläutert.[1]

Laut Ferenczi war Freud, nachdem er Breuer zunächst mit Enthusiasmus gefolgt sei, unheilbar von der Entdeckung enttäuscht, daß die Hysteriker lügen. Seitdem habe er seine Kranken nicht mehr geliebt. Danach sei er wieder zum wissenschaftlich materialistischen Forscher geworden (Eintragung vom 1. Mai), der sich gefühlsmäßig von der Psychoanalyse gelöst und sie fortan nur mehr rein intellektuell betrieben habe. Ferenczi ist der Ansicht, daß Freud nach und nach eine allzu unpersönliche, pädagogische Technik entwickelt und eine allzu ausschließlich väterliche Übertragung angestrebt habe; diese Attitüde der Superiorität führe beim Analysanden entweder zu einer Reaktion ergebener Abhängigkeit, von der er sich nicht mehr befreien könne, oder zu einem herausfordernden Benehmen, das dem eines Kindes ähnlich sei, das aufgrund eines Übermaßes an elterlicher Strenge starrköpfig, dumm und bösartig geworden sei.

Wenn Ferenczi Freud auch kritisiert, so schont er sich doch selbst nicht. Er betrachtet sich ohne jede Selbstgefälligkeit: Er ist sich seiner Position infantiler Abhängigkeit Freud gegenüber völlig bewußt, einer Position, die er als »fortdauernde Infantilitätsperversion« definiert und für die er seinem Analytiker nicht alle Verantwortung zuschiebt.

Nach seiner Eintragung vom 19. Juli nennt er sich einen phantasierenden Schizophrenen, einen paranoischen, emotionell leeren Menschen, der nur durch Überkompensation dessen, was ihm fehle, funktionieren könne. Diese Diagnose scheint gewiß eine Karikatur zu sein, doch wie in jeder Karikatur kommt in ihr ohne Zweifel auch etwas von der inneren Realität Ferenczis zum Ausdruck. Wie dem auch sei, diese Karikatur läßt eine große Fähigkeit, Distanz zu sich selbst zu wahren, und auch eine bemerkenswerte Hellsichtigkeit und keineswegs ein geistiges Nachlassen erkennen, wie Jones glauben und glauben machen wollte. Ebenso wie die andere Eintragung vom 19. Juli, in der Ferenczi sich selbst die Diagnose Paranoia stellt, eine Diagnose, die er folgendermaßen kommentiert und erklärt: Er ist von Freud abhängig geblieben, unfähig, sich ihm zu widersetzen, und in allen anderen Fällen will

1 Brief vom 11. Oktober 1922 an Groddeck, in: *Ferenczi Groddeck Briefwechsel*, Fischer Taschenbuch 6786, S. 45.

er immer rechthaben. Er erkennt darin eine Attitüde, welche die Paranoia der Autorität imitiert. Auch unterstreicht er die Notwendigkeit, sich von den »Vätern« abzulösen und sie dann durch Wecken von Verständnis zu »heilen«.

In einer Eintragung vom 2. Oktober auf den Schlußseiten des *Tagebuches* kommt Ferenczi auf die Analyse seines Verhältnisses zu Freud zurück und vertieft sie, desgleichen die Analyse seines Verhältnisses zur eigenen Krankheit. Er sieht einen Zusammenhang mit gewissen Aspekten seiner infantilen Neurose und stellt seiner Situation eine Prognose, die nicht sehr günstig erscheint: Er hat das Gefühl, sich in einer Sackgasse zu befinden.

Nicht ohne Mühen vermag Ferenczi in seinen Briefen an Freud gewisse Beschwerden mitzuteilen, wenn auch unter großen Vorsichtsmaßnahmen. In seinen Antworten bemüht sich Freud, diese Vorwürfe und Proteste auf alte intrafamiliäre Konflikte zurückzuführen, und bezieht sich dabei auf Material, das Ferenczi ihm im Laufe ihrer fünfundzwanzigjährigen Beziehung geliefert hat. Er bedient sich dabei eines bald freundlichen, bald väterlich strengen Tons, und gelegentlich greift er auch zum Humor, aber offensichtlich stellt er sich selbst nicht in Frage.

Längere Zeit nach Ferenczis Tod im Jahre 1937 greift Freud gewisse Aspekte ihrer gemeinsamen Geschichte in einer Passage seiner Abhandlung über »Die endliche und die unendliche Analyse«[1] auf:

»... Ein Mann, der die Analyse selbst mit großem Erfolge ausgeübt hat, urteilt, daß sein Verhältnis zum Mann wie zur Frau – zu den Männern, die seine Konkurrenten sind, und zur Frau, die er liebt – doch nicht frei von neurotischen Behinderungen ist, und macht sich darum zum analytischen Objekt eines Anderen, den er für ihm überlegen hält. Diese kritische Durchleuchtung der eigenen Person bringt ihm vollen Erfolg. Er heiratet die geliebte Frau und wandelt sich zum Freund und Lehrer der vermeintlichen Rivalen. Es vergehen so viele Jahre, in denen auch die Beziehung zum einstigen Analytiker ungetrübt bleibt. Dann aber tritt ohne nachweisbaren äußeren Anlaß eine Störung ein. Der Analysierte tritt in Opposition zum Analytiker, er wirft ihm vor, daß er es versäumt hat, ihm eine vollständige Analyse zu geben. Er hätte doch wissen

1 Sigmund Freud, »Die endliche und die unendliche Analyse«, *Gesammelte Werke*, S. Fischer, Frankfurt am Main, Bd. 16, S. 65 f.

und in Betracht ziehen müssen, daß eine Übertragungsbeziehung niemals bloß positiv sein kann; er hätte sich um die Möglichkeiten einer negativen Übertragung bekümmern müssen. Der Analytiker verantwortet sich dahin, daß zur Zeit der Analyse von einer negativen Übertragung nichts zu merken war. Aber selbst angenommen, daß er leiseste Anzeichen einer solchen übersehen hätte, was bei der Enge des Horizonts in jener Frühzeit der Analyse nicht ausgeschlossen wäre, so bliebe es zweifelhaft, ob er die Macht gehabt hätte, ein Thema, oder, wie man sagt: einen ›Komplex‹, durch seinen bloßen Hinweis zu aktivieren, solange er beim Patienten selbst nicht aktuell war. Dazu hätte es doch gewiß einer im realen Sinne unfreundlichen Handlung gegen den Patienten bedurft. Und außerdem sei nicht jede gute Beziehung zwischen Analytiker und Analysiertem, während und nach der Analyse, als Übertragung einzuschätzen. Es gebe auch freundschaftliche Beziehungen, die real begründet sind und sich als lebensfähig erweisen.«

Vergleicht man diese Stelle mit dem Text des *Tagebuches*, werden Umfang und unvermeidlicher Charakter des Mißverständnisses deutlich.

Bei der Lektüre des *Tagebuches* gewinnt man den Eindruck, daß Ferenczi, sowohl als Analytiker wie auch als Analysand, die Unzulänglichkeit der sogenannten klassischen Techniken gegenüber einem gewissen Typus von Problemen erfahren hat. In den kritischen Äußerungen seiner Patienten erkennt er die Kritik, die er selbst gegenüber Freud formuliert. Für seine Patienten will er etwas erfinden, von dem er sich gewünscht hätte, daß Freud es für ihn erfinde. Er müht sich, ihnen das Verständnis und den guten Willen entgegenzubringen, die er von Freud nicht hat erhalten können. Als Freud ihm erklärte, er laufe in die Irre, vermag er dies nicht zuzugeben: Das wäre so gewesen, als hätte er einen Teil seiner selbst verleugnet. Als er Freud vorwirft, er habe die analytische Situation so eingerichtet, daß sie vor allem den Schutz und die Bequemlichkeit des Analytikers sichere, wirft er ihm in Wahrheit vor, daß er sich weigere, ihn, Ferenczi anzuhören, sofern das, was er zu sagen hat, dessen eigene Sicherheit gefährde.

Es scheint müßig, hier entscheiden zu wollen, was normal, was krank sei, wer recht, wer unrecht hat. Es scheint, daß in dieser zugleich leidvollen und fruchtbaren Beziehung beide Partner das ihnen Mögliche getan und das gegeben haben, was sie geben konnten. Aber es gibt sicher Situationen, in denen jeder auf sich gestellt ist und nur auf sich selbst zählen kann. Freud ist allein mit seinem verzweifelten Wunsch geblieben, einen Sohn zu finden, der ihm bedingungslos ergeben wäre. Ferenczi hat für sich allein die Wahl treffen müssen zwischen der Liebe zu einem mächtigen Vater und seiner Unterstützung und der Vollendung seiner selbst, ein Dilemma, das ihn schließlich getötet hat.

Dieses Tagebuch ist ein klinisches Tagebuch. Es gibt Auskunft über die klinische Geschichte der Patienten Ferenczis und auch über die Geschichte Ferenczis selbst. Mit anderen Worten, der Leser findet darin die Geschichte der vielfachen Übertragungen und Gegenübertragungen, die in einer analytischen Praxis zusammenlaufen, eine Geschichte, die in selten anzutreffender Offenheit mitgeteilt wird. Ferenczi wagt es, zuzuhören, und er wagt es, Gefühle, Gedanken, Einsichten, Empfindungen zu äußern, die im allgemeinen nur schwer ihren Weg ins Bewußtsein finden und sich, schwerer noch, in Worte fassen lassen. So hat er Psychoanalytikern und Forschern auf benachbarten Gebieten viele Türen geöffnet und das hat nicht nur den Vorzug, Zugang zu neuen Richtungen zu gewähren, sondern kann auch einen heilsamen, erfrischenden Luftzug erzeugen auf diesen ein wenig zu abgeschlossenen Feldern, in denen Theorien und technische Grundsätze der Psychoanalyse sich niederzuschlagen und zu erstarren pflegen.

Ein wichtiges, von Ferenczi aufgewirbeltes und gelüftetes Gebiet ist das der Probleme und Konflikte, die der Position des Psychoanalytikers anhaften. Die Lehranalyse – von Ferenczi übrigens empfohlen – soll den künftigen Analytiker in die Lage versetzen, diese Probleme und Konflikte zu bemeistern, indem sie ihm dazu verhilft, eine gewisse Zahl persönlicher Probleme zu erkennen und zu lösen. Aber die Probleme, die durch die Position des Analytikers festgelegt sind – und die übrigens vielleicht den Wunsch determinieren, diese Position zu erlangen –, machen das tägliche Brot jeden Analytikers aus, selbst des Lehranalytikers, ohne daß er je hoffen könnte, sie zu lösen, weder gänzlich noch ein für alle Male. Man hat gesagt, ein vollkommen analysierter Analytiker würde ohne Zweifel aufhören, Analytiker zu sein. Natürlich ist die Hypothese nicht zu verifizieren. Psychoanalytiker sind also das Produkt der Unvollkommenheit ihrer Praxis. Dies hat wahrscheinlich dazu geführt, die Psychoanalyse als einen »unmöglichen Beruf« zu bezeichnen. Und in diesem Sinne ist sie es sicherlich. Vielleicht war es die Weigerung, sich mit dieser Unmöglichkeit abzufinden, die Ferenczi in die Regionen des Leidens und der Verzweiflung geführt hat, von denen das *Tagebuch* Rechenschaft ablegt und denen er nicht hat entkommen können.

Einleitung zum Tagebuch

von Michael Balint (1969)

Das *Tagebuch*, 1932 geschrieben, wird erst jetzt, im Jahre 1969, veröffentlicht.* Diese fast vierzigjährige Verzögerung bedarf einer Erklärung.

Wir alle, die wir Sandor Ferenczi in seinen letzten Jahren nahestanden, wußten von der Existenz dieses *Tagebuches*. In den Jahren zuvor hatte er uns mehrmals von seiner Absicht berichtet, es zu schreiben; im Laufe des Jahres 1932 bemerkte er des öfteren, daß er daran arbeite; und während seiner letzten Lebensmonate wiederholte er häufig, daß die Aufgabe seiner Praxis ihn daran hindere, das *Tagebuch* zu Ende zu führen, und er erklärte uns, wie sehr er es bedauere, seine letzten Erfahrungen mit den Patienten nicht berücksichtigen zu können, da diese ihn, einer nach dem anderen, verlassen mußten.

Nach seinem Tod haben zumindest drei von uns, Vilma Kovács, Alice Balint und ich selbst, umfangreiche Auszüge des *Tagebuches* gelesen. Unsere einstimmige Meinung, die wir Frau Ferenczi mitteilten und der sie sich anschloß, war, daß man die Veröffentlichung vorläufig aufschieben wollte. Wir hielten es für besser abzuwarten, bis die unmittelbaren Nachwirkungen der Unstimmigkeiten zwischen Freud und Ferenczi sich gelegt hätten. In der Zwischenzeit könnte sich eine günstigere Atmosphäre für die unvoreingenommene Beurteilung der im *Tagebuch* enthaltenen Ideen Ferenczis entwickeln.

* Michael Balint dachte damals, alle Hindernisse auf dem Wege zu einer gleichzeitigen Veröffentlichung des *Tagebuches* und des *Freud-Ferenczi-Briefwechsels* seien beseitigt. Es sollte jedoch noch fast zwei Jahrzehnte dauern, ehe sich der Plan verwirklichen ließ (Anm. d. Hrsg.).

In den folgenden Jahren beschäftigten wir drei uns mit der Sammlung, Herausgabe und Übersetzung des den Bänden III und IV der *Bausteine* entsprechenden Textmaterials. Freud wurde natürlich von unserem Unternehmen nicht nur auf dem laufenden gehalten, sondern erhielt auch das ganze bis dahin noch nicht veröffentlichte Material. Wir können sagen, daß er unsere Arbeit mit Interesse verfolgte und gegen keinen Teil des Textes, den wir ihm vorlegten, etwas einzuwenden hatte; im Gegenteil, er sprach seine Bewunderung aus für die ihm bis dahin noch unbekannten Gedanken Ferenczis. Da der »Verlag« in Wien nicht in der Lage war, alle Kosten einer Ausgabe zu tragen, wurde beschlossen, diese in Budapest drucken zu lassen und dafür das vom »Verlag« gelieferte Papier zu verwenden. Wir wurden mit dem Druck kurz vor dem »Anschluß« fertig und mußten uns sodann der Einsicht beugen, daß eine Wiederausfuhr der Ausgabe nach Wien ihre sichere Vernichtung bedeutet hätte. Nach einigen komplizierten Verhandlungen mit den Nazi-Behörden erhielten wir die Erlaubnis, die ganze Ausgabe nach der Schweiz auszuführen, wo die zwei Bände dem Hans Huber Verlag in Bern überlassen wurden. Dann brach der Krieg aus, und wir mußten alle wichtigen Publikationspläne auf später verschieben.

Als ich im Januar 1939 Budapest verließ, um nach England zu gehen, übergab mir Frau Ferenczi das *Tagebuch* sowie sämtliche Briefe von Freud an Ferenczi, und bat mich, sie aufzubewahren bis es möglich wäre, sie zu veröffentlichen.

Nach dem Krieg bestand meine erste Arbeit darin, alle wichtigen noch nicht in Englisch erschienenen Aufsätze Ferenczis zu übersetzen und herauszugeben. Nach Überwindung einiger Widerstände auf Seiten von Ernest Jones, dem Herausgeber der *International Psychoanalytical Library*, der von der englischen Ausgabe alle Aufsätze ausschließen wollte, die Ferenczi nach 1928 geschrieben hatte, erschienen 1955 die *Final Contributions*. Die Aufnahme war nicht sehr ermutigend, und so beschloß ich, abzuwarten.

1957 erschien der dritte Band der Freud-Biographie von Jones, der einen heftigen Angriff gegen Ferenczi enthielt. Da Jones Zugang zum gesamten Freud-Ferenczi-Briefwechsel gehabt hatte, war es mir unbegreiflich, wie er die darin enthaltenen Anhaltspunkte hatte vernachlässigen können. Auf meine Frage, worauf er denn seine Behauptungen stützte, verweigerte er jede Auskunft und sagte mir nur, es handele sich um jemanden, der Ferenczi in der letzten Zeit seines Lebens nahegestanden habe. Zu diesem Zeitpunkt war bereits allen bekannt, daß Jones an einer unheilbaren Krankheit litt. Unter solchen Umständen schien es mir die einzig richtige Haltung, damit einverstanden zu sein, im *International Journal* (1958) einen Briefwechsel zu veröffentlichen, in dem jeder seinen Standpunkt darlegen würde.

Als Folge der Biographie von Jones kam es zu einer Flut von abfälligen Veröffentlichungen; und das war wirklich keine günstige Atmosphäre für die Veröffentlichung des *Tagebuches* mit all seinen originellen, zum Nachdenken auffordernden Gedanken, mit seinen Irrtümern und Übertreibungen, seinen tiefen, aber oft beunruhigenden Intuitionen.

Der Hauptgrund, das *Tagebuch* jetzt zu veröffentlichen, besteht darin, daß es ungefähr zur gleichen Zeit erscheinen wird wie der von Ernst Freud und mir ausgewählte und herausgegebene Freud-Ferenczi-Briefwechsel. Dies kann als ein Symbol dafür betrachtet werden, daß die Wogen des schmerzlichen Mißklangs, der die zwei, drei letzten Freundschaftsjahre dieser beiden großen Männer verdunkelt hat, jetzt soweit geglättet sind, daß man der psychoanalytischen Welt eine unparteiische, aber auch wohlwollende Beurteilung der wirklichen Differenzen überlassen kann.

Nach dieser Einleitung begann Balint, einige Einzelheiten für die Abfassung eines Vorwortes aufzuschreiben. Dieses Vorwort wurde nie geschrieben, aber die Notizen scheinen uns wichtig genug zu sein, um sie dem Leser in ihrer ursprünglichen Form mitzuteilen.

Notizen zu einem Vorwort

Gleichviel, ob man die Wahrheit der in all ihren Einzelheiten rekonstruierten Sexualtraumen annimmt oder nicht, die theoretische Debatte über die Folgen, vor allem was den komplizierten Mechanismus der *Verdrängung* anbelangt, hat heutzutage noch ihre Gültigkeit und Wichtigkeit. Das gleiche gilt für die Debatte über die daraus folgenden Veränderungen für das Ich. Diese Fragen sind für unsere gegenwärtige Theorie genauso wichtig, wie sie es in 1932 waren, als Ferenczi sie niederschrieb.

Titel: Tagebuchform

Es ist so vollkommen spontan, wie ein echtes Tagebuch sein soll. Es ist richtig, daß ein Großteil, 80 Prozent ungefähr, maschinengeschrieben ist; das heißt, daß Ferenczi diesen Teil seiner Sekretärin diktiert hat, so oft er sich für einige Augenblicke von seiner Arbeit freimachen konnte. Die verschiedenen Eintragungen sind datiert, so daß man schätzen kann, wieviel oder wie wenig er jeden Tag schreiben konnte. In der Regel gab er jedem einzelnen seiner Gedanken einen Titel, doch die Gedanken ein und desselben Tages hängen im allgemeinen eng zusammen.

Die letzte maschinengeschriebene Stelle ist vom 24. August 1932 datiert. Ferenczi hörte anschließend auf zu arbeiten, um zunächst nach Wien zu fahren, wo er Freud zum letztenmal in seinem Leben traf, und von dort aus weiter zu reisen zum Kongreß nach Wiesbaden, der am 4. September offiziell eröffnet wurde. Nach diesem Datum gibt es nur mehr sechs handgeschriebene Seiten, alle aus dem Oktober 1932.

Vergleicht man die Daten des *Tagebuches* – erste Eintragung im Januar 1932 –, dann die Eintragungen, die ziemlich regelmäßig bis Ende August 1932 aufeinander folgen, schließlich einige vereinzelte Eintragungen im Oktober, die, den Daten nach, den »Fragmenten und Notizen« entsprechen, die nach Ferenczis Tod in seinen Papieren gefunden und im Band IV der *Bausteine* veröffentlicht wurden (sowie später in den *Final Contributions*), so stellen wir fest: Einige Eintragungsversuche 1920, dann ein durchgehendes Bemühen, das zwei Jahre lang, 1930 und 1931, anhält und plötzlich, Anfang 1932, abbricht. Es gibt eine einzige, nicht sehr interessante Eintragung aus dem Juni dieses Jahres; dann beginnt eine neue Reihe von Eintragungen Mitte September in Biarritz, wohin sich Ferenczi nach Wiesbaden begeben hatte und wo sich die ersten alarmierenden Symptome seiner Krankheit, einer perniziösen Anämie, zeigten. Von da an folgen die Eintragungen aufeinander bis Ende des Jahres.

Ich denke, man kann aufgrund dieser Einzelheiten mit großer Wahrscheinlichkeit annehmen, daß die Eintragungen von 1930 und 1931 eine Art Prolegomena zum *Tagebuch* bildeten. Ein zusätzlicher Beweis für diese Annahme wird durch die Tatsache geliefert, daß all diese Eintragungen handgeschrieben sind, auf alle Arten von Zetteln, von gewöhnlichem Schreibpapier bis zu

Kuvertrücken und vereinzelten Halbseiten von pharmazeutigen Reklameblättern. Das *Tagebuch* selbst hingegen ist fast zur Gänze maschinengeschrieben, und die Seiten sind ziemlich richtig durchnumeriert. Dieses fortgesetzte Bemühen wie auch Ferenczis Zustand haben im Lauf seiner letzten Begegnung mit Freud einen furchtbaren Schock erlitten (in Verbindung mit seiner tödlichen Erkrankung, von der man nicht weiß, ob es sich um eine Koinzidenz oder eine Konsequenz handelte).

Ferenczi erholte sich nie mehr so weit, als daß er sein *Tagebuch* wie geplant hätte fortsetzen können; er hörte mit der Niederschrift in den ersten Monaten des Jahres 1932 auf; doch wie die »Fragmente und Notizen« zeigen, sammelte er weiter Material, indem er seine Gedanken bis Ende dieses Jahres aufschrieb, in der Hoffnung, sein Zustand könne sich bessern. Wie wir alle wissen, war das nicht der Fall, und er starb im April 1933.*

Es folgen dann einige handgeschriebene Zeilen, in denen Michael Balint diesen letzten Satz wieder aufnimmt und ergänzt:

Trotz einer Lebertherapie verschlimmerte sich sein Zustand im Lauf des Winters 1932/1933; er mußte seine Praxis aufgeben und das Bett hüten, hauptsächlich wegen einer Rückenmarkverkümmerung, und er starb im April 1933.

* Michael Balint begeht hier einen überraschenden Irrtum – den er einige Zeilen später wiederholt – hinsichtlich des Todesdatums von Ferenczi. Denn Ferenczi ist am 22. Mai 1933 (und nicht am 24. Mai, wie Jones im dritten Band seiner Freud-Biographie schreibt) gestorben, und er wurde am 24. Mai beigesetzt (*Hrsg.*).

Sándor Ferenczi

Das klinische Tagebuch von 1932

Editorische Vorbemerkung

Als Satzvorlage für die hier abgedruckten Tagebucheintragungen diente ein maschinenengeschriebenes Manuskript. Nach den Angaben von Michael Balint in seiner 1969 geschriebenen Einleitung hat Ferenczi rund 80 Prozent seiner Sekretärin diktiert. Die handschriftlichen Texte, vor allem am Schluß des Tagebuchs, wurden später in Maschinenschrift übertragen. Das Manuskript enthält etliche handschriftliche Korrekturen und Ergänzungen. So sind Namensabkürzungen verändert worden, offensichtlich zum Schutz der genannten Personen. Die Redaktion des Tagebuch-Textes beschränkt sich auf offensichtliche Wort- und Interpunktionsfehler. Ansonsten wurden Schreibweise und Zeichensetzung beibehalten. Die Anmerkungen am Fuß der Seiten sind aus der französischen Ausgabe übernommen worden, das heißt, sie stammen von der Herausgeberin. Es wurden nur solche Anmerkungen ausgespart, die für den deutschen Text irrelevant sind, etwa weil sie sich auf Übersetzungsprobleme beziehen. Biographische Angaben in den Anmerkungen wurden zum Teil gestrafft, weil ein Teil der Informationen als allgemein bekannt vorauszusetzen war.

Das Lektorat

7. Januar 1932

Die Fühllosigkeit des Analytikers[1]

Manirierte Art des Begrüßens, formelle Aufforderung, »Alles zu sagen«, die sog. freischwebende Aufmerksamkeit, die schließlich keine ist und gewiß nicht adäquat dem oft mit großer Schwierigkeit vorgebrachten gefühlschwangeren Mitteilungen des Analysanden, haben den Effekt: 1) daß der Patient über das mangelnde oder mangelhafte Interesse beleidigt wird; 2) da er über uns nichts Böses oder Abträgliches denken will, sucht er die Ursache der Nicht-Reaktion in sich selbst resp, in der Qualität des Mitgeteilten, 3) schließlich zweifelt er an der Realität des früher noch gefühlsnahen Inhalts. Auf diese Weise retrojiziert, man könnte sagen, introjiziert er die gegen uns gerichtete Beschuldigung, der Vorwurf lautet in Wirklichkeit: Sie glauben mir nicht! Sie nehmen das von mir Mitgeteilte nicht ernst! Ich kann nicht annehmen, daß Sie fühllos und indifferent da sitzen, während ich mich anstrenge, mir etwas Tragisches aus der Kindheit vorzustellen! – Die Reaktion auf diese (vom Patienten nie spontan hervorgebrachte und nur vom Arzt selbst zu erratende) Beschuldigung kann nur die sein, daß man sein eigenes Verhalten und die eigene Gefühlseinstellung im Sinne des Vorgebrachten kritisch betrachtet, die Möglichkeit,

1 Siehe »Sprachverwirrung zwischen den Erwachsenen und dem Kind«, *Schriften zur Psychoanalyse*, II, Fischer Taschenbuch 7317, S. 303 – 313.

ja die Realität etwa der Müdigkeit, Eintönigkeit, selbst Langeweile zugibt. Unwillkürlich steigert sich aber das Interesse nach so einem qui pro quo: Ton und Gebärde werden natürlicher, Rede und Gegenrede flotter, das Fragen und Antworten natürlicher und ergiebiger...

Die Natürlichkeit und Aufrichtigkeit des Betragens (Groddeck[1], Thompson[2]) ist die zweckmäßigste und ersprießlichste Stimmung in der analytischen Situation; das krampfhafte Festhalten an einer theoretisch begründeten Einstellung wird als solche vom Patienten recht bald als solches wahrgenommen und anstatt es uns (oder sich selber) zu sagen, benützen sie unsere technische Eigenheit, oder Einseitigkeit dazu, um uns ad absurdum zu führen. Ich erinnere z. B. den Fall N. G., sie wurde nicht müde, mir von einer ihr unausstehlichen Lehrerin zu erzählen, die mit ihr sehr nett war, aber die die pädagogische Einstellung, trotz engen Zusammenlebens, nie aufgab. Die Patientin hatte vorher eine Nurse, die sich stets natürlich betrug. Ich bin nun überzeugt, daß die relative Erfolglosigkeit dieser Analyse auf das Nicht-Durchschauen dieser Situation zurückführbar ist. Hätte ich ihre versteckten Beschuldigungen und Anklagen verstanden und mein Verhalten entsprechend geändert, so wäre die Patientin nicht gezwungen gewesen, im Verhalten zu mir die Trotz-Einstellung der Kindheit unbewußt zu wiederholen. Lag doch die Tragik ihres Falles im Nichtertragen-können der steifen und zum Teil hypokritischen Benehmen von Eltern, Lehrern und Ärzten.

Das steife Festhalten an der Versagungstechnik veranlaßte mei-

1 Groddeck, Georg (1866 – 1934), deutscher Arzt, Verfechter einer psychosomatischen Behandlung aller Krankheiten, trat 1917 in Beziehung zu Freud; Mitglied der Deutschen Psychoanalytischen Vereinigung 1920, Freund und Arzt von Ferenczi, der ihn regelmäßig jeden Sommer für einige Wochen in seiner Baden-Badener Klinik besuchte. Sein bekanntestes Werk ist *Das Buch vom Es* (Fischer Taschenbuch 6396), wo er in ironisch-literarischer Form sein Verständnis der Psychosomatik entwickelt. Siehe auch: *Der Seelensucher*, ein psychoanalytischer Roman (Limes Verlag), *Der Mensch als Symbol* (Limes Verlag), *115 psychoanalytische Vorträge* (Champ Libre, Paris, Erstausgabe in französischer Übersetzung). (Anm. d. Hrsg.)

2 Thompson, Clara Mabel (1893 – 1958), amerikanische Psychoanalytikerin, Patientin von Ferenczi zwischen 1928 und 1933, Mitarbeiterin von Karen Horney, zusammen mit Erich Fromm und Sullivan Gründerin des *William Alanson White Institute* in New York und der *Washington School of Psychiatry*; zahlreiche Bücher und Aufsätze, darunter *Psychoanalysis Today* (Anm. d. Hrsg.).

nen Griechen vorzuschlagen, daß er es vielleicht versuchen sollte, um die Kur zu fördern, das Essen aufzugeben, was er denn auch tat. Sieben volle Tage nahm er keinen Bissen zu sich und hätte den Versuch vielleicht bis zum Selbstmord getrieben, hätte ich die Maßregel nicht aufgehoben. Das tat ich allerdings erst nachdem er weiterging und den Vorschlag machte, auch das Atmen einzustellen. Solche extreme Fälle zwangen mich dann zur wesentlichen Milderung meiner »Aktivität«. Allerdings mußte ich dann die Beobachtung machen, daß man mit dem Prinzip der Relaxation (Passivität), die sich als Reaktion auf die Aktivität bei mir vorzuherrschen begann, ähnliche böse Erfahrungen machen kann. Die Patienten fangen an meine Geduld zu mißbrauchen, gestatten sich immer mehr und mehr und bringen uns in große Verlegenheiten, und verursachen uns nicht geringen Ärger. Erst nachdem ich diese Tendenz durchschaue, vor dem Patienten als solches zugebe, hört das künstliche Hindernis, das von uns selbst geschaffen wurde, auf. Der Erfolg solcher Mißgriffe und ihre Reparation ist allerdings oft der Anlaß und die Gelegenheit, tief in analoge und seinerzeit schlecht erledigte Konflikte hinunterzutauchen. Siehe den Fall Dm., eine Dame, die meiner Passivität »gehorchend«, sich mehr und mehr Freiheiten erlaubte und mich gelegentlich auch küßte. Da dies ohne Widerstreben, als etwas in der Analyse Zulässiges gestattet und höchstens theoretisch kommentiert wurde, machte sie nur so nebstbei in einer Gesellschaft von Patienten, die von anderen analysiert wurden, die Äußerung: »Ich kann Papa Ferenczi küssen, so oft ich will«. Die Unannehmlichkeit, die daraus folgte, wurde von mir zunächst mit voller Affektlosigkeit dieser Analyse behandelt.[1] Da fing denn die Patientin an, sich in ihrem

1 Dies teilte die Patientin Clara Mabel Thompson Freud selbst mit, was ihn zu seinem berühmten, oft zitierten Brief vom 13. Dezember 1931 an Ferenczi über die »Technik des Kusses« bewog. Diesem ironisch-vorwurfsvollen Brief antwortet Ferenczi am 27. Dezember 1931:
Lieber Herr Professor,
Sie sind es schon gewohnt, daß ich erst nach langen Reaktionszeiten antworten kann, doch diesmal werden Sie es auch verständlich finden, geschieht es doch vielleicht zum ersten Male, daß sich in unser Verhältnis überhaupt Momente des Nichteinverstandenseins einmischen. Nun, da ich die affektive Strömung ablaufen ließ, glaube ich in der Lage zu sein, Ihnen in beruhigendem Sinne zu antworten.
Sie werden sich wohl erinnern, daß ich es war, der es für notwendig erklärte, auch Technisches, soweit man es methodisch anwendet, mitzuteilen; Sie waren mehr dafür, mit Mitteilungen über Technik sparsam zu sein. Nun meinen *Sie*,

sexuellen Betragen sozusagen ostentativ zu blamieren (bei gesellschaftlichen Zusammenkünften, während des Tanzens). Erst die Einsicht und das Zugestehen der Unnatürlichkeit meiner Passivität führte sie sozusagen ins reale Leben zurück, die mit sozialen Widerständen zu rechnen hat. Zugleich wurde es klar, daß auch hier ein Fall von Wiederholung einer Vater Kind Situation vorlag: sie wurde als Kind vom unbeherrschten Vater weitgehend sexuell mißbraucht, dann aber, offenbar wegen Gewissensangst und sozialer Angst, vom Vater sozusagen verleumdet. Die Tochter mußte sich am Vater auf indirekte Weise durch den Mißerfolg ihres eigenen Lebens rächen.

Die Natürlichkeit des Analytikers bietet allerdings selber Angriffspunkte für den Widerstand. Die extremste Konsequenz wurde von jener Patientin gezogen, die es als Forderung aufstellte, daß auch der Patient das Recht haben sollte, seinen Analytiker zu analysieren. In den meisten Fällen war diese Forderung zu erledigen, indem man 1) theoretisch die Möglichkeiten des eigenen Unbewußten zugab, 2) sogar Stücke der eigenen Vergangenheit erzählte. In einem Falle entwickelte sich diese Mitteilung von eigenen Seeleninhalten, wirklich zu einer Art mutuellen Analyse, aus

daß es unwürdig wäre zu schweigen, und ich muß dem entgegnen, daß das *Tempo* der Publikation dem Takt und der Einsicht des Autors vorbehalten sein darf.

Doch das ist nicht das Wichtigste, worüber ich sprechen möchte. Ich halte Ihre Angst, daß ich mich zu einem zweiten Stekel entwickle, [für] unbegründet. »Jugendsünden«, Verfehlungen, wenn sie überwunden und analytisch durch[ge]arbeitet sind, können einen sogar weiser und vorsichtiger machen als Leute, die solche Stürme nicht durchmachten. Meine höchst asketische »aktive Therapie« war sicherlich Vorsichts-Einrichtung gegen derlei Tendenzen, darum nahm sie in ihrer Übertreibung Zwangscharakter an. Als ich dies einsah, relaxierte ich die Steifigkeit der Verbote und Vermeidungen, zu der ich mich (und andere) verurteilte. Nun glaube ich, daß ich fähig bin, eine milde, passionslose Atmosphäre zu schaffen, die zum Ausbrüten auch des bisher Versteckten sich eignet. – Da ich aber die Gefahren ebenso fürchte wie Sie, muß ich und will ich nach wie vor die Warnungen, die Sie mir vorhalten, im Auge behalten und trachten, mich selbst scharf zu kritisieren. Es wäre also verfehlt, wollte ich die produktive Schichte, die sich vor mir aufzudecken beginnt, begraben.

Nachdem ich den Schmerz über den Ton unserer Korrespondenz überwand, kann ich nicht umhin, der Hoffnung Ausdruck zu geben, daß das freundschaftliche persönliche und wissenschaftliche Einvernehmen zwischen uns durch diese Entwicklungen nicht gestört oder: bald wiederhergestellt sein wird.

Mit herzlichen Neujahrswünschen

Ihr Ferenczi

der auch ich, der Analytiker, viel Nutzen zog. Allerdings gab es mir auch Gelegenheit, Ideen und Ansichten über den Patienten zu äußern, die der Patient sonst nicht zu Gehör bekommen hätte, z. B. Äußerungen über Mißfallen moralischer oder ästhetischer Natur, über die Ansicht, die ich über die Patienten anderswo erhörte, usw. Wenn wir es dem Patienten beibringen, alldas zu ertragen, so helfen wir ihm im Ertragen überhaupt, beschleunigen die Loslösung von der Analyse und dem Analytiker und die Umwandlung der nicht ändern wollenden Wiederholungstendenzen in Erinnerung.

10. Januar 1932

Denken mit dem Körper ist gleich Hysterie

Hier vielleicht ein Zugang zum »unerklärlichen Sprung ins Körperliche«, wie sie die Hysterie charakterisiert. Ausgangspunkt: ein Vortrag von Dr. M. B., in dem Erotismus und Erziehbarkeit[1] (Adaptationsfähigkeit) in ein Gegensätzliches gebracht wird; rein egoistische (Nützlichkeit) Funktionen (Atmen, Herzschlag) seien unerotisch. Die gerade sich adaptierenden Organe (die neuesten Produkte der Entwicklung) sind erotisch. Die Hysterie ist Regression der Erotik in sonst reine Ich-Funktionen dienende Organe; körperliche Organkrankheiten tun dasselbe.

Abgesehen davon, daß die Gegensätzlichkeit der Nützlichkeits- und Lustfunktion, die allmähliche Enterotisierung von Organfunktionen und die Übertragung der Erotik auf ein besonderes Organ in der Genitaltheorie ausführlich dargestellt, bezüglich der Ontogenese auch im Detail durchgeführt, war es sicherlich ein Verdienst auf dieses Thema zurückzukommen und die in der Genitaltheorie nur flüchtig gestreifte phylogenetische Parallele zu diesem Vorgang zu versuchen.

Doch ist dieser Vortrag der Anlaß, der Frage über das Physische und Psychische überhaupt wieder einmal näherzutreten. Hier ein

1 Höchstwahrscheinlich der Vortrag von Michael Balint, dessen Inhalt in der *Int. Z. Psa.* (1933), XIX, S. 428 – 433, veröffentlicht wurde. Siehe auch in *Die Urformen der Liebe und die Technik der Psychoanalyse*, Stuttgart/Bern 1966, Zwei Bemerkungen über den erotischen Bestandteil der Ichtriebe (Anm. d. Hrsg.).

Versuch: Man könnte den Gegensatz zwischen beiden auch in der Weise formulieren, daß in der Mechanik Ursachen, d. h. etwas von außen Stoßendes Veränderungen hervorruft, während das Psychische von Motiven beherrscht wird. Hauptmotiv ist das Festhalten einer irgendwie erreichten Ruhesituation, also Widerstand gegen jegliche Veränderung derselben, und eine Tendenz, Sucht, Willigkeit, die Störung zu beseitigen. Motivierung setzt aber Fähigkeiten voraus, die wir nicht anders als intellektuell bezeichnen können: Perzeption einer gestörten Unlustsituation und Kraftentfaltung im Sinne des Aufhörens der Unlust. Ein tiefer gehender Vergleich würde hier zu den modernen Anschauungen über Kraft und Stoff führen. Anorganische und organische Substanz ist ein festorganisierter Energieverband, so fest organisiert, daß er auch von starken Störungsreizen nicht berührt wird, d. h. keine Motive mehr zur Änderung empfindet. Substanzen sind sozusagen in ihrer Stärke und Solidität so selbstsicher, daß an ihnen die gewöhnlichen Außenweltvorgänge vorübergehen, ohne sie zum Eingreifen zu bewegen oder auch ihnen Interesse zuzuwenden. Doch gleichwie sehr starke Außenkräfte auch festkonsolidierte Substanzen sprengen, sogar Atome zur Explosion bringen können, wobei natürlich die Notwendigkeit einer neuen Gleichgewichtssehnsucht sich einstellt, so scheint es bei Menschen unter Umständen dazu zu kommen, daß die (organische, vielleicht auch anorganische) Substanz ihre seit Unzeiten nicht mehr gebrauchte psychische Qualität wiedererhält. Mit anderen Worten, die Fähigkeit zum Bewegtwerden durch Motive, d. h. der Psychismus, lebt auch in den Substanzen virtuell weiter, ist aber unter normalen Verhältnissen inaktiv, kann aber unter gewissen abnormen Verhältnissen wiederaufleben. Der Mensch ist ein Organismus mit gesonderten Organen für die notwendigen psychischen Funktionen (Nerven und Geistesarbeit). In Momenten großer Not, denen das psychische System nicht gewachsen ist, oder bei gewaltsamer Zerstörung jener besonderen (nervösen und psychischen) Organe oder Funktionen, erwachen also uralte psychische Kräfte und sie sind es, die die gestörte Situation zu bewältigen suchen. In Momenten, in denen das psychische System versagt, beginnt der Organismus zu denken.

Hier ein Beispiel:[1] Jemand wird in der Kindheit von einem ge-

1 Siehe auch »Gedanken über das Trauma«, in *Bausteine IV*, Verlag Hans Huber, Bern 1964, S. 239, 242, 256, 261, 291.

walttätigen Riesen sexuell überfallen. Eine Weile sind alle Geisteskräfte wach, es werden alle möglichen, allerdings erfolglosen Anstrengungen gemacht, um die Gewalt loszuwerden (Stoßen, Schreien, für ein kurze Weile noch bewußte Emotionen des Hasses, der Rachedurst etc.), doch wenn das Gewicht des über das Kind lastenden Mannes mehr und mehr »unerträglich« wird, und insbesondere wenn die Atmung durch das rücksichtslose Verlegen der Atmungszugänge, durch die Kleidung des attackierenden Mannes höchstgradige Atemnot hervorruft, schwindet alles Empfinden des Druckes der genitalen Verletzung, das Wissen um die Ursache und die Antezedenzien, der peinlichen Lage; alle verfügbare psychische Kraft konzentriert sich auf die Bewältigung der einzigen Aufgabe, der Lunge irgendwie Luft zu beschaffen. Doch auch diese Aufgabe wird allmählich schwerer und schwerer zu bewältigen. Es melden sich, offenbar infolge der Kohlensäurevergiftung, heftige Kopfschmerzen und Schwindelgefühle. (In der analytischen Reproduktion sowie in den nächtlichen Alptraumreproduktionen, ist dieses Stadium von typischem Cheyne-Stokes Atemrhythmus[1] begleitet. Die Muskeln sind ad maximum gespannt, dann vollkommen relaxiert, der Puls beschleunigt und unregelmäßig.

Die andere Aufmerksamkeitsbesetzung gilt dem Herzen. Das Stocken der Herztätigkeit wird bewußt und es wird der Versuch gemacht, den für gewöhnlich unwillkürlichen Zirkulationsakt mit Willensanstrengung zu beeinflussen. Gewöhnlich steigert sich dabei die Unlust so sehr, daß der Patient erwacht. Gelingt es uns aber, den Patienten dazu zu bewegen, in der Unlustsituation zu verharren, so kommt es gelegentlich zu einer neuen Phase: die Unlust schlägt in manische Lustempfindung um, als ob es dem Patienten gelungen wäre, sich den peinlichen Sensationen als solchen vollkommen zu entziehen. Soweit es uns gelingt, mit dem Patienten auch in diesem Zustand in Kontakt zu bleiben, erfahren wir von ihm, daß er sich nicht mehr um Atmung und Herz, überhaupt das Erhalten des Lebens, kümmert, ja das Zerstörtwerden oder Verstümmeltwerden mit Interesse betrachtet, als wäre er nicht mehr er selbst, sondern ein anderes Wesen, dem diese Leiden zugefügt werden. Die Hilarität erklärt der Patient aus dem Unterschied zwischen dem kolossalen Leiden und der nunmehrigen Un-

1 Atemstörung, die sich im Fall akuter Urämie einstellt.

fähigkeit des Gewalttäters, auch mit größter Kraftentfaltung der Zerstörungswucht ihm ein Leid zuzufügen. (Soweit das Motiv der Agression beim Angreifer Sadismus war, ist durch die eingetretene Fühllosigkeit die Rache am Sadisten tatsächlich erreicht: dem toten, fühllosen Körper kann er kein Leid mehr zufügen und muß seine Impotenz fühlen).

Sind aber bei jemandem die intellektuellen Urkräfte geweckt worden, d.h. entstand einmal die Notwendigkeit, sich auf sie zu berufen, so ist es nicht leicht, die Urfunktion wieder zum Schwinden zu bringen. In psychologisch verständlicher Art ausgedrückt, heißt das soviel: es war unvorsichtig, sich auf die Normalität und Erträglichkeit der Umwelt einzurichten; man vertraut lieber den eigenen Urkräften, die Folge davon ist, daß von nun an, auch nach geringfügigeren Verletzungen (körperlicher und physischer Natur), nicht mit den alloplastischen Maßnahmen des Nerven- und Geistessystems, sondern neuerdings mit der autoplastischen hysterischen Veränderung (Symptombildung) reagiert wird.

Ein anderer Vergleich: ist die psychisch schlafende Substanz rigid, das Nerven- und psychische System dagegen von flüssiger Anpassungsfähigkeit, so könnte man den hysterisch reagierenden Körper als halbflüssig bezeichnen, d.h. als Substanz, deren frühere Rigidität und Uniformität teilweise wieder in adaptationsbereiten Psychismus aufgelöst wurde. Solche »Halbstoffe« hätten dann das sonderbar oder gar wunderbar Anmutende, gleichzeitig Körper und Geist zu sein, d.h. in den Veränderungen ihrer Struktur oder Funktion Wünsche, Lust-Unlust-gefühle, wohl auch komplizierte Gedanken, auszudrücken (Organsprache).

Möglich, daß ein noch auf neuropsychischem Wege eingeleiteter komplizierter innerer Vorgang, z.B. im früher genanntem Falle der Bewältigungsversuch einer höchst peinlichen Situation, plötzlich aufgegeben und in autoplastischer Weise erledigt wird, wobei die Regression der spezialisierten Psychismen auf die psychischen Urkräfte stattfindet, d.h. in Substanzveränderung umgewandelt und mit deren Hilfsmitteln ausgedrückt wird. Der Moment des vollkommenen Aufgebens der Äußeren (alloplastische) Bewältigung und des Einsetzens der inneren Anpassung (wobei auch das Sichversöhnen mit der Zerstörung des Ich d.h. der Tod als Anpassungsform denkbar ist) wird innerlich als Erlösung (?), Befreiung empfunden. Wahrscheinlich bedeutet dieser Moment das Aufgeben von Selbsterhaltung des Menschen und ein Sich-einordnen in eine größere, vielleicht universelle Gleichgewichtslage.

Jedenfalls eröffnet sich von diesen Gedankengängen aus ein Weg zum Verständnis der überraschend intelligenten Reaktionen des Unbewußten in Momenten großer Not, in Todesgefahr, oder in der Agonie. Siehe auch die oft zitierten Fälle von Clairvoyance.

12. Januar 1932

Schizophrenia progressiva – Fall (R. N.), in dem der erste Shock im Alter von 1½ Jahren vorfiel (Versprechen seitens nahen erwachsenen Verwandten »etwas Gutes« zu kriegen; statt dessen Betäubung und Mißbrauch. Beim Beginn der Betäubung plötzliche Einsicht ins Böse, völlige Enttäuschung und Hilflosigkeit, vielleicht auch zeitweiliges Fühlen der Unfähigkeit zum Gebrauche des eigenen Willens, d. h. peinliches Fühlen der Suggestibilität.). Halb-stumpfsinniges Verharren in diesem Zustande; wahrscheinlich zu innerst Nicht-lebenwollen, doch unter dem Einflusse der Suggestionen, fortführen der gewohnten Schulkinderexistenz, m. a. W.: künstliches Doppelleben, bei vollem Verdrängen der eigenen Tendenzen und Gefühle. 2): Im Alter von 5 Jahren neuerlicher grober Vorstoß; künstliche Erweiterung der Genitalien, eindringliche Suggestion: Männern gegenüber nachgiebig zu sein; stimulierende Intoxikation. – Von hier aus (vielleicht unter der Einwirkung des neuerlichen Shocks und der neuen Adaptationsanstrengung, plötzliches Erinnern der Vorgänge im zweiten Lebensjahr, Selbstmordimpuls, wahrscheinlich auch das Gefühl des Sterbens (Agonie), *bevor* die suggerierten Handlungen verwirklicht wurden. Die Enormität des Leidens, plus Hilfslosigkeit, die Hoffnungslosigkeit jeder Hilfe von außen treibt zum Tode; doch nach Verlust oder Aufgeben bewußten Denkens erwachen organisierende Lebenstriebe (»Orpha«), die statt des Sterbens Verrücktwerden eintreten lassen. (Dieselben »orphischen« Kräfte scheinen schon beim ersten Shock vorhanden gewesen zu sein). Die Folge des zweiten Shocks ist eine weitere »Zerrüttung« der Individualität. Die Person besteht nunmehr aus folgenden Fragmenten:

1) Ein rein psychisch leidendes Wesen im Unbewußten, das

eigentliche Kind, von dem das wache Ich also gar nichts weiß. Dieses Fragment ist nur im tiefen Schlafe, oder in tiefer Trance, nach übergroßer Anstrengung oder Erschöpfung, also im neurotischen (hysterischen) Ausbruch erreichbar. Mit Not und Mühe und bei Einhaltung ganz spezieller Verhaltungsmaßregeln kann der Analytiker mit diesem Teil, *dem reinen verdrängten Affekt*, in Kontakt kommen. Es benimmt sich wie ein ohnmächtiges Kind, das von sich nichts weiß, etwa nur stöhnt und das man geistig, manchmal auch körperlich, aufrütteln muß. Tut man das nicht im vollen Glauben an die Realität des Vorganges, so fehlt auch die Überzeugungs- und Wirkungskraft des Aufrüttelns. Hat aber der Analytiker die Überzeugung und das dazu gehörige sympathische Gefühl für das leidende Wesen, so mag es gelingen, die Denkkraft und die Orientierung dieses Wesens mit vorsichtigen Fragen (die es zum Denken zwingen) dazu zu bringen, einiges über die Umstände der Erschütterung auszusagen und zu erinnern.

2) Ein eigenes Wesen, dem es um das Erhalten des Lebens »coute que coute«[1] ankommt. (Orpha.) Dieses Fragment spielt die Rolle des Schutzengels, es produziert wunscherfüllende Halluzinationen, Trostphantasien, narkotisiert das Bewußtsein und die Empfindlichkeit gegen unerträglich werdende Sensationen. – Im Falle des zweiten Shocks konnte dieses mütterliche Stück nicht anders helfen, als indem es das ganze Seelenleben aus dem unmenschlich leidenden Körper hinausquetschte.

3) Seit dem zweiten Shock haben wir es also mit einem dritten, seelenlosen Teil der Persönlichkeit zu tun, d. h. dem seelenlos gewordenen Körper, dessen Zerstümmelung garnicht empfunden, oder als Vorgänge an einem fremden Wesen, von außen betrachtet werden.

Der letzte große Shock traf dieses bereits dreigeteilte Wesen im Alter von 11½ Jahren. Trotz des Prekären jenes Tripartitum hat sich im Laufe der Jahre eine Adaptation an die anscheinend unerträgliche Situation eingestellt. Hypnotisiert- und Mißbrauchtwerden wurde zur Lebensform. Als ob die ständige Wiederholung eines noch so peinlichen Rhythmus, d. h. die Bahnung, an und für sich genügte, um das peinliche weniger peinlich erscheinen zu lassen. Doch auch das unbewußte Empfinden, das sich hinter den Quälereien jenes Erwachsenen immerhin verzerrte Liebesabsichten

1 Franz.: Um jeden Preis.

verstecken, d. h. das Fühlen des libidinösen Elements auch im Sadismus. Schließlich auch das Wissen und die Zufriedenheit des Erwachsenen mit den Leistungen usw.: all dies zusammen und noch weiteres noch nicht voll Aufgedecktes mag also eine, wenn auch noch so prekäre Gleichgewichtslage hergestellt haben.

In diese Situation fällt wie ein Blitz das plötzliche Verlassenwerden vom bisherigen Quälgeist. Das Beraubtwordensein von jeder Spontaneität machte eine raisonable Anpassung oder gar ein Sichfreuen über neue Möglichkeiten unmöglich. Erschwert wurde die Lage dadurch, daß der Vater vor der Entfernung, sozusagen zum Abschied, das Kind verfluchte d. h. den letzten Akt der Beeinflussung dazu benutzte, dem Kind das Bewußtsein der eigenen Schmutzigkeit und Nutzlosigkeit, Verächtlichkeit unauslöschbar einzuprägen. Die nimmermüde Orpha konnte sich da auch nicht mehr helfen, versuchte selber den Selbstmord zu fördern und als auch dies verhindert wurde, blieb als Existenzform die vollständige Atomisierung des Seelenlebens übrig. (Volles Verrücktwerden, katatonischer Stupor, zeitweise abgelöst von Schreck, Halluzinationen, von einem Durcheinander kaotisch verwirrter Erinnerungseindrücke aus dem Vorleben.)

Dieser lavaartige Ausbruch endete mit totaler »Veraschung«, einer Art Leblosigkeit. Doch das körperliche Leben, das zum Atmen und Pulsieren gezwungen war, rief die in ihrer Verzweiflung selber todesfreundlich gewordene Orpha zurück und es gelang ihr, wie durch ein Wunder, dieses bis auf die Atome zerrüttete Wesen auf die Beine zu stellen, d. h. dem zum Leben gezwungenen Körper eine gleichsam artifizielle Seele zu schaffen. Nun besteht also, oberflächlich beurteilt, das »Individuum« aus folgenden Teilen: a) Zuoberst ein aktionsfähiges Lebewesen mit genau, vielleicht etwas zu genau reguliertem Mechanismus, b) Dahinter ein Wesen, das vom Leben nichts mehr wissen will, c) Hinter diesem getöteten Ich, die Asche des früheren seelischen Leidens, in das jede Nacht das Feuer des Leidens hineinfließt, d) Dieses Leiden selbst als eine separate inhalts- und bewußtlose Affektmasse, ein Rest des eigentlichen Menschen.

17. Januar 1932

Mutuelle Analyse und die Grenzen ihrer Anwendbarkeit. Ausgangspunkt: Entwicklungsphasen der Technik.

a) Urkatharrsis und darauffolgende Vorsichten und Unpersönlichwerden.

b) Mißerfolge und unvollständige Erfolge, Drängen zur Änderung:

Spannungssteigerung (aktive Therapie); Nachteilige Folgen der Überstrenge. Versuch mit der Passivität, Relaxation, extreme Folge Sinken der Autorität, Provokationen (»wann reißt seine Geduld«) ad Absurdum-Gefühl.

c) Geständnis der Künstlichkeit im Benehmen des Analytikers; prinzipielle Anerkennung von Emotionen, wie Ärger, Unlust, Müdigkeit, »zum Teufel«, schließlich auch libidinöse und Spielphantasien. Folge: Patient wird natürlicher, leutseliger, aufrichtiger.

d) R. N. verlangt methodisch durchgeführte Analyse als einzig mögliche Schutzmaßregel gegen den in mir verspürten Hang, die Patienten umzubringen, oder sie zu quälen. Zunächst starker Widerstand meinerseits: Patient könne die Situation mißbrauchen, die ganze Eigenanalyse im projektiven Sinne vereiteln: mich anstatt sich selber analysieren. Überraschenderweise kam es anders: die angenommene Einstellung des Analytikers seitens des Analysierten ermöglichte es, nun ohne Vorsichten und ohne Diplomatie alles mitzuteilen, was man bisher vorenthielt (mit Rücksicht auf die Empfindlichkeit), in der drauffolgenden »richtigen« Analysenstunde kamen dann alle vorher unterdrückten Affekte zum Vorschein. Den stärksten Eindruck auf den Patienten machten natürlich meine Geständnisse über persönliche und körperliche Antipathien, das Geständnis früher übertriebener Freundlichkeit. Höflichkeit, d. h. die Zerstörung aller Hoffnungen auf realer und mehr als professioneller Gegenübertragung. Auf den ersten Ansturm der Affekte beim Patienten (Sterbenwollen, Selbstmordgedanken, Flucht) folgt merkwürdigerweise relative Beruhigung und Fortschritte in der Arbeit: die Aufmerksamkeit wird von der Übertreibungsphantasie freier und wendet sich beiden Realitäten zu: der Realität in der Vergangenheit und den Realitätsmöglichkeiten in der Zukunft. Es ist als ob das peinliche Ertragen des Gegenübertragungsverlustes den Patienten gestählt hätte zum Ertragen der Unlust, die bezüglich des vergangenen Verdrängung (bezüglich des zukünftigen: phobieartige Lähmungsvorsichten) zur Folge hatte.

Ein anderes, hier noch ungelöstes Problem hängt am Geständnis positiver Übertragungsmöglichkeiten. Jedenfalls ist das Geständnis und die Aussprache auch hier ein gewisser Schutz vor Übertreibung. Allerlei Heimlichkeit, sei es positiver oder negativer Art, macht den Patienten mißtrauisch; er spürt aus kleinen Zeichen (Art des Grußes, Händedruck, der Stimme, der Lebhaftigkeit usw.) das Vorhandensein von Affekten, kann aber ihre Quantität und Bedeutsamkeit nicht abmessen; die aufrichtige Bekanntgabe letzterer gibt ihm die Möglichkeit, mit größerer Sicherheit Gegenreaktionen und Gegenmaßnahmen zu treffen.

Kann und darf der so analysierte Analytiker von Anfang an vollkommen offen sein? Muß er doch nicht auf die Verläßlichkeit, die Tragfähigkeit, das Verständnis des Patienten Rücksicht nehmen? Vorläufig befleißige ich mich diesbezüglich einer gewissen Vorsicht, in der ich in dem Grade nachlasse, in dem sich die Tragfestigkeit des Patienten steigert. Beispiel: Finanzielle Situation desperat; schon vorher jede Zahlung eingestellt, dann auch die Schuld erlassen. Früher einmal eine unüberlegte Äußerung: im Falle der Not, finanziell zu helfen. (Innerlich bald nachher Widerspruch dagegen verbunden mit dem Gefühl: man dürfte sich vom Patienten doch nicht auffressen lassen.) Nachteilige Folge möglicherweise: der Patient vernachlässigte, gestützt auf dieses Versprechen, die Betätigung auch vorhandener Energien und das Benützen realer Möglichkeiten; zugleich ein Versuch, sich statt analytisch, mit Realien helfen zu lassen (Geld, Libido). Weitere nachteilige Folge: innerlicher Ärger gegen den Patienten, den der Patient fühlt aber nicht versteht. Nach der offenen Aussprache: Steigerung des Vertrauens, Annahme des nach Abzug der Übertreibungen betätigten Wohlwollens als solchen und die schon erwähnte Stärkung gegen Unlust.

Nun etwas »Metaphysisches«. Mancher Patient hat das Gefühl, daß wenn solcher gegenseitiger Friede erreicht ist, die konfliktlose Libido auch ohne jede sonstige intellektuelle oder Aufklärungsleistung »heilend« wirkt. Sie verlangten, ich solle nicht so viel denken, ich soll nur da sein, ich soll nicht so viel reden, mich nicht anstrengen, meinetwegen auch schlafen. Die beiden Unbewußten, erhalten so gegenseitig Hilfe: auch der »Healer«[1] empfängt etwas

1 Engl.: Heiler.

Beruhigendes vom Geheilten und umgekehrt. Beide legen Wert darauf, daß dieses Überfließen substanziell genommen wird, und nicht nur psychologisch erklärt werde; beide haben ganz identische Vorstellungen darüber, daß Haß und Feindlichkeit (insbesondere im frühesten Kindesalter) Lebenskräfte aus der Persönlichkeit hinausdrängen und sie ganz vernichten könne (Schock, Angst und ihre lähmenden Effekte). Nicht zu guter letzt wird die Denkfähigkeit durch solchen Druck oder Schlag gestört oder aufgehoben. Die vom Trauma fragmentierte oder atomisierte Seele fühlt sich durch den zuströmenden, von jeder Ambivalenz gereinigten Liebe, wie von einem Klebstoffe umhüllt; Fragmente ballen sich zu größeren Einheiten zusammen, ja die ganze Persönlichkeit mag wieder zur Vereinigung (Einheitlichkeit) gelangen.

Leider wird das so Erreichte nach Ablauf der Stunde zum größten Teil wieder zerstört. Ist daran die Tatsache schuld, daß die Einbildungskraft doch mehr Liebe in uns supponiert hat, als wir in der Tat geben können? Ist an dieser penelopischen Wiederholung von Aufbau und Zerstörung nicht die Tatsache schuld, daß wir eben den Patienten nach Ablauf einer Stunde einfach wegschicken? Die Aussprache darüber ist unerläßlich und mag Abhilfe bringen. Jedenfalls muß unser Ziel sein: den Patienten dazu zu bringen, sich mit allerdings stark mitigierten realen Möglichkeiten (Freundlichkeit, Wohlwollen) zu begnügen, das heißt diese etwas verdünnte Libidolösung auch als Kleb- und Heilstoff anzunehmen.

Subjektives Geständnis. Diese freie Aussprache mit dem Patienten schafft für den Analytiker eine Art Befreiung und Erlösung im Vergleich mit den bisher eingenommenen soz. krampfhaften, anstrengenden Tätigkeitsarten. Gelingt es dann nebst dem auch das von neurotischer Selbstsucht befreite Wohlwollen seitens des Patienten, dem das Verständnis der Unmöglichkeit aufgeht, von uns mehr zu verlangen, so fühlen wir uns für unsere Mühen durch die selbstlose Erwiderung unserer Selbstlosigkeit belohnt. Auch unsere Seele ist ja mehrminder fragmentiert, und bedarf besonders nach den beträchtlichen Libidoausgaben ohne Einnahmen, zeitweise solcher Rückzahlung seitens wohlwollender, geheilter oder in Heilung befindlichen Patienten.

Intellektualität bei jeder physischen Veränderung

Ruhe dieser Tätigkeit wenn von Außen nichts stört. Widerstand (Trotz, Unverständnis) bei jedem Ansturm, Zeit und Raum dadurch bestimmt. Intellekt selbst ist zeit- und raumlos, daher überindividuell. »Orpha«

19. Januar 1932

Fortsetzung mutueller Analyse

Traum von R. N. Frühere Patientin Dr. Gx. forciert ihre welke Brust in ihren Mund. »Es ist nicht, was ich brauche; zu groß, leer – ohne Milch –.« Patientin fühlt, daß dieses Traumfragment ein Gemenge von unbewußten Seeleninhalten des Analysierten und des Analytikers ist. Sie verlangt, der Analytiker möge sich »versenken«, eventuell einschlafen. Die Assoziationen des Analytikers gehen in der Tat in die Richtung eines Kleinkinderereignisses (száraz dajka[1]-Affär im Alter von einem Jahr), unterdess wiederholt Patientin Traumszenen und ihre Deutungen über horrende Ereignisse im Alter von 1½, 3, 5, 11½ Jahren. Der Analytiker vermag zum erstenmal mit jenem Urereignis *Gefühle* zu verknüpfen und damit dem Ereignis das Gefühl eines realen Erlebnisses zu verleihen. Zu gleicher Zeit gelingt es Patientin, viel eindringlicher als bisher, in die Realität jener intellektuell so oft wiederholten Ereignisse zu gewinnen. Auf ihr Verlangen, Drängen, helfe ich mit einfachen Fragen nach, die sie zum Denken zwingen. Ich muß sie als Patientin im Irrenhaus mit ihrem Kindernamen ansprechen und sie zwingen, sich den Sachverhalt, trotz der Peinlichkeit, einzugestehen. Es ist als ob zwei halbe Seelen zu einer Einheit sich ergänzten. Die Gefühle des Analytikers verknüpfen sich mit den Ideen des Analysierten und die Ideen des Analytikers (Vorstellungsbilder) mit den Gefühlen des Analysierten, auf die Weise werden die sonst leblosen Bilder zu Ereignissen und die inhaltslosen Gefühlsstürme werden mit Vorstellungsinhalt gefüllt (?).

1 Ung.: Trockenamme.

Die Einsicht in die Schwächen des Analytikers führt zum Aufgeben übertriebener Erwartungen Nachsicht, Wie könnte ich ihr zeitlebens volles Glück gewähren, wenn ich selber zum Teil ein Kind, d. h. pflegebedürftig bin. Darum wendet sich Patientin an Dr. X., die tatsächlich krank ist. Die aber, falls sie kommt, der Patientin zahlt, während sie mir lange Zeit zahlen mußte und nunmehr auch nur moralische Hilfe bekommt, ohne irgend welche Aussicht auf realere Beglückung. Es ist möglich, daß erst diese unmißverständlich tiefe Einsicht in meine Schwächen meine Tendenz, sie loszuwerden, meinen Entschluß, ihr weder libidinöse, noch Geldhilfe zu schenken (beide Arten von Selbstschutz noch gesteigert durch infantile Traumate: Nurseaffair plus Stubenmädchen).[1]

Als Gesamtresultat beider Analysen faßt Patientin folgendes zusammen: »Ihr größtes Trauma war die Zerstörung der Genitalität; meines war ärger: ich sah mein Leben zerstört durch einen verrückten Kriminellen; meinen Geist zerstört durch Gifte und suggerierten Stumpfsinn, meinen Körper besudelt durch die unzeitgemäßeste, häßlichste Verstümmelung; das Ausgestoßensein aus der Gesellschaft, in der niemand an ihre Unschuld glauben will; schließlich die horrenden Ereignisse des letzten »Gemordetwerdens«.

Unter dem Einflusse der durch die mutuelle Analyse beförderten Illusionszerstörung, gestattet sich die Patientin (oder wird es ihr ermöglicht) Affekte der Heftigkeit und der sexuellen Erregung, die sie bisher zum Bewußtsein nicht zuließ, sich und mir einzugestehen. Eine erregte wütende Szene aus relativ kleinem Anlaß (gegen das Dienstpersonal) und erstmalige Reproduktion von libidinösen Sensationen im Mund und im Genitale im Zusammenhang mit dem traumatischen Ereignis. Allerdings wird noch immer streng an der Isolierung dieser Gefühle von den verpönten Personen festgehalten; in dem Momente als die Leerheit der vermeintlichen Brust (Fellatio) verspürt wird, verschiebt sich das Saugbedürfnis auf das Genitale, aber nur in Form des dort Berührt-werden-wollens (hier das obere Gemeinsame, die Identität zwischen Analytiker und Analysand: beide sind gezwungen worden, sexuell mehr zu tun, resp. mehr zu erdulden, als sie eigentlich wollten). Während in der Realität die verpönten und abgelehnten Genitalvor-

1 Unvollständiger Satz. Soll möglicherweise heißen: ... bewußt gemacht hat.

gänge sich abspielten, spielt sich in der abgespaltenen Psyche eine Masturbationsphantasie mit wunderbarem Inhalte ab, die um so vollständiger sein mußte, je schrecklicher der wirkliche Hergang mit all ihren unsäglichen Leiden war. Ähnlich kompensiert sich der Partner der mutuellen Analyse in der Jugend durch endlose masturbatorische Betätigung, deren Kuriosität an der Ejakulatio usque ad coelum[1] gemessen werden kann.[2]

Ist vielleicht der Zweck der mutuellen Analyse das Finden jenes Gemeinsamen, der in jedem Falle von infantilem Traume sich wiederholt? Und ist das Auffinden, oder Verspüren Dieses die Bedingung für das Verständnis und das Überfließen des heilenden Mitleids?

Zweiter Fall von mutueller Analyse: die Entlarvung der eigenen Angst- und Schuldgefühle ermöglicht erst das Vorhandensein derselben Tendenzen in der Analysierten (Dm) die auf ähnliche Weise alle ihre Situationen im Leben und viele ihrer Analysen verdirbt. Man möchte beinahe sagen, je mehr Schwächen ein Analytiker hat, die ihm zu kleineren und größeren Mißgriffen und Irrtümern verleiten, die dann aufgefunden und in mutueller Analyse behandelt werden, um so mehr Aussicht hat die Analyse auf tiefe und reale Fundierung.

Beginn der Analyse vor Jahren mit möglichster Strenge und Reserviertheit, unnötigerweise noch gesteigert durch das Nicht-gelten-lassen-wollen sozialer Unterschiede. Die Patientin, die mit der Absicht kam, sich in voller Freiheit zu eröffnen, wurde wie paralysiert, wenigstens in ihrem Benehmen. Innerlich voll der Gefühle höchstgradiger Übertragung, von der sie nichts vernehmen ließ. Langsames Auftauen, später entschiedene Fortschritte puncto Vertrauen, insbesondere als sie in großer Not (Geldaffaire) bei mir Schutz und Hilfe, wohl auch Gefühle fand. Dann kam ein Versuch der Verlegung auf eine dritte Person (R. T.), um schließlich nach einem zweiten, gleichfalls von mir mitigierten Trauma (Bruders Tod) in Resignation bei Rückkehr zur Familie und zu den Pflichten zu landen. An diesem Punkte gelingt es, die Patientin vom einseitigen Interesse in Geistern und in der Metaphysik, das aber mit großer Angst verbunden war, zu einem beiderseitigen Interesse zu

1 Lat.: Bis zum Himmel.
2 Siehe für diese autobiographische Stelle auch, *Briefwechsel Ferenczi Groddeck*, Fischer Taschenbuch 6786.

leiten. (Befreundet mit den Geistern, doch auch fähig und geneigt zur Hilfeleistung in der Realität). Was ganz zu fehlen scheint, ist die Sehnsucht nach Sexualverkehr.

In dieser Periode beginnt sich Patientin für die Psyche des Analytikers zu interessieren und zu kümmern. Sie verlangt, er solle sich nicht krampfhaft anstrengen, soll sich nicht genieren, wenn ihm beliebt, einzuschlafen: also ähnlich, wie im Fall Nr. I.

Voraussichtlicher oder zumindest möglicher Ausgang dieses Falles dürfte sein: das Finden des oberen gemeinsamen in frühzeitiger Schädigung der Genitalspähre in Beiden und Verharren oder Regression zur infantilen Zärtlichkeit, deren Parallele im Erwachsenen sein Güte, Helfenwollen, Friedlichkeit ist und in aller Resignation, nach Abzug der aufgezwungenen Kämpfe, Krämpfe zu Leidenschaftlichkeitsausbrüche, als das Wahrwesen gelten zu lassen. Peinlicherweise aber mit philosophischer Resignation, muß man dies zur Kenntnis nehmen und nicht falschen Idealen nachjagen. Mutuelle Analyse wird auch weniger überanstrengend sein, wohl auch mehr Freundlichkeit und Hilfe seitens der Patienten ermöglichen, statt der endlosen, harten allgütigen selbstlosen Einstellungsart, hinter der Übermüdung, Unlust, ja Todesabsichten versteckt sind.

24. Januar 1932

Suggestion, Verängstigung, Oktroierung fremden Willens unter Abspaltung des *integer bleibenden* Eigenen; Analoges bei gewaltsamer Einwirkung von Anaesteticis und von Reizmitteln; »Superego«.[1]

I) R. N. (a) Verführung durch angenehme Versprechungen, und lustvoller Reize, die nach Vollendung drängen; plötzliches Merken, daß ihr etwas Böses angetan wird, mit der Behauptung, es sei »gut«. (Siehe die Arbeit über Kindererziehung in der British Psychological Society: Dem Kind wird eingeredet, daß das gutschmeckende schlecht ist und das unangenehme, gut.) R. N. wurde durch Narkose willfährig gemacht. Die Narkose selbst wird als etwas Lebensfeindliches empfunden und abgelehnt; man kann

1 Engl.: Überich.

eigentlich nur mit Gewalt narkotisiert werden, auch wenn man bewußt seine Einwilligung gegeben hat. Der Wille über Sensationen und Motilität, unbeeinflußt durch Fremdes zu verfügen, wird nie aufgegeben. Man weicht der Gewalt, doch mit Reservatio mentalis; Verdrängung ist eigentlich Verdrängtwerden mit Beibehaltung der ursprünglichen Tendenz (darunter Urteilsbildung, z.B. Widerspruch). Doch wo befindet sich das Verdrängte, was ist sein Inhalt, in welcher Form bleibt es mit den der Gewalt überlassenen Teile des Individuums im Zusammenhang, auf welchem Wege kann die Wiedervereinigung erfolgen? Antwort:

1. Der verdrängte, d.h. der Gewalt weichende Wille befindet sich, dem Gefühl und dem Sprachgebrauch nach, »außer sich«. Der Eigenwille befindet sich irgendwo im physikalischen Sinne »Irrealen« d.h. in der psychischen Realität, als *Tendenz*, der keine Machtmittel d.h. keine organische, auch keine cerebrale Hilfsmittel zur Verfügung stehen, nicht einmal die gleichsam noch physikalischen Erinnerungsbilder; mit anderen Worten, dieser sich integer fühlende und durch keine Macht totzuschlagende Wille befindet sich außerhalb der, im Sinne der gewalttätigen Person und leugnet durch diese Abspaltung fortwährend das er es sei, der die Handlungen vollführt. Hier etwa Einschaltung des Falles B, in dem während der ganzen Tagestätigkeit, die eigentlich höchst unlustvoll, aber notwendig, durchgeführt wird: leises, vor sich Hinsummen einiger Melodien, deren Deutung sowohl nach dem erotischen Charakter und Rhythmus, als auch nach den textlichen Assoziationen, ein fortdauernder stummer Protest gegen die Lebens- und Aktionsweise ist. Eigentlich wurde vom Ich, vom innersten Ich, seit dem Aufdrängen des fremden Willens, fremder Urteile, jede Eigenleistung eingestellt, so lange das Lautwerden des Protestes verhindert ist, d.h. bis zur analytischen Wiederbelebung. Fast alles, was sich seit dem Trauma entwickelte, ist eigentlich Werk jenes anderen Willens, es ist also nicht ich, der es tue. Daher die sonderbare fortwährende Beteuerung von R.N., daß sie keine Mörderin ist, obzwar sie zugibt, die Schüsse abgegeben zu haben.

R.N. – wie es sich mühsam aus hunderten von Einzelanalysen und Symptomen feststellen ließ – fühlt die Einwirkung der Betäubungsmittel als eine kolossale Gewalttätigkeit. Die Betäubungsmittel sind eigentlich *hyperaesthesieerzeugend*, (todesbedrohend) die so hochgradig wirkt, daß die leiseste Berührung schon vor dem Eingriffe jenes »Weichen vor der Gewalt« zustandebringt. Narkose ist also passagere Abspaltung vom Körper, die Operation wird nicht an mir sondern an einem Körper, dem ich früher zugehörte, durchgeführt. Hier anzuführen die Erzählung einer Dame, daß sie im Momente des Narkotisiertwerdens eine schreckliche Unfähigkeit auf Fragen zu antworten verspürte, die fragende Stimme von einer ungeheueren Ferne, wie mehrere Kilometer entfernt, hörte, während der Dauer der Narkose (Aethylmethylbetäubung, die 2 Minuten dauerte) eine unzählige Reihe von Traumbildern, darunter die bereits durchgeführte Operation sah und das beruhigende Gefühl hatte, die Operation bereits überstanden zu haben, während tatsächlich dieselbe noch nicht beendet war. Desgleichen war es für sie eine schreckliche Sensation, das Versinken ins nichts. Nach Rückkehr des Bewußtseins, war ihre erste Bemerkung: »Was ich alles geträumt habe!« Im Falle R. N. wurde Narkose und Suggestion gleichzeitig angewendet. Die eingeleitete Narkose erhöht die Empfindlichkeit gegen jede Gewalttätigkeit, gegen jede Äußerung des Hasses, des Zorns, ja der leisesten Unzufriedenheit, daher die Steigerung der »Suggestibilität«.

Suggestibilität ist also in der Tat das Resultat eines Shocks: Vaterhypnose = Schreck vor Getötetwerden, Mutterhypnose = Schreck vor Verlassenwerden von der Mutter, d. h. Drohung der Zurückziehung der Libido[1]; letztere fühlt sich also ebenso tödlich an, wie aggressive Lebensbedrohung. Doch der schrecklichste der Schrecken, wenn gleichzeitig Vaterbedrohung sich zu Mutterverlassenheit gesellt. Keine Möglichkeit, sich über die erfahrene Unbill auszuweinen oder vor jemand Verständnisvollem Anklage zu erheben. *Da* erst wird die reale Welt, wie sie ist, so unerträglich, das Gefühl der Ungerechtigkeit, der Hilflosigkeit und der Aussichtslosigkeit günstiger Änderung so absolut, daß das Ich sich von der Realität zurückzieht, ohne aber sich selbst aufzugeben. Jeder Schreck ist also eine solche Abspaltung, jede Anpassung geschieht in einem, durch Schreckabspaltung, Ich-Abwesenheit, knetbar werdendem Wesen, neben die Gewalt die eigenen Züge aufdrängt, oder daß sich im Sinne des Willens jener Gewalt verändert.

1 Siehe auch »*Introjektion und Übertragung*«, (1909), »Zähmung eines wilden Pferdes« (1913), »Analyse von Gleichnissen« (1915), alle in: *Schriften zur Psychoanalyse, I*, Fischer Taschenbuch 7316, *Versuch einer Genitaltheorie* (1924), in: *Schriften zur Psychoanalyse, II*, Fischer Taschenbuch 7317; »Männlich und Weiblich«, in: *Bausteine III*, Stuttgart/Bern 1966.

(X) Über Mimikri. Wie drängt sich die Eigenfarbe des Milieus einer Tier- oder Pflanzenart auf? Das Milieu selbst (Eisregion) hat kein Interesse daran, das Fell der Bären weiß zu färben, nur der Bär hat einen Nutzen davon. Es ist aber theoretisch nicht auszuschließen, daß ein höheres gemeinsames, das Individuum und Milieu mit inbegreift z. B. die allgemeine Tendenz der Natur nach Ruhe, als höheres Prinzip, ständig an der Ausgleichung von Differenzen von Gefahr- und Unlustanhäufungen arbeitet; dieses Prinzip läßt das Milieu die Eigenfarbe dem Individuum überlassen und hilft das Individuum die Außenfarbe anzunehmen. Interessantes Beispiel der gelungenen Verknüpfung egoistischer und universeller Tendenzen; Individualkollektivismus.

II. Was ist der Inhalt des abgespaltenen Ich? Vor allem eine Tendenz; wahrscheinlich die Tendenz, die durch den Shock unterbrochene Handlung durchzuführen. Um das tun zu können, das Nicht-zu-Kenntnis-nehmen der Ungerechtigkeit und Behauptung in Form von Wunscherfüllungsvorstellungen am Tage und während der Nacht dessen, was man für gerecht hält. Also immerhin auch Vorstellungsmaterial, doch beschränkt auf Wiederholungs- und Bessererledigungstendenz. Der Inhalt des Abgespaltenen ist also immer: natürliche Entwicklung und Spontaneität, Protest gegen Gewalt und Ungerechtigkeit, verächtliche, vielleicht sarkastische und ironische Gehorsamkeit, zur Schau getragen der Gewalt gegenüber, innerlich wissend, daß die Gewalt eigentlich nichts erreicht hat, sie hat nur Objektives, Entscheidungsformen verändert, nicht aber das Ich als solches; Zufriedenheit mit sich selbst über diese Leistung, Gefühl des Größerseins, Klügerseins als die brutale Gewalt, plötzliche Einsichten in höhere Zusammenhänge der Weltordnung, Behandlung der blinden Gewalt als eine Art Geistesstörung auch wenn die Gewalt erfolgreich ist, Ansätze des Heilenwollens dieser Geistesstörung. Was uns im Geisteskranken als Größenwahn imponiert, dürfte dies als realen und berechtigten Kern enthalten. Der Geisteskranke sieht scharf die Verrücktheiten des Menschen.[1]

1 Erster Entwurf der Gedanken des letzten Aufsatzes Ferenczis, den er für den Wiesbadener Kongreß verfaßt hat: »Sprachverwirrung zwischen den Erwachsenen und dem Kind«, op. cit. Gemäß dem darin beschriebenen Mechanismus hatte dieser Vortrag möglicherweise in den damaligen analytischen Kreisen eine Art Schockwirkung.

26. Januar 1932

Über Langweile. Ausruf einer zu Tode Gelangweilten: »Everything is lost except killing!«[1] Dies im Zusammenhang mit Beobachtungen an katatonischen Schizophrenen führen zur Annahme, daß die Katatonie, u. zw. sowohl in der relaxierten als auch in der rigiden Form, die Gesellschaft vor kolossaler Aggressivität schützt. Ähnlich wie in leichteren Fällen, die lokalisierte hysterische Lähmung meist Tötungs-, Rache- oder Strafhandlungen und -absichten deckt, so ist die universelle Ablenkung vor jeder motorischen Tätigkeit etwa Contrepart zu einer epileptischen Attacke mit Zerstörungs- und Selbstvernichtungsabsichten.

Was heißt, sich langweilen: tun zu müssen, was man haßt, und nicht tun können, was man möchte; jedenfalls eine Duldersituation. Schwierig und pathologisch werden die Fälle, wenn der Gelangweilte bewußt nicht mehr weiß, was er möchte und was er nicht mag. Beispiel: Kleiner Knabe quält ohne Unterlaß seine Mutter: Mutter, gib mir etwas! Was denn? Ich weiß nicht. Ein tieferes Eindringen in die Wünsche und die Unlustempfindungen des Kleinen würde hier Aufschluß gebracht haben. Analogie aus der Poetik: Vörösmarty's »Petike«.[2]

Tätigkeitsdrang oder gar Zwang ist die Flucht vor dem peinlichen Gefühle des Gelangweiltseins, richtiger, vor der totalen Hemmung durch entgegengesetzte Tätigkeitsrichtungen, mit Sieg des Passivismus, oder des Negativismus. Keine Schizophrenie kann geheilt werden ohne strenges Verbieten aller Manirismen (auch die Tics müssen »aktiv« behandelt werden). Was ist die Ursache der fürchterlichen Angst und Flucht vor jener Leere? Mögliche Antworten: Hinter dieser Leere steckt das ganze Erlebnis oder die Reihe von Erlebnissen, die zu jener Unfähigkeit führten, peinliches Gereitzwerden, Wut- und Abwehrtendenz, Gefühl der Hilflosigkeit, oder Angst vor der Möglichkeit nicht gutzumachender Wut- und Aggressionsausbrüche. Im äußersten Falle zieht sich die Tätigkeit auch von den Denkakten zurück. Was als Tätigkeitsfeld übrig bleibt, ist gedankenloses Spielen mit oder Spielenlassen von Kör-

1 Engl.: »Alles ist verloren, außer dem Töten.«

2 Vörösmarty, Michel (1800 – 1855), ungarischer Dichter und Schriftsteller, nahm, wie Ferenczis Vater, an der Revolution von 1848 teil und mußte, nach dem Sieg der Österreicher, einige Zeit versteckt leben.

perorganen (sich kratzen, Schnurbartdrehen, »malmozni«[1], Wippen mit den Füßen), nicht zu guter letzt irgend welche masturbatorische Genitalbetätigung. Von hier aus ein Weg zum Verständnis des Kotschmierens und der Daueronanie der Idioten und Katatoniker. Zeitlich ausgedrückt, erfolgt die Regression der Libido auf früheste noch ungestört gewesene d.h. spontane Äußerungsformen. Eine scheinbare Restitution ist die rein mechanische Überbesetzung des Negativismus oder der Apraxie mit rein mechanischer, auch sozial möglichen Rutinbetätigung.

Eine andere Art, diese Zustände zu definieren, wäre etwa (wie schon anderwärts gesagt) scheinbares Weichen vor der Gewalt, dabei unbewußte Betätigung fortdauernden Protestes und Betonung der Spontaneität in den Stereotypien und in den bewußten oder unbewußten Tagträumen oder Tagesphantasien. Der ungeduldige Mensch tötet mit seinem Klavierspiel. Hinter der scheinbar exakten Arbeitstätigkeit einer Dame, fanden sich fortdauernde Melodien, deren sie nur ausnahmsweise bewußt ward.

28. Januar 1932

Hysterische Verdrängung, Konversion; Entlarvung ihrer Genese bei der kathartischen Retroversion

(Patientin B.), in deren analytisch rekonstruierten Vorgeschichte incestuöse Vergewaltigung mit großer Sicherheit anzunehmen ist, pflegte in einer relativ frühen Zeit der Analyse beinahe halluzinatorisch erlebte kathartische Abreaktionen der verdrängten traumatogenen Ereignisse zu produzieren. (Eigentlich schon bei der ersten Session, angeleitet durch den »Eitraum«, volle Reproduktion der Empfindungen: Riechen des Alkohol- und Tabakgeruchs auch im Munde des Angreifenden, gewalttätige Verrenkung der Hände am Handgelenk, Fühlen des Versuchs die Last eines Riesenkörpers abzuwälzen (mit der Handfläche); fühlen des Gewichts auf der Brust, Verlegung der Atmung durch Kleiderstoff, Suffokation, gewalttätige Reizung (Abduktion) der unteren Extremitäten, schmerzhafteste Gefühle im Abdomen mit ausgesprochenem

1 Ung.: Daumendrehen.

Rhythmus, Gefühl von Leakage[1], zum Schluß Gefühl von Liegen wie angenagelt an den Boden, nicht enden wollendes Bluten, Ansicht eines böse dreinblickenden Gesichts, dann nur Ansicht männlicher Riesenbeine, Kleid in Ordnung bringend und sie liegen lassend. Vorgeschichte Einladung in ein entlegenes Zimmer, Atelier, Davonrennen mit Schreck, Eingeholtwerden im Garten.) Trotz der Eindringlichkeit und Gefühlstärke des kathartischen Erlebnisses, nachher bald oder unmittelbar Gefühl der Unwirklichkeit des ganzen. (Deutung: Unwahrscheinlichkeit, Schmerzhaftigkeit, Angst vor Folgen [Mutters Unglück, Vaters Selbstmord, Gravidität, Schande, Angst vor Gebären], darum die ganze Sache nicht wahr. Dunkle Idee von 1) sich in Ordnung bringen in einem Badezimmer, 2) Beruhigtwerden durch die Nurse).

In weiterer Folge der Analyse, lange Perioden äußersten Mißtrauens und Widerstandes gegen mich. Ganze Stunden vergehen mit Anklagen, Verdächtigungen. (Schwindelhaftigkeit – finanziell und sexuell – Trägheit, Langsamkeit, vielleicht aus denselben Gründen, zwischendurch plötzliche Erleichterungen, dann wieder Rückfälle.)

Endlich Einsicht in den Widerstandscharakter der analytischen Einstellung, Entschließung zu wirklicher Relaxation, jedesmal gefolgt von einer Reihe depressiver Erscheinungen. Statt der früheren lärmenden Vorgänge, Erblassen, Kühle der Haut, sehr oberflächliches Atmen, kaum merkbar, Puls unregelmäßig und schwach. Wenn gefragt, Klagen über Schüttelfrost, Stimme ungeheuer leise, steigender Kopfschmerz. Solche Zustände dauern, wenn nicht unterbrochen, eine oder mehrere Viertelstunden lang.

In mehreren Seancen verlangte Patientin, ich solle sie doch nicht so liegen lassen, ich müsse in diesen Zuständen irgend wie eingreifen, etwas mit ihr »tun«. Dieser Weisung folgend, trachtete ich, z. B. heute, ohne die Patientin aus der Relaxation und dem Leidenzustand aufzurütteln, mit ihr eine einfache Konversation anzubahnen, was auch gelang. Sie erzählte zuerst (eigentlich auch schon vor der Halbtrance) von ihrer Schlafstörung und heute etwas ausführlicher, über ihr sogenanntes Bumping.[2] Jahrelang konnte sie als Kind nicht einschlafen, ohne vorher den Kopf unzähligemale in hockender Stellung, mit ziemlicher Gewalt, immer in der Stirnge-

1 Engl.: Ausfluß.
2 Engl.: stoßen.

gend, an die Matratze anzuschlagen. Sie zählte die Schläge je hundert mit den Fingern einer Hand, d. h. tausend mit beiden Händen. Manchmal zählte sie bis 3000 um plötzlich in allertiefsten Schlaf zu versinken. Sie mußte, mehr erwachsen, diese Prozedur aufgeben, scheint aber dafür analoge unmerklichere Ersatzgebilde geschaffen zu haben: endlose Male wiederholte Melodien; einen endlos langen Ton, der zeitweise in einen höheren Ton überschlägt, dann nach einer Weile immer höher und höher steigt, so aber, daß das Ansteigen ruckweise oder wellenartig geschieht. Gelegentlich z. B. heute, nahm der Anstieg räumlichen, graphischen Charakter an. Heute speziell entsprach oder ähnelte das Steigen dem Weg von ihrer Wohnung zu meiner. Jede Steigung auf dem Hügel wurde als Steigerung erlebt, um oben auf dem Hügel, vor meinem Hause angelangt, in eine Ebene auszulaufen, die dem Erreichen des Zieles und damit dem Einschlafen entsprach.[1]

Als ich ihr all dies in dem genannten Zusammenhange auf Grund ihrer Mitteilungen vorerzählte, steigerte sich plötzlich die allgemeine Kälte, auf Drängen erzählte sie mir dann von verschiedenen Paraesthesien. Außer der Kälte fühlt sie nur das Umklammertsein beider Handgelenke in der angegebenen verdrehten Stellung. Auffällig war die auch früher gelegentlich bemerkte Hyperaesthesie des Kopfes. Die leiseste Berührung, auch die Erschütterung des Sofas empfand sie als ungeheuerlich schmerzlich. An beiden Seiten des Brustkorbes fühlt sie einen Druck, wie den Druck zweier Ellbogen. Plötzlich allgemeines Glühen der oberen Körperhälfte, von der unteren sagt sie aus: Ich weiß, daß dort ein Schmerz ist, aber ich fühlte ihn nicht! Experimentell feststellbare Hyperaesthesie der oberen Körperhälfte (wahrscheinlich mit Hypaesthesie der unteren; diese wurde aber nicht geprüft.) Nach Erklärung der Verdrängung aller Empfindungen nach Oben und nach der Voraussage, daß das Bewußtwerden der Zusammenhänge es nun ermöglichen, daß die Erregung in die ursprüngliche und reale Lokalisation zurückfließt, (ich benützte den Vergleich, daß ich ihre Gefühle wie aus einem Schwamm von oben nach unten zurückpresse) begann sie plötzlich heftige Schmerzen in der Genitalregion zu verspüren.

1 Ferenczis Haus stand – genau wie hier beschrieben – auf der Höhe eines Hügels, die ziemlich steile Straße, die vom Tale hinaufführte, hörte etwa 20 bis 30 Meter vor dem Haus auf zu steigen (M. Balint).

Die Verlegung der Reizreaktionen nach oben, ermöglicht das Loswerden von der Sorge, die Erlebnisse seien Realität. Das Kopfanschlagen, die endlosen Melodien, der Kopfschmerz, den all das verursacht, verschiebt den Schmerz auf eine harmlosere Stelle. Schmerz ist also relativ schmerzmildernd, wenn die Lokalisation verschoben wird an eine moralisch weniger bedeutsame und sicherlich irreale Körperstelle. Hier wieder eine bedeutsame Quelle des Masochismus: Schmerz zur Linderung anderer, größerer Schmerzen.

Analog mit der »Schwindelempfindung am Schluß der Analysenstunde«[1] fühlt Patientin, daß nach plötzlichem Abbrechen des Kopfanschlagens, oder des Hügelsteigens, die einmal eingeleitete und festgehaltene Bewegung im Kopfe automatisch weiterläuft und Schwindelempfindung verursacht. Diesem Schwindel entspricht das plötzliche Sinken in Konfusion und Unbewußtheit.

31. Januar 1932

Die Versandung der Katharsis und ihre Abhilfe

Man würde glauben, daß die endlose Wiederholung des traumatischen Erlebnisses in der Analyse unter Hervorhebung bald des einen, bald des anderen Momentes, schließlich mosaikartig zur Vereinigung, zu einem Gesamtbilde führt. Das geschieht nun tatsächlich, aber nur mit dem Gefühle spekulativer Rekonstruktion, nicht aber mit dem der Überzeugung von der Wirklichkeit der Vorfälle. »Etwas« muß hinzukommen, was die intellektuelle Koherenz zu einer Denkmöglichkeit oder Denkwahrscheinlichkeit umwandelt in die solidere Zusammengehörigkeit als denknotwendige oder gar evidente Wirklichkeit.

Vorläufig habe ich nur zwei Erklärungsfaktoren oder Bruchstücke zur Erkenntnis dieses Etwas. 1) Die Patienten scheinen an der Wirklichkeit eines Vorfalles nicht oder nicht voll glauben zu können, wenn der Analytiker als einziger Zeuge der Vorfälle seine kühle affektlose, wie sich die Patienten gerne ausdrücken: rein intellektuelle Haltung beibehält, während die Vorfälle solcher Art

1 In: *Bausteine II*, op. cit., S. 29.

sind, daß sie in jedem Anwesenden Gefühle und Reaktionen der Revolte hervorrufen müßte, der Angst, des Schrecks, der Rache, der Trauer und Intentionen zum raschen Hilfebringen, zur Beseitigung oder Vernichtung der Ursache oder des Verursachenden, und da es sich meist um ein Kind, ein verletztes Kind handelt (aber auch abgesehen davon), Gefühle des liebevollen Beruhigenwollens, etc. etc. Man hat also die Wahl: entweder *die Rolle*, in die man sich als wohlwollend und hilfsbereit Zuschauender versetzt, wirklich ernst zu nehmen, d. h. sich mit dem Patienten tatsächlich in jene Vergangenheit zu versetzen (was von Freud mir als unerlaubt vorgehalten wurde), mit dem Ergebnis, daß wir und der Patient beide an die Wirklichkeit glauben; u. zw. einer gegenwärtigen, vorläufig nicht in die Vergangenheit versetzten Wirklichkeit. Der Einwand gegen solches Verhalten würde lauten, wir wissen doch, daß die Sache, soweit sie wahr ist, sich nicht jetzt abspielt. Wir sind also unehrlich, wenn wir die Ereignisse dramatisch sich abspielen lassen, ja im Drama mitagieren. Stellen wir uns aber auf diesen Standpunkt und wollen wir gleich von Anfang an die Ereignisse als Erinnerungsbilder und derzeit irreal vor den Patienten hinstellen, so folgt er uns zwar in dieser Denkarbeit, bleibt aber im Intellektuellen stecken, ohne das Gefühl der Überzeugung zu erlangen.[1] »Es kann nicht wahr sein, daß mir all das zugestoßen sei, sonst würde man mir zur Hilfe kommen« und der Patient zieht es vor, an der Richtigkeit seines Urteils zu zweifeln, als an der Gefühlskälte, dem Mangel an Intelligenz, einfacher ausgedrückt, an unsere Dummheit und Schlechtigkeit zu glauben. Ähnlich sind eben auch die seelischen Vorgänge nach dem Erwachen aus dem Trauma gewesen. Unmittelbar nach den Ereignissen (meist im Kindesalter), hätte dem von Shock betroffenen noch geholfen werden können. Der Erschütterte ist intellektuell so konfus, daß er über die Vorfälle nichts Sicheres aussagen kann. (Hier vergleichsweise anzuführen die retroaktive Amnesie nach Gehirnerschütterung.) Der in der Denkarbeit so Gelähmte muß anknüpfend an die vagen

1 Ferenczi beschäftigte sich bereits seit 1913 mit dem Problem der verschiedenen Überzeugungsstufen. Siehe dazu den Vortrag für den 4. Kongreß der Internationalen Psychoanalytischen Vereinigung in München: »Glaube, Unglaube und Überzeugung« (1913), in: *Schriften zur Psychoanalyse*, I, op. cit. Viele der technischen Experimente Ferenczis späterhin zielen darauf ab, die günstigen Bedingungen zu schaffen, damit der Patient zu solcher Überzeugung gelangt, die Ferenczi als die einzig therapeutische betrachtete.

und schwachen Erinnerungsbilder oder deren Fragmente zur Denkarbeit angeregt werden. (Hier ausführlicher zu erzählen, wie R. N. aus dem Dusel sofort erwacht, wenn mehr als die einfachste Denkleistung gefordert wird.) – Es scheint, daß an diesem Punkte der Analyse sich etwas aus der Vorgeschichte wiederholt. In den meisten Fällen infantiler Traumata haben die Eltern kein Interesse daran, dem Kind die Vorfälle einzuschärfen, im Gegenteil, fast allgemein wird Verdrängungstherapie geübt: »Es ist gar nichts« »nichts geschehen«, »denk nicht mehr daran«, »katonadolog«[1], doch nicht einmal geredet wird über Vorfälle von irgend wie häßlicher z. B. sexueller Natur. Solche werden einfach totgeschwiegen, leise Andeutungen des Kindes nicht zur Kenntnis genommen oder gar als unbillig abgelehnt, u. zw. mit voller Einmütigkeit der Umgebung, und mit solcher Konsequenz, der gegenüber die Selbstbehauptung des Urteils bald nachgibt.

Es bleibt dem Analytiker nichts übrig als dem Patienten Rede zu stehen über die eigenen realen Gefühle und z. B. eingestehen, daß man von persönlichen Schwierigkeiten belastet oft nur mit Mühe das Interesse aufbringt, dem Patienten zuzuhören. Weitere Geständnisse: der Arzt übertreibt die Gefühle der Freundlichkeit, lächelt freundlich und meint: der Teufel soll dich holen, du hast meinen Mittagsschlaf gestört, oder: heute habe ich schlecht geschlafen, meine Verdauung ist nicht in Ordnung, dann: wie der Widerstand dieses Patienten ist unerträglich, am liebsten möchte ich ihn hinauswerfen. Im Prinzip muß natürlich solche Vermutung des Patienten als möglich hingestellt werden. Es scheint aber, daß sich viele mit dem Wissen der Möglichkeit nicht begnügen, sie wollen die Wirklichkeit wissen. – Es mag auch vorkommen, daß der Patient auf die Idee kommt, oder zur Realisierung der Idee aufgemuntert werden muß, daß ein Teil der Schwierigkeit sich uns in seine Lage zu versetzen und unsere Unlust oder Unfähigkeit wirklicher Zuschauer jenes Dramas zu sein, durch noch bestehende ungelöste, unkontrollierte, oder ganz unbewußte Eigenkomplexe des Analytikers verursacht sind. – Tatsächlich müssen wir Analytiker uns eingestehen, daß wir dem scharf kritischen Blicke unserer Patienten, besonders wenn wir ihn zur Entfaltung bringen, viel Einsicht in Eigenheiten oder schwache Punkte des eigenen Charakters verdanken. Ich weiß noch von keinem Falle

1 Ung.: Ein Soldat schafft es schon.

von Lehranalyse, die Meinige mitinbegriffen, die so vollständig gewesen wäre, daß solche Korrekturen im Leben und während der Arbeit vollkommen unnötig wären. Es fragt sich nur, wie weit solche »mutuelle Analyse« gehen darf und soll. Natürlich erhebt sich der Verdacht, der Patient benützt nur die Gelegenheit, die Aufmerksamkeit von sich selbst abzulenken und in paranoider Weise nach Komplexen im Analytiker zu fahnden, sich zum Doktor, und den Analytiker zum Patienten machend. Doch auch das ist nicht unbedingt abzuweisen. a) Auch im Falle der Paranoia muß ja vor allem nach dem Körnchen Wahrheit gefahndet werden, die in jeder Wahnidee steckt. b) Es darf nicht von der Hand gewiesen werden, daß auch die Gewohnheit der Analytiker, die Hindernisse stets im Widerstand des Patienten zu suchen, gleichsam in paranoider Weise d. h. wahnhaft, zur Projektion, oder zur Verleugnung von Eigenkomplexen nicht mißbraucht wird.

Sonderfall von R. N. Die ersten wirklichen Fortschritte im Sinne der Überzeugung des Patienten, geschahen im Anschlusse an wirklich emotionell gefärbte Analysenfragmente, ziemlich methodisch durchgeführt am Analytiker, mit dem Nachweis affektiver Übertreibung und fast unerträglicher Mehrleistung mit entsprechenden Haßgefühlen der Patientin gegenüber, zugleich rückbeziehbar auf höchst peinliche und nur rekonstruktiv erfaßt gewesene Mehrleistungen im Jugend- und Kindesalter als Kompensation ganz bedeutsamer Traumata.[1] Die den Analytiker charakterisierende Abneigung jeden Rollenspielens, die Ablehnung von Affekten als »Affektieren«, baldige Folge Auftreten von »schwächlichen« Gefühlsausbrüchen (Trauer, Erschütterung, Bedauern, Niederbruch mit Tränen im Auge), als Gegensatz zur früheren Gefühlskälte. *Im selben Momente* Auftauen des Patienten, Aufsteigen des Gefühls in ihm, daß ich sein Leiden endlich verstanden habe (d. h. fühlte) hierauf viel sichereres Gefühl a) der Wirklichkeit der eigenen Begebenheiten, b) des Kontrastes zur Gegenwart zurzeit der Vorgänge: vollkommenes Alleinsein statt der Möglichkeit der Mitteilung und des wohlwollend Angehörtwerdens.

Selbstverständlicher Einwand, man könne sich von jedem Patienten nicht analysieren lassen! Ob und was ich auf diesen Ein-

1 Was Ferenczis Jugend und die verschiedenen uns bekannten Traumen betrifft, siehe das Vorwort zum *Ferenczi-Groddeck Briefwechsel*, Fischer Taschenbuch 6786.

wand werde antworten können, ob es nur Spezialfälle sind, in denen ohne solche Vertiefung der analytischen Situation nichts zu erreichen ist, bleibt abzuwarten.

2) Nach Ausschaltung der Hindernisse seitens des Analytikers, die die Grenzen der Hilfeleistung sichtlicher vor Augen bringt, sieht sich der Patient gezwungen, sich um andere Existenzmittel umzusehen; diese sind aber nur auf dem Wege der wirklichen Gesundung zu erreichen. Der Heilungswille, d.h. der Wille zur Einsicht in die peinliche Realität (auch in der Vergangenheit), wurde[1] durch das Erdulden der Desillusion vom Analytiker doch mit freundlicher, nicht trotziger Annahme dessen, was wirklich geleistet werden kann[2]; führt zu analogen Besetzungsänderungen im bisher unbewußten, weil unerträglichen Erinnerungsmaterial.

Nach Aufklärung übertriebener Mehrleistungen seitens des Analytikers, kommt es meistens auch zur Abrechnung mit dem übertriebenen Teile der Übertragungsgefühle und dem Lautwerden von Mißfallen verschiedener Art, das immer noch unausgesprochen blieb. Schlußergebnis der Analyse der Übertragung und Gegenübertragung mag die Herstellung einer wohlwollenden, unleidenschaftlichen Atmosphäre sein, wie sie vortraumatisch bestanden haben mag.

Die Durchführung des Vergleiches der »kathartischen Versandung« in den einzelnen Fällen muß nach diesen Allgemeinheiten versucht werden.

2. Februar 1932

Ein Dilemma der mutuellen Analyse

1) Patient drängt zur Durchführung der Analyse des Analytikers fühlend, daß Hindernisse in ihm es unmöglich machen, jene innere Freiheit der Libido zu erlangen, ohne die die analytisch schon hunderte Male rekonstruierten Fragmente nie zu einer Einheit zusammengeschweißt werden, insbesondere zerreißt un-

1 Unvollständiger Satz. Nach M. Balint sollte das Wort »verstärkt« ergänzt werden.

2 Unvollständig. Nach M. Balint sollte hier »all dies« eingefügt werden.

mittelbar nach der kathartischen Reproduktion deren Inhalt in gesondertes Fühlen und Sehen (Wissen), ohne je zu einer mehr als momentanen Vereinigung zu kommen.

2) Nach Überwindung vieler persönlicher und rein theoretischer (technischer) Widerstände, Entschluß des Nachgebens auch hierin. Mit Ausnahme ganz weniger Momente, wird alles mitgeteilt, unter Einhaltung einer gewissen Rücksicht auf die Empfindlichkeit des Patienten. Die Ambition des letzteren drängt zu mehr und mehr offenen Assoziation; endlich ist die Gelegenheit da, die Rücksichten gegenüber dem Patienten fallen zu lassen. Insbesondere bisher zurückgehaltene Kritik wird laut. Das Ärgerlichste für den Patienten, ja beinahe tragisch wirkend, ist die Tatsache, daß sich die durch die Patientenanalyse tatsächlich angeregte Zärtlichkeitsbewegung eine andere Richtung bahnt. In der drauffolgenden Stunde, Mitteilung über Maßnahmen zum Abbruch der Analyse, zum erstenmal verbunden mit einem fertigen Plane: Reise zu einer liebevollen Verwandten, deren Intuition und persönliche Sorge dem Patienten grade das bietet, was er bei mir vermißt: Liebe und Zärtlichkeit.

3) An diesem Dilemma scheint die Analyse zu scheitern, als Rückzugsbrücke bietet sich nur das sich beim Analytiker zeigende Bedauern über diesen Ausgang und die auf Grund der eigenen Erfahrung gewonnene Einsicht, dem traumatisch Betroffenen, soll der Prozeß anders ausgehen als ursprünglich, muß in der Realität etwas geboten werden, mindestens soviel Fürsorge, oder deren wirkliche Intention, wie sie ein traumatisch schwer betroffenes Kind haben muß. Allerdings scheint es, daß sogar das so betroffene Kind als Gegenwert und Gegengewicht des Leidens ungeheure Quantitäten und auch Qualitäten der Liebe fordert. Wird ihm das nicht geboten, so verbleibt es beim stummen, stolzen Dulden, und wenn nicht mindestens ein Mensch da ist, dem er sich eröffnen kann, so schwebt es in majestätischer Einsamkeit über den Begebenheiten, während in den Symptomen, Alpträumen etc. und in den Trancezuständen die Leidensprozesse sich abspielen ohne eine Spur von Überzeugung zu hinterlassen.

4) Als Parallele bietet sich ein zweiter Fall von ganz erschrekkend gefahrdrohend aussehendem spontanem Versinken in Trance (tödliche Blässe, Atmung fast nur höchst oberflächlich, einsinkende Augen etc.) Das peinlichste ist das Ende der Stunde, wo ich bemüßigt bin, Patientin inmitten dieses Zustandes mit wenigen

Abschiedsworten zu verlassen, entweder sie zum Abschied drängend, oder es ihr gestattend, für wenige Minuten allein liegen zu bleiben. Beim letzten solcher Anlässe sagte sie: »You could at least tell me that I am a good girl,«[1] was ich denn auch tat, also auch hier das Verlangen nach Zärtlichkeit (der vorerwähnte Patient sagte tags darauf: ich hätte wenigstens für kurze Zeit ihm die Chance geben sollen, wieder zum Analysierten zu werden, um die schreckliche Erschütterung verursachende Mitteilung anderwärts gerichteter Libido einigermaßen zu mildern. Beiden Fällen ist ferner gemeinsam: a) der unerläßliche Stolz über die fast übermenschliche Leistung, b) Gefühle der Explosion ins Universum mit Bildern von überaus leuchtenden Gestirnen, im Falle 1) halluzinationsartige, scheinbar unzusammenhängende Bilder und Worte, wie: »I am a universal egg«[2], d. h. sie ist das Zentrum der Welt und hat das ganze Universum in sich einbezogen. Natürlich wird jeder sagen, das ist Größenwahn, doch der Patient sagt darauf, wer nicht dort war, weiß nicht, wie sehr die Verrückten recht haben, und wie beschränkt die gescheiten Leute sind. Es ist jedenfalls angezeigt, will man etwas von Geisteskrankheiten und vom traumatischen Shock verstehen, nicht so bald die rationalistische Waffe gegen solche Behauptungen zu zücken, sondern an das Körnchen Wahrheit zu denken, die grade in dem auswärts gerichteten hypersensiblen Geistesgestörten in sozusagen mediumistischer Art vorhanden sein mag. Jedenfalls bieten sie nicht nur Möglichkeit zum Einblick in den Seeleninhalt des zersplitterten Unbewußten, sondern auch in die Art und Weise dieser Zersplitterung selbst. Ob man auch weitergehen darf und auch nach übermateriellen, metaphysischen Intuitionen in Form und Inhalt der Geistesstörungen zu fahnden (ähnlich wie die Physiker, die schließlich Substanzen ganz in Energie auflösen lassen), bleibt jedem dahingestellt.

1 Engl.: »Sie könnten mir zumindest sagen, ich sei ein braves Mädchen.«
2 Engl.: »Ich bin ein Weltei.«

4. Februar 1932

Zur Psychogenese des psychischen Schocks (B.)

Infolge einer gewissen Müdigkeit meinerseits, ließ ich heute die Patientin in ihrer relaxierten Stellung und Stimmung ziemlich lange ungestört, während ich sonst die beanstandbare Gewohnheit habe, mich speziell mit dieser Patientin zeitweise in ein Gespräch und Diskussionen einzulassen, die sie zeitweise mit einem energischen »shut up«[1] abzuwehren hat. Doch auch wenn sie in Halbtrance verfällt, unterbrach ich dies meist recht bald, indem ich nach Erklärung, Aufklärung verlangte und Deutungen gab; die beängstigenden Symptome, Atemnot, Aussetzen von Puls und Atmung, Blässe, Kälte, Angstschweiß, etc. etc. pflegten mich gleichfalls zu veranlassen, um Leiden zu sparen, die Patientin sozusagen aufzuwecken. All dies geschah diesmal nicht; die Symptome verstärkten sich und ich ließ sie ungestört bestehen und ablaufen. Nach etwa 10 Minuten begann Patientin zu stöhnen, d. h. über ihren Zustand und ihr Fühlen etwas mitzuteilen. Daraufhin forschte ich nach dem Hergang ihrer Erlebnisse während der Geistesabwesenheit mit Anzeichen des Leidens. Sie gibt an, ihre Atmung verflachte sich mehr und mehr, sie dachte an gar nichts Inhaltliches, sie verspürte nur kolossale Konfusion, heftigsten Kopfschmerz in der Nackengegend (dieselbe Lokalisation wurde von ihr und von anderen Trancepatienten schon früher oft angegeben). Das leiseste Geräusch, die sanfteste Berührung erscheint in diesen Momenten unerträglich ohne daß Patientin angeben könnte, warum. Befragt, welche Gemütsbewegungen sie in diesem Zustande verspürt, antwortete sie: unermeßlichen Zorn, unaussprechliche Wut, nur töten, töten, töten! (Zunächst nur mich, da ich es war, der ihre Ruhe störte.) Antwort meinerseits: »Da Sie über die Ursache des Zorns und der Wut nichts aussagen können, sind wir nur auf die Vermutung angewiesen, daß Außenweltseindrücke im Unbewußten erhalten und reproduziert werden, die jenem Quantum und jener Qualität von Gemütsreaktion entsprechen. Ja man muß annehmen, daß das, was Sie nicht fühlen oder wissen, oder erinnern wollen, noch viel ärger ist als die Symptome, in die Sie sich flüchten. Die neurotischen Leiden sind relativ weni-

1 Engl.: »Halt's Maul!«

ger schmerzhaft als die körperlichen und seelischen Leiden, die man durch sie erspart. Jedenfalls ermuntert das Experiment, daß ich dem Zufall verdanke, zu zielbewußter Wiederholung.«

Meine frühere Vermutung von einer doppelten, subjektiv narzistischen und objektiven Erinnerungsreihe mit Betonung bald des einen, bald des anderen, gestattet Einblick in die Formation hysterischer Symptome. Gelingt es, die ganze Aufmerksamkeit auf den subjektiven Vorgang während des Affektablaufs zu konzentrieren, so ist die Objektseite des Wahrnehmungssystems vollkommen leer, unbesetzt. Großer Schmerz wirkt in diesem Sinne narkotisierend, ein Schmerz ohne Vorstellungsinhalt ist für das Bewußtsein unerreichbar. (Nicht unmöglich, daß jede Narkose eigentlich solche Hypersensibilität ist.) Hier ist auch die Frage der Existenz von objektlosem Fühlen im positiven Sinne beantwortet. Diese Subjektivitäten können im Trancezustand erreicht werden: Gefühl von Erstickung, von subjektiven Gehörs- und Gesichtswahrnehmungen ohne Inhalt und Form, Schmerzen verschiedenster Art. Gefühl von Vergehen, Zerspringen etc.

Sind aber auch die vom Subjektgefühl beraubten Objektvorgänge irgend wie registriert und wiederauflebbar? Von der Beantwortung dieser Frage hängt es ab, ob das Trauma in der Wiederholung wirklich als Erlebnis resp. Erinnerung zu haben sein wird. Hier einzufügen der Witz vom telefonierenden Schuldner, der auf das Geschimpfe des Gläubigers mit dem Ausrufe antwortet: Welch wunderbare Erfindung des Telefon ist! Man hört jedes Wort. Wichtiger Wink: man soll sich vom Leiden nicht imponieren lassen resp. das Leiden nicht vorzeitig unterbrechen; siehe auch meine Versuche bei Epilepsie.[1]

14. Februar 1932

Zur »Bejahung« der Unlust[2]

Wenn es gelingt, die in Wirklichkeit bestehende Unlustsituation in eine vorgestellte oder wahrgenommene größere Einheit als et-

1 Siehe »Über den Anfall der Epileptiker«, in: *Bausteine III*, op. cit.
2 Siehe »Das Problem der Unlustbejahung«, in: *Schriften zur Psychoanalyse, II*, op. cit.

was Unvermeidliches, ja Denknotwendiges philosophisch einzufügen, besonders aber wenn es gelingt die Libido auf diese größere Ordnungseinheit zu übertragen, so kann das Unlustgefühl schwinden, trotzdem ihre Ursachen bestehen bleiben, ja jene Einordnung und die Einsicht in dieselbe mag so lustbetont sein resp, werden, daß sie als Anziehungskraft wirkt. Möglicherweise liegt darin ein Element oder Faktor der masochistischen Einstellung.

Die »Heilung« des masochistischen Zwanges könnte folgendermaßen vor sich gehen: So lange jene optimistisch zu nennende Einordnung unbewußt ist, hat sie, entsprechend den Primärvorgängen im Unbewußten, die Tendenz, sich an jede Art von Unlust anzuhängen, auch an solche Arten, die im Realen jene optimistische Einschätzung nicht verdienen. Wenn es aber der Analyse gelingt, das Unlustvergnügen auf die spezielle im Realen wirklich gewesene Situation bewußt zurückzuführen, dann mag jener Zwangscharakter des Masochismus aufhören, dafür aber die rationell gerechtfertigte Fähigkeit, Unlust um des zu erwartenden zukünftigen Vorteilswillen zu ertragen. Je stärker und je zerstörender das Leiden ist, vielleicht auch: je frühzeitiger, daher richtunggebender es erduldet werden muß, ein umso weiterer Kreis von Interessen muß um den Leidensmittelpunkt gezogen werden, um es als sinnvoll, ja naturnotwendig, zu empfinden.

Zum Beispiel (um gleich das Unwahrscheinlichste vorwegzunehmen): Ein hilfloses Kind wird maltraitiert, z.B. durch Hunger. Was geschieht, wenn das Leiden sich steigert und die Fassungskraft des kleinen Wesens übersteigt? Der Sprachgebrauch bezeichnet das, was darauf folgt, mit dem Ausdruck »das Kind gerät *außer sich*«. Die Symptome des Außer-sich-sein (von außen gesehen) sind: Reaktionslosigkeit puncto Sensibilität, allgemeine Muskelkrämpfe, oft nachher allgemeine Paralyse (»Wegsein«).

Will ich den Aussagen meiner Patienten, die mir über ähnliche Zustände berichten, glauben, so ist dieses »Wegsein« nicht unbedingt ein Nichtsein, sondern nur ein Nichthiersein. Über das Wosein erfährt man etwa: sie sind weit weg im Universum, sie fliegen mit kolossaler Geschwindigkeit zwischen den Gestirnen, sie fühlen sich so dünn, daß sie durch die dichtesten Stoffe ohne Hindernisse hindurchgehen; dort wo sie sind, gibt es keine Zeit, Vergangenheit, Gegenwart und Zukunft ist ihnen gleichzeitig gegenwärtig, mit einem Wort, sie fühlen die Überwindung von Raum und Zeit. Von dieser riesenhaft weiten Perspektive gesehen, verschwindet die Wichtigkeit des eigenen Leidens, ja es eröffnet sich zufriedenstellende Einsicht in die Notwendigkeit des Duldens des Einzelnen, wenn einander widerstrebende und bekämpfende Naturkräfte grade in seiner Person sich treffen. Nach solchem Ausflug ins Universum mag dann das Interesse u.zw. vielleicht mit gestärkter Fassungskraft, sich wieder dem eigenen Ich zuwenden; das so »überstandene« Leiden macht einen weiser und geduldiger.

Allerdings kann diese Weisheit und Geduld vielleicht wenn das Leiden zu stark und die Entfernung vom Ich zu kolossal war, äußerlich als eine sehr wesentliche Einschränkung der emotionellen Qualität des Lebens überhaupt imponieren. Nach übergroßer Enttäuschung bleibt man mit dem größten Teil des Interesses in jener anderen Welt hängen und der verbliebene Bruchteil ist etwa stark genug, um ein Leben von Routine durchzuleben. Was bringt nun die Analyse solcher Fälle? Meiner Erfahrung nach, sobald wirkliches Vertrauen in das Alles-verstehen des Analytikers zustandekommt, ein Versinken in verschiedene Stadien jenes Außer-sich-seins, Wegseins, der Raum- und Zeitlosigkeit, des Alles-wissens, des Fernsehens, Fernwirkens und all das in sprunghaft inkoherenter Folge von Bildern, Halluzinationen, also was man als halluzinatorische Psychose bezeichnen könnte. Erschrickt man nicht von dieser Diagnose, ja sucht man den Patienten dazu zu bringen, sich mit den bisher schreckhaften Bildern zu befreunden (S. J.), wobei wir die Möglichkeit der psychischen oder sonstigen Wirklichkeit ihrer Observationen nicht von vornherein ablehnen, so bekommen wir als Entgelt die partielle Rückkehr des Interesses für die gewöhnliche Realität, meistenteils sogar ausgesprochene Tendenz sowohl mir als anderen Leidenden durch Aufmunterung von Optimismus zu helfen. Die oft phantastisch anmutende, bei Schizophrenen so geläufige Neigung zur Bildung eigener Kosmogonien, ist ein Stück des Versuchs, das eigene »unmögliche« Leiden in jene große Einheit einzufügen.

Der Unterschied zwischen dem Leidenden und dem Philosophen wäre also, daß der Leidende durchaus gegen die spezielle peinliche Wirklichkeit revoltiert; vielleicht ist das, was wir Schmerz nennen, überhaupt nur eine solche Revolte. Die Physiologen und die Ärzte sagen, daß der Schmerz als Warnungssignal einer Gefahr zweckmäßig ist. Fraglich ist, ob das hypochondrische Hängenbleiben am Schmerz d.h. an der Revolte gegen die Störung, nicht eher ein Hindernis ist im Wege zur Anpassung. (Der Coué-sche Satz: Es gibt keine Krankheit, ich werde täglich mehr und mehr gesund, sowie Baker Eddy's[1] Krankheitsverneinung, ist vielleicht dadurch wirksam, wenn es überhaupt ist, daß dahinter eine Art *wohlwollende Krankheitsbejahung* versteckt ist). Anstatt zu sagen: es gibt keine Krankheit, fand ich gelegentlich den Rat wirksam, den Schmerz nicht zu bekämpfen, ja es auslaufen zu lassen. (Analogie mit dem Ausbleiben der Seekrankheit, wenn ich meinen Willen mit dem des Botes gleichsetzte.) Ungelöst resp. unbeantwortet bleibt in alledem die Frage, in wie weit die durch Schmerz »Verrücktgewordenen«, d. h. die vom gewöhnlichen egozentrischem Standpunkt Verrückten, durch ihre spezielle Lage in den Stand gesetzt werden, ein Stück der immateriellen Realität, die uns Materialisten unzugänglich ist, zu erfahren. Und hier hat die sog. okkultistische Forschungsrichtung einzusetzen. Fälle von Gedankenübertragung während der Analysen Leidender sind außerordentlich häufig. Man hat manchmal den Eindruck, daß die Wirklichkeit solcher Vorgänge in uns Materialisten auf starke emotionelle Widerstände stößt; Einblicke die man darüber gewinnt, haben die Neigung zur Auflösung wie Penelopes Leinwand, oder wie das Gewebe unserer Träume.

Möglicherweise steht uns da eine vierte »narzißtische Kränkung«[2] bevor, die nämlich, daß sogar die Intelligenz, auf die wir auch noch als Analytiker so stolz sind, nicht unser Eigentum ist, sondern durch rhythmisches Ausströmen des Ichs ins Universum, das allein allwissend daher intelligent ist, neu geholt oder regeneriert werden muß. Doch darüber ein anderesmal.

1 Baker-Eddy, Mary (1821 – 1910), Gründerin der *Christian Science*, die jeden körperlichen Eingriff oder Behandlung des Körpers ausschließt und Krankheiten nur seelisch zu heilen sucht. Ihre Lehre ist in *Science and Health* dargestellt; sie hat sich in Form bestimmter Sekten über die ganze Erde verbreitet (Anm. d. Hrsg.).

2 Die drei anderen sind die Entdeckungen von Galilei, Darwin und Freud (Anm. d. Hrsg.).

16. Februar 1932

Beschränkungen der mutuellen Analyse

1) *Diskretion.* Die Geheimnisse anderer Patienten müssen, wenn die Analyse korrekt sein will, vom Analytiker dem analysierenden Analysanden mitgeteilt werden. Doch dies stößt auf ethische und logische Hindernisse. Die Patienten wissen nicht, daß ich als Analytiker mich analysieren lasse, (u.zw. durch einen Patienten). Dies müßte also eigentlich meinen übrigen Patienten mitgeteilt werden, was allerdings ihre Mitteilsamkeit und die Vertrauensseligkeit wesentlich stören würde. Es wäre gleichsam eine Analyse bei offenen Türen. Insbesondere schwierig gestaltet sich diese konfuse Situation, wenn die zwei Analysanden sich gegenseitig kennen, besonders wenn derjenige, von dem ich mich analysieren lasse, neurotische Eigenschaften und Charakterschwächen hat, die ihn im Auge der Welt minderwertig erscheinen lassen (obzwar ich trotz dieser kleiner und größeren Fehler, ihre Fähigkeit, in mir analytisch Neues zu finden, anerkennen muß). Ein Ausweg aus dieser verzwickten Lage wäre: man ließe sich von keinem der Patienten vollständig analysieren, sondern nur so weit als (a) der Patient dessen bedarf, (b) als er dessen in der gegebenen Situation fähig ist. Durch diese »polygame« Analyse, die etwa der Gruppenanalyse der amerikanischen Kollegen entspricht (wenn sie auch nicht gruppenweise durchgeführt ist, bietet eine gewisse gegenseitige Kontrolle der verschiedenen Analysen. Zugleich ein Kurs, vor allzu starkem Beeinflußtwerden seitens eines Patienten.) Doch die Geistesschärfe des einen oder des anderen dieser mutuellen mag diese Diplomatie durchblicken. »Das ist doch keine Vertiefung ins Unbewußte, wenn Sie der Übertragung solche künstliche Hindernisse in den Weg stellen. Was würden *Sie* von mir halten, wenn ich anfinge neben Ihnen noch einen zweiten Analytiker zu wählen, wohl, daß ich mich durch diese Taktik vor wirklicher Einsicht schützen will. Sie müssen die Wahl treffen. (Natürlich meint er, daß er als Einziger in Frage kommt.) Und ist es nicht eine spezielle analytische Charakterschwäche bei Ihnen, daß Sie kein Geheimnis für sich behalten können, daß Sie den Zwang haben, dieses analytische Verhältnis auszuposaunen, daß Sie Gewissensbisse haben, wie nach einem Fehltritt und wie ein Knabe oder unterwürfiger Gatte zur Mutter oder Gattin

laufen müssen, um ihr alles zu gestehen und Verzeihung zu bekommen!«

In der Tat kann ich derzeit über drei Analysen berichten, die über mich in einander laufen. Nur ein Patient nimmt die Sache ernst, ja über-ernst und ist verzweifelt, wenn ich den Vorschlag nicht ganz ernst nehme. a) Wirklicher Glaube an Hindernissen, verursacht durch meine Eigenkomplexe, b) die schon anderwarts erwähnte Hoffnung nach Beseitigung der Widerstände, in mir den erwarteten Lebensretter zu finden, c) Versuch, den Akzent von sich auf mich abzulenken. Eine spezielle Grenze dieser Art von Mutualität wird durch die analytische Situation geschaffen, wenn ich etwa den Patienten etwas planmäßig erleben lasse, ohne ihm davon vorerst Mitteilung zu machen. Fraglich ist z. B., ob man dem Patienten ohne Nachteil des Erfolges sagen kann, daß ich ihn absichtlich quäle und leiden lasse, ihm nicht durch Güte oder Geld helfe, um ihn dazu zu bringen, erstens, sich von der Übertragung loszureißen, zweitens, die Einstellung aufgebe, daß ihm das Leiden früher oder später Mitleid und Hilfe bringen wird, drittens, daß die Not latente Energiequellen zutage fördert. Kann und soll man auch dies offen mitteilen und mit wirklich offenen Karten spielen? Ich will darauf vorerst mit entschiedenem Nein antworten, sehe aber die Kolossalheit der Schwierigkeiten, die dadurch entstehen können.

Man könnte auch meinen, daß die Selbstbekenntnisse, entsprechend der Tragfähigkeit des Patienten, weiter und weiter gehen können. Wie aber würde eine Analyse ausschauen, die damit begänne, daß ich dem Patienten oder der Patientin sage »Im Grunde genommen, sind Sie mir sehr ekelhaft. Ihr Geruch ist mir unausstehlich. Ihr Gesicht, Ihre Manieren häßlich.« Anderseits habe ich Schuldgefühle darüber, daß ich einzelnen Patienten und Schülern, die bei mir in Analyse waren, einzelne Manieren und Eigenheiten, die mir und anderen unangenehm sind, nicht vor Augen hielt, um ihre Empfindlichkeit zu schonen, und um das analytische Verhältnis zu befestigen.

Erfahrungen, die ich seither sammelte, lassen mich ahnen, daß es nichts nützt, oder nicht viel nützt, dem Patienten mehr Freundlichkeit zu zeigen, als wir wirklich fühlen. Leise, kaum merkbare Differenzen des Händedrucks, Farblosigkeit oder Interessiertheit der Stimme, die Art unserer Raschheit oder Trägheit, in der Verfolgung und Reaktion auf das Vorgebrachte: all dies und hundert andere Merkmale lassen den Patienten vieles von unserer Stimmung und von unseren Gefühlen erraten. Manche behaupten mit großer Sicherheit, daß sie auch unsere Gedanken und Gefühle, unabhängig von äußeren Zeichen und auch aus der Ferne wahrnehmen.

Ganz spezielle günstige Einwirkung auch tiefer reichender Relaxation meinerseits auf die Produktionen des Patienten, beobachtete ich in drei Fällen:

a) Patient merkt, daß ich schläfrig bin. Anstatt, wie ich fürchtete, beleidigt zu sein, fühlte er sich geehrt, daß ich in seiner Gegenwart so natürlich mich benehmen konnte. »Das zeigt, daß Sie großes Vertrauen zu mir haben! Ein anderesmal strengen Sie sich überhaupt nicht mehr an, und schlafen Sie ruhig ein.« Derselbe Patient warnt mich davor, mich im Dienste meiner Patienten zu überanstrengen. Dagegen sagte er mir in einer der nächsten Stunden: »Bitte heute schlafen Sie nicht ein, ich brauche Ihre Gegenwart notwendig. Ich bin so sehr zerfahren.« Auf diese Aufforderung hin, erwachte ich aus dem Halbdusel, achtete auf die Produktionen des Patienten, trachtete die zersplitterten Gefühle und Gedanken auf ihre Ursachen zurückzuführen und konnte manches leisten.

(Vielleicht auch aus Dankbarkeit dafür, daß er mich bei anderen Anlässen ruhen ließ und mir gegenüber auch Güte und Rücksicht zeigte.) Nach der Arbeit mit diesem Patienten fühlte ich mich nicht ermüdet.

b) Eine Patientin fühlt sich noch mehr geehrt, als ich nach jahrelanger Bekanntschaft und Analyse es mir zum erstenmal erlaubte in ihrem Hause vom W. C. Gebrauch zu machen. Das führte zur Frage meiner Relaxationsfähigkeit überhaupt, die allerdings in früher Kindheit durch furchtbar rohe Behandlung durch eine Nurse, aus Anlaß analer Unreinlichkeit, wesentlich eingeschränkt wurde, und zu übertriebener Tendenz Anlaß gab, auf die Wünsche, auf das Gefallen und Mißfallen anderer zu achten oder Rücksicht zu nehmen, gelegentlich unterbrochen von einer gewalttätigen Fehlhandlung, z. B. Ausschütten von Kaffee, Wasser, mich lächerlich machen durch Fall, Vernachlässigung der Toilette usw.

Hier einzuschalten etwa die heikle Frage der Relaxation nicht nur im Denken, sondern (wie beim Einschlafen, Klosettbenützen) Relaxation des Verhaltens.

Man muß schon sehr vieles beim Patienten analytisch erreicht haben, viel Vertrauen zu seiner Vernunft gewonnen haben, wenn man sich auch diesbezüglich (wie oben) einiges gestattet. Man muß z.B. sicher sein, daß es der Patient uns nicht tödlich übelnimmt, wenn wir für einen Moment einnicken, daß er bereits weit über das konventionelle Ächten der primitiven Körperfunktionen erhaben ist. Anderseits muß man auch seiner selbst vollkommen sicher sein, daß man in der Relaxation nichts tut, was dem Patienten und indirekte mir selber, Schaden bringen könnte. Es schwebt einem da ein Bild vom gelungenen Ende einer Analyse vor, das etwa dem Abschied zweier lustiger Kameraden ähneln könnte, die nach jahrelanger harter Arbeit sich als Freunde gefunden haben, aber ohne tragische Szenen einsehen, daß Schulkameradschaft nicht das Leben bedeutet und daß sich jeder nach seinen eigenen Lebensplänen entwickeln muß. So ähnlich könnte man sich etwa das glückliche Ende des kindlich-elterlichen Verhältnisses vorstellen.

20. Februar 1932

Zur Mutualität

Fortdauernde Unzufriedenheit, Unbefriedigtsein mit dem Resultate auch der intensivsten, auf Stunden ausgedehnten Beschäftigung mit den traumatischen Vorgängen. Wie sonst immer, auch jetzt lebhafteste Reproduktion mit allen Anzeichen des Leidens, ja der Agonie. Ungeduldiges Verlangen: nicht so viel Worte, einige einfache Fragen, die meine Gedanken anregen, keine Überzeugung in Ihrer Stimme, was nützt es mir, wenn Sie alles wissen, ich weiß von allem gar nichts. Nichts als billiger Optimismus, ich bin da in höchster Not und man läßt mich Dinge aufführen, wie der Empfang einer wohltätigen Dame, mit der ich freundlich sein muß, nie tue ich das wieder.

Einer plötzlichen Eingebung folgend, die gelegentlich mir schon früher kam, und gedrängt von der wirklichen Not der Situation /»ein schrecklicher Unfall und man läßt mich hier liegen und verbluten, weil die Gnädige Frau mit dem Essen wartet und dazu der billige Optimismus«/ bereite ich Patientin darauf vor, daß ich ihr etwas zu sagen habe, was ungemein peinlich ist, was man Patienten gewöhnlich nicht sagt, ob sie stark genug ist, mich anzuhören. Eigentlich müßte sie es, sonst hätte sie mich nicht zur Mutualität in der Offenheit aufgefordert. – Mit großer Bestimmtheit fordert die Patientin volle Aufrichtigkeit, daraufhin sage ich ihr, daß ich tatsächlich bewußt übertrieb, als ich fortwährend vom zu erwartenden Erfolg ihrer Analyse sprach. In Wirklichkeit habe ich oft Angst, daß die ganze Kur mißlingt und daß sie in Wahnsinn oder Selbstmord enden wird. Ich verhehlte nicht, daß mir solche Mitteilung ungemein peinlich und schmerzhaft ist, um so mehr als ich ja selber gut weiß, was es heißt, vor solche Eventualitäten gestellt zu werden. (Hinweis auf Kleinkindergeschichten meinerseits). Der Erfolg war unerwarteterweise volle Beruhigung: »Hätte ich meinen Vater seinerzeit zu solchem Geständnis der Wahrheit und zur Einsicht in die Gefährlichkeit der Situation bringen können, so hätte ich Gesundheit meines Geistes gerettet.« Dieses Geständnis hätte mir gezeigt, daß ich im Rechte war, wenn ich von den unmöglich scheinenden, weil von nichts unterstützten Begebenheiten sprach. (Gift- und Mordszenen.)

Fragestellung: war der ganze Plan der »Mutualität« nicht nur zu dem Zwecke gefaßt, daß etwas, was Patient in mir vermutete und verleugnet fühlte, zutage kommt? War es nicht ein unbewußt gesuchtes Gegenmittel gegen die hypnotischen Lügen in der Kindheit: volle Einsicht in die tiefsten Winkel meines Geistes mit Mißachtung aller Konventionen, auch derer der Güte und Rücksicht.

Wäre das einfache Grobheit und Ungeduld gewesen, so hätte es nichts genützt; sie sah aber, welchen Kampf ich zu überwinden hatte, um mich dazu zu entschließen und wie sehr mir diese grausame Aufgabe weh tat. (Sie wußte es schon von früher her, daß ich infolge ähnlicher innerer Hindernisse ungerne chirurgische Operationen durchführte, auch Sektionen womöglich vermied.)

In einem anderen Falle kommt auch nach monatelanger Trauma-Wiederholung keine Überzeugung. Patientin sagt sehr pessimistisch: Nie wird es möglich sein für den Arzt, die Ereignisse, die ich durchfühle, wirklich so zu fühlen, wie ich selber. Er kann also nicht die »psycho-physischen« intellektuellen Erfahrungen mitmachen. Ich antworte: Ausgenommen, wenn ich mit ihr in ihr Unbewußtes versinke, u. zw. mit Hilfe meiner eigenen traumatischen Komplexe. Patientin sieht das ein, fühlt aber berechtigtes Mißtrauen gegen solch mystisches Verfahren.

21. Februar 1932

Fragmentation

Psychische Vorteile: Die Unlust, die aus der Realisierung der Zusammenhänge sich ergibt, wird durch das Aufgeben dieser Zusammenhänge erspart. Die Spaltung in zwei Persönlichkeiten, die nichts von einander wissen wollen und die um verschiedene Tendenzen gruppiert sind, erspart den subjektiven Konflikt. Bei Verlust der Fähigkeit zum Unlustertragen steigert sich der Mangel an Kohäsion bis zur Ideenflucht, die halluzinatorische Psychose bei hohem Fieber ist eine solche »Atomisierung« der Geistestätigkeit. Ähnliche Desorganisation und Anarchie zeigt sich auch auf organischem Gebiete. Die Kooperation der Organe wird geringer oder hört auf; eigentlich ist das ein zeitweiliges Aufgeben der körperlichen Individualität. Vermutung, daß das Aufgeben der Kooperationsarbeit durch Energieersparnis und Beschränkung auf lokale Aufgaben, Regenerationsprozesse fördern mag. Analogie auch hier mit den Löb[1]-schen Experimenten mit ungeschlechtlicher Befruchtung der Seeigeleier. (Daß Zerstörungsprozeß die Produktivität zur Folge hat). Ähnliches im folgenden Falle: Kind wird von überwältigender Aggression betroffen, Folge »Aufgeben des Geistes«, mit der vollen Überzeugung, daß dieses Selbstaufgeben (Ohnmacht) den Tod bedeutet. Doch grade die durch das Selbstaufgeben eintretende volle Relaxation mag günstigere Verhältnisse für das Ertragenkönnen der Gewalt schaffen. (Organe, Gewebe werden dehnbarer, Knochen biegsamer ohne zu brechen bei einem ohnmächtigen wie beim wachen Menschen, der sich der Gewalt nicht entgegenstellt; z. B. die relativ seltene ernsthafte Beschädigung Betrunkener.) Der den Geist aufgegeben Habende überlebt also körperlich den »Tod« und beginnt mit einem Teile seiner Energie wieder zu leben; es gelingt sogar die Einheit mit der vortraumatischen Persönlichkeit, allerdings meistens mit Erinnerungsausfall, retroaktiver Amnäsie von verschiedener Zeitlänge, herzustellen. Doch gerade dieses amannestische Stück ist eigentlich ein Stück der Person, die immer noch »gestorben« ist oder sich dauernd in der Agonie der Angst befindet.

1 Löb (oder Loeb) Jacques, amerikanischer Physiologe, 1859 in Deutschland geboren; ihm gelang die erste experimentelle Befruchtung der Seeigeleier.

Aufgabe der Analyse ist, diese Spaltung aufzuheben, doch hier entsteht ein Dilemma. Betrachtet man dieses Ereignis rekonstruktiv mit dem eigenen Denken, ja erreicht man sogar seine Denknotwendigkeit, so heißt das immer noch die Beibehaltung einer Spaltung in einen zerstörten und einen die Zerstörung sehenden Teil. Sinkt der Patient kathartisch bis zur Erlebnisphase hinunter, so fühlt er in dieser Trance die Leiden, weiß aber immer noch nicht, was vorgeht. Von den Objekt- und Subjekt-Empfindungsreihen ist nur die Subjektseite zugänglich. Erwacht er von der Trance, so schwindet sofort die unmittelbare Evidenz; das Trauma wird wieder nur von außen rekonstruktiv erfaßt ohne das Gefühl der Überzeugung. Vorschlag der Patientin O. S.: Während der Trance das Denken durch Stellen sehr einfacher Fragen zur Tätigkeit anzuregen, soz. den aufgegebenen Geist taktvoll und doch energisch wieder zu beleben und jenes abgestorbene oder abgespaltene Fragment langsam zur Einsicht zu bringen, daß es doch nicht gestorben ist. Zugleich muß der Patient soviel Mitleid und Mitgefühl erfahren, daß es ihn lohnt, wieder zum Leben zu kommen. Doch darf dieses vorsichtig zärtliche Behandeln nicht gar zu optimistisch werden; die Wirklichkeit der Gefahr und die Nähe des Todes resp. Selbstaufgebens muß zugegeben werden. Keinesfalls darf also – wie das Kranken und Kindern gegenüber so oft geschieht, das Trauma als eine Lappalie behandelt werden. Schließlich muß auch eingestanden werden, daß unser Helfen-können, ja auch Helfenwollen beschränkt ist (zum Teil durch die Exigenzien des eigenen selbstischen Wesens, zum Teil durch unbeherrschte Eigenkomplexe) d. h. der Patient muß langsam einsehen, daß ihm von außen allein nicht geholfen werden kann, daß er also den verfügbaren Rest des eigenen Willens mobilisieren muß. Am Ende muß sogar ehrlich gestanden werden, daß ohne die Eigenhilfe unser Bemühen nutzlos sein kann. Die Frage bleibt offen, ob es nicht Fälle gibt, bei denen die Wiedervereinigung des traumatisch abgespaltenen Komplexes so unerträglich ist, daß sie doch nicht völlig zustandekommt, und der Patient mit neurotischen Eigenheiten zum Teil behaftet bleibt, oder gar tiefer in das Nichtsein oder Nichtseinwollen versinkt.

Arbeitsweise der Physis und der Psyche

Die Physis ist durch Widerstände gehindert, d.h. von der Vergangenheit, an der sie klebt, *determiniert.* In der Psyche schwinden diese Widerstände ganz oder teilweise, die Psyche wird durch Motive d.h. etwas Zukünftiges geleitet. In der Psyche mag es allerdings Grade der raum-zeitlosen Freizügigkeit geben. Das Denken nach dem Realitätsprinzip ist schon mit etwas Erdenschwere belastet, d.h. determiniert. Das Herrschen des Lustprinzips im Geiste bedeutet Freiheit des Willens, was allerdings für das logische Denken unvorstellbar ist.

23. Februar 1932

Über das männliche und weibliche Prinzip in der Natur[1]

Mit Recht erstaunte ich und staune fortwährend über die psychologisch nie voll erklärbare Tatsache der Bejahung der Unlust. Ausgehend von Erfahrungen bei einer Patientin, (die nach jahrelangem Leiden, Klagen, häufig Außersich-sein etc. plus vollkommene Frigidität, gleichzeitig die Charakterumwandlung zu Verständnis, Rücksicht auf Andere, Wohltätigkeit, Freigiebigkeit, Dulden wollen alles bisher Unerträglichen und gleichzeitig zu einer Art späten Reife ihrer sexuellen Gefühle erwacht ist), kam ich eigentlich einer bewußten Weisung der Patientin folgend, zur Idee, daß im weiblichen Organismus, resp. Psyche ein eigenes Prinzip der Natur verkörpert ist, das man, entgegen der Selbstsüchtigkeit und Selbstbehauptung beim Manne, als mütterliches Leiden-wollen und -können der Frau aufgefaßt werden kann. Das Leidenkönnen wäre demnach eine Äußerung der Femininität, mag das Leiden, Erleiden, Erdulden auf welchem Gebiete der Natur, also scheinbar ganz asexuell vor sich gehen. Mag es noch so übertrieben scheinen, ist es vielleicht nicht ganz sinnlos davon zu sprechen, daß wo immer eine Kraft oder eine Substanz dem verändernden, modifizierenden, zerstörenden Einflusse einer anderen Kraft »un-

1 Die in dieser Eintragung enthaltenen Gedanken beginnen Form anzunehmen in »Männlich und Weiblich«, in: *Bausteine*, III, op. cit.

terliegt«, man nebst der absoluten und relativen Größe der Gewalt auch das Walten des virtuell überall anzunehmenden Femininen mit in Rechnung ziehen muß, ja es wird fraglich, ob ohne die Bewilligung des Femininen in den Substanzen, je eine Änderung auch von der allergrößten Kraft zustandegebracht werden kann.

Diese Verallgemeinerung enthebt mich allerdings der bisher unlösbaren Aufgabe, Selbstlosigkeit einfach aus einer Komplikation von Selbstsüchtigkeitsmotiven zu erklären, wie das wir Naturwissenschaftler wie selbstverständlich taten. Leider kann man dem von wissenschaftlicher Seite einwenden, daß es sich da um eine Umgehung einer unlösbaren Aufgabe handelt, ähnlich der Behauptung: Armut käme von der Pauvreté; Selbstlosigkeit und Erduldenkönnen kommt von einem besonderen Prinzip zu Selbstlosigkeit und Erduldenkönnen. Immerhin ist es nicht ganz unsinnig, den Standpunkt des Dualismus zu vertreten; die unzähligen Beispiele von Bipolarität, Ambivalenz, Ambitendenz allüberall, läßt es gerechtfertigt erscheinen, das Naturganze einmal nicht nur vom Standpunkte des Selbstsüchtigkeitsprinzips, sondern auch von dem der Selbstlosigkeit aus gegensätzlicher Triebrichtung zu betrachten.

Alldas wäre nur eine scheinbar geringe Modifikation der Freudschen Annahme von Lebens- und Todestrieben. Ich würde dasselbe mit anderen Namen belegen. Geltungstrieb und Schlichtungstrieb zusammen machen die Existenz, d. h. das Leben im ganzen Universum aus. Der alte Satz: natura horret vacui[1] und ein anderer, neu zu prägender: natura horret cumuli[2] an die Seite gesetzt werden, und beide zusammen drücken in gut antropistischer Art die Ubiquität dieser beiden Prinzipien aus. Selbstsüchtigkeit ist die Tendenz, eines Quantums unlusterzeugender Spannung um jeden Preis loszuwerden. Es ist nun als ob überall wo eine solche nicht leiden wollende und könnende Wesenheit auftaucht, Schlichtungstriebe oder Tendenzen von überallher mobilisiert und wie magisch beschworen werden, ähnlich wie in der menschlichen Gesellschaft das Feminine sich in das stark Maskuline gruppiert.

Die sonderbare Folge der Annahme des Triebhaften im Schlichtenwollen, führt folgerichtig zur Behauptung, daß für die Substanz oder das Wesen, in dem dieser Trieb stark oder gar alleinherr-

1 Lat.: Die Natur scheut die Leere.
2 Lat.: Die Natur scheut die Fülle.

schend ist oder wird, das Leiden nicht nur etwas Erduldbares, sondern etwas Erwünschtes, oder Befriedigung Bietendes ist. Hauptbeispiel: die Lust an der Mutterschaft eigentlich eines Duldens parasitischer Lebewesen, die auf Kosten des eigenen Leibes der Mutter sich in vollkommen selbstsüchtiger Weise entwickeln. Analogie dazu ist das Leiden des liebeshungrigen Menschen, dessen Anblick das weibliche Prinzip des Schlichtenwollens erweckt. Ohne über Wertunterschiede dieser zwei Naturkräfte auszusagen, soviel scheint sicher, daß das weibliche, d.h. das Leidensprinzip intelligenter ist. »Der Klügere gibt nach.« Das einseitige Geltendwerden des selbstischen Prinzips ist Sadismus, das des Leidenwollens Masochismus.

Sehr starkes oder langdauerndes Leiden, vor allem aber Unerwartetes, traumatisch Wirkendes erschöpft den Geltungstrieb und läßt die Kräfte, Wünsche, ja die Eigenschaften des Aggressors in uns eindringen. Keine Suggestibilität ohne Mitwirkung des weiblichen Prinzips. Dem Geltungstrieb kann das Freudsche Lustprinzip, dem Schlichtungstrieb das Realitätsprinzip unterlegt werden.

24. Februar 1932

I. (B) Mutuelle Analyse mag ursprünglich seitens der Patienten als Symptom des paranoischen Mißtrauens erfunden worden sein: herauszubekommen, daß sie im Rechte waren, im Analytiker verschiedene antipathiebedingte Widerstände aufzudecken und sie zum Eingestehen solcher Regungen zu zwingen. Das Eingehen auf diesen Wunsch ist natürlich der denkbar stärkste Gegensatz zur rigid undurchsichtigen Geheimtuerei der Eltern. Heutiges Beispiel: In der vorletzten Analysenstunde strahlend glücklich, selbstzufrieden, weil zum erstenmale imstande, ohne jede Angst und Restriktion sich das Vergnügen der Masturbation zu gönnen. In der nächsten Stunde Fortsetzung dieser Stimmung; eigentlich nichts anderes, als ein vor sich Hinsummen der Motive aus Tristan und Isolde. Dann zeitweise das unheimliche Gefühl, daß solches Glück nicht dauern kann, daß der Rückschlag bald kommen wird. In der heutigen Stunde, über denselben Gegenstand sprechend, schlage ich (anknüpfend an einen Traum, in dem eine magere Frau mit Kanülle nach Kehlkopfkarzinomoperation, also eine sehr schwächliche Person, 3 oder 4 riesige Kinder hat) die Deutung vor, daß das Glück der Masturbation eine gelungene Erfindung zur Vermeidung der enormen Schwierigkeiten der Mutterschaft ist. Daraufhin starke Opposition; jede meiner Behauptungen wird abgelehnt. Dann lange Pause; Erklärung: ich fühle nichts als Antipathie gegen sie, ich hätte meine fixe analytische Erklärung über alles lieb und lasse ihre Meinung nicht gelten. (In Wirklichkeit war ich ganz geneigt, meine Ansicht über die Deutung der Masturbation modifizieren zu lassen, allerdings habe ich die Erwartungsvorstellung – analytisch –, daß die manifeste Homosexualität der Patientin, also eine Art der Masturbation, auf schreckhaftes, im Sinne obigen Traumes zurückzuführen sein wird.) Das Wissen-wollen meiner geheimsten Gedanken ist die Widerholung desselben Wunsches aus der Kindheit, wo sich Patientin von den Erwachsenen irregeführt, ja betrogen fühlte. – Nach Äußerung ihrer Unzufriedenheit, ziemliches Weinen, also die Erfüllung der Vorhersage: Hochmut kommt vor den Fall.

2) Komplizierter gestaltet sich das methodische Analysierenwollen im Falle R. N. Nach Art der Verliebten, trachtet Patient das Interesse an meiner Person, tief in die Vergangenheit hineinzuverlegen. Mit Hilfe einer Mittelperson, eines Ungarn, der damals in jenem entfernten Lande sich aufhielt (von dessen Dortgewesensein sie aber nur vor kurzem etwas erfuhr) glaubt Patient auf mystischem Gedankenübertragungswege gerade mich ausfindig gemacht zu haben (N. B. vor 31 Jahren als die einzige Person, die Patienten in der großen Not helfen könnte). (Hier anzuführen das Beispiel der Patientin S. I., die angeblich nie von mir hörte, aber als sie von meinem Namen erfuhr, sich sofort klar wurde, daß nur ich allein sie retten kann. Alle anderen analytischen Versuche mißlangen denn auch, zu mir kam sie mit den Symptomen intensiver Übertragung). Nach jahrelanger Analyse kam die Idee von der mutuellen Offenheit. Hier mischt sich in die einfache Wiederholungstendenz die andere Tendenz hinein, die Idee vom »idealen Liebhaber« zu verwirklichen, u.zw. mit dem Analytiker. Die günstige Lage des Analytikers wird Patienten dazu befähigen, die Hindernisse meiner Liebe aus dem Wege zu räumen und zwischen uns lebenslängliche Ideen- und Interessengemeinschaft zu schaffen; mein Verständnis und meine Güte wird Patienten befähigen, die Realität der furchtbaren Ereignisse der Kindheit bewußt zu ertragen. Solange das nicht eintritt und ich mich in der professionellen

Distanz befinde, kann Patient nicht geheilt werden. In meiner Ambition, Patienten zu helfen, ging ich so weit, daß ich einen großen Teil meines Interesses und meiner Zeit ganz umsonst dem Patienten widmete. Seit einiger Zeit sah ich mich allerdings gezwungen, unter Aufbietung ziemlicher Anstrengung (das Mitleid mit Patienten war überwältigend in mir), einen Teil der Patienten gewidmeten Zeit wegzunehmen. Es dauerte etwa zwei Monate, bis dieser Shock überwunden wurde, da sich die Hilfsmittel des Patienten zu erschöpfen beginnen, entschloß ich mich zum zweiten, gefährlicheren Schritt, dem Patienten zu sagen, daß ich ihn nur so lange behandle, bis er sich selbst erhalten kann. Wie ich vermutete, war er überzeugt, daß ich ihn mit allem Nötigen versehen werde. Er gebärdete sich wie verrückt, machte Anspielungen auf Selbstmord, ich aber blieb stark. Die drauffolgenden Stunden vergingen damit, daß ich mit unendlicher Geduld das freundliche Verhältnis herstellte, ohne aber an meinem Standpunkte zu ändern.

Mit einem Worte, die Akzeptierung der vollen analytischen Situation hätte in diesem Falle, wie ich mit Recht befürchten muß, die Vermengung der rein analytischen mit der realen Situation sehr zu Ungunsten der Analyse zustandegebracht. Wie Eltern und Kinder, müssen auch Arzt und Patient schließlich gegenseitig unabhängig werden; die vom Patienten geplante Analyse war also ein indirekter Weg, sich sozusagen wunscherfüllungsgemäß, d. h. mit Liebe und Zärtlichkeit heilen lassen. Das Schwinden dieser Illusion ist immer schmerzlich, hat aber stattzufinden. Fraglich ist, ob meine vielleicht übertriebene Güte diese Trennung dem Patienten nicht noch schwerer gemacht hat? Anderseits glaube ich, daß dieser Fall anders als durch Güte überhaupt nicht zugänglich war. Die Frage bleibt offen, ob ich Geschick, Takt und Geduld habe, diese Verzichtleistung in aller Freundschaft zu erreichen.

Nun puncto Gegenübertragung. Tatsache ist, daß gewisse Winke und analytische Aufklärungen, wohl auch Gemütsreaktionen ganz intensiver Art, mich im Laufe dieser Arbeit gefördert haben. Ist es denkbar, daß sie, bei voller, ungehemmter Hingebung an die Analyse, Einsichten und Erfahrungen von unerreichter Tiefe gebracht hätte oder bringen würde.

3) Noch ehrlicher gestanden, hätte ich eine solche gegenseitige Analyse viel lieber mit der Patientin S. I. durchgeführt, die trotz schreckhafter Traumen der Kindheit, der Güte und Selbstlosigkeit fähig ist, während in R. N. man immer das Gefühl der unentweg-

ten Verfolgung eines in letzter Linie selbstischen Zweckes verspürt. Um mich des Sprachgebrauchs von R. N. zu bedienen: in R. N. finde ich die Mutter wieder, nämlich die wirkliche, die hart und energisch war und vor der ich Angst habe. R. N. weiß das und behandelt mich mit ausgewählter Zärtlichkeit; die Analyse befähigt sie sogar, die eigene Härte zu freundlicher Weichheit umzuwandeln und da erhebt sich die Frage: hätte man nicht den Mut haben sollen, sich trotzdem in die Gefahr der analytischen Übertragung zu begeben und nachher zu siegen, oder ob es nicht der einzig richtige Weg ist und war, bei Einsicht in alle diese bewußten und unbewußten Absichten, unter Verzicht auf die eventuellen Vorteile einer solchen Analyse, die erzieherische Selbstversagung zu üben und zu fordern. Hätte ich auch hier schon jenen Grad von tiefernster Charakterstärke erreicht, wie bei S. I., so hätte ich mich doch wahrscheinlich erst nach vollendeter Analyse bei ihr in ihre Analyse begeben können.

Inzwischen muß man sich damit begnügen, Stücke analytischer Einsicht in zerstreuten Fragmenten von den Patienten zu bekommen und sie mit unserer Person nicht mehr beschäftigen zu lassen als es für *ihre* Analyse notwendig ist.

24. Februar 1932

Trauma in bewußtlosem Zustande

Besonders gefährlich muß die Wirkung einer Erschütterung sein, mag sie plötzlicher Schreck oder Schreck plus körperliche Verletzung gewesen sein, wenn das Trauma in einem Ausnahmszustande erfolgte. Beispiel 1): R. N.: Plötzliches Erwachen aus einem hypnotisch-toxischen Zustand durch plötzliche Entziehung sowohl des Anaesteticums als auch der hypnotischen Lüge. Das Trauma trifft hier ein bereits gespaltenes Wesen, das nicht wie bewußte Menschen alle Willenskräfte einheitlich heranziehen kann. 2) In ähnlicher Lage befindet sich S. I., deren Mutter (wie wahrscheinlich auch O. S.s) einen verrückten, erschreckenden Angriff auf das schlafende Kindchen verübt hat wegen irgend einer im Schlafe getanen masturbatorischen Betätigung. Ein Schlafender ist gleichfalls schutzlos; wenn man schläft, rechnet man mit der Sicherheit des Hauses und der Umgebung, sonst kann man ja nicht einmal einschlafen. Ein ganz kleiner Teil des Ich bleibt auch bei Nacht als Wache aufgestellt, aber nur um Warnungssignale zu geben beim Herannahen einer Gefahr. Kommt aber der Angriff ohne Warnung etwa als Schlag, Schuß oder sonstige Erschütterung mitten im Schlaf oder mitten im Träumen, wo die Gegenbesetzung der Sinnesorgane fehlt, so dringt der traumatische Eindruck widerstandslos in das Innere des psychischen Organismus ein und bleibt dort stecken nach Art einer dauerhaften posthypnotischen Suggestion. Mit anderen Worten: die Schreckwirkung in diesem Zustand ist kolossal gesteigert. Man ist etwa auf das Niveau eines noch wenig intelligenten schreckhaften Tieres reduziert. – Die Neigung Neurotischer zur Trunksucht mag der Hinweis (die Reproduktion) gestörter oder geschwächter Bewußtseinszustände während des Traumas sein.

3. März 1932

Zum Thema Mutualität

Mehr und mehr erschien es mir unwürdig so zu tun als ob ich mich völlig mit der Mutualität abgefunden hätte, während ich meine »Eigenanalyse« doch nur mit ziemlicher Reservatio mentalis[1] machte. Dies und die Winke, die ich von S. I. bekam (bei der in letzter Zeit wesentliche therapeutische Fortschritte *ohne* »Mutualität« sich ergaben und die mich sogar ständig vor übergroßer Selbstaufopferung warnte), nicht zuguterletzt das Gefühl des Overdoing[2] (mit Zeit und Mühe) die ich selber verspüre, schließlich die Rücksicht auf die eigenen Finanzen, d. h. Realität: all das zusammen und die Erinnerung an Freuds Warnung, ich stehe »zu sehr unter dem Einflusse meiner Patienten«, drängten mich zur offenen Aussprache über das Fragmentarische des eigenen Teiles der mutuellen Analyse und mein Entschluß es dabei auch sein Bewenden zu lassen. Als mitwirkendes Motiv besteht natürlich die Furcht, 1) die Analyse könne durch Hervorkehren der Analyse

1 Lat.: Innerer Vorbehalt.
2 Engl.: Übertreiben.

des Analytikers ein förmlicher Brutplatz von Projektionen und von Furcht vor den eigenen Schwierigkeiten werden. 2) Patient begann die finanzielle Hilfe als Gegenleistung für *mein* Analysiertwerden zu fordern. Das Geben finanzieller Hilfe aber würde die Analyse viel zu sehr mit der Realität vermengen und die Loslösung erschweren. Tatsächlich machte Patient bereits verschiedene Pläne zu einer lebenslangen Arbeitsgemeinschaft nach den Vorbildern von Schiller und Goethe. Meine Schutzmaßnahme, Winke auch von anderen Patienten zu bekommen, wird auf Grund der Einzigartigkeit ihres Falles und unserer gemeinsamen Technik, die in tiefe metaphysische Schichten dringt, abgelehnt. Schließlich wird sogar darauf hingewiesen, daß meine Arbeitsfähigkeit ernstlich gefährdet ist und ohne des Patienten Hilfe zugrundegeht. Diese Warnung fühlte sich ein wenig wie eine Drohung an (wobei nicht vergessen werden darf, daß der Patient sich im Besitze übernatürlicher Kräfte fühlt).

Unmittelbare Folge: Ernüchterung und ernsthaftes Denken an sofortige Beendigung der Analyse, um das noch erübrigte Geld praktisch zu verwenden, bevor er hier »vis-à-vis du rien«[1] steht. Mein Gegenvorschlag war, er solle in den Kompromiß eingehen, daß ich *meine* Analyse täglich nur kurze Zeit und nur mit Rücksicht auf ihre Analyse fortführe; die festgesetzten Zeiten dürfen nicht überschritten werden.

Nach langem tödlichem Schweigen und voller Hoffnungslosigkeit, wobei aber diesmal merkwürdigerweise weniger von Selbstmord und Verrücktwerden die Rede war, kam Patient doch dazu, vorläufig »mit Rücksicht auf das Sympathische in meiner Person«, das doch anders ist als die Eigenschaften des Infantilquälgeistes, die Arbeit fortzusetzen.

Was kann man davon erhoffen? 1) Nach Art der aktiven Therapie, unter dem Drucke der Not, die bisher nicht voll durchgeführte Einsicht in die Realität der Gegenwart und der Vergangenheit durchzupressen. 2) Viele verdrängte Gefühlsregungen, besonders die des Hasses, dürften sich jetzt, da der Patient nichts mehr zu hoffen hat, hervorwagen. Alles Gemeine und Gewöhnliche, das Patient mit überfeinerter Ästhetik zu verstecken sucht, dürfte sich nun zeigen. Allerdings kann man auch gefährlicher Drohungen gewärtig sein.

1 Französ.: Vor dem Nichts.

Nebstbei besteht die Hoffnung, daß irgend woher fremde Unterstützung kommt; das wäre für die Analyse insofern günstig, als dann die Loslösung mehr spontan aus eigenem Antriebe stattfinden würde, allerdings angespornt durch das soeben im Zuge befindliche Intermezzo. Schließlich und endlich darf man allerdings auch die Idee nicht außer acht lassen, daß der geplanten Mutualität etwas Großzügiges anhaftet, worauf ich, hauptsächlich mit Rücksicht auf unvollkommenes Vertrauen, verzichte. Einen Vorteil mag dieses energische Auftreten haben: The break of one of my patterns[1], das Überwinden der Angst vor dem »Terrorismus des Leidens«, das allerdings infantile Quellen hat.

Zum Terrorismus des Leidens

1) S.I.: Sie fühlt gelegentlich, besonders wenn sie aggressiv hart, sarkastisch etc. ist, daß etwas Fremdes aus ihr spricht, in dem sie sich nachher nicht wiedererkennt. Das bösartige Fremde entpuppt sich, z.B. heute, als die bösartige, unbeherrschte, aggressive, leidenschaftliche, darum für das Kind schreckhafte Mutter, deren beinahe manische Gebärden und Mimik, auch ihr Schreien, von Patientin mit einer Naturtreue imitiert wird, wie sie nur die Folge einer vollkommenen Identifizierung sein kann. Die psychologisierende Patientin beschreibt mit großer Ausführlichkeit ihre inneren Vorgänge bei solchem Schreck: ein Teil ihrer Person gerät »außer sich«, der so leer gewordene Platz wird vom Willen des Erschreckenden eingenommen. Als Therapie fordert sie: die Fragmente der eingedrungenen Persönlichkeit müssen von mir Stück für Stück entfernt werden, zugleich muß sie versuchen, die explodierten Teile der eigenen Person in die Persönlichkeit zurückzupressen. Nach langdauernder Relaxation und Passivität meinerseits, fordert sie nun: you must poke the jelly fish[2], d.h. um ihretwillen muß ich mit ihr etwas strenger und härter sein.

2) Ähnliches bei B. Sie bittet mich, ihren Hals bis zur Suffokation zuzuschnüren; lieber das volle Leid erfahren als aus Angst vor ihm eine dauernde Unlustspannung im Unbewußten herumzutragen.

1 Engl.: Das Zusammenbrechen eines meiner Muster.
2 Engl.: »Sie müssen die Qualle stechen.«

6. März 1932

Mutualität: In der dritten Stunde nach der Kündigung materieller Hilfe und der Mutualität, plötzlicher Umschwung: wurde mit strahlendem Gesicht und versöhnlicher Geste empfangen; viele Entschuldigungen, durch Mangel an Selbstbeherrschung während *meiner* Analyse mich erregt und ärgerlich gemacht zu haben (also immer noch im Prinzip an der Mutualität festhaltend und meine Maßnahmen nur als kleines Ausgleiten ihrerseits beurteilend). Immerhin im ganzen und großen deutliches Einlenken; Ausruf der Bewunderung über mein Festhalten an der Kur trotz ihrer Provokationen. Ich unterdrückte meine freudige Zufriedenheit nicht und lobte ihre Fähigkeit, sich selbst zu überwinden. Sie gab mir das Kompliment zurück, *ich* hätte mich stärker gezeigt als meine eigentliche Neigung, vom Leiden terrorisiert zu werden. Ich verschwieg es nicht, daß mir dies ziemlichen Kraftaufwand kostete. Die Stunde verlief hauptsächlich mit der Besprechung des analytischen Vorfalls, doch gelang es auch, sie in die Tiefe und in die Vergangenheit zu bringen.

Analoge Vorgänge bei der Patientin B. Auch sie beginnt Ausdehnung der Analyse auf 24 Stunden des Tages zu fordern, ohne welche Garantie sie sich nicht in die Gefahr des Aufgebens der bewußten intellektuellen Schutz- und Vorsichtsmaßnahmen entschließen kann. Doch wie im anderen Falle, werden auch hier die Anspielungen meinerseits auf ihr Weggehenwollen energisch zurückgewiesen. Sie sagt zwar oft, wir machten keine Fortschritte, doch wenn ich auf ähnliches anspiele, antwortet sie: »Woher wissen Sie, daß ich keine Fortschritte mache? Vielleicht ist schon diese ganze Aufregung ein Fortschritt.«

Im Falle A) scheint denn doch, daß das im Laufe der jahrelangen Arbeit aufgewandte Freundlichkeitsquantum genügt hat, Patienten dazu zu bewegen (nach Ablauf intensiver Fluchtreaktion), trotz der Unvollkommenheit ihrer Wunscherfüllungen, entgegen ihrem sonstigen Stolz, Trotz, Überlegenheit, Verachtung, ihren Willen beugen zu lassen. Ähnliches ist im Falle B) zu erwarten. – Man kann hier, wenn dies gelingt, tatsächlich von einer wesentlichen Änderung des Charakters sprechen, die sich gewiß auch in vielen anderen Hinsichten auswirken wird. Also eine Art pädagogischer Erfolg.

Hier erhebt sich die Frage über das Verhältnis der Relaxation zur Aktivität resp. Erziehung. Die Analyse, wie das Leben, hat mit Relaxation anzufangen; unter ihrem Einflusse wird ein Stück kathartische Reproduktion ermöglicht. Ein Tieferdringen des traumatischen Unlusterlebnisses mit voller Realisierung scheint aber nur auf dem Wege des analytischen Entwöhnungsschmerzes zu haben zu sein. Auf dem Kontrastwege zwischen Vergangenheit und Gegenwart kann man nur bis zu einer gewissen Tiefe dringen. Höchstgradiger Schmerz wird aber vermieden, solange einem das Leben etwas halbwegs erträglicheres bietet. In der Analyse muß also das Gefühl des völligen Alleinseins, Auf-sich-selbst-angewiesenseins, der Verzweiflung an der Hilfe des letzten Strohhalms (Analyse, Güte des Analytikers) aufkommen, damit, diesmal auf dem Ähnlichkeitswege den eigentlichen Schmerz zu erleben. Ja der gegenwärtige Schmerz muß gerade wegen der Gegenwärtigkeit größere Unlust bereiten, als sogar, heute, die Erinnerung an vergangenen Schmerz hervorruft. Also Flucht vor gegenwärtiger Verzweiflung in die relativ erträglichere traumatische Situation (Erinnerung). Um diese Unlust zu ertragen, muß also in der Gegenwart eine noch größere Unlust aktiviert werden. Als Schlußakt nach der »tiefen Katharsis«, stelle ich mir, ähnlich wie im Falle R. N., eine Versöhnungsperiode und schließlich Verabschiedung vor, mit dem Gefühle des Erlöstseins von der traumatischen Fixierung d. h. von Emotionen zwanghafter Natur puncto Lieben und Hassen. Der traumatisch orientierte Charakter hört auf und die sonstigen natürlichen Anlagen der Persönlichkeit können sich entfalten. Hier Anfügung des guten Vergleichs mit dem Zerfalle des Ausgegrabenen (Freud).

6. März 1932

Allgemeiner Gesichtspunkt über das Tendenziöse in der Realitätsabwendung bei den Psychosen

Das Urbild jeder Konfusion ist das »Irrewerden« an der Verläßlichkeit einer Person oder einer Situation. Irrewerden ist: sich geirrt haben; es wurde einem mit Benehmen und Rede eine bestimmte Gefühlsbeziehung »vorgespiegelt«, der Moment des Irrewerdens trifft ein, wenn man mit einer bestimmten Erwartungsvorstellung einer Situation entgegengeht und statt dessen etwas anderes, oft Gegensätzliches, findet; also: von etwas überrascht werden. Die Konfusion entspricht dem Momente zwischen Überraschtwerden und Neuadaptation. (Beispiel: Entwöhnung. Dem an Saugen gewöhnten Kinde wird die Brust versagt. Reaktion: 1) Konfusion, 2) Abwehr und Ablehnung, 3) Anpassung.)

In Fällen nun, in denen der Protest und die negative Reaktion d. h. jede Kritik und Mißfallensäußerung verboten wird, kann sich die Kritik nur in indirekter Form äußern. Das Urteil z. B.: Ihr alle seid Lügner, Dummköpfe, verrückte Kerle, auf die kein Verlaß ist, wird indirekter Weise durch Übertreibungen, Verrücktheiten und Unsinnproduktion an sich selber dargestellt, ungefähr wie das grimassierende Kind sich selbst entstellt, aber damit nur den andern zeigen will, wie sie ausschauen. Der Verrückte drückt also mit seinen Unsinnigkeiten das Urteil aus: Ich bin der einzige intelligente Mensch und Ihr alle seid verrückt. Am allerauffälligsten in den Fällen, in denen wirklich geisteskranke Eltern auf das Kind Einfluß nahmen. Das Kind erkennt frühzeitig die Unsinnigkeiten im Benehmen der Vorgesetzten, doch die Einschüchterung verbietet es, Kritik zu üben. Ironische Übertreibung, deren Natur von der Umgebung nicht erkannt wird, bleibt als einziges Ausdrucksmittel. Fraglich bleibt, wie und wann das Ironische an den Äußerungen auch für das Kind unbewußt werden. Das Aufgedrungensein resp. -werden des verrückten »Über-Ichs« auf die eigene Persönlichkeit, gestaltet die frühere Ironie in Automatismus. So kommt es auf traditionellem Wege dazu, eine Scheinheredität der Psychose mittelst Aufpfropfung einer verrückten Persönlichkeitskomponente aufs Über-Ich zu produzieren.

8. März 1932

Der Analytiker als Funerator[1]

1) Es war Naivität zu glauben, daß die Adaptation zu einer neuen Situation mit voller Änderung der Charakterrichtung so ohne weiteres und dauerhaft sich einstellen wird. Die Äußerung

1 Bestatter.

des Zufriedenseins mit einem »Sublimierungskinde«, d.h. die Einwilligung auf geistig moralisch intellektualem Gebiete etwas noch nie Dagewesenes zu konzipieren, u.zw. mit vereinten Kräften, gleichzeitig und gleichartig denkend: war nur eine Seite der Medaille; die andere, dunkle, negative Seite hörte nicht auf zu existieren und kam nach dem Abflauen des Enthusiasmus zunächst mit doppelter Stärke zum Vorschein. Die Worte, die ich ihr so grausam als Realität ins Gesicht schleuderte und deren Reaktion ich schon vor dem erwartete (statt dessen die überraschende Versöhnung erfahrend), kam heute zur nachträglichen Äußerung. Meine Worte hätten gemordet. Sublimation ist Verrücktheit (Resignation, Phantasie für Realität nehmend); ich täte dasselbe, was der mörderische Vater tat, ich injiziere das erregende, aufregende Gift, provoziere die Erwartung des Orgasmus und will dann die Verschiebung des Liebesobjektes durchsetzen. Sie lehne das mit Entschiedenheit ab, ja mit Anstrengung aller Seelenkräfte, so wie es der mörderische Vater bei ihr nicht durchsetzen konnte, daß sie sich Gefühle bewußt macht, die ihrer Person, ihren Wünschen widersprechend, ihr aufgezwungen wurden. Es bleibe ihr nichts anderes übrig, als wieder verrückt zu werden, d.h. die Sensationen (Liebeshunger), die in ihr provoziert werden, von der Realität abwenden und um das zu tun, müsse sie sich »inside out«[1] drehen. Einfacher ausgedrückt: während sie dem Zwange des Giftes gehorchend sich benahm und gebärdete, lebte sie in der Phantasie in der Hoffnung des Kommens eines »ideal lover«[2]. Ihre ganze Person war also in Stücke zersplittert. Ein Teil war pures Leiden, aber dem Bewußtsein nur in Träumen und Symptomen zugänglich und so irrealisiert. Ein anderer Teil verschaffte ihr die wunscherfüllende Umdeutung der Wirklichkeit. Ein dritter Teil: der Körper, der vollkommen dem Gifte und dem Vater gehorchte, verblieb als reiner Automatismus. Patient lebt also in einem unstillbaren Liebeshunger; mit Sublimationen vorliebnehmen ist unter diesen Umständen unmöglich; lieber zurück zur Verrücktheit oder in den Tod.

2) B. Die zwei letzten Stunden im Zeichen voller Unzufriedenheit, Hoffnungslosigkeit, Fluchttendenzen, vor allem weil sie kein Vertrauen zu mir hat, im Falle wirklicher Not ihr wirklich helfen

1 Engl.: von innen nach außen.
2 Engl.: Idealer Liebhaber.

wollen oder zu können. Immerhin entschloß sie sich, auf meine Aufforderung hin, sich in die Tiefen ihrer Seele zu senken, alle Selbstschutzmaßnahmen aufzugeben, ja sie erlaubte sich, krank zu werden. Heftigste Kopf- und sonstige Schmerzen und Klagen darüber nahmen die Stunden ein. Gestern legte sie sich zu Bett und ließ mich holen. Hochfiebernd lag sie da, wie wir nachträglich erfahren, fortwährend etwas Güte und Menschlichkeit von mir erwartend, etwa wie ein zu Tode verletztes Kind, das kaum mehr trinken kann und nur durch ein Glasrohr etwas Flüssigkeit zu sich nimmt. Statt dessen mußte sie erfahren, daß ich nach wie vor, die dummen und langweiligen analytischen Fragen stelle, und als ich am Ende der Stunde, wie üblich wegging, sie allein lassend (N. B. es war an einem Tag, an dem ihr von ihren Hausgenossinnen verletzende Behandlung zuteil ward), da sah sie, daß sie von mir nichts zu hoffen habe, daß sie sich selbst helfen müsse, daß sie recht hatte, zu mir kein Vertrauen gehabt zu haben, daß ihr Urteil über ihren Vater zu recht bestehe, daß er nämlich ein dummer Feigling gewesen war, der sie im Stich ließ. –

Die Analyse wiederhole pünktlich das Benehmen der Eltern, die nur Unlust provozieren, aber sie nicht heilen können. Sie sehe voraus, daß sie auch nach weiteren 8 Jahren am selben Flecke stehen wird, wenn es ihr nicht gelingt, sich von der Analyse, von der Familie, vielleicht von der ganzen Menschheit loszureißen und ihr Leben selbständig einzurichten. Nebstbei hatte sie einen Traum, in dem ein Mädchen in unbequemer Lage in einem viereckigen Sarge liegt, vollkommen tot. Ihr Haar ist über das Gesicht gefallen, auch ist ihr Kopf mit einem Tuch zugedeckt. Außen wird eine Melodie gespielt (Trauerlied?), es wird auf die Kehlkopfgegend hingedeutet, anzeigend, daß sie nicht mitsingen kann. Im ganzen figurieren drei Personen, die Tote, Patientin und eine dritte Person (die Deutung ist vorläufig: sie könne nicht reden, weil ein Teil von ihr wirklich tot ist, darum könne sie auch nicht singen; Hinweise auf die Situation beim vermuteten Angriff, Atemstörung.)

3) Subjektive Reaktion in beiden Fällen höchst peinlich, zunächst entmutigend. Es paßt mir offenbar nicht, in einem fort als Mörder angeklagt zu werden. Im Falle B. komme ich schließlich zur Einsicht, daß es eine unvermeidliche Aufgabe des Analytikers ist, mag er sich gebärden wie er will, mag er in der Güte und Relaxation so weit gehen, als er nur kann: die Zeit kommt, in der

er den am Patienten einmal begangenen Mord eigenhändig wiederholen muß. Doch zum Unterschied vom ursprünglichen Morde, darf er seine Schuld nicht leugnen; die analytische Schuld ist, daß der Arzt nicht die volle mütterliche Sorgfalt, Güte, Selbstaufopferung bieten kann, und dadurch die Pflegebefohlenen, die sich mit Not und Mühe seinerzeit gerettet haben: ohne genügende Hilfe wieder in dieselbe Gefahr bringt. Nachdem wir Patienten ihr Urteil über uns und die anderen Mörder erschöpfend genug haben äußern lassen, kommen sie selber mit der Frage, was ich denn darauf zu erwidern hätte. Ich antwortete, indem ich ungeschminkt die Unzulänglichkeit meiner Hilfe eingestand, meine schmerzlichen Empfindungen darüber auch nicht verheimlichte, weiters gestand ich, daß wir Männer, in der Tat auch die besten Ärzte unter uns, in der Kinder- und Krankenpflege ungeschickt sind; seit Kindheit werden die Männer von ihrer Umgebung und von anderen Jungen dazu erzogen: Sentimentalität als etwas weibisches und kindisches nicht zu zeigen. Sogar in ihrer Güte sind sie mürrisch und weniger gemütsvoll. Immerhin sei ein Unterschied zwischen unserer Ehrlichkeit und dem hypokritischen Schweigen der Eltern. Dies und unser guter Wille müsse zu unseren Gunsten gebucht werden. Darum gebe ich die Hoffnung nicht auf und rechne auf die Wiederkehr des Vertrauens trotz aller Enttäuschung. – Wenn es gelingt, dem traumatischen Akzent, wie es auch gerecht ist, von der Gegenwart aufs Infantile zurückzulegen, bleibt genug Positives übrig, um das Verhältnis statt des Bruches, in die Richtung der Versöhnung und des Verständnisses zu führen.

Im Falle B. war die Reaktion, mit Rücksicht auf die Mutualität, natürlich viel tiefer. Es gab einem Gelegenheit, tiefer in die eigenen Infantilismen einzugehen: tragischer Moment der Kindheit, wenn Mutter erklärt: Du bist mein Mörder. Überstarke Reaktion auf Ähnliches in der Analyse mit drauffolgender Verzweiflung, Entmutigung wird klar dargelegt. Auf die Weise Loslösung vom Aktuellen und Wiederkehr der Sympathie mit Sublimierungstendenz und Resignation. Wenn man nur weiß, daß diese Henkersarbeit unvermeidlich ist, daß sie schließlich dem Patienten nützt und wenn man die Widerstände gegen solche Grausamkeit, die mehr oder minder stark sein können, überwindet, wenn nötig analytisch durchforscht und durchforschen läßt, wird man vor dem radikalen Eingriffe, der zur Ablösung des Patienten führt, nicht zurückschrecken. Schließlich muß ja auch das Kind von der Mutter mit der Schere getrennt werden, ein Hinausschieben dieser Operation mag Mutter und Kinde (Analytiker und Kranken) von Nachteil sein. Sache des Takts und einer einsichtsvollen Technik muß es sein zu bestimmen: 1) wie weit die Güte gehen soll; 2) wann und in welchem Tempo die harte Realität gezeigt werden muß; 3) inwieweit dazu die Mutualität der Analyse von Vorteil oder unumgänglich notwendig ist.

10. März 1932

Das Heilende in der Psychotherapie (Healing)

Ein unausgesprochener, oder selten ausgesprochener Grundsatz der Psychoanalyse ist, im Gegensatze zu anderen Psychotherapien, nicht durch Beruhigung, Besänftigung, Aufmunterung, Ermutigung, also nicht mit direkt emotionell und suggestiv wirkenden Maßnahmen, auch nicht mit Mitleid, Zärtlichkeit, freundliches Wohlwollen, Mitfühlen und reale Teilnahme an allen Gemütsbewegungen, wie Haß, Empörung, Verzweiflung und Mitfreude an positiven Erregungen, am Liebesglück etc. wirken will, sondern schließlich und endlich nur auf intellektuellem Wege, indem sie durch Bewußtmachung der Verdrängungen, Gefühls- und Aktionshemmungen aus dem Wege räumen. Das Ideal der Analyse wäre also ein Fall, in dem in den Patienten gar nichts hineinanalysiert wird, in dem der Analytiker weder an den äußeren, noch an den inneren Verhältnissen, also weder in sozialer und persönlicher Hilfeleistung, noch durch Befriedigung von Gemütsbedürfnissen, etwas ändert oder verbessert. Allerdings betonte die modernere Psychoanalyse, seit der Entdeckung des Übertragungsmomentes in der analytischen Situation, auch die Bedeutsamkeit affektiver, außerintellektueller Momente in der Analyse, ja sie kam schließlich zur Feststellung, daß erst die Mitwirkung der Übertragung und das Aus-dem-Wege-räumen der Widerstände dagegen das wirkliche Bewußtwerden, und damit die Beherrschung des Unbewußten ermöglicht. Doch alle diesen affektiven Momente in der Analyse waren als eine Art Interregnum aufgefaßt, das schließlich und endlich vollkommen gelöst werden muß und das allerletzte, was den Kranken die Analyse bietet, ist Einsicht und Selbstkontrolle.

Die neokathartischen Erfahrungen scheinen mich dazu zu zwingen, von der starren Einhaltung dieses analytischen Grundsatzes gegen das Ende einer Analyse sehr oft abzusehen; in Momenten tiefster Relaxation scheint der Appel an den Intellekt entweder unmöglich, oder gar störend, jedenfalls nutzlos zu sein. Die Aufgabe der Selbstbeobachtung und Selbstbeurteilung, wie sie die analytischen Erklärungen erfordern, setzen bereits eine Spaltung der Person in einen Beobachtenden und einen Beobachteten voraus. Anderseits fordert die Relaxation volle Vereinheitlichung der Persönlichkeit und unzersplittertes Auf-sich-einwirken-lassen aller Perzeptionen: also ein eigentliches Wiedererleben. Tatsächlich versinkt der Patient in ein Gewirr von Halluzinationen, Gefühlsausbrüchen, körperlichen und seelischen Schmerzen, in das Gefühl der Hilfslosigkeit und des Nicht-begreifen-könnens, in Ausbrüche sarkastischen, unzähmbaren Lachens über die Naivität der eigenen Erwartungen und die rücksichtslose Realität.

Kommt man da nach wie vor mit der kühlen, höflichen Freundlichkeit des Analytikers, dazu noch etwa mit der stereotypen Frage: Was fällt Ihnen noch dazu ein? so erlebt man das plötzliche Erwachen aus Leiden und Trance. Die Patienten lehnen es ab, weiter mitzutun, sie fühlen, daß ich ihnen nie und nimmer werde helfen können und sie treffen Anstalten zur Flucht aus der Analyse, verheimlichen nicht ihre Verachtung vor unserer Aktionsunfähigkeit, unseren Mangel an menschlichem Gefühl überhaupt; nicht selten vermischen sie diese Reaktion mit analogen Erfahrungen aus dem Vorleben, besonders bezüglich Familienmitglieder. Sie sind von unserer (z.B. Vaters und meine) Selbstsüchtigkeit nunmehr vollkommen überzeugt. Die Wiederholung ist zu gut gelungen – sagen sie; was nützt es, das Trauma wortwörtlich und mit derselben Enttäuschung an der ganzen Welt und an jeder Menschlichkeit?[1]

Ich trachte von der Entmutigung des Patienten nicht angesteckt zu werden, obzwar es einem große Anstrengung kosten mag, den fortwährenden Klagen und Beschuldigungen standzuhalten. Man kann nicht umhin, ich wenigstens kann es nicht, mich innerlich verletzt zu fühlen, wenn man nach jahrelanger, oft überanstrengender Arbeit, als nutz- und hilflos apostrophiert wird, nur weil

1 Satz unvollständig, er muß wahrscheinlich lauten: »... Menschlichkeit zu wiederholen?«

man nicht alles und nicht so vollständig bieten kann, wie es die prekäre Lage des Leidenden verdienen würde. Geschieht aber das, werden wir also etwas wortkarg oder schweigsam, wo wir fieberhaft Hilfe bringen sollten, so – und das ist die Meinung der Patienten – haben wir die Sache mit ihnen verspielt. Zweierlei bleibt uns allerdings unbenommen: das ehrliche Bekennen unseres Schmerzes darüber, daß wir nicht helfen können, und geduldiges Festhalten am Helfen-wollen und an der analytischen Arbeit trotz aller scheinbaren Aussichtslosigkeit. In einem Falle hat das einfache Aufdecken und Zugeben der Beschränktheit unserer Gefühlsmittel (im Gegensatz zur Hypokrise der Familie) nicht genügt; nur das volle Aufdecken des eigenen Unbewußten nicht ohne Gefühlsausbrüche auch seitens des Analytikers ermöglichte es dem Patienten trotz der Versagungen, das Vertrauen wiederzugewinnen.

Ein dritter Fall (S. I.) hat allerdings ohne solche Stürme zu gutem Erfolg geführt. Die Patientin kam mit großem Enthusiasmus, wurde durch meine Kühle von allem Anfange an abgestoßen. Jahrelange geduldige Arbeit, ungeheure Nachsicht mit ihrem Nichteinhalten-können mir gemachter Versprechungen (puncto Drogue), die sie von allen möglichen Seiten auf die Probe gestellt hat; wirklich menschliche Teilnahme in Momenten realer Erschütterung, also ein Stück »Heilen«, brachten fast unmerklich eine Änderung (nicht zu guter letzt auch als Folge der Geduld, in der ich hinter dem Galimatias ihrer Metaphysik und Geisterseherei, wirkliche, wenn auch psychische Realität zu entdecken suchte und konnte). Ich wurde sozusagen zu einem lebendigen Symbol von Güte und Weisheit, dessen pure Gegenwart heilend und ordnend wirkte. Ähnliches sagte in Momenten der Beruhigung und nach Abschließung von Kampfphasen auch R. N. Dieses Heilen in entsprechender Weise an der notwendigen Stelle in die Psychotherapie einzufügen, ist ein wohl nicht ganz unwürdige Aufgabe.

13. März 1932

Zweikinderanalyse

Gewisse Phasen der mutuellen Analyse repräsentieren das vollkommene Aufgeben jeden Zwanges und jeder Autorität beiderseits; sie geben den Anschein von zwei gleichartig erschreckten

Kindern, die ihre Erfahrungen austauschen, sich infolge des gleichen Schicksals vollkommen verstehen und instinktiv zu besänftigen suchen. Das Bewußtsein dieser Schicksalsgemeinschaft läßt den Partner vollkommen harmlos erscheinen, dem man sich also getrost anvertrauen kann. Ursprünglich war das Genießen dieses Vertrauens einseitig, das Kind genoß mütterliche Zärtlichkeit und Sorgfalt ohne Gegenleistung (wahrscheinlich ist auch jene Mütterlichkeit, die das Kind genießt, eine Art Regression der Mutter zum Kindsein). Die intellektuelle Kühle der Analyse ruft schließlich eine Art Revolte hervor, mit der Tendenz, sich vom Analytiker loszureißen und ein Stück Über-Ich an Stelle der äußeren Gewalt zu setzen. Pflichterfüllung und Gehorsamkeit, Selbstbeobachtung und Selbstkontrolle scheinen immerhin erträglicher zu sein, als das Dirigiertwerden von anderen. (Hier anzuführen das Kind, das sich selbst in den Winkel stellt, um die Strafe zu vermeiden). Diese »Güte« und Gehorsam ist übrigens auch Rache an der Autorität, der die Waffen aus der Hand gerissen sind.

Nach der Enttäuschung an Eltern und Lehrern, auch an sonstigen Heroen, verbinden sich die Kinder untereinander und gründen Freundschaftsbunde. (Soll die Analyse im Zeichen solcher Freundschaftlichkeit enden?)

Gegenseitiges Bekenntnis der eigenen »Sünden« d.h. kindlich naive Aufrichtigkeit an Stelle des Überlegen- und Gutseinwollens (Hypokrisie, Fanatismus) der Erwachsenen, bringt dem Kinde und dem Analysierten die Beruhigung, daß nicht er schlimm und verrückt ist, wenn er natürliche Triebansprüche lautwerden läßt, sondern die Erwachsenen sind unehrlich oder blind.

Ist zur Lösung der infantilen Amnesie von solcher *vollen Befreiung von Furcht* vor dem Analytiker bedingt, so hätten wir die psychologische Begründung der Mutualität der Analyse.

Belobung notwendig. Eine Patientin Dm., die seit längerer Zeit mehr-minder unbewußt gegen die Analyse protestiert, indem sie sich mit ihrer Liebe und Interesse einem jungen Manne zuwendete (wahrscheinlich in der Erwartung, daß ich sie dafür, wenn auch unausgesprochen, hasse) kommt eines Tages spontan mit dem Vorschlag, sie wolle vielleicht ihre Beziehung zu dem ihr unpassenden, auch viel jüngeren Manne, aufgeben. Daraufhin Zeichen des Widerstandes, die nicht eher gelöst wurden denn nach der Mitteilung, sie wäre enttäuscht, daß ich die Größe des selbstgebrachten Opfers nicht anerkenne. Ich gab ihr recht. Sie scheint dann nach

Gründen meines Versäumnisses forschen zu wollen und wir konnten feststellen, daß die Patientin seit 3 oder 4 Monaten im Widerstande ist. Ursache: die Geschichte ihrer Klatscherei gegen mich und die Folgen für mich seitens Freud u. a.[1] Ich sei seither reservierter, d. h. ärgerlich und geringschätzig; ich hätte die Sache zu persönlich genommen, anstatt weiter nach den Ursachen zu forschen etc. Dies auch die Ursache obiger Nachlässigkeit. Ende der Stunde in versöhnlicher Stimmung; sie behielt die Empfindung bei, daß sie mein Vertrauen wieder habe. Daß ich sie also nicht behandle, wie seinerzeit der Vater und auch jener Lehrer, die ihrer Verfehlungen gegen sie niemals geständig wurden. Aus Rache malte sie dann manches viel krasser und verabscheuungswürdiger aus, als es objektiv berechtigt war. Die Hypokrisie der Erwachsenen berechtigt das Kind zur Übertreibung und Lüge. Werden die Autoritäten aufrichtiger, so kommt das Kind spontan mit Geständnissen und mit Vorschlägen zur Güte. Jede solche Auseinandersetzung will aber, wie eine Szene zwischen Mutter und Kind, mit Versöhnung und Belohnung, d. h. Zeichen des Vertrauens enden.

15. März 1932

Das autochthone und das heterogene Ich (S. I.)

Patientin kam schon vor langer Zeit zur Überzeugung, daß ein großer Teil ihrer Symptome ihr irgendwie von außen aufgezwungen ist. Seitdem sie von der psychoanalytischen Nomenklatur weiß, nennt sie diese aufgezwungenen, ihrem eigenen Ich fremden, den Tendenzen dieses Ich entgegengesetzten, ihm schädlichen Empfindungen, Tendenzen, Verlegungen und Handlungen, als Aktionen des »Über-Ich«. Sie stellt sich dieses Stück ich-fremde Einpflanzung ganz substantiell vor. Die zwei Hauptpersonen, die peinliche Stücke ihres eigenen Ich, um der durch sie verursachten Spannung und Unlust loszuwerden, ihrer Persönlichkeit aufbürden, sind vor allem ihre Mutter (die in einer Art geisteskranker

1 Anspielung auf den Brief Freuds an Ferenczi vom 13. Dezember 1931 über die »Technik des Kusses«.

Unbeherrschtheit ihre Kinder – in beglaubigter Weise – furchtbar zu prügeln pflegte) in letzterer Zeit auch eine ihr bekannte Dame, die eine zeitlang eine Art psychoanalytischen, aber auch metaphysischen Einfluß auf sie nahm; sie kennt aber auch wohlwollende, heilende Einflüsse, wie sie sie besonders mir zuschreibt. Es wäre natürlich nichts leichter, als diese ganze Symptomatik als paranoische Verrücktheit zu diagnostizieren, womit beim heutigen Stande unserer psychiatrischen Kenntnisse, die Unheilbarkeit inbegriffen wäre. Doch gestützt auf analoge Hinweise Freuds, wonach keine Wahnvorstellung ein Körnchen Wahrheit missen läßt, entschloß ich mich, der zumindest psychischen Realität in solchen anscheinenden Wahnideen eindringlicher nachzuforschen, d. h. mich eine ganze Weile mit dem vermeintlich Verrückten zu identifizieren.

Als Vorbild zu diesem Vorgehen dient mir übrigens wahrscheinlich das des Dr. Breuer, der nicht davor zurückschreckte, in den unsinnigsten Äußerungen einer Hysterischen die Wahrheit zu suchen und zu finden, wobei er theoretisch wie technisch auf die Winke und Vorschläge der Patientin sich zu stützen hatte. Auf die zu erwartende Entgegnung, daß sich ja die Psychoanalyse (und gerade auch ich selber) ausgiebig mit der psychischen Realität der Wahnideen beschäftigte, indem sie sie als Projektionen uneingestehbarer Seeleninhalte darstellte, habe ich nur zu erwidern, daß ich am Projektionscharakter einer überaus großen Menge des Wahnhaften nach wie vor festhalte, es aber nicht für ausgeschlossen halte, daß in den Wahnproduktionen mehr objektive Realität enthalten ist als wir es bisher vermuteten. Schon von vornherein war ich geneigt daran zu denken, daß die Halluzinationen Verrückter, zum Teil wenigstens, nicht Einbildungen sind, sondern reale Wahrnehmungen aus der Umwelt und aus der Psyche anderer Menschen, die ihnen gerade wegen ihrer psychologisch motivierten Überempfindlichkeit zugänglich sind, während sie den normalen Menschen, der nur auf die nächsten, ihn angehenden Dinge eingestellt ist, unberührt lassen. Es liegt nahe hier, an die sog. okkulten Fähigkeiten gewisser Menschen zu denken und an die nahe Verwandtschaft und leichten Übergang der zwei Zustände: Paranoia und psychische Überleistung.

Die zweite Person, von der die Patientin sich verfolgt fühlt, hat solche »psychische« Qualitäten. Allerdings weiß die Patientin von ihr selbst, daß sie die Macht habe, mit Hilfe ihres Willens Menschen tun zu lassen was sie will. (Ein großer Teil ihrer Wahrnehmungen mag also einfach Projektion der ihr eingejagten Furcht sein.)

Patientin S.I. *fühlt* die all ihren Absichten widersprechende, aber unwiderstehliche Beeinflussung durch den Geist dieser beiden Personen, deren Stücke sozusagen in ihr wohnen. Die Mutterinfluenz z.B. hat die Tendenz, sich in ihr breitzumachen. Wäre sie nicht in Analyse gekommen, so hätte sie sich – wie sie ganz bestimmt fühlt – vollkommen in eine Person wie ihre Mutter verwandelt, sie begann schon hart, böswillig, geizig, schadenfroh, sich selbst und andere unglücklich machend, zu werden, ihren Mann an den Rand der Verzweiflung treibend, ihre Tochter quälend, dem ganzen Personal des Hauses Unlust und Schrecken einjagend. Stücke des mütterlichen Transplantates behalten ihre Vitalität, ja ihre Wachstumsenergie bei; die Schlechtigkeit der Menschen lebt sozusagen weiter in dem Geiste jener, die schlecht behandelt worden sind (man denke an die Blutrache, die generationenlang fortlebt.)

Patientin fühlt aber auch, daß wenn es mir, dem Analytiker, gelingt, Stücke des extranen, eingepflanzten Geistes aus ihr zu entfernen, so nützt das dem Patienten, schadet aber jenem, aus dem die Bosheitsfragmente stammen. Diese Idee basiert auf einer Theorie, wonach das heterogen eingepflanzte Fragment in irgend einer virtuellen Weise, wie durch einen Faden, mit der Person des »Spenders« verbunden sei. Wenn also das Bosheitsfragment nicht aufgenommen, oder wieder ausgestoßen wird, kehrt es in die Person des Spenders zurück, steigert ihre Spannungen und Unlustgefühle, ja kann die geistige und körperliche Vernichtung jener Person zur Folge haben.

Entsprechend der Großzügigkeit, die Personen dieser Art charakterisiert, zaudert sie nicht, diese an sich selbst gemachte Erfahrung zu verallgemeinern. Alle bösen, vernichtenden Triebe müssen in die Seelen, aus denen sie stammen, zurückverlegt werden (also in die Ahnen, die tierischen Vorfahren, ja ins Anorganische). Es ist dies also ein Weltverbesserungsplan von noch nicht dagewesener Großartigkeit.

Der therapeutische Erfolg des Mitgehens mit der Patientin auf diesem scheinbar gefährlichen Wege, war merkwürdig. Patientin sagte selber, aber es wird mir von allen Seiten bestätigt, daß sich ihr Wesen vollkommen verändert hätte, sie quält ihren Gatten nicht mehr, zeigt Verständnis für seine Eigenheiten und bringt ihn dadurch in die Lage, die guten Eigenschaften, die er besitzt, zu entfalten; das Verhältnis zur Tochter, zu den Freunden und sozial Gleichstehenden wurde erquicklich, zu der früher höchstens bedauerten Person kommen alle Leute, um Rat zu holen. Das Merkwürdigste ist die Änderung ihres Verhaltens zum Gelde. Sie wurde großzügig, freigiebig, wenn auch besonnen. Wenn nichts anderes, so ist der therapeutische Erfolg eine Entschuldigung für die Verwegenheit, die Wahnideen einer Geisteskranken soweit ernst genommen zu haben.

17. März 1932

Vor- und Nachteile des intensiven Mitfühlens

(R. N.) Heftige Kopfschmerzen nach einer mutuellen Analyse von beinahe 3 Stunden Dauer. Entschluß, dem abzuhelfen und ohne Rücksicht auf den peinlichen Seelenzustand des Patienten in der Relaxation, die Sitzung nach einer Stunde abzubrechen (in beiden Fällen). Ziemliche Angst bei der Idee, den Leidenden ohne Hilfeleistung und ohne die Beruhigung abzuwarten, im Stiche zu lassen. Doch aufgemuntert durch die Lektüre eines Pamphlets über Mary Baker Eddy, die in ihren hysterischen Anfällen einfach allein gelassen wurde, und sich draufhin erholte und ein wenig aufgehetzt von S. I., die mich ernsthaft aufmerksam machte, mich nicht von meinen Patienten »auffressen« zu lassen (nicht einmal von ihr selbst), entschloß ich mich, hart zu sein. Auf Verlangen des Patienten, begann ich mit meiner Eigenanalyse, die ich dazu benützen wollte, meine Gefühle und Absichten frank und frei mitzuteilen. Ich dachte mir auch, daß ein Traum des Patienten vor etwa 2 Tagen, der in zwei Tagen eine große deutsche Revolution voraussagte, eigentlich ein Vorausfühlen *meines* Aufruhrs gegen die Tyrannei des Leidens gewesen sei. (Deutschland bedeutete immer Roheit; also roher Abbruch der guten Beziehungen und der Rücksicht)

Es kam alles anders. Patient empfing mich mit der Nachricht, jemand hätte eine Summe zur Verfügung gestellt, die für ein weiteres Jahr Analyse langt. Auch meine Angst bezüglich der Wirkung meines Roheitsentschlusses, erwies sich als unbegründet. Patient billigte vollauf meine Absicht; mein Ärger über die langen Stunden schade der Analyse mehr, als die Länge der Stunden nützt; Patient fühlt den Ärger und den Widerstand und dies war es, was zum Vorschlage der mutuellen Analyse führte.

Sobald die Aggressivität sich als unanwendbar erwies, bekam ich Schuldgefühle über meine geplante Schlechtigkeit. Dies dem »Analytiker« mitteilend, vertiefte ich mich in Reproduktion von Infantilerlebnissen; das eindrucksvollste Bild war das vage Erscheinen von Frauenspersonen, wahrscheinlich Dienstboten aus der frühesten Kindeszeit; dann das Bild einer Leiche, der ich etwa im Seziersaale den Bauch öffne, verknüpft damit, die verrückte Phantasie, daß ich in diese Leichenwunde hineingepreßt werde. Deutung: Nachwirkung der wahrscheinlich stattgehabten leidenschaftlichen Szenen, in denen wahrscheinlich ein Stubenmädchen mich mit ihren Brüsten spielen ließ, dann aber meinen Kopf zwischen ihre Beine preßte, sodaß ich Angst und Erstickungszustände bekam. Dies die Quelle meines Hasses gegen Frauenspersonen: ich will sie dafür sezieren, d. h. töten. Daher traf mich Mutters Anklage: »Du bist ein Mörder« mitten im Herz und führte 1) zum zwanghaften Helfenwollen jedem Leidenden, besonders Frauen, 2) zur Flucht vor Situationen, in denen ich aggressiv sein müßte. Also innerlich das Gefühl, daß ich ja ein guter Kerl bin, darüber übertriebene Wutreaktionen auch bei geringfügiger Beleidigung, und schließlich übertriebene Schuldreaktionen bei der leisesten Verfehlung.

Vorteil des Mitfühlens ist ein tiefes Eindringen-können in die Empfindungen anderer, und der triebhafte Wunsch, zu helfen, was von den Patienten mit Dank quittiert wird. Doch früher oder später ist den Patienten mit dem einfachen Mitfühlen nicht gedient. Sie wollen entweder bei mir bleiben und von mir ihr lebenlang glücklich gemacht werden, oder sie wollen lieber ein Ende mit Schrecken, als ein Schrecken ohne Ende. Hier aber ist eine Schwierigkeit in mir, so wunderbar und tief die Relaxationsperiode dringt, so langsam und unenergisch erweise ich mich in der Kündigungsperiode. Darum hatten die Patienten es nötig, mich zu analysieren, mich meine eigenen Fehler einsehen lassen in der Hoffnung, durch Aufdeckung meiner Schwächen und ihrer Ursachen, freier zu werden, ihre Anklagen weniger persönlich zu nehmen, von ihrer Aggression nicht so tief berührt zu werden und statt dessen das aktuelle Situationsbild rasch zum alten Trauma zurückzulenken.

Ist diese Empfindlichkeit eine rein persönliche Eigenschaft bei mir, oder ist sie eine menschlich allgemeine Tatsache? Ist meine

Reaktion nicht überhaupt ein Vorbild zum Schuldbewußtsein, die Tendenz zu dem so weit verbreitet ist? Ich habe von ähnlichen Hindernissen in der Analyse noch von keinem anderen Analytiker gehört. (Ausgenommen meine eigenen Schüler, die die Sucht, den Fehler in sich selbst zu suchen, von mir übernommen haben.)

Es bleibt als Vorteil zu verbuchen, daß ich so tief mit den Patienten mitgehe und mit Hilfe meiner Eigenkomplexe sozusagen mit ihnen weinen kann. Lerne ich dazu auch die Fähigkeit, die Rührung und die Relaxationsförderung zur rechten Zeit einzudämmen, so habe ich entschieden Aussicht auf Erfolg. Meine Eigenanalyse konnte nicht tief genug gehen, weil mein Analytiker (selber eingestandenermaßen eine narzißtische Natur) mit seinem kräftigen Gesundheitswillen und seiner Antipathie gegen Schwächen und Abnormitäten, mir in jene Tiefen nicht folgen konnte und zu früh mit dem »Erzieherischen«[1] einsetzte. Freud ist so stark in der Festigkeit des Erziehens, wie ich in der Tiefe der Relaxationstechnik. Meine Patienten bringen mich allmählich dazu, auch dieses Stück Analyse nachzuholen. Die Zeit ist vielleicht nicht ferne, in dem ich diese Hilfe bei den eigenen Kreaturen[2] nicht mehr brauchen werde. Bei genügender Freiheit in Mitfühlen sowohl als in der unvermeidlichen Strenge, kann ich sogar die Zeitdauer der Analyse hoffentlich wesentlich verkürzen. Auch glaube ich, daß mein altes Ideal, die Analyse zu *»beenden«* auf die Art zur Verwirklichung gelangt, womit etwa mein Beitrag zur Technik der Psychoanalyse wahrscheinlich abgeschlossen sein wird. (Vielleicht werde ich mich dann ungestört von diesen praktischen Fragen, den mich so mehr interessierenden theoretischen Problemen nachgehen).

1 Was seine eigene Analyse betrifft, hat Ferenczi noch einen anderen Vorwurf gegen Freud, einen Vorwurf, der sicherlich mit dem ersten zusammenhängt. In seinem Brief vom 17. Januar 1930 wirft Ferenczi Freud vor, seine negative Übertragung nicht analysiert zu haben. In seiner Antwort vom 20. Januar 1930 bemerkt Freud zu seiner Verteidigung, zu dieser Zeit hätten sie noch nicht gewußt, daß solche negative Reaktionen in allen Fällen vorkämen, und sowieso über zu wenig Zeit verfügt (drei Wochen), als daß sich diese Reaktionen hinter dem guten Einvernehmen zwischen ihnen hätten bemerkbar machen können. In seinem Aufsatz »Die endliche und die unendliche Analyse« kommt Freud auf diese Frage zurück (in Form der »Geschichte eines Falles«); s. *Gesammelte Werke*, Bd. XVI, S. 65 (Anm. d. Hrsg.).

2 Für M. Balint versteht Ferenczi darunter die Menschen, die er aus seinen Patienten »gemacht« hat (Anm. d. Hrsg.).

17. März 1932

Schwierigkeiten, die aus dem Nicht-real-nehmen der Persönlichkeitsspaltung erwachsen

Ein Teil der Schwierigkeiten mit meinem Patienten R. N. erwächst daraus, daß ich Dinge, die ich dem Patienten im wachen Zustand sagte oder von ihm hörte, auch im relaxierten Zustande in irgend einer Form für gegenwärtig oder bewußt halte. Es bereitet mir anscheinend Schwierigkeit, daran *wirklich* zu glauben, daß die Dinge, über die wir uns ausgesprochen haben, jenem angeblich abgespaltenen Stück nicht irgend wie bewußt sind. Darum ärgert es mich nicht wenig, wenn die relaxierte Person, wenn ich mich auf vor kurzem Besprochenes berufe, klipp und klar erklärt, er wisse von garnichts, und zwingt mich sozusagen die ganze Sache nochmals zu erzählen, oder die geistige Tätigkeit jenes Fragments bis zum Verständnis der Dinge, Vorgänge, Situationen anzuregen. Begehe ich den obigen Fehler, so wird der Patient beinahe wütend; meistens erwacht er mehr-minder aus der Trance und hält mir eine Strafrede, in der mir manchmal recht ungeduldig meine Stumpfsinnigkeit in dieser Frage vorgeworfen wird. Erholt sich der Patient ein wenig (besonders wenn ich meine Schuld einsehe und bekenne) so versucht er mit engelhafter Geduld, mir nochmals genaue Ratschläge zu geben, wie ich mich zu benehmen habe, wenn ich mit dem getöteten unbewußten, sozusagen zerschmetterten Anteile ihrer Persönlichkeit in Kontakt treten und mit ihr in Kontakt bleiben will. Es wird auch auf die Wege hingewiesen, auf denen es mit großer Geduld und Verständnis fürs Primitive, Empfindliche, intellektuell Paralysierte, die Wiedervereinigung des traumatisierten Fragments mit der intellektuellen Person gelingen kann. Es ist das ein Stück ganz neuer, bisher von niemand vermuteter infantilpädagogischen Arbeit. Hier anzuknüpfen die mechanische Apperzeptionsweise im Infantilen überhaupt, bei Hypnose und Suggestion im besonderen, zugleich der richtige Weg zur Befreiung davon: Entmechanisierung und Enthypnotisierung.

20. März 1932

Über den hysterischen Anfall

1) Hinweis auf den Ursprung des Wortes »Hysterie« (Hysteron = Uterus). 2) Charcot und Freud entlarvten die »Attitudes passionnelles«[1] als Koitusdarstellungen. (Freud speziell den Opistotonus als gegensätzliche Darstellung der Umarmung). 3) Der Volksgebrauch benennt Personen, besonders Frauen, die sexuell unbeherrscht und nicht zu befriedigen sind: hysterisch (»hysterisches Frauenzimmer«).

Beobachtung eines Falles, wo in der Relaxation (»Trance«) opistotonische Stellungen auftraten; der Kontakt mit dem Patienten konnte hergestellt werden und man bekam die Auskunft, daß die Stellung die Reaktion auf ein Gefühl schmerzlichen Reizzustandes im Genitalkanal ist, die Patient als schmerzlichen Hunger beschreibt; in der Stellung ist gleichzeitig die psychische Unlust und Abwehr gegen jene Sehnsucht dargestellt. Mit Hilfe des Frage- und Antwortverkehrs[2] war festzustellen, daß dieser Reizzustand vom Vater eingepflanzt wurde, mit Hilfe zärtlichen Streichelns und verführerischen Worten und Versprechungen, die das Kind in seiner Naivität ernst nahm. Eine Szene wird reproduziert, indem der Vater das Kind in seinen Schoß nimmt und regelrecht gebraucht.

Da das Kind solches Benehmen nicht anders als eheliche Betätigung auffassen konnte, wird es, so unwahrscheinlich uns das klingen mag, tatsächlich zum Weibe gemacht. Kompliziert wird der Tatbestand durch das Verbot der Mutter und überhaupt jemandem etwas zu sagen. Leise Anspielungen auf Beschmutztsein werden von der Mutter, die sozusagen von Blindheit geschlagen ist, nicht ernst genommen, ja das Kind wird wegen des Schmutzigseins beschimpft. Plötzliches Innewerden des lügenhaften und betrügerischen, vielleicht auch das intuitive Wahrnehmen der Verrücktheit des Vaters (der sich in einem Zustand von »Error in Persona« am Kinde, statt an der eigenen Mutter vergeht, d. h. sich rächt), dar-

1 Französ.: leidenschaftliche Haltungen.

2 Siehe »Kinderanalysen mit Erwachsenen«, wo die Erfindung des Frage- und Antwortspiels geschildert wird. In *Schriften zur Psychoanalyse, II*, op. cit., S. 277.

aufhin (hier in Szenen im 5-ten Lebensjahre einzuschalten) »Platzen«, das heißt Abspaltung des eigenen Ich in eine andere »Dimension«, wo vom wirklichen Tatbestand nichts erfahren wird, aber andauernde schmerzliche Sehnsucht nach dem »idealen Liebhaber« fortbesteht. Inzwischen ist der vom Geist verlassene Körper vollkommen in der Macht des Bösen, verrichtet mechanisch und ohne Bewußtsein die vorgeschriebenen Sexualakte und Prostitutionsgebärden.

Ein drittes, persönliches Fragment ist eine Art Ersatzmutter, die auf beide anderen Fragmente unausgesetzt achtgibt. Sie verrichtet die physiologische Adaptation des Körpers zu den scheinbar unmöglichsten Aufgaben und tut alles, um den physiologischen Tod, infolge von Schmerz, Erschöpfung etc. zu verhindern. Gleichzeitig hilft sie, der Schmerzsammelstelle (d. h. das eigentliche tief versenkte kindliche Ich) mit Wunscherfüllungsträumen und Phantasien, die es an der Ausführung des stets drohenden Selbstmordes verhindern. Sie macht also aus purem Mitleid jenes Schmerzens-Ich verrückt. (Vor dem Anfall wurde der Versuch gemacht, die Spannung auf masturbatorischem Wege loszuwerden. Die Erzählung dieses Versuchs artet in unzähmbares Lachen aus; gleichsam plötzliche Einsicht in die Lächerlichkeit des Versuchs, die Realität mit Surrogaten zu ersetzen. Mitten in der Relaxationskonversation oft Auflehnung gegen meine Tendenz, Patientin zur traurigen Wirklichkeit, zur Realisierung des Trügerischen jener Hoffnung und der vollen Aussichtslosigkeit der Zukunft (quo ad[1] Erfüllung der kolossalen infantilen Erwartungen) zurückzuführen. Festzustellen ist, daß – wie Patient selber eingestehen muß – ein solcher Ernüchterungseingriff d. h. Anfall plus Aufklärungen, beschwichtigend wirken. Endet eine Stunde ohne dies, so ist die ganze Zwischenzeit mit emotiven Ausbrüchen erfüllt, der Schlaf gestört etc., bis in der nächsten Stunde der Ausbruch mit der Relaxationskonversation beendigt wird.

Hauptmoment dieses Erfolges mag das Bewußtwerden sein, d. h. die Reparation des ursprünglichen Traumas durch die spontanen und von mir erteilten Aufklärungen, das Wissen, d. h. die Überwindung der unwissend machenden Faktoren (Angst, Zersplitterung), fügt einen Teil des Traumas in den Verkehr der Gesamtpersönlichkeit ein. (Hier eine Anmerkung über Alexanders

1 Lat.: betreffs.

»Gesamtpersönlichkeit«, die, bei Unkenntnis unserer Data, die Kennzeichnung als Gesamtheit nicht verdient.[1])

Ein zweites, nicht intellektuelles Moment oder Faktor des Erfolges ist das Gefühl der Patienten, daß wir sie wegen ihrer Absonderlichkeiten, ja auch wegen kindisch-naiver Verführungskünste, ihrer Nymphomanie oder Satiriasis, nicht nur nicht verachten, sondern bedauern, und ihnen gerne helfen, wenn es in unserer Macht steht. Wir glauben an ihre Unschuld, wir lieben sie als gegen ihren Willen zur Reife gereizte Wesen und trachten sie, unser Mitleid und Verständnis, als allerdings unvollkommene Erfüllung ihrer Hoffnungen, vorläufig anzunehmen, bis ihnen das Leben nichts besseres bietet. Wir würdigen die Größe und die Kraft, deren sie fähig waren, indem sie das Versinken ihrer Gesamtperson im »Sünden – pfuhl« durch jene Abspaltung, die sie mit aller Kraft aufrechterhielten, verhinderten.

Ein letzter, nicht unwichtiger Faktor, ist die demütige Bekenntnis der eigenen Schwächen und der eigenen traumatischen Erfahrungen, Enttäuschungen vor den Patienten, die die sonst vor ihm geführte Inferioritätsdistanz vollkommen aufhebt. Ja, wir vergönnen dem Patienten die Freude, uns helfen zu können, sozusagen passagere unser Analytiker zu werden, was ihre Selbsteinschätzung mit Recht steigert. Kommt es gar, wie gelegentlich bei mir, dazu, daß das Erleben des fremden und eigenen Leides eine Träne aus den Augen preßt, (und diese Rührung soll man vor dem Patienten nicht verhehlen), so vermengen sich diese Tränen von Arzt und Patient zu einer sublimierten Gemeinsamkeit, die vielleicht nur im Mutter-Kindverhältnis ihre Analogie findet. Und das ist der heilende Agens, der sozusagen als Kitt die intellektuell gesammelten Fragmente dauernd verbindet, ja die so reparierte Persönlichkeit mit einer Area von neuer Lebenslust und Optimismus umgibt.

1 Alexander, Franz (1891 – 1964), amerikanischer Psychoanalytiker, ungarischer Herkunft. – Ferenczi betrachtet die *Gesamtpersönlichkeit* in Bezug zur eben beschriebenen zersplitterten Persönlichkeit, während es sich für Alexander um eine Entität handelt, die die Gesamtheit der Instanzen und psychischen Stufen, jenseits ihrer Konflikte und Widersprüche, integriert. Für weitere Einzelheiten siehe Franz Alexander: »Neurose und Gesamtpersönlichkeit«, in: *Int. Zeitschr. f. ärztl. Psa.*, 1926, XII, 334 – 347, oder, vom selben Verfasser, »Psychoanalyse der Gesamtpersönlichkeit«, in: *Neue Vorlesungen über die Anwendung von Freuds Ich-Theorie auf die Neurosenlehre*, Int. Psa. Verlag, Leipzig 1927.

22. März 1932

Wiederkehr des Traumas in Symptomen, Träumen und in der Katharsis Verdrängung und Persönlichkeitsspaltung, Abbau der Verdrängung in und nach der Katharsis

(B.) Patientin erzählt, unruhig geschlafen zu haben. Sie wurde (in Wirklichkeit) von einer riesenhaften Bernhardiner Hündin geweckt, das einemal heulte das Tier und wollte nur von ihr beruhigt werden (Patientin verspricht sich mehrere Male und spricht von der Hündin als wäre sie ein Hund – männlich). Das zweitemal kam der Hund in ihr Zimmer und erweckte sie, indem sie ihr Gesicht leckte. In derselben Nacht ein *Traum*: sie hat furchtbaren Schmerz im Unterleib; alles Blut fließt unten heraus, wobei sie sich denkt: »Ich habe doch keine Menstruation.« Gefühl von Darmentleerung dazu. Gefühl eines Fire-belt[1] oberhalb der schmerzenden Stelle (Fire-belt ist der ausgerodete Streifen Wald, der bei Waldbränden die Weiterverbreitung des Brandes verhindert). Erwachen aus dem Schlaf (also bereits *Symptom*) mit dem Gefühle, daß sie sich nicht rühren kann wegen des Schmerzes. Beine lang ausgestreckt, wegen der Bauchschmerzen unbeweglich, Gefühl, als läge sie auf einem harten Boden, obzwar das Bett weich und bequem ist. Gefühl, als wäre sie plattgedrückt, kurzatmig, beide Hände nach außen gedreht, mit den Handflächen nach oben. Das ganze ist, als ob soeben ein schweres Gewicht, das sie plattdrückte, sich entfernt hätte, das Zerdrücktsein und Plattgedrücktsein in allen Gliedern zurücklassend. Sie ertappte sich tagsüber bei einer *Phantasie*, ein riesenhaftes männliches Genitale dringt in sie ein und zertrümmert alles in ihr. Sie sieht ihren Körper so übernatürlich ausgestreckt, wie bei einer toten Person; heftigstes Herzklopfen begleitet diese Phantasie. Nach etwa 20 – 25 Erschütterungen, die wie Schmerzwellen sie überwältigen, fühlt sie nichts mehr, sondern betrachtet sich, ihren Körper, wie eine fremde Person von außen. Die Menstruation ist noch nicht aktuell, sie rechnet darauf nicht vor 8 Tagen. Tagsüber vielfach heftige plötzliche Schmerzempfindungen in der Nabelgegend die sozusagen in die Tiefe zeigen. Ihr Rückgrat ist wie zerschmettert, biegsam und widerstandslos.

1 Engl.: Feuergürtel.

Der Traum bietet für die Erklärung keine Schwierigkeiten; seit beinahe zwei Jahren hat sie nur Träume, die nicht anders, als Träume von Vergewaltigung gedeutet werden konnten. Unzähligemale rekapitulierte sie Szenen oder eine Szene von Überwältigtwerden durch den Vater auf der flachen, harten Wiese, die Hände nach oben gedreht, die Beine oberhalb der Knie gefaßt und nach Überwindung aller Verteidigungskräfte auseinandergerissen, die Empfindungen des Eindringens etc. das Erwachen in vollkommener Erschöpfung und unfähig, das Geschehene zu begreifen. *Relaxationstraumdeutung* ist der Versuch, statt bewußter Aufklärungen des Traumes, mit Hilfe des bewußten Assoziationsmaterials, die Patientin in der Analysenstunde in den Traum selbst zu versetzen. Dazu ist ein gewisser Schläfrigkeitszustand, Relaxation, nötig. Durch leise und einfache, keinesfalls schwierige Fragestellungen, trachtet man auch während des Träumens mit den Patienten in Kontakt zu bleiben, man fordert sie auf, in das Fühlen, Sehen, Erfahren, der einzelnen Details tiefer einzudringen, woraufhin sie weitere kleine Einzelheiten, Daten zum Traumfragment produzieren, die allem Anscheine nach aus der Realität stammen. Diese Art Traumversenkung führt in den meisten Fällen zu kathartischer Steigerung der Symptome, die uns dann Gelegenheit gibt, der Realität uns mehr zu nähern.

Keinesfalls kann ich aber behaupten, daß es mir bisher auch nur in einem einzigen Falle gelungen ist, mit Hilfe von Symptomphantasie, Traumversenkung und Katharsis, die *Erinnerung* an die traumatischen Vorgänge selbst für den Patienten möglich gemacht zu haben. Es ist, als ob das Trauma, ähnlich wie die Traumen nach Gehirnerschütterung, von einer retroaktiv amnestischen Sphäre umgeben wäre. Die einzelnen Katharses engen diese Sphäre mehr und mehr ein. Vorläufig ist es nicht ganz klar, in welcher Weise das Zentrum der Explosion und ob sie überhaupt dem Geiste des Analysierten als bewußter Vorgang und damit als erinnerungsfähiges psychisches Ereignis, einverleibt werden kann. Es sind da eben mehrere Möglichkeiten offen: 1) In diesem Fall teilen viele Patienten (mit, nicht)[1] als endgültige Lösung annehmen zu wollen: Ein Stück der psychischen Persönlichkeit, gewisse seelische Qualitäten, wie Hoffnung, Liebe im allgemeinen, oder im bezug auf gewisse Dinge, wurden von der Erschütterung so vollkommen zerschmet-

1 Im Original unklar (Anm. d. Hrsg.).

tert, daß sie unheilbar, richtiger, vollkommen getötet betrachtet werden müssen. Die Heilung dieses Stückes kann also keine Restitutio in integrum sein, sondern nur eine Versöhnung mit einem Manko. Eine Liebesquantität und -qualität von außerordentlicher Natur, das vollste genital-moralisch-intellektuell perfekte Glück könnte, nach Empfindung der Leidenden sogar diese toten Seelenstücke wiederbeleben, d.h. die noch so zerschmetterten körperlichen und geistigen Persönlichkeitsanteile zu voller Funktionstüchtigkeit regenerieren lassen. Ein solches Glück ist aber in der Wirklichkeit nicht zu haben (im Falle des infantilen Vergewaltigtwerdens z.B. wäre das Geheiratetwerden von dem körperlich und geistig allergrößten Manne der Welt, dazu mit kolossaler Potenz und Verliebtheit, vielleicht immer noch zu schwach, um als Antidot gegen die Erniedrigung und Persönlichkeitseinschränkung (Mutilation) durch das Trauma wirken zu können. 2) Mit kolossaler Geduld, Selbstaufopferung unsererseits, nach hunderten von Beispielen allergrößter Langmut, Mitgefühl, Aufgeben jeder autoritären Velleität, ja Annahme von Lehren und Hilfeleistungen der Patienten, hoffe ich, daß es gelingen mag, den Patienten auf jene kolossale Wunscherfüllung zu verzichten, mit dem, was sich ihnen bieten kann, vorliebnehmen lassen und das tote Ich-Stück auch mir zuliebe, ja später der eigenen Vernunft zuliebe, zu beleben, d.h. zu heilen und zu erinnern. (Bandage um die Hüften.)

25. März 1932

Psychische Bandage. Die Patientin (B.) hat die Phantasie, ihre Hüften seien mittelst breiter steifer Binden befestigt.

Assoziationen ließen darauf schließen, daß diese Phantasie dem Wunsche des Geschützt- und Gestütztwerdens entspricht. In der Übertragung würde sich die Gelegenheit bieten, den Schutz und die Stütze, die beim Trauma vermißt wurden, anzulegen. Die Liebe und die Kraft des Analytikers, vorausgesetzt, daß das Vertrauen zu diesem tief genug reicht, oder groß genug ist, wirkt ungefähr wie die Umarmung einer liebenden Mutter und eines schützenden Vaters. Die Hilfe, die Mutters Schoß und kräftige Umarmung bietet, ermöglicht vollkommene Relaxation auch nach erschütterndem Trauma, sodaß die Eigenkräfte des Erschütterten, ungestört durch äußere Vorsichts- oder Verteidigungsaufgaben, sich unzersplittert der inneren Aufgabe widmen können, die durch das unerwartete Eindringen verursachte Funktionsstörung zu reparieren. Die positiven Gefühle der Übertragung liefern sozusagen nachträglich die *Gegenbesetzung*, die beim Geschehen des Trauma nicht zustandekam.

Hier der Ort etwas über die Gegenbesetzung auszusagen: vom Momente an, als man durch bittere Erfahrung belehrt, das Vertrauen zur Benevolence der Umwelt verlor, erfolgt eine dauernde Spaltung der Persönlichkeit, der sich abspaltende Teil etabliert sich als Wache gegen Gefahren, hauptsächlich an der Oberfläche (Haut und Sinnesorgane) und die Aufmerksamkeit dieser Wache ist fast ausschließlich nach außen gerichtet. Sie kümmert sich nur um die Gefahren, d. h. um die Objekte der Umwelt, die alle auch gefährlich werden können. Damit ist die Spaltung der früher einheitlich suggestiven Welt, in ein subjektives und objektives psychisches System und jedes bekommt sein eigenes Erinnerungssystem, von denen eigentlich nur das objektive voll bewußt ist. (Hier siehe die diesbezügliche Annahme in der Tik-Arbeit.[1]) Nur im Schlafe gelingt es uns, durch gewisse äußerliche Veranstaltungen (Sicherung der Situation durch Schließen von Fenster und Türe, durch Einwicklung in schützendes, wärmendes Bettzeug) diese Wache einzuziehen (hier Anknüpfung an die Schlaf-Mutterleibstheorie und Ergänzung derselben durch Folgendes: die Geburt ist nur eine vorübergehende Störung der Mutterleibsituation, das Kind erwacht für einen Moment und schläft in der Wiege fort. Das Geburtstrauma ist darum ungefährlich und läßt keine wesentlichen Spuren zurück, weil die Umwelt unmittelbar nachher für die Reaparation sorgt. /Siehe hier meine Kritik der Rankschen Geburtstraumatheorie.[2] Das eigentliche Trauma der Kinder wird erlebt in Situationen, wo für die unmittelbare Remedur nicht gesorgt wird und eine Adaptation, d. h. Änderung des eigenen Gehabes, erzwungen wird; der erste Schritt zur Schaffung der Differenz zwischen Innen- und Außenwelt, Subjekt und Objekt. Weder subjektive noch objektive Erfahrung allein ist seither vollkommene Gefühlseinheit, ausgenommen im Schlafe und im Orgasmus.)

1 Siehe »Psychoanalytische Betrachtungen über den Tic«, in: *Schriften zur Psychoanalyse, II*, op. cit.

2 Siehe »Zur Kritik der Rankschen Technik der Psychoanalyse«, in: *Bausteine II*, op. cit.

Trifft ein Trauma die Seele oder den Körper unvorbereitet, d. h. ohne Gegenbesetzung, dann wirkt es auf Körper und Geist zerstörend, d. h. durch Zerlegung störend. Die Macht, die die einzelnen Fragmente und Elemente zusammenhielte, fehlt. Organfragmente, Organelemente, psychische Fragmente und Elemente werden dissoziiert. Körperlich heißt das wohl, die Anarchie von Organen, Organteilen und Organelementen, deren gegenseitiges Zusammenwirken erst die richtige Gesamtfunktion, d. h. leben ermöglicht; im Seelischen verursacht die eindringende Gewalt bei Abwesenheit festhaltender Gegenbesetzung, eine Art Explosion, Zerstörung psychischer Assoziationen zwischen den Systemen und psychischen Inhalten, die bis in die tiefsten Perzeptionselemente reichen können. (Hier Anknüpfung an meine Annahmen[1] über die rein arithmetischen, die algebraischen und höhersymbolischen Vereinheitlichungen einfacher Sinneseindrücke, die selber schließlich Einzelwellen, Stößen der Umwelt entstammen. Eventuell auch Anknüpfung an die frühere Theorie über Zeit und Raum. Das rein Subjektive ist noch rein arithmetisch; die Einsetzung der »Wache« (Gegenbesetzung) erfordert bereits Verallgemeinerung, d. h. Zusammenfassung, Abstraktion.)

Eine Assoziation widerspricht dem physikalischen Gesetze der Separation (Undurchdringlichkeit der Materie). Eine Assoziation ist weder A. noch B., sondern gleichzeitig A und B, also etwas Metaphysisches. Im Momente des Denkens ist A. und B. für einen Moment in einem und dem selben Punkte des Geistes, im Symbol sind alle arithmetischen Punkte der Einzelerfahrungen in metaphysischer Weise konzentriert. Hypothese: die primitivste, rein einheitliche Erfahrung ist *nicht* zeitlos, ihre Erinnerungsspuren sind wie die Eindrücke einer Schallplatte, die Aufbewahrer jeder einzelnen Vibration. Die Einzelwelle ist Masseeinheit der realen Zeit, d. h. des Widerstandes der korpuskulären Elemente gegen Änderung, d. h. gegen die *Stöße* der Umwelt. Das unbeschützte Kind ist sozusagen zur Sprengung bereit. (Anknüpfung an die kleine Arbeit über das Sterbenwollen der Kinder.[2] Narkose, Hypnose, Angst, zerstört die zusammenfassenden Funktionen. Das Gefühl, nicht geliebt, oder gehaßt zu werden (Anknüpfung an Vater- und Mut-

1 Siehe »Mathematik«, in: *Bausteine IV*, op. cit.
2 »Das unwillkommene Kind und sein Todestrieb«, in: *Schriften zur Psychoanalyse, II*, op. cit.

terhypnose[1]) läßt den Wunsch nach Leben, d.h. Beisammensein, verschwinden.

Unfähigkeit zum Alleinsein.[2]

Formgebung der Umwelt.

Formlosigkeit des Unbegrenzten.

29. März 1932

Umwandlung der mutuellen Analyse in einfaches Analysiertsein

Anfangs, nach Überwindung der allgemeinen Resistenz gegen die Gegenseitigkeit überhaupt, gab es längeren Kampf um die Priorität: wer soll beginnen. Jeder gab dem anderen den Vortritt. Ich, der Analytiker, hatte zwei Gründe dafür: 1) vor allem wollte ich das alte Material und die Eindrücke des Vortages verarbeiten und befürchtete, daß das von mir Mitzuteilende neues Material und neue Emotionen provoziert, bevor das alte aufgearbeitet ist. 2) Schließlich betrachtete ich immer noch meine Analyse als ein Hilfsmittel der Analyse des Analysanden. Der Analysierte sollte die Hauptperson bleiben, die meiste Zeit zur Verfügung haben, ich nur soviel als nach voller Abreaktion für mich übrig blieb. (Die Gesamtzeitdauer von 2 Stunden wurde strikte eingehalten). Der nächste Schritt im Geiste des Analysanden war die genaue Zweiteilung der Zeit. Das war erst möglich, nachdem in meiner Eigenanalyse Hindernisse aus dem Wege geräumt wurden (nicht ohne ziemliche Emotion), die es mir erschwerten, jemandem Schmerz zu bereiten (d.h. jemanden nicht befriedigen)/: spezieller Zwang, Folge von Überleistungen und Überforderungen in der Kindheit puncto Sexualität; Biri[3]. – Seither regelmäßige Doppelstunden. Den Einwand des Analysanden berücksichtigend, wonach Analysand nach beendigter Analysenstunde unfähig sei, sich mit mir objektiv zu beschäftigen, mußte schließlich auch dieser Wunsch durchdringen und nun beginnt jede Doppelstunde mit der Analyse des Analytikers.

1 »Introjektion und Übertragung«, in: *Schriften zur Psychoanalyse, I*, op. cit.
2 Siehe D. W. Winnicott, »Die Fähigkeit zum Alleinsein«, in: *Reifungsprozesse und fördernde Umwelt*, Fischer Taschenbuch 12255.
3 Mädchenname (Anm. d. Hrsg.).

Unleugbar merkte ich an mir selber, am Ende der Eigenanalyse, große Müdigkeit und Schwierigkeit, mich der neuen Aufgabe zuzuwenden, die Aufmerksamkeit zu objektivieren. In der in der Analyse auch sonst üblichen Weise trachtete ich diese Relaxationstendenz zu überwinden, nicht immer mit gleich gutem Erfolg; das Interesse blieb am eigenen Ich hängen und verlangte vor allem nach Ruhe.

Anknüpfend an einen Traum nun, in dem jemand mit Hilfe eigener Konvulsionen die nämlichen Symptome eines anderen verstand, erinnerte ich mich an frühere Einfälle des Analysanden, die darauf hinzielten, daß ich Julius Caesar werden müsse, d.h. vor der großen Entscheidung einen epileptischen Krampf bekommen müsse. Nur von diesem Gefühl her könne ich das Verständnis und das Gefühl für die Leiden des Patienten bekommen (allerdings kann einen solchen Krampf nur jemand bekommen, der selber in der Kindheit in oder durch ein Trauma nahe oder in den Todeskampf oder -krampf (Agonie) versunken war, aus dem er mit einem Manko an Lebensfähigkeit und Lebenslust, doch mit kolossal erweitertem, weil auch das Jenseits erblickt habendem Gesichtskreise, zurückgekehrt ist. (Assoziationen zu Caesar: seize her[1], Ergriffenwerden durch den Anfall).

Zum erstenmal ein Versuch, dies praktisch auszuführen mißlungen. Patient erzählte von einem Traume; der analysierte Analysand (Analytiker) noch ermüdet von der Eigenanalyse, schlief einfach ein, doch mit halbem Ohre und im Halbdusel hinhorchend erfaßte er einige Traumbilder und Wortbrocken; plötzlich vom Schuldgefühl aufgeweckt, versuchte er Patienten zu diesen, für den Patienten recht nebensächlichen Fragmenten assoziieren zu lassen. (Plötzlich erinnerte er sich nämlich, daß er der Analytiker ist). Daraufhin Ärgerlichkeit des Analysierten wegen meiner Unaufmerksamkeit. Ich erwiderte mit recht etwas gereizt: Ja entweder bin ich Caesar oder kein Caesar. Ich könne nicht gleichzeitig epileptische Krämpfe haben und auf alle Mitteilungen des Patienten bewußt achten. Patient gab das zu, hofft aber, daß ich trotz der Geistesabwesenheit, das vom Patienten Mitgeteilte in mich aufnahm. Ich aber mußte zur Einsicht gelangen, daß solches Versinken und das gleichzeitige Analysieren Sache der Unmöglichkeit sei. Ich mußte also mit einiger Beschämung auf den früheren Vor-

1 Engl.: Ergreif sie (spricht sich ähnlich wie Caesar aus).

schlag des Analysanden, zuerst *mich* zu Ende analysieren zu lassen, bevor ich die Analyse fortsetze, zurückkommen. Nicht ohne ein gewisses Gefühl der Depression und der Beschämung. Kostete es doch schon ziemliche Überwindung, die Tatsache des Gleichgestelltseins in der mutuellen Analyse anzuerkennen, so war in dem Plane eines einseitigen Analysiertwerdens durch den Analysanden eine weitere Erniedrigung oder Demütigung enthalten; Ich mußte mich zum Kinde degradieren und den Analysierten als mich bewachende Autorität anerkennen.

Die erste Folge dieses Entschlusses war das Aufflackern meiner linksseitigen Hemikranie. Die anhaltende Depression führte dann zur Modifikation des Planes wie folgt: Die Analyse des Analysanden darf nicht unterbrochen werden, schon damit die Spannungen des Patienten sich nicht ansammeln. Das beste wird also sein, wenn an einem Analysentage nur so *oder* so analysiert wird, die Analysenrichtung sich also nicht ändert. Dafür aber wird täglich abwechselnd in diesem oder jenem Sinne analysiert. Ich muß aber bekennen, daß in diesem Plane vielleicht noch Reste des Widerstandes gegen die geplante volle Demütigung enthalten sind.

Die eigentliche Analyse vor dem Analysiertwerden ist die Angst vor der Abhängigkeit. Gelingt es dem Analysierenden, wie ich das bei meinen Patienten beobachte, sich mir unentbehrlich zu machen, so bin ich ihm ausgeliefert. Solange ich also kein volles Vertrauen zu ihm habe, kann ich mich nicht in seine oder ihre Macht geben. Ich komme also in dieselbe Situation, die auch meinen Patienten veranlaßt hat, mich zu analysieren: Patient hatte nicht den Eindruck von mir bekommen, daß ich vollkommen harmlos , d. h. verständnisvoll bin. Patient fühlte unbewußte Widerstände und Hindernisse in mir, darum wurde die mutuelle Analyse proponiert. Nun bin ich in derselben Lage: ich will nicht ohne Vorsichtsmaßnahmen in die Tiefe versinken und diese Vorsicht heißt: den Analytiker zu analysieren und so alle vielleicht gefährlichen Regungen, zumindest alle neurotischen Hindernisse des Verständnisses (die irreführen könnten) analytisch klar manifest werden zu lassen. Wir haben also gegenseitig kein Vertrauen zu einander, zumindest kein Vertrauen zum komplexreinen Verständnis. Darum fordere ich nun die abwechselnde Analyse und protestiere gegen die Einseitigkeit.

31. März 1932

Mutuelle Analyse: Entscheidung durch die Praxis. Komplikation aus der Tatsache, daß mehr als ein Patient in der Analyse

Zwei Tage nacheinander nur Analysiertwerden; deprimierendes Gefühl: die Leitung, die Zügel, aus der Hand gegeben zu haben. Unerquickliche Idee, Patient ist es gelungen, sich der Analyse ganz zu entziehen und statt dessen mich in Analyse zu nehmen. In meiner Tendenz, auch das Schwerste zu wagen und dafür Motive zu finden, entschloß ich mich, wenn auch höchst widerwillig, auch zu diesem Wagnis, ja gab dazu eine theoretische Grundlage, mir sagend, daß eine wirkliche Analyse nur vorhanden, wenn Relaxation wie zum kindlich-elterlichen Verhältnis, d. h. zu vollem Vertrauen und Aufgeben jeder Selbständigkeit stattfindet. So wurde aus der üblichen Überlegenheit des Analytikers zuerst Mutualität, Gleichgestelltsein, dann volle Unterordnung. Trotz dieses Entschlusses kein Wohlbefinden, ja Symptome: Kopfschmerz, Schlafstörung; Müdigkeitsgefühl und Schläfrigkeit in den Analysenstunden, auch bei längerer Theatervorstellung. Die praktische Erfahrung brachte die Lösung. Die zweitägige Abstinenz des Patienten machte dessen Analysiertwerden unaufschiebbar und die Mutualität wurde wieder hergestellt.

Komplikation durch die Einschaltung einer dritten Person, die mich gleichfalls analysieren will. Meinungsverschiedenheit zwischen mir und Patient I. hierüber. Ich denke, ein vollständiges Versinken bis hinab »zu den Müttern« ist nicht möglich, solange Analytiker nicht ein offenes Buch d. h. nicht nur formell und professionell freundlich und höflich, sondern durch Mitteilung seiner unterdrückten und verdrängten selbsüchtigen, gefährlichen, rohen, rücksichtslosen Tendenzen, harmlos wird. Patient I. dagegen meint, daß dies nur in einem exzeptionellen Falle, wie dem ihrigen nötig ist, dagegen Nr. II fühlt sich hintangesetzt, eingestandenermaßen auch eifersüchtig auf Nr. I. Häufig wurde von Nr. II auch die Frage an mich gestellt, ob es mich nicht genieren wird, wenn sie als Analytikerin gleichzeitig mit der Analyse bei mir auch eine Analyse bei einem Patienten vornehmen läßt. Sie wählte dazu einen Mann, demgegenüber sie sich besonders ungeduldig fühlt. Zugleich versucht sie mich in etwas verdächtiger Weise zu beruhigen, sagend, daß der Mann besonders vertrauenswürdig sei, sodaß *meine* Geheimnisse bei ihm wolbehütet seien, mit anderen Worten: sie sagt mir, daß wenn ein mutuell analysierter Patient (Selberanalytiker) die Mutualität auf seine Patienten ausdehnt, so muß er die Geheimnisse des Uranalytikers (d. h. die Meinen) seinem Patienten preisgeben.

So sähe ich mich vor der Möglichkeit, daß mir ganz unbekannte Personen im Vollbesitze meine intimsten, persönlichsten Regungen, Sünden etc. kommen. Entweder muß ich mich daraufhin mit der Unmöglichkeit, ja Verrücktheit dieser ganzen Idee und dieser Technik befreunden, oder muß ich im Wagnis weitergehen und zur Idee gelangen, daß es wahrlich nichts ausmacht, wenn eine kleine Gruppe von Personen zustandekommt, deren Mitglieder alles voneinander wissen, selbst Erleichterung des Verkehrs mit einer solchen Gruppe wäre im Vergleich mit der dauernden gegenseitigen Verheimlichung, Verdächtigung, Vorsichtsmaßregeln, Hemmung in allen Manifestationen, im Reden, schließlich auch im Fühlen, wie das heute üblich.

Eine frühere Idee, daß das Aufblühen des Gangstertums zur Fundierung einer neuen Gesellschaftsordnung führen kann, indem jene Hypokrisie fehlt, erhält durch die Ausbreitung der Mutualität eine neue und neuartige Stütze. Es wird sich herausstellen: 1) daß wenn beleidigt, gestört, verletzt, wir alle Reaktionen eines Gangsters bekommen. 2) Im Gegensatz dazu, werden wir in uns selber, wie auch in den Mitgliedern der Gruppe, jene »Schwächen« ungeschminkt erkennen und bekennen, die man heute als kindisch oder lächerlich verheimlicht oder verdrängt, die Sehnsucht nach der aber auch im rohesten Gangster hinter dem Cynismus versteckt ist, d. h. der Wunsch: nach sanfter, kindlicher (aktiver und passiver) Zärtlichkeit und Vertrauensseligkeit.

Jede Analyse einer Frau muß mit Homosexualität enden, jene des Mannes mit Heterosexualität. Das tiefste Herabsinken heißt: Mutter oder Mutterleibsituation; diese ist selbstredend bei der Frau gleichgeschlechtlich und beim Knaben gegengeschlechtlich. »On revient toujours.«[1] Man möchte sagen: Homosexualität ist das vorletzte Wort in der Analyse des Weibes. Der (sagen wir männnliche) Analytiker muß alle Qualitäten der Mutter walten lassen und alle aggressiven männlichen Instinkte hemmen (auch die unbewußten). Daraufhin manifestieren sich im weiblichen

1 Französ.: Man kehrt immer zurück.

Analysierten *spontane* d.h. nicht gewaltsam aufgedrängte Tendenzen zur Passivität, zum Geliebtwerden durch eine eindringlichere Art, wie sie der Anatomie entspricht. Die allerletzte Phase einer Frauenanalyse wäre also ausnahmslos die spontane Entwicklung zum Passiv- und Mutter-sein-wollen.

Freud ist also im Rechte, wenn er eine männliche, knabenhafte (d.h. mutter-fixierte) Periode der Weiblichkeit vorausgehen läßt, die einzige Korrektur dazu ist die analytisch sich ergebende Tatsache, daß ein großes Stück der Sexualität der Kinder nicht spontan, sondern von überleidenschaftlicher Zärtlichkeit und Verführung durch Erwachsene künstlich aufgepfropft ist. Erst wenn dies Aufgepropfte analytisch wiedererlebt und dadurch emotionell zerteilt wird, entwickelt sich *in der Analyse* zunächst im Übertragungsverhältnis, jene *ungestörte* Infantilsexualität, aus der in der letzten Phase der Analyse die ersehnte Normalität emporwächst.

Was aber ist die »Normalität«? Bei der Frau: die überwiegende Tendenz zum Weibsein und zur Mutterschaft, überlegenes Gewährenlassen gewisser Aggressivitäten bei den Knaben und beim Gatten, der schließlich nur eines der Kinder der Hausfrau ist, gegenüber den Töchtern bleibt ein großes Stück gleichgeschlechtliches Lieben zwischen Mutter und Tochter, trotz Ehe und Muttersein, erhalten. Die Sehnsucht der Frau nach gleichgeschlechtlicher Freundin oder Mutter, mit viel gegenseitiger Zärtlichkeit, ist unsterblich, wird auch von der Gesellschaft als natürlich angenommen und auch wo exzessiv, nicht so verachtet und perhoresziert.

Beim »normalen« Mann wird ein großes Stück der heute üblichen Roheit (Männlichkeit genannt) abgetragen sein; es wird keine Schande sein, wenn ein erwachsener Mann kindisch, zärtlich, nicht sexuell, gewiß nicht immer sexuell ist; Rührung und Weinen werden nicht unmännliche Ausdrucksbewegungen mehr sein. Hier etwa Anknüpfung an die speziellen Vorzüge des männlichen Geschlechtes in der Arbeit »Männlich und weiblich«.[1] Wahrscheinlich ergäbe sich auch weniger Promiskuität, mehr Männer hätten den Mut, sich zum einfachen und zufriedenen Familienleben, diesem Ebenbilde der kindlichen Situation, zu bekennen.

1 »Männlich und Weiblich«, in: *Bausteine III*, op. cit.

3. April 1932

Ex- und Implantation psychischer Inhalte und Energien (S. I.)

Gleich vieler anderer Patienten, spricht diese an Angstzuständen (Anfällen), Angstträumen, allabendlichem Zwang sich zu alkoholisieren, gelegentlich auch des Tages Halluzinationen ängstlichen Inhalts produzierende frigide Patientin sehr häufig von einer dunklen, unwiderstehlichen fremden Macht, die sie gegen ihren Willen, gegen ihr eigenes Interesse, ja gegen die eigene Lustrichtung zu destruktiven, sich selbst und andere schädigenden Handlungen reden etc. zwingt; man könnte also von Demonomanie sprechen. Die psychoanalytischen Assoziationen arten nicht selten zu ungemein lebhaften Gesichtsbildern aus, deren Realität sie nicht im geringsten zweifelt, obzwar sie dessen bewußt bleibt, daß dies eine andere Art von Sehen ist, wie das übliche. Automatisch verdeckt sie dabei ihre Augen mit den auf die Augäpfel gepreßten Unterarmen, vergißt beinahe meine Anwesenheit, doch scheint sie deren im gewissen Grade bewußt zu sein, da sie mir von ihren Empfindungen fortlaufend berichtet. Es ist auch nicht schwer, sie von diesem Halluzinieren abzubringen. Es genügt dazu meine mündliche Aufforderung. Man sieht eine gewisse Schwierigkeit, sie von jenem Zustande loszureißen u.zw. an der Anstrengung, mit der die Arme vom Gesicht gelöst werden müssen. Recht häufig schaut sie mich nachher wie erstaunt an, etwa mit den Worten: Also Sie sind da? Wie merkwürdig. Sie sind der Dr. F. und sind die ganze Zeit über hier gewesen. Gelegentlich fügt sie Bemerkungen über Veränderungen ihres Wesens, die meine Anwesenheit zustandebringt, hinzu. Meine bescheidene Entgegnung, ich wisse nichts von solcher Großartigkeit in mir, auch hätte ich nichts besonderes für sie getan, antwortet sie mit großer Bestimmtheit, dann müssen meine Fähigkeiten und Aktionen mir selbst unbewußt sein. Der Inhalt der Halluzinationen äußerst sprunghaftes ideenfluchtartiges Wechseln von Zeit, Örtlichkeit und von Gegenständen. Sie fühlt sich von allen Fesseln und Hindernissen physischer Distanz befreit. Sie fliegt in der Atmosphäre, sinkt in die Tiefe der Meere mit allen Wundern der Tiefsee, die verschiedensten inhaltslosen Lichterscheinungen, die nicht selten eine bestimmte Zielrichtung haben, tauchen in ihr plötzlich auf. Fast immer erscheinen bald auch menschliche Figuren oder Figurfragmente, die sie Geister nennt.

Gewisse Typen kehren mit großer Häufigkeit wieder, so besonders Chinesen. Ein alter Mann mit Glatze, der sich über sie beugt. Diese Art Geistertypen werden allmählich schreckhaft, Patientin macht Abwehrbewegungen, um oft mit gellendem Schrei und unter Anzeichen heftigsten Schreckens auszurufen: Sie schlagen mich! Sie hauen meinen Kopf ein! Sie töten mich! Dabei ist ihr Gesicht gerötet, Tränen rinnen aus beiden Augen. Nach mehreren Minuten des Kampfes erlahmt plötzlich sozusagen die ganze Person, lautlos und leichenblaß liegt sie danieder, ohne den leisesten Affekt, sie behauptet gelegentlich, nicht mehr in, sondern außerhalb des Körpers zu sein, der Körper selber sei tot, getötet. Die Figuren (Geister) sind sehr oft Erscheinungen eines Toten, insbesondere des Bruders, der vor einem Jahre gestorben ist. Die Figur spricht nicht, äußert sich nur in Gesten. Zeigt auf das Herz (er ist am Herzschlag gestorben), zeigt auf mich (Dr. F.), als wollte er sie auffordern, sich an mich zu wenden.

Seitdem sie von der Theorie Freuds über das Über-Ich als Spaltprodukt des Selbst gehört hat, wiederholt sie mit großer Überzeugung, daß in ihren Falle ein bösartiges Über-Ich, der Wille der Mutter, sie mit Hilfe großer Angst in die Ketten legt und sie zu dem selbstzerstörerischen Benehmen zwingt. (Sie fühlt sogar, daß ihr unerwünschtes Fettwerden ein Werk dieses ihr aufgedrungenen fremden Willens sei, der sich auch körperlich auf sie auflagert.

Sie stellt sich das Eindringen des schädlichen Über-Ichs (Fremdwillens) etwa so vor, daß Schmerz und Schreck die zusammenfassenden lebenserhaltenden Kräfte der Person lähmt und in diesen »weichgewordenen widerstandslosen Stoff dringt der vom Haß und Angriffslust getragene fremde Wille, mit all seinen Tendenzen in die andere Person ein, während ein Stück der eigenen Spontaneität aus der Person gedrängt wird.

Das Resultat dieses Prozesses ist einerseits die Implantierung von unlustspendenden, Schmerz und Spannung erzeugenden Seeleninhalten in die Seele des Opfers, zugleich aber saugt sozusagen der Aggressor ein Stück, d. h. das ausgedrängte Stück des Opfers in sich ein. Daher der beruhigende Effekt des Wutauslebens auf den Wütenden, wenn es gelingt dem andern einen Schmerz zu bereiten: ein Teil des Giftes wird einer anderen Person implantiert (von nun an hat jene Person mit den Unlustaffekten zu kämpfen, auch schon wegen der ungerechten Behandlung), zugleich annektiert der Aggressor (und das ist das Neue an dem von S. I. Mitgeteilten), die naive, angstlose, ruhige Glückslage indem bis dahin das Opfer lebte. Einfach ausgedrückt hieße das etwa; man ist in einer bedrängten, schmerzlichen Lage, beneidet die Ruhe des anderen, sagen wir eines Schwachen, eines Kindes, man gibt sozusagen einem Hunde einen Fußtritt in einer Depression. Dadurch erreicht man, daß auch der andere leidet, was meinen Schmerz unbedingt lindern muß. Andererseits annektiere ich bei diesem Akte die frühere Glückslage.

5. April 1932

Jeder Haß ist Projektion, eigentlich psychopathisch

Wird einem Leid zugefügt, oder Liebe entzogen, so gibt es Schmerz. Die rationelle Reaktion darauf wäre Traurigkeit unter Festhaltung der realen Liebessituation, also etwa: ich liebe ihn nach wie vor, er liebt mich nicht mehr, welchen Schmerz habe ich zu ertragen! Die Haßreaktion dagegen ist vollkommen irreal, werde ich schlecht behandelt, so fange ich an zu behaupten: ich liebe ihn nicht, ich hasse ihn, und statt den realen Schmerz durchzufühlen, füge ich ihm irgend ein physisches oder moralisches Leid zu. Damit erreiche ich, daß nun er und nicht ich leide. Es gelingt mir also, mein Leid ganz oder teilweise auf jemanden andern zu verschieben. Der paranoische Mechanismus mag sich auch darin äußern, daß die Verschiebung noch weitere Kreise zieht und etwa der Haß auf ein ganzes Geschlecht, eine ganze Nation, Familie ausgedehnt wird. Infolge der Verschiebung und Projektionsqualität, die so dem Hasse anhaftet, wird es auch schwierig oder unmöglich, daß der Haß so bald, ähnlich der Trauer, philosophisch abgebaut wird, oder sonstwie langsam abbröckelt. Hätte der Verletzte die andauernde Trauer statt des Hasses durchgelebt, so hätte die Trauerarbeit allmählich das ihrige geleistet, währenddem der verschobene Affekt vielleicht gerade infolge dieser Irrealität lange oder dauernd bestehen mag. Häufigstes Beispiel: traumatische Enttäuschung in der Kindheit, Haß eines gewissen Typus von Menschen zeitlebens.

Essentielle Differenz zwischen männlicher und weiblicher Homosexualität. Zu wenig beachtet, daß weibliche Homosexualität eigentlich etwas sehr normales ist, ebenso normal, wie männliche Heterosexualität. Mann und Weib haben zu Anfang dasselbe weibliche Liebesobjekt (Mutter). Die tiefreichende Analyse führt bei beiden Geschlechtern zu Konflikten und Enttäuschungen mit der Mutter. Die Erziehung zur Reinlichkeit, die Schaffung der »Sphinktermoral« ist Sache der Mutter (es ist sogar fraglich, ob nicht die Zuwendung eines Teiles der Libido an den Vater die Folge dieser allerersten Mutterenttäuschung ist). Dagegen ist die Fixierung an Vater oder das männliche Geschlecht durchaus abnorm, sie widerspricht vor allem der Anatomie, die ich (im Gegensatz zu Freud) für die Psychologie im Grunde für bestimmend halte. – Auch die Gesellschaft scheint nicht so strenge über weibliche Homosexualität zu urteilen. Das Verhältnis des Mädchens zur Mutter ist viel wichtiger als das zum Vater. Sogar von männlicher Seite ausgeführte frühinfantile Sexualaggressionen wirkten hauptsächlich darum traumatisch, weil sie das Verhältnis zur Mutter zerrütteten.

Entsprechend der Annahme intimer Relation zwischen Anatomie und Psyche, läßt sich vermuten, daß die Vaginalerotik in der nie berührten inneren Vagina wirklich erst recht spät erwacht und mit ihr das erhöhte Interesse an Passivität.

Unausweichliche Ergänzungsstücke zum Ödipuskonflikt.[1] Erfahrungen über die traumatische Wirkung von Genitalangriffen Erwachsener auf kleine Kinder, zwingen mich zu einer Modifikation der bisherigen analytischen Auffassung über infantile Sexualität. Die Tatsache, daß es eine infantile Sexualität gibt, bleibt natürlich unangetastet, doch vieles von dem, was an der infantilen Sexualität leidenschaftlich erscheint, mag sekundäre Folge solcher, den Kindern gegen ihren Willen aufgedrungene, Leidenschaftlichkeit der Erwachsenen sein, die soz. in die Kinder künstlich implantiert wird. Schon allzu leidenschaftliche Äußerungen nicht genitaler Zärtlichkeit, wie passioniertes Küssen,

1 Erste Gedanken zu dem Aufsatz »Sprachverwirrung zwischen den Erwachsenen und dem Kind«, die Ferenczi in den folgenden Monaten ausformulieren wird (in. *Schriften zur Psychoanalyse, II*, op. cit.). Die Arbeit findet weder bei Freud noch bei der Psychoanalyse im allgemeinen positive Aufnahme (Anm. d. Hrsg.).

heftige Umarmungen, berühren eigentlich das Kind unlustvoll. Die Kinder wollen nicht mehr, als freundlich, zärtlich und milde behandelt sein. Ihre Bewegungen und Ausdrucksbewegungen sind zart, wo dies anders ist, war etwas schon nicht in Ordnung. Man muß sich die Frage vorlegen: wieviel von dem, was die unsterbliche Liebe des Kindes zur Mutter betrifft, und wieviel von den Mordgelüsten des Knaben gegen den konkurrierenden Vater auch ohne frühzeitige Einpflanzung passionierter Erwachsenenerotik und Genitalität auch rein spontan zur Entwicklung käme, d.h. wieviel vom Ödipuskomplex wirklich ererbt und wieviel traditionell von einer Generation auf die andere überliefert wird.

5. April 1932

Über die Dauerwirkung aufgezwungener »obligatorischer« aktiver und passiver Genitalforderungen an kleine Kinder

1) Früh infantile Genitalüberwältigung durch den Vater. *Entwicklung:* 1) störrischen Charakters, Unfähigkeit irgend welche Studien zu Ende zu bringen (Freud: Sexualbetätigung macht unerziehbar[1]), hysterische Sensationen, besonders im Kopf und im Bauch. Gelegentlich Schmerzattacken, tiefere Analyse: Dauergereiztheit der Vagina von der Natur des Juckens, Umdeutung dieser Sensation zum Schmerz und Verlegung auf entfernte Körperteile. Gelegentliche Abreaktion in hysterischen Krampfanfällen.

2) Vollkommene Analogie in der Symptomatik mit Nr. 1). Besonders durchsichtig aber das moralische Motiv der Ablehnung und der Unlust bei der Attacke, doch natürlich, volle Unfähigkeit zur Abwehr und Zwang zum Erdulden. Schutz der Persönlichkeit: durch Bewußtlosigkeit, kompensierende Glücksphantasien, Persönlichkeitsspaltung. Das Trauma traf (und trifft meist) das Kind bereits im Stadium entwickelter Sphinktermoral, das Mädchen fühlt sich beschmutzt, unartig behandelt, möchte der Mutter kla-

1 S. Freud, *Drei Abhandlungen zur Sexualtheorie*, in: *Gesammelte Werke*, Bd. 5, op. cit.; vor allem die zweite Abhandlung über die kindliche Sexualität, aber auch die dritte über die »Veränderungen der Pubertät«.

gen, wird aber daran vom Manne verhindert (Ängstigung, Ableugnung). Das Kind ist hilflos und konfus, sollte sich gegen den Willen der Erwachsenenautorität, gegen den Unglauben der Mutter etc. durchkämpfen. Kann es natürlich nicht, wird vor die Wahl gestellt, ist die ganze Welt schlecht, oder bin ich im Irrtum? und wählt das letztere. Daraufhin Verschiebungen und Mißdeutungen der Sensationen, die schließlich in obigen Symptomen landen.

3) Ganz analoge Schädigungen bei Männern, die frühzeitig zur Genitalbetätigung forziert werden. Hauptcharakterzug: Übernahme übermenschlicher Aufgaben, dahinter kolossale Müdigkeit und Arbeitsunlust. (Natürlich dasselbe in libidinöser Hinsicht.)

7. April 1932

Schicksal der Kinder von Geisteskranken

1) Man hat eigentlich noch keine rechte Vorstellung von den psychischen Qualitäten der Kleinkinderpersönlichkeit. Manches spricht dafür, daß die psychophysische Person eines Kindes im Mutterleibe, ja sogar nach der Geburt sozusagen noch nicht herauskristallisiert ist, sondern gleichsam noch in einem »gelösten« Zustande sich befindet. (Die phantastische Voraussetzung dieses bildhaften Vergleichs ist etwa die Idee, daß vor der Konzeption die Person irgendwie noch im Universum aufgelöst war. Man müßte dann den Tod als Wiederkehr in diesen »Auflösungszustand« betrachten. Wie anderwärts schon ausgeführt, sterben Kinder noch leicht.[1] Die physiologische Parallele zu obiger Vorstellung ist die Tatsache, daß das Individuum vor der Konzeption zumindest in zwei Hälften geteilt war. Ein Teil bildete Bestandteil der Mutter, ein anderer den des Vaters. Man stellt sich da förmlich die Frage, ob dieses frühe Gespaltensein nicht das Vorbild aller späterer Spaltungen und auch der Persönlichkeitsspaltung in der Psychose ist.

Die Idee vom noch halbgelösten Zustande (Konsistenz) der kindlichen Person, verleitet dann die Phantasie dazu anzunehmen, daß der Kontakt der kindlichen Person mit dem Universum und

1 »Das unwillkommene Kind und sein Todestrieb«, in: *Schriften zur Psychoanalyse, II*, op. cit.

damit ihre Empfindlichkeit viel größer als die der zur Starrheit kristallisierten Erwachsenen ist; es würde uns auch nicht überraschen, wenn irgendwann erwiesen würde, daß in diesem Frühzustand noch die ganze Person auf die Umwelt resonniert und nicht nur an gewissen durchgängig gelassenen Stellen, nämlich den Sinnesorganen. Sogenannte supernormale Fähigkeiten, Beeindruckt werden durch Vorgänge außerhalb der Sinneswahrnehmung (Clairvoyance[1]), Übernahme fremder Willensäußerungen (Suggestion par distance[2]) mögen da alltägliche Vorgänge sein, gleichwie die offenbar stets im Lösungszustand bleibende Persönlichkeit der Tiere (Hunde) solche anscheinend übernormale Fähigkeiten besitzen. (Riechen aus kolossaler Distanz, unerklärliche Annahme der Sym- und Antipathien ihrer Besitzer durch die Hunde.) – Hier die erste Möglichkeit zum Begreifen der sog. Telegonie (Beeinflussung des Mutterleibskindes durch psychische Erfahrungen der Mutter).

Anknüpfung an die sonderbaren Traumbilder über die »Wise babies«.[3]

Die spiritistischen Medien verdanken, insoferne sie überhaupt etwas leisten, ihre Fähigkeiten dem Rückfalle in diese infantile Allweisheit und Allwissen.

2) Die Formation des Über-Ich gewinnt durch diese Vorstellungen mehr plastischen Charakter. Ich verdanke mehreren Patienten die anderwärts niedergelegte Vorstellung, daß die Erwachsenen ihren Willen, insbesondere Seeleninhalte unlustvollen Charakters , in die kindliche Person hineinzwingen; diese abgespaltenen Fremdüberpflanzungen vegetieren zeitlebens in der anderen Person (als Pendant dazu höre ich Äußerungen darüber, daß die herausgepreßten kindlichen Personenanteile soz. vom Über-Ich-Spender assimiliert werden).

Fürchterliche Konfusion ist auch schon theoretisch zu erwarten, wenn ein, in diesem Sinne und Grade empfindliches Kind von einem zerrütteten geisteskranken Erwachsenen beeinflußt wird.

1 Französ.: Hellsehen.

2 Französ.: Fernsuggestion.

3 »Der Traum vom gelehrten Säugling«, in: *Schriften zur Psychoanalyse, II*, op. cit. Dieser Begriff wird von Ferenczi wiederholt aufgegriffen und weiterentwickelt, so in »Kinderanalysen mit Erwachsenen«, »Sprachverwirrung zwischen den Erwachsenen und dem Kind«, beide in: op. cit., sowie in zwei »Fragmenten und Notizen« über Exagerated seximpulse und seine Folgen und »Über Lamaismus und Yoghi«, *Bausteine IV*, op, cit.

Sonderbare Erfahrungen in einem Falle lassen es nicht für unmöglich erscheinen, daß das »Wise-Baby«[1] mit seinem wunderbaren Instinkt, das Zerrüttete und Verrückte, zwar als etwas gewaltsam Aufgezwungenes aufnimmt, aber die eigene Person von Anfang an vom Abnormen separiert hält. (Hier Zugang zur dauernden Zweiteilung der Person.) Der aus dem eigenen Rahmen herausgepreßte Persönlichkeitsanteil repräsentiert diese eigentliche Urperson, die gegen jede Abnormität dauernd protestiert und darunter fürchterlich leidet. Diese Leidensperson schützt sich durch Formation von Wunscherfüllungshalluzinationen vor der Einsicht in die traurige Realität, in die nämlich, daß jener böse Fremdwille das ganze psychische und physische Wesen besetzt hält (Besessenheit).

In dem besagten Falle ereignete sich dann das Sonderbare, daß der verrückte und böse Wille nach einem alles bisherige übertreffenden manischen Ausbruch plötzlich ernüchtert wird, sich aus der Person, die er bisher besetzte, zurückzieht und nunmehr als reiner Tötungswille sich gegen die Person wendet, in der er bisher soz. vegetierte. Die Folge ist eine kolossale Lücke in der Person, die sich daran gewöhnte, den fremden Willen als Skelett der eigenen Person zu besitzen. Der restliche Teil der Person gerät in einen erdbebenartigen Unsicherheitszustand schon als der Entschluß der Verrückten zum Rückzug gefaßt wird. Im Momente des Angriffes aber wird die ganze Illusion zerstört, die plötzliche Einsicht in die furchtbare Existenz in der Macht eines Verrückten kann nicht akzeptiert werden, der bisherige Spaltungszustand gibt einem vollkommenen Auflösungszustand Platz, nach dessen Ablauf, wie nach dem Erlöschen eines Feuerwerkes, der ganze Sektor jenes Erlebnisses in eine atomisierte Schuttmasse zerfällt.

Aufgabe der Analyse ist, die Seele aus dieser Asche zum Leben zu rufen (tag-täglich zuerst bescheidene, dann fortschreitende Konsolidierung dieser Asche zu Einsichtsbrocken; gelegentlich wird alles wieder zerstört, dann wieder geduldig aufgebaut, schließlich die Erlebnisse der Übertragung, das Leidenlernen darin, ebnet den Weg zu den traumatischen Tiefen.) Winke für die Eugenetik, Entfernung schon des Neugeborenen aus dem verrückten Milieu.

1 Statt »gelehrter Säugling« schreibt Ferenczi sehr oft »Wise-Baby«, also die engliche Formulierung (Anm. d. Hrsg.)

10. April 1932

Erotomanie als Grundlage jeder Paranoia

Immer häufiger finde ich bei Paranoiden in den verschiedensten Wahnvorstellungen (Größenwahn, Eifersuchtswahn, Verfolgungswahn), hinter der homosexuellen Grundlage, eine tiefere Begründung der Homosexualität in einem erotomanischen Wahngebilde, das selber als amentiaartige Wunscherfüllungspsychose nach traumatischem Verlust des Liebesobjektes, oder nach traumatischer Einsicht in das Illusionäre der vermeintlichen Objektliebesbeziehung sich bildet. Dabei erhebt sich die Frage, ob nicht das Urtrauma jedesmal im mütterlichen Urverhältnisse zu suchen ist und ob die Traumata der etwas späteren, schon durch das Auftreten des Vaters komplizierten Epoche, einen solchen Effekt hätte haben können ohne das Vorhandensein einer solchen ururtraumatischen mütterlich-kindlichen Narbe. Geliebtwerden, Mittelpunkt der Welt zu sein ist der natürliche Gefühlszustand des Säuglings, also eigentlich keine Manie, sondern reale Tatsache. Die ersten Liebesenttäuschungen (Entwöhnung, Regulierung der Ausscheidungsfunktionen, die ersten Strafen mittels barschem Ton, Drohung, ja Züchtigung), müssen in jedem Falle traumatisch, d. h. im ersten Moment psychisch lähmend wirken. Die so entstehende Desintegration macht das Entstehen psychischer Neuformationen möglich. Insbesonders läßt sich dabei das Entstehen einer Spaltung vermuten. Der Organismus muß sich der Tatsache z. B. der Entwöhnungsleiden fügen, doch der psychische Widerstand dagegen klammert sich krampfhaft an die Erinnerungen der wirklichen Vergangenheit und verweilt mehr-minder lange in der Halluzination: nichts ist geschehen; ich werde nach wie vor geliebt (halluzinatorische Allmacht). Zu dieser Wunscherfüllung mögen alle späteren Enttäuschungen des Liebeslebens regredieren.

12. April 1932

Die Relaxation des Analytikers

Bisher war fast ausschließlich nur von der Relaxation des Patienten die Rede; vom Analytiker wurde nur erwartet, daß er diese

Relaxation durch zweckmäßige Maßnahmen fördert, zumindest nicht stört; auch wurde gelegentlich auf die bedeutendsten dieser Störungen hingewiesen. Das Aufkommen der Idee der mutuellen Analyse ist eigentlich eine Ausdehnung der Relaxation auch auf den Analytiker. Analytiker und Analysand relaxieren abwechselnd.

Hier einzufügen, daß schon die ersten Mitteilungen Freuds[1] über die Technik eine solche beiderseitige Relaxation empfehlen, ohne den Prozeß mit diesem Namen zu belegen. Der Patient wird aufgefordert, sich den psychischen Inhalten gegenüber ganz passiv zu stellen. Er vergleicht an einer Stelle den dabei aufkommenden Seelenzustand als wesensverwandt mit der passiven Gefügigkeit dessen, der sich einer Hypnose unterwirft. Aber auch vom Analytiker verlangt er eine »freischwebende Aufmerksamkeit«, d. h. einen gewissen Grad von Detachiertsein von zielbewußtem Denken und Suchen. Mit anderen Worten, Freud verlangt Relaxation vom Arzt und vom Patienten, doch R. von verschiedener Tiefe. Vom Patienten wird erwartet, daß er sich bis auf weiteres der Führung des Unbewußten überläßt, aber auch der Arzt soll seine Phantasie in jeder, auch in der absurdesten Richtung spielen lassen, allerdings muß er, oder soll er sich nicht zu weit von der Bewußtseins-Oberfläche entfernen und soz. für keinen Moment die Aufgabe der Beobachtung des Patienten des Abwägens des produzierten Materials und der Entscheidungen über etwaige Mitteilungen etc. vernachlässigen.

In der mutuellen Analyse gibt der Arzt, wenn auch nur vorübergehend, die Stelle des »Wachhabenden« auf. Bisher hieß es (in der Mutualität) daß inzwischen der Analysierte die Rolle des Analytikers übernimmt. Eine unerwartete und zunächst ganz sinnlose Modifikation, die sich ergab oder zu ergeben scheint, ist die Nötigung, daß beide gleichzeitig relaxieren. Wie gesagt, klingt das zunächst vollkommen absurd, was nützt es, wenn gleichzeitig zwei Personen in Trance verfallen und sinnlos vorbeireden, d. h. frei assoziieren und ihren Gefühlen auch in Gebärden und Ausdrucksbewegungen Luft machen. Hier fügt sich als einziger Strohhalm auf der bisherigen analytischen Erfahrung die – wenn ich mich

1 Siehe Sigmund Freud, »Ratschläge für den Arzt bei der psychoanalytischen Behandlung« (1912) und »Zur Einleitung der Behandlung« (1913), beide in: *Gesammelte Werke*, Bd. 8, op. cit.

recht erinnere – von mir lancierte Idee vom Dialoge der Unbewußten.[1] Begegnen sich zwei Menschn, sagte ich damals, zum ersten Mal, so kommt es zu einem Austausch nicht nur bewußter, sondern auch unbewußter Regungen. Nur die Analyse könnte bei beiden feststellen, warum bei ihnen sich die ihnen selbst unerklärliche Sympathie und Antipathie formte. Ich meinte schließlich, daß wenn zwei Menschen konversieren, es sich eigentlich um einen Dialog nicht nur des Bewußtseins, sondern der beiderseitigen Unbewußten handelt. Mit anderen Worte: neben dem aufmerksamkeitsbesetzten Gespräch oder diesem Parallel, spielt sich auch ein relaxierter Dialog ab. Einige meiner Patientinnen aber begnügen sich mit dieser Erklärung nicht, sie behaupten steif und fest, daß neben diesem analytisch oder normal-psychologisch nachweisbarem Empfänglichsein für die Äußerungen unbewußter Regungen im Mitmenschen, sich auch Psychismen abspielen, die mit unserer bisherigen Kenntnis der Sinnesphysiologie und der Psychologie nicht erklärbar sind. Schon vor mir haben manche auf die Auffälligkeit hingewiesen, wie oft sogenannte Gedankenübertragungsphänomene zwischen Arzt und Patienten sich abspielen, oft in einer Art, die die Wahrscheinlichkeit eines Zufalls weit übersteigt. Sollten sich einmal diese Dinge bewahrheiten, so wäre es uns Analytikern plausibel, daß das Übertragungsverhältnis das Zustandekommen verfeinerter Empfänglichkeitsäußerungen ungemein fördern könnte.

Und dies führt in der Tat zur eigentlichen Entstehungsgeschichte der letzten Modifikation. Das Motiv zur Umkehrung des Prozesses (Analysiertwerden des Analytikers) war die Wahrnehmung einer emotionellen Resistenz, richtiger Stumpfheit im Analytiker. Die Klage lautete in einem fort: »Sie sind zu passiv, Sie tun nichts etc.« nicht selten mit Äußerungen höchster Verzweiflung. Unter dem Drucke der Hilflosigkeit spaltete der Patient soz. ein Intelligenzfragment ab, das mir vorschrieb, wie und was ich in dem betreffenden Momente tun sollte oder hätte tun sollen. Doch selbst wenn ich nach Überwindung eines persönlich recht starken Widerstandes gegen diese Behandlung nach Vorschrift die betreffenden Fragen stellte und die Antworten bekam, blieb das Resultat für den Patienten puncto Überzeugtsein von der Realität der im Trance

1 Ferenczi erwähnt den »Dialog der Unbewußten« am Ende des Aufsatzes »Psychogene Anomalien der Stimmlage«, in: *Bausteine II*, op. cit.

reproduzierten traumatischen Situationen unbefriedigend. Die in Gang gesetzte »Gegenanalyse« bestätigte allerdings fast wörtlich die Behauptungen des Analysanden. Die fortwährenden Klagen darüber (aus dem tiefsten Unbewußten), daß ich in Wirklichkeit nicht mitfühle und mitleide, daß ich emotionell tot bin, hat sich analytisch in vielen Punkten bewahrheitet und ließ sich auf tiefe Infantiltraumata zurückführen (Traumata, die speziell durch übermäßige Anforderungen an die Genitalität seitens Erwachsener und Konflikte mit dem puritanen Geiste der Familie, zu guterletzt aber vielleicht auf ein Trauma im Säuglingsalter zurückführbar waren).

Hier kam die großartige Analogie zwischen meinem Schicksale (Neurose) und die Psychose des eigenen Vaters zur Wirkung. Patient lebte in voller geistiger Seelengemeinschaft mit dem Vater, bald hieß es, Patient lebt im Kopfe des Vaters, bald der Vater im Kopfe des Patienten. Infolge seiner Verrücktheit aber weiß er nicht, daß alle schändlichen Handlungen gegen die Tochter eigentlich für die Mutter gemeint sind, das atomisierende Endtrauma trat ein im Momente gegenseitiger Ernüchterung. Der Vater zog sich nach einem letzten verzweifelten Inzestversuch emotionell von der Tochter zurück, um sie dann nunmehr in einem bereits nüchternen Racheakt für Zeitleben zu verunglimpfen. Die Atomisierung erfolgte bei der plötzlichen Einsicht in die Unmöglichkeit, den Vater zum Geständnis seiner Verrücktheiten und Sünden zu bringen.

Bei mir handelt es sich um Verschiebung infantiler Aggressivität und Liebesabsage an die Mutter auf die Patienten. Doch ähnlich, wie bei der Mutter, gelang es mir mit kolossaler Anstrengung rein intellektuell eine zwanghafte Übergüte zu entwickeln, die mich sogar in den Stand setzte, wirkliche Tränen zu vergießen (Tränen, die ich selber für echt hielt). /Ist etwa meine ganze Relaxationstherapie und die von mir geforderte Übergüte gegen die Patienten nur übertriebene Zurschautragung der im Grunde ganz fehlenden Mitleidsgefühle? Statt mit dem Herzen, fühle ich mit dem Kopf. Kopf und Denken treten an Stelle von Herz und Libido. Verschiebung körperlich primitiverer libidinöser Regungen auf den Kopf, vielleicht auch in Form von Symptomen (Kopfschmerz) oder in der Neigung zur Formierung von Theorien, in denen Genitale und Kopf identifiziert sind. (Hier viele Anknüpfungen möglich) Alles in allem also eine Kastrationshysterie mit entsprechenden Verschiebungen. Was die Patienten an mir vermissen, ist das gewisse »etwas«.

24. April 1932

Paranoia und Geruchsinn

Patientin berichtet, sie hätte tags zuvor einige Stunden in Gesellschaft von Mrs. Dm. verbringen müssen, eine Dame, die sie seit langem kennt, und die auch analytische Versuche mit ihr gemacht hat. Ihre Antipathie der Dame gegenüber wurde mit ihrer Unbildung ihrer New England Borniertheit und ihrer primitiven Ausdrucksweise begründet; auch hätte sie nicht die Spur eines artistischen Flugs in ihrer Fantasie etc. Dies bewog sie, die Gesellschaft dieser Dame zu fliehen. Da sie ihr gestern nicht ausweichen konnte, hatte sie den Zwang, sich zu betrinken. Nur im ganz betrunkenen, unbalancierten, traumhaften halbschlafartigen Zustande konnte sie sie ausstehen. Ihrer gedenkend, gruppierten sich alle ihre Assoziationen um den Geruch dieser Dame. Sie verbreite etwas wie Leichengeruch, die die Patientin erschreckt und zur Abwehr reizt.

Am selben Tage kam Dm. zu mir und sagt, sie hätte auch viel getrunken (aber nicht betrunken gewesen). Sie fühle sich in der Gesellschaft der Patientin erschreckt, diese Dame sei zu aggressiv, zu energisch und erinnere sie an die eigene Mutter. (Hier die Anknüpfung an ein Kindheitstrauma: die Mutter riß sie so heftig am Handgelenk, daß ihr Arm gebrochen ist.) Hier muß bemerkt werden, daß Dm. tatsächlich unangenehm riecht und Menschen mit empfindlicherem Geruchorgan entschieden abstößt. Mit großer Wahrscheinlichkeit kann behauptet werden, daß die Intensität dieser Ausdünstungen etwas zu tun haben mit verdrängtem Haß und Wut. Als ob sie nach Art gewisser Tiere, in Ermangelung anderer Waffen, durch solche abschreckende Haßausdünstungen sich Menschen vom Leibe halten würde. (Bewußterweise und in ihrem manifesten Benehmen ist die Patientin mehr weichlich zu blindem Gehorsam und klagloser Unterwerfung geneigt.)

Es war nicht zu gewagt die Reaktion der Patientin darauf zurückzuführen, daß sie in der Tat die Gefühle der Menschen förmlich riechen kann. Sie berichtet mir denn auch von vielfältigen Erlebnissen dieser Art. Interessanterweise erzählt sie mir lange Geschichten von ihrer Mutter, die ähnliche Ideen, wie seinerzeit Prof.

Jäger[1], sich zurechtgemacht hat. Baden und Waschen ist ungesund, sie wechselte nie die Unterwäsche, hätte aber nie schlecht gerochen. Ansonsten war sie aber ungemein energisch, regierte das Haus (der Vater war ein Trinker und kam nur selten ins Haus, worauf dann bald ein Kind geboren wurde).

Die Theorie, die sich auf diese und ähnliche Fragen gründen ließe, wäre wie folgt: die Ausdünstungen ihrer Mutter, die bewußt aggressiv waren, stinken nicht, doch die der Dm., die anscheinend schmeichlerisch und nachgiebig, insgeheim aber voll von Haß ist, verraten den verdrängten Haß (hier die Assoziation »Salomon der Weise spricht«[2]).

Dm. wird von der offen aggressiven Art der Patientin erschreckt und beginnt zu stinken. Patientin fühlt das als Gegenangriff, als Verfolgtsein (Verfolgungswahn) und muß entweder weglaufen oder sich mit Alkohol narkotisieren. Nicht unmöglich, daß sie damit ihren trunksüchtigen Vater imitiert, der es mit der Mutter nicht aushalten konnte. So lange sie manisch aggressiv ist, imitiert sie die Mutter; beginnt sie aber die versteckte Aggressivität der Dm. zu verspüren, so beginnt sie die Rolle des Vaters zu spielen (?). Wie dem im Detail auch sei, so viel scheint festzustehen, daß Verfolgungswahnsinnige, ähnlich gewissen Tieren, besonders Hunden, die versteckten oder verdrängten Gefühle und Tendenzen der Menschen riechen können. Ein weiterer Schritt würde zu einer ungemein verfeinerten und abgestuften qualitativen und quantitativen Empfindlichkeit führen, die auf die feinsten Regungen, ja auch den psychischen Inhalt der Wunschregungen, d. h. die Vorstellungen in einem anderen Menschen riechen läßt. Manches von dem, was bisher als okkult, oder als metapyhsische Mehrleistung gefaßt war, gelänge so zu einer psycho-physiologischen Erklärung. Ein noch weiterer und noch gewagterer Schritt führte dann zu den Leistungen spiritistischer Medien, die die Gesamtausdünstung von Personen, die irgend wo im Raume weiter vibriert, auch nach unendlichen Zeiträumen spüren können. (Wie etwa ein Hund die Fußstapfen des verstorbenen Herrn). Die spiritistischen Medien

1 Jaeger, Gustav (1832 – 1917), Zoologe, gründete den Wiener Tiergarten, war aber auch, in Stuttgart, als praktischer Arzt tätig; überzeugter Anhänger des Tragens wollener Unterwäsche; Verfasser von Büchern, u. a.: *Die Normalkleidung als Gesundheitsschutz* (1880).

2 Vielleicht dachte Ferenczi an die Fähigkeit Salomons, hinter den geäußerten Gefühlen die verborgenen zum Vorschein zu bringen (Anm. d. Hrsg.).

rekonstruieren also, mit Hilfe ihres Riechsinns, die Vergangenheit eines Menschen. Sie vermögen mit ihrer Riechphantasie dem Menschen bis in die fernste Vergangenheit zu folgen und an all die Orte, an denen er sich zeit seines Lebens aufhielt. Warum das Riechen der Dm. als Leichengeruch empfunden wird, ist ein Problem für sich. Vorläufiger Lösungsversuch: bei Unterdrückung, Unterbrechung oder Verdrängung einer Gefühlsreaktion wird etwas in uns tatsächlich vernichtet. Der vernichtete Teil der Person verfällt in einen Zustand der Verwesung. Wird die ganze Person an der Tätigkeit verhindert, dann folgt allgemeine Verwesung, d. h. der Tod. Hier die Anknüpfung an die Behauptung so vieler Neurotiker in Trance- und Traumzuständen, ein mehr-minder großer Teil von ihnen sei tot oder getötet und würde als leblose, d. h. funktionsuntüchtige Last, herumgeschleppt. Der Inhalt dieses Verdrängungsbündels ist in steter Agonie, d. h. Verwesung. Der vollkommene Zerfall (Tod) ist für sie ebenso unmöglich wie das Wiederbelebtwerden durch den Zufluß vitaler Energien.

Nine pin
Silly servant.[1]

26. April 1932

Pornophasie als Kondition genitaler Potenz

Eigentlich ein Kapitel zu einem möglichen Sammelwerke über infantil-genitale Überforderung. Die kolossale Mehrleistung, die das Kind sich selber auferlegt, hat unaussetzliche Konsequenzen. 1) Es zerstört überhaupt das Gefühl der Spontaneität, d. h. des Lustüberflußursprungs der genitalen Aktion. 2) Vollkommene psychische Unsicherheit über Liebesgefühle; niemals wissend, wann und wieviel davon Aufgabe und Pflichterfüllung, 3) Ungeheure allgemeine Ermüdbarkeit, die sich auf fast jede Tätigkeit ausdehnt, sich aber als tödliche Schläfrigkeit nach jedem Geschlechtsakt manifestiert. 4) Hier der Ort darüber nachzudenken,

1 Engl.: »Kegelspiel Blöde Magd«. Die Patientin machte ihre Analyse in Englisch. Was den Sinn dieser beiden Ausdrücke betrifft, siehe die zweite Eintragung vom 26. April 1932 (Anm. d. Hrsg.).

ob nicht die sog. neurastenischen Ermüdungserscheinungen die Folgen der sich selbst aufoktroyierten genitalen Mehrleistung bei der geistigen, oder der geistig-physischen Masturbation (Zitieren den Fall des jungen Mannes, der in der Kindheit verführt a) den Zwang hatte, jedes Weib zu befriedigen b) täglich 4–5mal masturbierte und durch ungeheure Konzentration und Summation aller reizenden erotischen Situationen, es zuwege brachte, daß das Semen auf die 5–6 Meter hohe Zimmerdecke spritzte.) 5) Einfluß auf Lebenshaltung und Charakter. Fortwährende Tendenz sich in übergefährliche und schwierige, oft auch moralisch gefährdende Situationen zu begeben, aus denen sie sich nur im letzten Moment mit Not und Mühe retten. Übernahme, Kraftaufwand und viel Fleiß erfordernde Aufgaben (Studien, Prüfungen), Verschiebung bis auf den letzten Moment, Zeitvertreib mit unnützen Dingen und gleichzeitigem Schuldgefühl. 6) Pornophasie, eine spezielle Abart der konditionierten Potenz. Die Frau hat sich als Prostituierte zu deklarieren, muß alle ihre Sünden bekennen und im Detail erzählen, eventuell solche erfinden. Dadurch wird der Akt von einem richtigen sexuellen Kongressus zu einer Schaulustmasturbation degradiert. Die Phantasie des Mannes bleibt dabei bei der vorgestellten Szene hängen; die eigentliche genitale Leistung wird also nicht von ihm, sondern von dem wirklich potenten Manne durchgeführt. Er selbst hat das Zusehen und die Masturbation. Die Nötigung der Frau, sich als Prostituierte zu gebärden, erleichtert die Aufgabe; ein Teil der Szene wird real dargestellt und braucht nicht phantastisch vorgestellt zu werden. In der analytischen Therapie solcher Fälle hat man mit dem Eintreten einer körperlich-geistigen, allgemeinen Leistungsunfähigkeit, natürlich auch dem Verschwinden jeglicher Libido zu rechnen. Eigentlich wird so die Infantilität wieder hergestellt, ein Stadium, in dem normalerweise alles mehr selbstisch und weniger rücksichtsvoll ist.

Welch kolossaler Einbruch in die normale Entwicklung mag es sein, wenn an ein solch naturnotwendig egoistisches Kind Gefühlsforderungen altruistischer Natur in solchem Übermaß gestellt werden. Nach einiger, oft nicht einmal langer Dauer, dieses fast komatösen Darniederliegens (die Patienten sind imstande, mitten in der Rede sehr oft im Theater einzuschlafen), melden sich gelegentlich Anzeichen wirklich spontaner Libido, später Äußerungen der Sexualität ohne nachfolgende Ermüdung. Die Müdigkeit nach der Fabrikation von Intelligenzgefühlen und Intelligenzemotionen zeugt von der kolossalen Kraft, die notwendig ist, um intellektuelle Prozesse mit Gewalt auf das halluzinatorische Niveau zurückzupressen. Normale Libido ist immer Überfluß, die überfließenden Emotionen affizieren auch unser Sensorium. Entgegen der Devise: *nihil est in intellectu quod prius non fuerit in sensu*[1], wird hier ersetzt durch ein Prius des Intellekts. Es ist hier plausibel, daß bei näherer Prüfung alle Neurasthenien auf Ähnliches werden zurückgeführt werden. (Hier Anknüpfung an den von mir betonten physiologischen Gegensatz zwischen Libidoverarmung bei Masturbation und Libidoaufspeicherung bei Coitus interruptus resp. Angstneurose.

26. April 1932

Beitrag zum Phalluskult

Traum einer Patientin (B.), mit fast sicherer infantil-genitaler, violenter Vorgeschichte: Sie sieht eine Reihe von Soldaten, oder Turner, alle ohne Kopf, rigid aufgestellt; auf der linken Seite (Schulter) emporragend je ein aufrechter, fleischiger Fortsatz. Die Assoziation geht über zum Kegelschieben (*nine-pins*). Die einzelnen Stöße sind durch die Einzelsoldaten markiert; die Idee des Orgasmus vielleicht durch alle neune. Gleichzeitig stellt die Kopflosigkeit die pure Emotivität bei Abwesenheit jeder intellektuellen Kontrolle (l'amour est un taureau acéphal – Anatole France[2]). Doch zugleich ist auch der Seelenzustand der Patientin dargestellt: sie denkt daran, daß die Nine-pins schwer ihr Gleichgewicht halten können wegen der einseitigen Belastung links. Diese Idee stammt aber davon, daß die Patientin vor dem Schlafengehen eine ganze Menge Cocktails getrunken hat, die ihr Gleichgewicht

1 Lat.: Nichts ist im Intellekt, was nicht vorher in den Sinnen war (Anm. d. Hrsg.).

2 Französ.: »Die Liebe ist ein kopfloser Stier.« – France, Anatole (1844 – 1924), französischer Schriftsteller, von Ferenczi – und Sigmund Freud – sehr geschätzt. Siehe »Anatole France als Analytiker«, in: Sándor Ferenczi, *Zur Erkenntnis des Unbewußten*, Fischer Taschenbuch 42194, S. 154. Das Zitat ist im Werk von Anatole France nicht auffindbar. Möglicherweise ist Ferenczi hier ein Irrtum unterlaufen (Anm. d. Hrsg.).

merklich störten. In solchem kopflosen Zustande scheint es möglich zu sein, daß die Emotionen anderer auf uns ohne weiteres überfließen, als wäre die Schutzhülle des Ich durch das Narkotikum aufgelöst worden. Mit anderen Worten: ein betrunkenes oder narkotisiertes Kind (möglicherweise auch ein Kind, dessen Selbstschutz durch Schreck oder Schmerz paralysiert ist) wird so empfindlich gegenüber den Gefühlsregungen der Person, vor der es Angst hat, daß es die Leidenschaft des Aggressors wie die eigene empfindet. So kann Phallusangst in Phallusadoration, Phalluskult umkippen. (Hier das Problem der weiblichen Sexuallust, möglicherweise ist sie ursprünglich nur in Lust umgewandelte Angst).

Doch es bleibt ein Problem, *daß* überhaupt Angst in Lust umgewandelt werden kann, sei es auch nur nach Verlust des eigenen Kopfes und Identifizierung mit dem Taureau acéphal. Allerdings bleibt auch eine ganz andere Lösung offen, der zufolge nicht jeder Masochismus aus Angst entsteht, sondern Güte und Selbstaufopferung als Instinkt für sich, vielleicht als Naturkraft den selbstischen Tendenzen die Wage hält (*S. J*).

Oder ist der Todestrieb als Gütetrieb, Selbstaufopferungstrieb, als etwas mütterlich-Feminines dem Maskulinen entgegenzustellen?

26. April 1932

Anti-Homosexualität als Folge des männlichen »Protests«

Die bewußte starke Antipathie, wie gegen Homosexualität, mag ein bedeutendes Hindernis in der Behandlung manifester Fälle abgeben. Es mag sich da herausstellen, daß der so verbreitete Widerstand gegen »Psychosen« und Perversionen (Freud), auf ungenügende Analyse in bezug auf solche Velleitäten beruht. Solche Patienten erinnern uns vielleicht an die grausamsten Erlebnisse der Urzeit, an Momente, in denen Männer um ihre geistige Gesundheit und um ihr Libidoschicksal zu kämpfen hatten.

Der eine Analytiker, der aggressiven Charakter entwickelte, mag ausgezeichnet den starken Vater spielen. Ein anderer, der alle Regungen der Patienten mitfühlt, ist ausgezeichnet als Muttersurrogat. Ein richtiger Analytiker sollte die Fähigkeit haben alle diese Rollen gleich gut zu spielen.

Aktive Therapie war väterlich-sadistisch, rein passiv war mütterlich. Ruhig natürliches Benehmen, ohne vorgefaßten Plan, mag bald diesen, bald jenen Charakterzug zum Vorschein bringen. Hauptbedingung bleibt nur das aufrichtige Sich-bekennen zu den wirklichen Gefühlen.

1. Mai 1932

Wer ist verrückt, wir oder die Patienten? (Die Kinder oder die Erwachsenen?)

Eine Fragestellung: Ist Freud wirklich überzeugt, oder hat er den Zwang zu überstarker theoretischer Verkrampfung als Schutz gegen Selbstanalyse, d. h. gegen die eigenen Zweifel? Nicht zu vergessen, daß Freud nicht der Entdecker der Analyse ist, sondern etwas Fertiges von Breuer übernommen hat. Vielleicht folgte er Breuer nur logisch-intellektuell, nicht aber mit gefühlsmäßiger Überzeugung; dementsprechend analysiert er nur andere und nicht sich selber. Projektion.

Ungeheure Selbstwiderstände beim Versuch, dem Vorschlage »Orphas«[1] nachgebend, mich vom Patienten analysieren zu lassen, d. h. mich vollkommen preisgebend, relaxierend, in die Gewalt eines Patienten zu begeben. Angst, der Patient wird diese Situation zum eigenen Vorteile mißbrauchen; bei der Unbewußtheit eigener böswilliger Tendenzen, kann eben der Patient, dem eine solche Macht in die Hand gegeben wird, 1) alles tun, um sich von Unlust zu befreien, unbekümmert darum, ob es dem Analysierten schadet, oder ihn sogar vernichtet, 2) in den sadistischen Akten, zu denen die Analyse Gelegenheit bietet, findet der Patient kompensatorische Befriedigungen.

In weiterer, etwas dämonomanischen Fortführung dieses Gedankenganges gelangt man zur Idee, daß der böse Wille einer Geisteskranken auch Zeit und Raum überwinden, einen bis in die Träume verfolgen, mit einem Worte dämonisch zugrunderichten

1 Siehe dazu Eintragung vom 12. Januar 1932, wo Ferenczi das Wort zur Bezeichnung der »organisierenden Lebenstriebe« benutzt. Hier scheint das Wort die Patientin zu meinen (Anm. d. Hrsg.).

kann; er treibt einen zu gefährlichen und unheilvollen Handlungen, stört die Ruhe des Schlafes, zerstört Glücksmöglichkeiten aus Neid, vernichtet Potenz, treibt zum Selbstmord, etc. etc.

Mit Recht antwortet der Patient auf die offene Mitteilung dieser Verdachtsmomente: 1) warum soll er, der Patient, sich blind in die Gewalt des Arztes begeben? Ist es nicht möglich, ja wahrscheinlich, daß ein nicht gut analysierter Arzt (und wer ist gut analysiert) nicht heilen, sondern sich auf meine Kosten neurotisch oder psychotisch ausleben wird. 2) Als Bestätigung, Berechtigung dieses Verdachtsmomentes muß ich mich gewisser Äußerungen Freuds erinneren, die er vor mir, offenbar auf meine Diskretion rechnend, fallen ließ: »Die Patienten sind ein Gesindel«. Die Patienten sind nur gut, um uns leben zu lassen und sie sind Stoff zum lernen. Helfen können wir ihnen ja nicht. Das ist therapeutischer Nihilismus, und trotzdem werden durch Verheimlichung dieser Zweifel und durch Erweckung von Hoffnungen Patienten gefangen.

Ich denke mir, daß Freud ursprünglich wirklich an die Analyse geglaubt hat, er folgte Breuer mit Enthusiasmus, befaßte sich leidenschaftlich, hingebungsvoll mit der Heilung Neurotiker (stundenlang auf dem Boden liegend, wenn nötig, neben einer Person in hysterischer Krise). Er muß aber durch gewisse Erfahrungen erstens erschüttert, zweitens ernüchtert worden sein, ungefähr so, wie Breuer beim Rückfall seiner Patientin und durch das Problem der vor ihm plötzlich wie ein Abgrund sich öffnenden Gegenübertragung. Bei Freud entspricht dem etwa die Entdeckung der Lügenhaftigkeit der Hysterischen. Seit dieser Entdeckung liebt Freud die Kranken nicht. Er ist zur Liebe zu seinem ordentlichen, kultivierten Über-Ich zurückgekehrt (ein weiterer Beweis dafür, seine Antipathie und scheltende Ausdrücke gegen Psychotiker, Perverse, überhaupt gegen alles »allzu Abnorme«, auch gegen die indische Mythologie.) Seit diesem Schock, dieser Enttäuschung, ist vom Trauma viel weniger die Rede, die Konstitution beginnt die Hauptrolle zu spielen. Damit geht selbstverständlich ein Stück Fatalismus einher. Nach der psychologischen Welle ist also Freud wieder erstens beim Materialismus des Naturforschers gelandet; er sieht am Subjektiven fast nur den Überbau des Physikalischen, das Physikalische selbst etwas viel Realeres, zweitens, er bleibt intellektuell noch an der Analyse hängen, nicht aber gefühlsmäßig. Drittens, seine Heilungsmethode, wie auch seine Theorie, wird mehr und mehr vom Interesse für Ordnung, Charakter, Ersetzung[1] eines schlechten durch ein besseres Über-Ich; er wird pädagogisch.

Die Änderung seiner immer unpersönlicher werdenden Behandlungsmethode (schweben als eine Gottheit über dem armen, zum Kind degradierten Patienten; nicht ahnend, daß ein großer Teil von dem, was man Übertragung nennt, künstlich durch dieses Verhalten provoziert wird) behauptet man[2], die Übertragung werde vom Patienten gemacht. Zum Teil mag es ja wahr sein und als nützlich zur Emporbeförderung von altem Material, doch wenn der Arzt auf sich nicht acht gibt, verweilt er länger als notwendig in dieser ihm bequemen Situation, in der die Patienten ihm die Unlust der Selbstkritik ersparen, ihm die Möglichkeit des Vergnügens der Überlegenheit und des Geliebtwerdens ohne Reziprozität verschaffen (beinahe eine kindliche Größensituation) und dabei vom Patienten auch noch bezahlt werden. Ganz unbewußt mag so der Arzt in aller bewußter Unschuld in eine kindliche Situation gegenüber seinen Patienten geraten. Ein Teil des Gehabens eines solchen Analytikers kann vom Patienten mit Recht als verrückt bezeichnet werden. An gewissen Theorien (Wahnideen) des Arztes darf nicht gerüttelt werden, tut man das doch, so ist man schlechter Schüler, man bekommt eine schlechte Note, man ist »im Widerstand«.

Meine »aktive Therapie« war ein erster, unbewußter Vorstoß gegen diese Situation. Durch Übertreibung und offenem Aufdekken der sadistisch-erzieherischen Methodik, machte sich mir ihre Unhaltbarkeit klar. Als neue Theorie (neuer Wahn) kam die Theorie von der Relaxation, das volle Gewährenlassen des Patienten, die gewalttätige Unterdrückung menschlich-natürlicher Gefühlsreaktionen. Doch die Patienten verwerfen die falsche Süßlichkeit des insgeheim verärgerten Lehrers, ebenso wie früher die Gewalttätigkeit des »Aktiven«, der die Patienten höllische Qualen erleiden läßt und dafür noch Dank erwartet. So kommt man schließlich zur Idee, ob es nicht natürlich und auch zweckmäßig ist, aufrichtig ein fühlender, bald mitfühlender, bald offen verärgerter Mensch zu sein? Das heißt, alle »Technik« aufgeben und sich ebenso unge-

1 Unvollständiger Satz. Es fehlt das Verb, etwa »prägen« oder «beeinflussen«, hier also »geprägt« oder »beeinflußt« (Anm. d. Hrsg.).
2 Unvollständiger Satz. Wahrscheinlich muß es heißen: »... ergibt sich aus dem Gedanken, ...« (Anm. d. Hrsg.).

schminkt zu zeigen, wie man es vom Patienten erfordert. Beginnt man einmal damit, so kommt der Patient logischer Weise mit dem Verdacht der unvollkommenen Analyse des Analytikers, ja er wagt allmählich, aus der Schüchternheit erwachend, auf die paranoiden oder übertreibenden Züge selber hinzuweisen; schließlich kommt der Vorschlag zur mutuellen Analyse. Hat man ein gewisses Zutrauen zur eigenen Fähigkeit, schließlich nur von der Wahrheit beeindruckt zu sein, so mag man sich zum fürchterlich erscheinenden Opfer entschließen, sich selbst in die Gewalt eines Verrückten zu begeben. Merkwürdiger Weise wird man für diesen Mut belohnt, der Patient überwindet leichter die Enttäuschung von uns nicht geliebt zu werden, denn die endlose Abhängigkeit von einem scheinbar alles versprechenden, innerlich aber alles versagenden Elternteil (Vaters, Mutters).

Man hat so mehr Aussicht und raschere Aussicht, durch Kontrast mit der Gegenwart in die traumatische Vergangenheit zurückzusinken, aus der die endgültige, spontane, nicht mehr auf Autorität begründete Erholung zu erwarten ist.

Der Arzt aber wird nach einer solchen Ernüchterung aus seinem wissenschaftlichen Wahne in späteren Fällen ersprießlicher wirken; als Nebenbeginn gelangt er auch zu Lebenslustmöglichkeiten, die ihm bisher neurotisch oder psychotisch vorenthalten waren.

3. Mai 1932

Unbewußter Kampf der Empfindlichkeiten zwischen Patient und Analytiker

Gelegentlich hat man den Eindruck, daß ein Teil von dem, was man Übertragungssituation nennt, nicht eigentlich spontane Manifestation von Gefühlen im Patienten ist, sondern durch die in der Analyse geschaffene Situation, d. h. durch die analytische Technik künstlich geschaffen wird; zumindest ist die von mir und Rank vielleicht übertrieben betonte Deutung jeder Einzelheit, zunächst im Sinne eines persönlichen Affektes zum Analytiker, geeignet eine Art paranoische Atmosphäre zu schaffen, die ein objektiver Beobachter als narzißtischen, speziell erotomanischen Wahn des Analytikers bezeichnen könnte. Möglicherweise ist man viel zu rasch geneigt, beim Patienten Verliebtheit oder Haß gegen uns vorauszusetzen.

Dies scheint eine gar zu buchstäbliche Wiederholung der kindlich-elterlichen Beziehungen zu sein; auch in der Kindheit werden vom Kinde übermäßige Affekte, besonders Liebesgefühle, von den Erwachsenen vorausgesetzt. Es werden denn auch solche dauernd dem Kinde vorgepredigt, gewiß eine seltsame Form der Suggestion d. h. der Einschmuggelung nicht spontaner, real nicht vorhandener Emotionen. Es mag ungeheuer schwierig sein sich aus einer solchen Falle zu befreien und sich selbst zu werden. Gelingt die Suggestion, so wird das Kind gehorsam, d. h. es fühlt sich in der Unselbständigkeit wohl. Anders in den Fällen, in denen etwa früh entwickelte Intelligenz eine blinde Unterordnung erschwert. Solche Kinder werden »schlimm«, starrsinnig, auch »dumm«. In Ermangelung anderer Abwehrwaffen, verschließen sie sich intellektuell vor dem Verständnis der Dinge, die von ihnen gefordert werden. Damit erreichen sie: 1) daß sie sich mit Hilfe ihrer »Unfähigkeit« vor der Aufnahme ihnen unwahr, unsinnig und unangenehm erscheinender Regel schützen können. 2) Haben sie eine wirksame Waffe in der Hand, dazu eine unsichtbare Waffe, mit der sie sich ob der ihnen widerfahrenen Ungerechtigkeit rächen können. Wie sehr sich auch die Eltern und Lehrer bemühen einem Trotzkopf gegenüber freundliche Miene zu machen, das Kind fühlt die ärgerliche Spannung in ihnen anwachsen und eine Erleichterung dieser wird vom Kinde nur durch fortdauernden Trotz und darauffolgenden Haßausbruch bei den Erwachsenen erzielt. Mag solche Szene auch mit Gescholten- und Geschlagenwerden enden, ein solches Ende verschafft eine relative Befriedigung für das Kind, und dies ist vielleicht die letzte Wurzel des Vergnügens am Masochismus und der Phantasie »ein Kind wird geschlagen«.

Die Parallele zu dieser Situation erwächst unter anderen durch die fortwährende Forderung (Behauptung) der Übertragungsgefühle und die Deutung der Abwesenheit solcher als Widerstand. Die Selbstsicherheit, mit der dies vom Analytiker vorgetragen wird, macht es recht schwierig für den Patienten zu widersprechen, ohne die Gefühle des Arztes zu verletzen. (Zwar erinnere ich mich stets darauf geachtet zu haben, niemals von positiver Übertragung, ohne spontane Manifestierung derselben, als erster zu sprechen; umso freigiebiger war ich mit der Vermutung von Widerstandssymptomen.

In der mutuellen Analyse, in die ich mich unlängst begab, berührt mich diese maschinenmäßige egozentrische Deutung der Dinge durch den Analytiker höchst unangenehm, es langweilte mich förmlich, und ich mußte den Analytiker bitten, mich eher ausreden zu lassen. Allerdings ist das die Art, die jener Patient von mir gelernt hat, so mag auch ich des Guten zu viel getan haben, was ich denn auch bald zu hören bekam. Die Aussprache über diesen Gegenstand führte dann zur Vermutung, daß der Patient durch die zum Teil artifiziell geschaffenen Schwierigkeiten, besonders durch die Überbetonung der analytischen Situation gegen die gefühlsmäßige Überzeugung, sich in eine Zwangslage suggeriert fühlt; seine Abhängigkeit von der Freundlichkeit des Analytikers hindert seine äußere, wohl auch die innerliche Kritisierung; jahrelang kann man so einen Patienten ohne wesentlichen Fortschritt bei sich behalten, immer hoffend, daß man etwas »durcharbeitet«. Von vielen höre ich dann: der Fall sei versandet; manche erinnern sich in dieser unbequemen Lage, daß es etwas wie eine Termingebung gibt und drängen den Patienten gewaltsam aus der Kur.

5. Mai 1932

Fall R.N. 1) Beginn der analytischen Behandlung ohne besondere Sympathie meinerseits, wie selbstverständlich bringe ich als Arzt dem Patienten Interesse entgegen, das ich für ehrlich halte. Viel später einmal sagte mir die Patientin, daß meine Stimme im Laufe dieses ersten Gesprächs, und nur bei diesem, viel weicher und einschmeichelnder war als seither überhaupt. Ich erfuhr bei der Gelegenheit, daß diese Stimme es war, die ihr sozusagen tiefes persönliches Interesse und damit Liebe und Glückseligkeit versprach. Was ich mir darüber nachträglich zurechtlege, ist dagegen folgendes: Die vorerwähnte Antipathie mag die Folge a) übergroßer Selbständigkeit und Selbstvertrauen und b) ungeheuer starker Willenskraft in der marmornen Festigkeit der Gesichtszüge, c) überhaupt etwas Souveränes, etwas von Königinnensuperorität, oder gar von königlicher Hoheit; alles Züge, die man gewiß nicht feminin nennen kann. Anstatt mir diese Eindrücke bewußt zu machen, scheine ich von dem Standpunkt auszugehen, daß ich als Arzt in jedem Falle überlegen sein muß, meine offenbare Ängstlichkeit vor so einer Frau überwindend, die Attitude der Überlegenheit unbewußter Weise vielleicht meiner unerschrockenen Männlichkeit angenommen zu haben, die die Patientin für wahr nahm, während sie eine bewußte professionelle Pose, zum Teil Schutzmaßnahme gegen die Angst war.

Das Mißverständnis wurde allerdings schon in der dritten oder vierten Stunde klargelegt, als die Patientin in ihren Assoziationen die Äußerung tat, ich hätte behauptet, daß ich sie liebgewann. Dies machte mich nicht wenig erschrocken, ich erinnerte mich der vielen Fälle erotomanischer Hysteriker, die ihren Arzt falsch beschuldigten, ihnen Liebesanträge gemacht zu haben. Ich bestritt also klipp und klar und gleich am Anfang, solche Äußerung getan zu haben, konnte aber die Patientin anscheinend nicht überzeugen. Indem ich mich aber in die analytische Arbeit vertiefte, entfaltete ich, wie gewöhnlich, tiefgehendes Interesse für alle Einzelheiten ihrer Lebensgeschichte. Von Anfang an beanspruchte aber die Patientin mehr als andere Patienten zu gelten, was sie mir nicht sympathischer machte. Da der Fall keine Fortschritte zeigte, verdoppelte ich meine Anstrengung, ja ich beschloß vor keiner Schwierigkeit zurückzuschrecken, gab nach und nach immer mehr Wünschen der Patientin nach, verdoppelte die Stunden, besuchte sie anstatt sie zu Besuchen bei mir zu zwingen, nahm sie auf meine Ferienreisen mit, gab ihr auch Sonntag Stunden. Mit Hilfe solcher Überanstrengung kamen wir denn soz. mit Hilfe der Kontrastwirkung der Relaxation, zum Auftauchenkönnen der offenbar traumatischen Infantilgeschichte in Form von Trancezuständen oder Attacken.

Auf dieser Stufe verharrten wir ohne weiteren Fortschritt weitere 2 Jahre lang. Die schlimmsten Anforderungen an mich wurden dadurch gestellt, daß die Patientin gegen Ende der Stunden in eine Attacke verfiel, die mich verpflichtete, noch etwa eine weitere Stunde bei ihr zu sitzen, bis der Anfall vorüber war. Mein Gewissen als Arzt und als Mensch hinderte mich, sie in diesem Zustande hilflos zurückzulassen. Doch die Überanstrengung scheint in mir ungeheuere Spannung hervorgerufen zu haben, die mir die Patientin gelegentlich verhaßt machte. Es kam zu einer Art von Krise, als deren Folge ich sozusagen den Rückzug anzutreten begann. Ohne auf die historische Reihenfolge Gewicht zu legen, fällt mir ein, daß vielleicht der wichtigste Wendepunkt auf folgende Weise sich ergab: Patientin faßte den Plan, oder produzierte die Überzeugung, daß sie im Laufe des Sommers, u.zw. kalendarisch entsprechenden Tagen des Infantiltraumas, den ganzen Vorgang wiederholen und erinnern wird. Ein Teil der Wiederholung ging vor sich, doch jede Attacke endete mit der Feststellung: »Und doch weiß ich nicht, ob die ganze Sache wahr ist.« Traumanalysen und sonstige analytische Arbeit zeigte den klaren Willen, sich nicht eher zur Scheußlichkeit ihres Lebens zu bekennen, d. h. die Spaltung ihrer Person in die unbewußt wissende, leidende und die mechanisch gefühllos doch fortlebende nicht eher aufzuheben, als bis ihr in der Realität ein Leben voll Liebe und Anerkennung als Kompensation geboten wird.

Die Patientin gab mir die Rolle dieses vollkommenen Liebhabers. Wie in jede Phantasie, die die Patienten vorbringen, trachtete auch ich in diese tiefer einzudringen, d. h. diese Phantasien zur Entfaltung zu bringen. Diese nahmen bald sexuellen Charakter an, die ich, wie alles andere, mit Interesse und Freundlichkeit analysierte. Doch, als sie einmal direkt fragte, ob das wirklich Verliebtheit meinerseits bedeutet, sagte ich ihr ganz aufrichtig, daß es ein rein intellektueller Prozeß ist und die genitalen Prozesse, von denen die Rede war, nichts mit meinen Wünschen zu tun hätten. Der dadurch verursachte Schock war unbeschreiblich. Der ganze Vorgang wurde selbstverständlich immer und immer wieder auf die Vergangenheit, das Trauma zurückgeführt, doch die Patientin ließ von der Übertragungsseite nie los.

Die oberwähnte Krise zwang mich, entgegen meinem Pflichtgefühl, wohl auch Schuldgefühl, die ärztlichen Mehrleistungen einzuschränken. Nach hartem innerem Kampf ließ ich die Patientin zurzeit der Ferien allein, schränkte die Stundenzahl ein etc. Die Resistenz der Patientin blieb unerschüttert. Über einen Punkt gerieten wir uns sozusagen in die Haare. Ich behauptete steif und fest, sie müsse mich wegen meiner Schlechtigkeit ihr gegenüber hassen, was sie entschieden leugnete, doch dieses Leugnen war manchmal so ärgerlich, daß Haßgefühle immer hindurchschimmerten. Sie hingegen behauptete, in mir Haßgefühle zu verspüren und begann davon zu sprechen, ihre Analyse werde nie fortschreiten, wenn ich mich nicht entschließe, die in mir versteckten Gefühle durch sie analysieren zu lassen. Ich widerstand dem ungefähr ein Jahr lang, dann aber entschloß ich mich zu diesem Opfer.

Zu meiner größten Überraschung mußte ich aber feststellen, daß die Patientin vielfach im Rechte war. Eine spezielle Ängstlichkeit vor kraftvollen Weibspersonen ihres Schlages brachte ich aus meiner Kindheit mit. »Sympathisch« fand und finde ich Frauen, die mich anbeten, sich meinen Ideen und Eigenheiten unterwerfen, Frauen ihrer Art aber jagen mir Schrecken ein und provozieren den Trotz und Haß der Kinderjahre. Die emotionelle Mehrleistung besonders übertriebene Freundlichkeit, ist identisch mit den nämlichen Gefühlen der Mutter gegenüber. Die Behauptung der Mutter, ich sei schlimm, machte mich seinerzeit schlimmer. Am meisten verletzte sie mich mit der Behauptung, ich bringe sie um; das war der Wendepunkt, bei dem ich mich entgegen innerer Überzeugung zu Güte und Gehorsam zwang.

Die Forderungen der Patientin um Geliebtwerden entsprachen analogen Anforderungen an mich seitens der Mutter; tatsächlich und innerlich haßte ich also die Patientin, trotz aller zur Schau getragenen Freundlichkeit, und das ist, was sie fühlte und worauf sie mit der nämlichen Unzugänglichkeit reagierte, die schließlich auch den kriminellen Vater zwang, von ihr abzulassen.

Die mutuelle Analyse bringt anscheinend die Lösung. Da hatte ich Gelegenheit, meiner Antipathie Luft zu machen. Der Erfolg war sonderbarer Weise Beruhigung seitens der Patientin, sie fühlte sich gerechtfertigt, ja sie fing an, in ihren Ansprüchen an mich, nachdem ich einmal die Grenzen meiner Leistungsfähigkeit offen bekannte, nachzulassen. Die weitere Folge dieses offenbaren *Circulus benignus*[1] ist nun, daß ich sie tatsächlich weniger unsympathisch finde, ja freundliche und schelmische Gefühle auf sie zu übertragen fähig bin. Mein Interesse und meine Fähigkeit für die Details des Analysenmaterials, die früher wie gelähmt waren, hoben sich sichtlich. Ich muß sogar bekennen, daß ich den günstigen Einfluß dieses vom Angst-befreit-werdens auch anderen Patienten gegenüber zu fühlen beginne, sodaß ich nicht nur für die Patientin, sondern überhaupt allen gegenüber ein besserer Analytiker werde. (Weniger Schläfrigkeit in den Stunden, mehr menschliches Interesse für alle, aufrichtig gefühlvolles Eingreifen in den analytischen Prozeß, wenn notwendig.)

Wem gebührt die Anerkennung für diesen Erfolg? Sicherlich vor allem der Patientin, die in ihrer prekären Situation als Patientin nicht müde wurde, für ihr gutes Recht zu kämpfen; dies hätte aber

1 Lat.: Im Gegensatz zu »Circulus vitiosus« ein »gutartiger Zirkel« (Anm. d. Hrsg.).

nichts genützt, hätte *ich* mich nicht dem ungewöhnlichen Opfer unterzogen, das Experiment zu wagen, mich als Arzt in die Hände einer nicht ungefährlichen Kranken zu geben.

8. Mai 1932

Schizophrenieartige innere Leere überdeckt mit äußerer Geschäftigkeit und Zwangsneurose, weibliche Homosexualität. Plötzliche Wendung zum Bessern nach fast zweijähriger »Versandung«; offenbar unter dem Einfluß des »Aufgewecktwerdens« des Analytikers (O. S.).

Beginn der Analyse mit einem vorgefaßten Plane: die Homosexualität gewähren zu lassen in der vagen Hoffnung, daß sie sich im Laufe der Analyse lösen wird, und geleitet von der Idee, daß die Analyse nicht mit der Versagung beginnen kann. Komplikation: die mitgebrachte Partnerin hat den Wunsch analysiert zu werden. Infolge äußerer Hindernisse und auf sehnlichen Wunsch von O. S. gebe ich die Hälfte der Stunden der Partnerin. Diese ist ein Fall von leicht paranoid gefärbter Sensitivität; abwechselnd Anfälle von Übergüte und Haßausbrüchen.

Patientin kommt aus stark belasteter Familie, Mutter in der Irrenanstalt, es wurde festgestellt, daß diese, als Patientin 1 ½ Jahre alt war, tagelang ganz allein mit der wahnsinnigen Mutter sich befand, die – man weiß nicht auf welche Art – schreckhafte Prozeduren machte, um das Kind von der Onanie zu beschützen. (Mutters Familie nachweislich seit etwa 150 Jahren voll von Irrsinnigen. Großmutter, Urgroßmutter usw., alle Frauen, wurden nach Kindergeburten wahnsinnig. Ein Bruder der Mutter, amerikanischer Millionär, wohnte mit ihnen zusammen, Patientin wohnte mit einer überängstlichen deutschen Gouvernante in einem abgelegenen Teile des Schlosses, ängstlich gehütet.) Offenbar wurde alles aufgeboten, 1) um Patientin vor Aufregungen zu schützen, 2) um von ihr die Idee des Verrücktwerdens fernzuhalten, doch die ungemein intelligente Kleine, die sich vollkommen gesund fühlte, scheint alles durchblickt zu haben, wurde aber selber von der Angst des Verrücktwerdens befallen und akzeptierte bewußter Weise die Attitude der Umgebung: 1) Sie schützte sich vor Emotionen (die sie mit Verrücktheiten identifizierte), 2) sie floh vor der bewußten Angst zu fobischen Schutzmaßnahmen, dabei langweilte! sie sich fürchterlich, verstand nicht, warum sie von Gleichalterigen nicht geliebt wird (offenbar war sie wegen ihrer allzu großen Rationalität eine Spielverderberin), tröstete sich mit der Idee, vom 18ten Jahr an, wenn sie erwachsen sein wird, werde sich alles andern, es werde ihr alles erlaubt sein.

Inzwischen komplizierten sich die Verhältnisse in der Familie. Der Vater, ein Trunkenbold, wurde von der Mutter geschieden, Mutter heiratete einen berühmten Arzt, der die Mutter offenbar nicht liebte, sondern nur des Geldes wegen heiratete, damit er sein großes Hospital aufbauen kann. Das tat er auch. Eine Weile scheint Patientin den imposanten Stiefvater geliebt zu haben, er zwang sie zu kolossaler Ambition, speiste sie mit fixen Lebensregeln, die sie sich unaufhörlich vorhalten mußte, dabei war er ein Tyrann, jagte die geliebte Gouvernante und den kranken Onkel (die miteinander ein Verhältnis hatten) aus dem Hause, letztere übersiedelten nach Kalifornien, und Patientin pendelte zwischen New York und Kalifornien hin und her.

An der Universität verliebte sie sich, sobald sie solcher Gefühle überhaupt fähig war, in mehrere Mädchen. Knaben machten garkeinen Eindruck auf sie. (Vielleicht wegen der Angst vor dem verrücktmachenden Kinderkriegen.) Auf einer Europareise macht sie Bekanntschaft mit einem leichtsinnigen Ausländer, der sie entjungfert. Heimgekehrt merkt sie zu ihrem Schrecken, daß sie schwanger ist. In kolossaler Angst wendet sie sich an den Stiefvater, und der reagiert wie folgt: Er redet ihr ein, daß künstlicher Abort unmöglich ist, sie müsse jemanden heiraten, ohne ihm zu sagen, daß sie schwanger ist. Ein alter Bewerber, wohlhabender Junge aus der gleichen Gesellschaftsklasse, ist überglücklich, sie zu haben. Sie glaubt aber, daß Stiefvater und Bräutigam sie nur der Form wegen heiraten lassen, er werde sich von ihr unmittelbar nach der Operation scheiden lassen. Die beiden Männer aber hoffen, daß sie sich in die Ehe fügen wird. Das trifft aber nicht zu, sie kommt in eine Zwangslage, wegen des Verschweigens fühlt sie sich schuldbewußt und bedauert den Gatten. Wirklich lieben kann sie aber, zum Teil aus neurotischen Motiven, nicht. Sie verliebt sich also in Frauen, geht auf Entdeckungsreisen nach Brasilien mit dem Mann und der Geliebten. Inzwischen wird der Stiefvater sterblich krank und stürzt sich aus dem Fenster des eigenen Hospitals. Patientin kommt in Analyse zu amerikanischem Arzt, der ihr einigermaßen hilft, am Ende aber moralisierend wird und die Patientin zu überreden versucht, sich in die Ehe zu fügen. Seit Jahren versuchte sie zu mir zu kommen, ich konnte sie aber nur nach 3jährigem Warten akzeptieren.

Geduldiger Kampf gegen die vollkommene Affektlosigkeit, ohne sichtlichen Erfolg, doch die Partnerin, die raschere Fortschritte macht, beginnt mir in der Analyse zu helfen. Vor einigen Tagen kommt sie unter vollem Aufgeben der zur Schau getragenen Geschäftigkeit, mit dem Gefühl absoluter innerer Leere. Anscheinend also Verschlimmerung, die ich aber als Aufdeckung des Tatbestandes betrachte und für einen Fortschritt halte. In diesem kritischen Momente scheint nun mein »Aufgewecktsein« (oder – »wordensein«) eingegriffen zu haben. Ich fühlte, daß diese innere Leere eigentlich ein Wunsch nach ungeheuerem Mitleid statt der Indifferenz war, mit der man solchen affektlosen Personen oder tief Verrückten oder Entrückten gegenüber zu fühlen pflegt. Patientin selbst erklärt, sie sei nicht wert beachtet zu werden, sie müsse abstoßend wirken etc. Ich raffte mich dazu auf, sie vom Gegenteile zu überzeugen und es ihr begreiflich zu machen, daß es höchst ungerecht ist, so unglücklich niedergeschlagene Wesen auch noch zu verachten, daß ich ihr im Namen der ungerechten Menschheit mehr Liebe und Interesse als den glücklichen Menschen entgegenbringen muß. Anscheinend war sie davon nicht berührt, doch in derselben Nacht passierte es, daß ihre Freundin beobachtete, daß Patientin im Schlafe onaniert. Am Morgen wußte sie davon garnichts und bat die Freundin inständig, sie möchte es mir nicht erzählen, was sie aber natürlich nicht versprach.

Vielleicht unter dem Einflusse der Sympathie, auf die sie meinerseits rechnete, bekam sie den Mut, die ganze infantile Ängstlichkeit und Einschränkungen überwindend, sich zu einer Leidenschaft zu bekennen. Eine vielleicht weniger schwere Aufgabe ist nun, den abgespaltenen Teil der Person, die Affektivität, mit der übrigen Persönlichkeit zu vereinigen.

10. Mai 1932

Traumatische Selbsterdrosselung

Einer der Fälle, in denen Patient von nächtlichen Atemstörungen befallen wird. Gelegentlich erwacht sie und hört noch eine kleine Weile das eigene Röcheln, als wäre es das einer anderen Person, dann plötzliches Aufschrecken mit Angst. Die Relaxationsübungen in der Analyse führten zeitweise zu ähnlichen, von mir feststelllbaren Zuständen: höchst oberflächliches Atmen, Leichenblässe der Haut, leise, kaum hörbare Stimme, kaum fühlbarer Puls. Diese Erscheinungen knüpften sich an Phantasien über die ihr von einem erwachsenen Manne, wahrscheinlich vom Vater, angetanen rücksichtslosen »Zärtlichkeiten«. Bei vollkommener Unfähigkeit, oder Unmöglichkeit a) nicht nur das Trauma jemandem mitzuteilen, sondern b) von demselben überhaupt sichere Kenntnis zu haben. Im Anschlusse an ein »psychoanalytisches Bekenntnis« (Verraten meiner bisher nie geäußerten Unlust über ein homosexuelles Verhältnis, damit gleichzeitig vielleicht einer Spur von männlicher und ärztlicher Eifersucht meinerseits), Gefühl kolossalen Triumphes, nie gefühlter Selbstsicherheit: also habe ich doch recht gehabt!

Diese analytische Erfahrung befähigte die Patientin zu einer viel sicheren Überzeugung von der Realität des Vorfalless; dies befähigte sie dann, es ihrem Bruder zu erzählen (merkwürdiger Weise war es der Bruder, der gerade jetzt mit der Frage nach dem Charakter des Vaters an sie herantritt) und von ihm gleichfalls Bestätigungen zu erhalten. In derselben Nacht ein Alptraum von noch nie erlebter Dauer und Intensität und diesmal vollkommen unverzerrt: sie fühlt sich als kleines Mädchen von einem Riesen sexuell überfallen; das Gewicht des riesenhaften Körpers preßt ihr Brust zusammen, dann folgt eine endlose Reihe furchtbar schmerzlicher Genitalangriffe, die sie eine Weile mittels heftigster Kontraktion aller Muskelkräfte auszustehen versucht. Doch plötzlich versagt ihre Willenskraft; und im selben Moment tritt volle Fühllosigkeit ein im Bezug auf die eigene Person, ohne das Wissen um die ganze Szene zu verlieren; im Gegenteil, sie sieht nunmehr den ganzen Vorgang wie von außen, sie sieht ein totes Kind in der besagten Weise mißbraucht, ja merkwürdiger Weise hört mit dem Totsein auch das Bedauern (natürlich auch Angst, Rettungsversuche, usw.)

vollkommen auf, dagegen wendet sich das Interesse, ja das Gefühl und volles Verständnis dem Angreifer zu. Sie findet es selbstverständlich, daß die Spannungsansammlung im Angreifer auf besagte Art abgeführt werden mußte.

Inzwischen trat vollkommene Muskelerschlaffung ein, worauf hin die bereits vollkommen unterdrückte Atmung und Zirkulation wieder einsetzen konnte; die Patientin erwachte zum Teil, konnte aber noch die letzten Sekunden des Röchelns und jene Gefühle des Totseins als Traum empfinden. Nach vollem Erwachen blieb ausnahmsweise die Erinnerung an die Traumawiederholung erhalten. Bei früheren ähnlichen Anlässen (siehe den Traum über die Kegelsoldaten) war die Erinnerung entweder vollkommen fehlend, oder bis zur Unkenntlichkeit verzerrt, und nur analytisch rekonstruierbar. Patientin hatte das Gefühl, daß nur das gesteigerte Selbstvertrauen und das gesteigerte Vertrauen zu mir es ermöglichte, so tief in die Wiederholung sich zu versenken.

Theoretisch läßt sich folgendes vermuten: Im Momente der vollen Erschöpfung im Muskeltonus (Epileptoide der Allgemeinkrampf, Opistotonus) wird die Hoffnung auf äußere Hilfe oder auf Milderung des Traumas aufgegeben. Der Tod, der sozusagen schon da ist, wird nicht mehr gefürchtet, selbstverständlich schwinden auch alle moralischen und sonstigen Bedenken angesichts des unabwendbaren Endes; das Individuum gibt jede Hilfeerwartung von außen auf und ein letzter verzweifelter Versuch der Anpassung analog etwa dem Sich-tot-stellen der Tiere tritt ein. Die Person spaltet sich in ein rein wissendes, die Vorgänge von außen beobachtendes Seelenwesen und einen vollkommen unempfindlichen Körper. Soweit das Seelenwesen überhaupt noch Gefühlen zugänglich ist, wendet es sich mit seinem Interesse dem vom Prozeß einzig übrig bleibenden Gefühle, d. h. dem Fühlen des Angreifers zu. Es ist als ob die Seele, deren einzige Funktion es ist Gefühlsspannungen herabzusetzen, Schmerzen zu vermeiden, im Momente des Todes der eigenen Person ihre schmerzlindernde Funktion automatisch den Schmerzen, den Spannungen und Leidenschaften des Angreifers, der einzig fühlenden Person zuwendet, d. h. sich mit ihnen identifiziert.

Das Verschwinden der eigenen Person, wo noch andere an der Bildfläche vorhanden sind, wäre so die tiefste Wurzel des sonst so rätselhaften Masochismus, der Selbstaufopferung für andere Menschen, Tiere oder Dinge, oder der psychologisch resp. vom egoistischen Standpunkte sinnlose Identifizierung mit fremden Spannungen und Schmerzen. Ist dem so, so ist kein masochistischer Akt oder keine solche Gefühlsregung möglich, ohne das temporäre Absterben der eigenen Person. Ich empfinde also den mir angetanen Schmerz überhaupt nicht, weil ich nicht existiere. Dagegen empfinde ich die Lustbefriedigung des Angreifers, die ich noch wahrnehmen kann. Die Grundthese jeder Psychologie, daß die Psyche die einzige Funktion habe, Schmerzen herabzusetzen, bleibt so gerettet. Allerdings muß die schmerzherabsetzende Funktion sich nicht nur dem eigenen Ich, sondern von der Psyche wahrgenommenem oder vorgestelltem Schmerze jeder Art zuwenden können. Von einem anderen Gesichtspunkte, dem des unsterblichen Selbsterhaltungstriebes betrachtet, wäre aber derselbe Vorgang wie folgt zu beschreiben: Wird jede Hoffnung auf Hilfe von dritten Personen aufgegeben, und fühlt man die eigenen Kräfte zur Selbstverteidigung vollkommen erschöpft, so verbleibt einem nur noch die Hoffnung auf die Gnade des Angreifers. Unterwerfe ich mich seinem Willen so vollkommen, daß ich zu existieren aufhöre, widersetze ich mich ihm also nicht, so schenkt er mir vielleicht das Leben, zumindest habe ich bei Ausschluß jeden Widerstandskampfes mehr Hoffnung darauf, daß der Angriff weniger zerstörend wirkt. Ein vollkommen erschlaffter Körper wird durch einen Dolchstoß weniger zerstört als ein sich wehrender. Ist der Körper wie tot, muskelschlaff und fast ohne Zirkulation, dann wird auch ein Messerstich weniger, oder garkeine Blutung nach sich ziehen (siehe die Produktion der Fakire).

Dieser Erklärungsmodus setzt allerdings die Möglichkeit voraus, daß in Momenten äußerster Gefahr die Intelligenz sich vom Ich ablöst, ja, daß vielleicht auch alle bisherigen Affekte, die im Dienst der Erhaltung der eigenen Person standen (Furcht, Angst etc.), angesichts der Nutzlosigkeit von Affekten überhaupt eingestellt und in eine affektlose Intelligenz mit viel größerem Wirkungskreise umgewandelt werden. Es entsteht sozusagen in der höchsten Not ein innerer Schutzengel in uns, der viel mehr als wir im gewöhnlichen Leben imstande sind, über die Körperkräfte verfügt. Bekannt sind die beinahe akrobatischen Leistungen in höchster Gefahr (mein eigener Fall von einem hohen Berge und das Ergreifen des einzigen mäßig vorstehenden Steines über einem Abgrund, auf dem sitzend ich die Nacht verbringen mußte). Dieser »Schutzengel« wird aus Teilen der eigenen psychischen Persönlichkeit, wahrscheinlich aus den Teilen der Selbsterhaltungsaffekte geformt. Daher die Fühllosigkeit während seines Bestandes. Die mangelnde äußere Hilfe wird also durch die Schaffung eines älteren Ersatzes ersetzt. Natürlich nicht ohne Veränderung der früheren Persönlichkeit. In den äußersten Fällen dieser Art war die Abwendung vom eigenen Selbst so vollkommen, daß auch die Erinnerung an den ganzen Hergang verloren geht. Ein gewisser Einfluß auf den Charakter des Menschen, der solches durchmachte, bleibt aber bestehen, unsere Patientin z. B. bekundete seit dem nun fast sicher festgestellten Trauma ein trotziges, verschlossenes, eigentlich niemandem als sich selbst vertrauendes Wesen, die sie nun in der Analyse triumphierend rechtfertigt. Im psychoanalytischen Jargon würde ich also hier von einem Falle von narzistischer Selbstspaltung sprechen.

Der rein physiologisch Denkende mag sich aber den Vorgang wie folgt zurechtlegen: Im heftigen Schreck – oder Schmerzanfall – reagiert der Patient mit kolossaler psychophysischer Kraftanspannung. Diese führt zur Zurückhaltung der Atmung, zur Steigerung der Anforderungen ans Herz. Dauert der Schmerzangriff an, so tritt Zirkulationsstörung und damit trophische Störung im Gehirn und schließlich auch in der Medullaoblongata ein. Herz und Atemzentren werden gelähmt, das Bewußtsein schwindet. Daraufhin volle Muskelerschlaffung, Erleichterung der Herztätigkeit, Wiedererwachen der cerebralen Funktionen, meist ohne volle Erinnerung an das Vorgefallene. In allen ähnlichen Fällen sprachen die Patienten von heftigstem Kopfschmerz in der Nackengegend unmittelbar vor dem Verlust des Fühlens; Auftreten solcher Schmerzen nahm oft in den Wiederholungsprozessen ab. Der Zwang zweier Patientinnen zum unaufhörlichen Rauchen war auch ein Kokettieren mit der Selbsterdrosselung.

12. Mai 1932

Traumawiederholungszwang

1) Nach Aufdeckung, Rekonstruktion des vermeintlichen Traumas folgt eine schier endlose Reihe von Wiederholungen in den Analysenstunden, mit allen erdenklichen Affektausbrüchen.

Die bisherigen psychoanalytischen Erwartungen berechtigten zur Hoffnung, daß mit jedem solchem Ausbruch ein gewisses Quantum des eingeklemmten Affektes emotionell und muskulär durchgelebt wird, und wenn das ganze Quantum erschöpft ist, das Symptom von selbst aufhört. Dementsprechend war auch die Tendenz des Analytikers darauf gerichtet, alle Flucht und Ausfluchttendenzen des Patienten aufzudecken und zu beseitigen, um ihn durch die einzig übrigbleibende Ecke, die des Traumas, zu zwingen, womit das bewußte Zu-Ende-Erleben und damit das Unnötigwerden von neurotischen Ersatzbildungen von selbst sich einstellten.

In Wirklichkeit erlebt man aber in dieser Hinsicht, bei gehäufter Erfahrung, mehr und mehr Enttäuschungen. Die Affektausbrüche bringen zwar eine momentane, oft nur wenige Stunden dauernde Entspannung, nicht unähnlich den Ruhepausen nach hysterischen oder epileptischen Krämpfen. Zumeist bringt aber schon die nächste Nacht wieder einen Angsttraum und damit das Material der Traumawiederholung für die nächste Stunde. Man kann auch nicht behaupten, daß diese Wiederholungen, auch wenn sie noch so oft wiederkehren, wesentlich neues Material bringen. Im Gegenteil, sie scheinen etwas langweilig werdende Repetitionen, bald dieses, bald jenes traumatogenen Momentes zu sein.

Im Falle R. N. steigerte sich der Anfall zu einem unerträglichen Höhepunkt, auf dem angelangt, Patient mit heftigster Leidenschaftlichkeit nach Hilfe verlangt, oft mit dem kreischenden Ausruf: »Take it away, take it away!«[1] Der Ruf ist augenscheinlich an mich gerichtet, bringt mich aber in die größte Verlegenheit, weil ich keine Ahnung habe, wie ich dem Leidenszustande abhelfen soll. Manchmal folge ich dem Wunsche und stelle die sozusagen suggestive Behauptung auf: ja, jetzt nehme ich den Schmerz weg. Manchmal bleibt »ein Stück Intelligenz« des Kranken auch während der Traumawiederholung im Kontakt mit mir, das gibt mir weise Ratschläge im Bezug auf die Behandlungsweise. So wurde mir der Rat erteilt, vor meinem Weggehen dafür zu sorgen, daß der Schmerz von der übrigen Psyche gesondert bleibt. Der schmerzhafte Seelenanteil wird dabei materiell als eine Substanz vorgestellt, und ich werde beauftragt,

1 Engl.: »Nehmen Sie es weg, nehmen Sie es weg!«

diesen Stoff mit einer starken undurchdringlichen Hülle zu umgeben, oder den übrigen Teil der Psyche, der in dem Kopf lokalisiert ist, durch zweckmäßig eingelegte feste Balken vor dem Zusammensturz zu schützen. Es wird auch verlangt, daß, wenn ich auch weggehe, ein Teil von mir als Schutzgeist bei oder in der Patientin bleiben soll.

Offen gestanden, genierte ich mich sehr lange, auf solche suggestive Machinationen einzugehen, da ich weit davon entfernt war, an der Realität dieser sonderbaren Geistesvorstellungen zu glauben. Doch vielfach konnte ich einen Anfall nicht beenden, bevor ich das vom Patienten verlangte, wenn auch etwas verschämt, wörtlich hersagte. Wurden die selben Worte von mir ausgesprochen, und zwar gerade und wörtlich so, wie es verlangt war, so wirkten sie oft Wunder. Doch die Wirkung hielt nicht lange an, tags darauf mußte ich wieder von einem Alptraum, etc. auch von Symptomen tagsüber hören, und so ging es oft monatelang, ohne daß sich das Mindeste geändert hätte. Es gehörte ein großes Stück Optimismus dazu, trotz alldem geduldig fortzufahren, doch nicht minder groß war die Geduld, die ich so dem Patienten auferlegte.

Die heftigen Anfälle pflegten mit einem Gefühle des Totseins, der vollkommenen Erschlaffung zu enden. Patient fühlte sich wie in Stücke gerissen, oder besser gesagt, es gelang ihm, sich vom übrigen Teile der Person loszureißen. Die Seele fühlte sich in unendlichem Abstand, oder kolossaler Höhe, wurde aber durch diese Losreißung von der Realität in den Stand gesetzt, alles zu sehen, was in und um die Person vorgeht. In diesem hellseherischen Zustande nun wurde mir gesagt, 1) daß meine wesentliche Aufgabe die wäre, meine Geisteskräfte der abgespaltenen Seele zur Verfügung zu stellen, indem ich sie, die nach dem Losgerissenhaben, verständnislos in der Ferne irrt, nicht durch Aufklärungen, sondern durch geeignete Fragestellungen zur Tätigkeit anrege. Höchst einfach formulierte Fragen, auf die auch ein halbtot aufgefundenes Kind soll antworten können, muß ich an den abgespaltenen Seelenanteil stellen, Fragen im Bezug auf die geäußerten Gefühle, woher sie kämen, wer oder was sie verursachte, etc. wurden von mir erwartet und klar beantwortet. Doch solange ich an der Realität der Vorgänge selber zweifelte und mechanisch nur das von mir Geforderte hersagte, hatte das Befragen keinen rechten Erfolg; die Unzufriedenheit und das Schelten wegen meiner Unzulänglichkeit hielt an.

Zwei Dinge wurden eigentlich von mir verlangt, ohne die keine Änderung in der Wiederholung gegönnt wurde. 1) Volle Aufrichtigkeit im Bezug auf bestehende Unlustgefühle im Analytiker, analytische Aufklärung der Hindernisse in mir, der Hindernisse der Libidorückübertragung. 2) Nach dem Aus-dem-Weg-räumen dieser Schwierigkeit schwand die Lähmung des intellektuellen Verständnisses und die richtigen Fragen meinerseits, gestützt auf innere Überzeugung, fanden sich wie von selbst ein.

Das prinzipiell Wichtige an all dem ist die Tatsache, daß es nicht genügt, traumatische Quantitäten abzureagieren, die Situation muß vom eigentlich Traumatischen verschieden werden, um einen anderen günstigen Ausgang zu ermöglichen. Das Wesentlichste an der geänderten Wiederholung ist das Aufgeben der starren eigenen Autorität und der darin versteckten Hostilität, die danach sich ergebende Erleichterung ist keine passagere, auch sind die so gewonnenen Überzeugungen tiefer wurzelnd. 2) Fall S. I. (»Fall« tiefere Verdrängung, oder erstmaliges bewußtes Zu-Ende-Erleben?)

17. Mai 1932

Heterosexuelles Trauma, Flucht in (weibliche) Homosexualität

1) Patientin Ett. ging mit relativer Heilung, auf eigenen Wunsch, nach etwa 1½jähriger Analyse nachhause. Sich selbst gegebener Termin, nachher auch von mir zugestanden. (Verhältnis zu Mann, wegen dessen körperlicher, nicht sexueller, Invalidität unbefriedigend.) Kam in Kontrollanalyse zu mir. Später stellte sich heraus, daß sie die ganze Zeit über um meine Sympathie einer anderen Patientin gegenüber durch Indiskretion unterrichtet war. Vielleicht aus Rache für all dies richtete sie sich folgendermaßen ein: Sie versöhnte sich mit ihrem Mann, nachdem dieser ihr seine Untreue gestanden hat. Verliebt sich nebstbei in einen verheirateten Mann, der sich von seiner Frau nicht scheiden lassen will. Zuletzt verliebte sie sich in ein reizendes Mädchen und teilte von nun an ihre Libido zwischen allen diesen; erst zwei Jahre später bekundete sie ihre Unzufriedenheit mit mir, indem sie auch intellektuell auf einen Kollegen übertrug. 2) Jenes junge Mädchen

kommt zu mir in Analyse, fortwährend ihre Treue zu obiger Freundin beteuernd. Nach offener Aussprache über meine Unzufriedenheit, bekommt sie auf einmal ein plötzliches Anwachsen der Selbstsicherheit, das sichere Gefühl, daß sie jeden und jede Person, wenn sie nur will, verführen kann. Und tatsächlich gönnt sie sich dieses Vergnügen eine Weile, doch nicht ohne Schuldgefühl. Sie betrachtet sich wegen ihrer Verführungskünste als eine öffentliche Gefahr; sie bekommt den Eindruck, daß auch ich in libidinöse Abhängigkeit von ihr gerate. Das Vergnügen an sich selbst und an der ganzen Welt verursacht oft andauernde Genitalsensationen, eine Art prolongierten Orgasmus.

Bruchstücke aus einem häufigen Traum: nach Dauerglück von der oben beschriebenen Art und nach gelungener Verführungsszene mit Mr. X., Masturbation, darauf plötzliches Einschlafen und Erwachen nach einer Stunde aus einem schrecklichen Alptraum, vollkommen zerrüttet, desorientiert. Sie muß sich durch verschiedene Kunstgriffe überzeugen, *daß sie es ist*, wo sie ist; sie hat das Gefühl unendlich lang gelitten zu haben und ist erstaunt über die Kürze der Schlafzeit. Der Traum, etwa wie folgt: sie liegt auf etwas abschüssigem Zementboden der Untergrundbahn in einer schleimigen Masse, fortwährend in Gefahr, zwischen die Schienen zu rutschen. Ihr rechtes Bein ist gelähmt. Sie hält sich an einem Loche mit dem Finger fest; eine andere Person beschwert sie mit ihrem eigenen Gewicht, sie rutscht in derselben gefährlichen Art nach abwärts. Pat. wird diese Person los, indem sie ihre Finger, die krampfhaft an ihr sich festhielten, in dasselbe Loch steckt. Schließlich versagt aber auch so die eigene Kraft, und sie fällt auf die Schienen, d. h. sie verliert ihr Bewußtsein. Dann sieht sie sich mühsam von dem Schienengleise auf kompliziertem Wege gegen ein Haus zu gehen, wo ein älterer Herr sie freundlich einladet (vom Balkon her). Unterwegs fühlt sie sich furchtbar unwohl, d. h. fühlt schrecklichen Brechreiz, sie fällt hin, holt eine teure Vase als Gefäß und wie ein Springbrunnen ununterbrochen erbricht sie, schließlich auch auf den Fußboden, sodaß alles schwimmt. Die Flüssigkeit hat einen sonderbaren Geschmack, und es sind Samen darin. Sie erwacht aus dieser zweiten Ohnmacht wie oben beschrieben. Unterwegs zur Stelle des Erbrechens sind Leute, die sie ungerecht beschuldigen. Beim Gehen ist das rechte Bein aufs Doppelte vergrößert, und sie muß mit gebeugten Knieen gehen, damit sie überhaupt gehen kann.

Abgesehen vom sonstigen Inhalt des sicherlich traumatischen Traumes, greife ich das Beschwertsein mit einer anderen Frauensperson und die sonderbare Art, sie loszuwerden, heraus. Wahrscheinlich bedeutet dies, daß sie nicht nur das Trauma zu erdulden, sondern durch dessen Geheimhaltung das artistisch ruhige Leben der Mutter retten mußte. Eine zweite Deutung geht in die Richtung der mutuellen Masturbation, sie lehrt die Mutter, mit der sie sich zwanghaft sexuell assoziierte (darum das Verhältnis mit Ett.), sich selber zu befriedigen. Erst, wenn sie hinter die Homosexualität zurückgreift, gelangt sie zu den wirklichen Vorkommnissen, d.h. das heterosexuelle Trauma, das sie mit kolossaler Sehnsucht nach einer körperlich kolossalen Befriedigung zurückließ. Gelingt es der Analyse, ihre Angst und ihre Scham gegen die ungeheure Erotik zu überwinden, dann wird sie die Homosexualität (Rücksicht auf die Mutter) vollkommen fallen lassen. Es bleibt nur das Problem, was mit der vorzeitig geweckten Libido in Wirklichkeit geschehen muß.

19. Mai 1932

Vom Entstehungsmomente des Schuldgefühls

Zwei Patienten, deren einer sich spaßhalber die Analyse einer anderen Patientin erlaubt; die gelangt bald zur Entdeckung von Widerständen in dem Analytiker. Sie schlägt eine mutuelle Analyse vor, die unerwarteter Weise zur Aufdeckung folgenden Tatbestandes führte: Die »Patientin« konnte zum Manne kein Vertrauen gewinnen, man wußte nicht, warum; war er doch manifester Weise außerordentlich gut zu ihr, doch in Geldangelegenheiten schwankte er. 1) Einem Manne gegenüber war er übermäßig freigiebig, 2) der Patientin gegenüber weniger so. 3) Er erinnerte sich, einmal eine Frau in lebensgefährlichen Verhältnissen in Stich gelassen zu haben. Diese Erinnerungen führten zur Feststellung homosexueller Tendenzen, zumindest zum Vorherrschen der libidinösen Fixierung zum Manne. Der Haß gegen die Mutter führte in der Kindheit beinahe zum Muttermord. Im dramatischen Moment der Reproduktion dieser Szene wirft er soz. das Messer mit Gewalt von sich fort und wird »gut«. Die »Analytikerin« entdeckt dabei, daß »Patient« um die Mutter zu retten, sich selbst kastriert hat. Auch das Verhältnis zum Manne (Vater) ist eigentlich Kompensation einer noch tiefer verdrängten mörderischen Wut. Die ganze Libido dieses Mannes scheint also in Haß umgewandelt zu sein, dessen Ausrottung eigentlich Selbstvernichtung bedeutet. Im Verhältnis zur »analysierenden« Freundin wurde das Entstehen des Schuldgefühls und der Selbstvernichtung in *Statu nascendi* ertappt.

Interessantes im Gegenteil bieten zwei andere Fälle, in denen das Schuldgefühl, wie durch ein Wunder, plötzlich verschwand. 1) S. J. Kopfverletzung, Ende der Selbstquälerei, Independenz, (zum Teil auch von der Analyse), im Anschlusse daran, daß *ich* sie in lebensgefährlicher Bewußtlosigkeit allein ließ, sodaß sie nur zwischen Selbstmord oder Gesundwerden wählen konnte, 2) Fall B.: Nach Eingestehen eigener Unaufrichtigkeit, plötzliches Erwachen des Vertrauens zu mir. Ich bekam die Kraft ihr wehe zu tun, und das hob ihr Selbstgefühl. Auch sah sie mich stark genug, sie, wenn nötig, auch sterben zu lassen. (Analogie mit meinen Experimenten an Epileptikern).[1]

140 a 29. Mai 1932

Selbst-losigkeit (-Ich)

Selbst-Verdrängung, Selbst-Vernichtung ist die Vorbedingung der objektiven Wahrnehmung. Was ist das Motiv zu solcher Selbstlosigkeit: Doch nur die Erfahrung, daß dadurch das Selbst auf andere, bessere Art geholfen wird. Ich verschwinde für einen Moment, existiere nicht, statt dessen existieren Dinge außer mir.

Mein ursprünglicher Wunsch ist: *nichts* soll existieren, was mich stört, nichts soll mir im Wege stehen. Gewisse böse Dinge wollen mir aber nicht gehorchen und zwingen sich meinem Bw. auf. Also: es gibt auch *andere* Willen, denn der Meine. Warum erscheint aber gleichsam die *Photographie* des Außenkörpers in

1 Siehe »Über den Anfall der Epileptiker (Beobachtungen und Überlegungen)«, in: *Bausteine III*, op. cit.

mir, sobald ich meine Schwäche einsehend, mich zurückziehend verschwinde? (Warum imitiert der vom Schreck betroffene in seiner Angst die Gesichtszüge des Schrecklichen?) Die *Erinnerungsmaske* entsteht, vielleicht immer auf Kosten des interimistischen oder dauernden Absterbens eines Teiles des Ichs. Ursprünglich eine Shock-Wirkung. *Imitationszauber?*

Gedächtnis ist also eine Sammlung von *Shock-Narben* des Ichs. Schreck löst die Ich-Rigidität (Widerstand) so vollkommen auf, daß das Material des Ich vom Außenreiz wie *photochemisch* formbar, ja stets geformt wird. Anstatt *mich* zu behaupten, behauptet sich die Außenwelt (ein fremder Wille) auf meine Kosten, sie drängt sich mir auf und *verdrängt das Ich*. (Ist das die Urform der 140 b
»Verdrängung«?)

Volle Restitution wäre so nur bei voller *Unbewußtheit* möglich, d.h. mit Rückkehr zum noch unbewußten (ungestört gewesenen) Ich-Zustand.

Ein wissenschaftliches Wahrheitsfinden

Solches Finden schließt sich manchmal an die plötzliche Feststellung eines bisherigen Irrtums, Irrglaubens im praktischen Leben an. Ich glaubte Mrs. F. zu wörtlich, plötzlich sehe ich wie unrecht ich daran tat.

Vorbedingung war: Einsicht in Selbstischkeit hinter Schuld-Form. 1) Wenn ich will, sie nicht. 2) Polizei-Affäre.

Gewissenhaftigkeit zwingt mich allerdings dazu, ihr alles zu sagen und mich *nicht einseitig* von R. N. beeinflussen zu lassen. Am Ende ist auch sie böswillig.

Oder bin *ich* verfolgungswahnsinnig?

Ich beugte mich vor der Frau	Imitierte sie? (Folgen, Gehorsam) Soll ich unabhängig von ihr werden (Frauenliebe verlieren!)

Consequente Vernachlässigung des Ich im Denken (Abstraktion) 140 c

Ich denke: Hund bellt:

In Wirklichkeit:	Ich sehe – Hund Ich höre – bellt	gleichzeitig und von der selben *Richtung*.

Daraufhin vernachlässige ich das Subjektivum und fühle mich berechtigt »Hund« und »bellt« auch ohne meine subjektive Zeugenschaft als »real« existierend anzuschauen (anzuerkennen).

Wenn uns zwei Sinneseindrücke von einem und demselben Punkte (Richtung) treffen, so nehmen wir an der Kreuzungsstelle der zwei Sinnes-Reiz-Einfallsrichtungen die Existenz eines Dinges außer uns an. Wenn dies von anderen Sinnesreizen bestätigt wird, steigert sich die Sicherheit dieser Existenz (der Realität) in der Außenwelt.

Das Aufeinanderbeziehen zweier synchroner Reize ist ein Denkakt. Möglicherweise ist gerade das Abstrahieren vom Ich, d. h. die Vernichtung des Selbstinteresses (der Lust-Unlustqualität) notwendig um die Energie zum Denken (aufeinanderbeziehen) zu bekommen.

(140d verloren. D. Hrsg.)

140 e **1. Juni 1932**

Das Reden

Reden ist Imitieren. Geste und Rede (Stimme) imitieren Gegenstände der Umwelt. »*Ma-Ma*« ist Imitationszauber. (Mutterbrust). Das erste »*Ma-Ma*«: wenn Mutterbrust entzogen wird. (Erstes Kinderspiel bei Freud). Die Angst des *Alleinseins* schafft die traumatische »Photo-hyperästhesie« (Licht, Schall-Empfindlichkeit); eine chemotropische Änderung des Gefüges, bei der die *Selbstbehauptung* z. T. (vielleicht nur interimitistisch) aufgegeben wird, und die Außenwelt das Ich plastisch formen kann. Ein Teil des Ich bleibt aber unzertrümmert, ja, versucht aus dieser Zertrümmerung (Narben) Nutzen zu ziehen. Verwendet werden die traumatischen *Mimicry-Eindrücke*, als ich-nützliche Gedächtnis-Spuren: »Hund« = Hu – Hu – Hu. Ich werde Hund, wenn ich vor dem Hund erschrecke. Nach solcher Erfahrung besteht das Ich aus dem (ungestörten) Subjekt und dem durch Trauma-Einfluß Objekt-gewordenem Teil = Erinnerungspuren = Dauerimitation; (Rede ist eine Erzählung vom Trauma).

Ich = Ichrest + Gedächtnisspuren. Auf höherer Stufe: Ichrest + Gedächtnisspuren + *Bewußtwerden* mittels Reproduktion (Geste, Rede).

1. Juni 1932 140 f

Was ist Bewußtwerden?

Innewerden des Zerissenseins in Ich und *Umwelt* (Hund). Der in Geste und Rede darstellbare Teil der inneren Erfahrung wird als Außenwelt vom eigenen Ich *gesondert.* Ich werde gleichzeitig *selbstbewußt*: bewußt dessen, daß es eine *Außenwelt* gibt.

Eigentlich ist dazu vielleicht keine Reproduktion notwendig – *die Photochemie der Retina imitiert bildhaft* die Außenwelt (oder die Außenwelt *überwältigt* die besonders traumatophile Substanz der Retina). Dieses dem Organismus aufgedrängte Außenweltsbild (dessen Urform in der Hauptempfindlichkeit enthalten ist) wird zur Orientation im Raum benutzt. Das *Ichrest* bekennt sich damit zum *Realitätsprinzip.* Schlaf ist Regression zur noch unzersplitterten Ureinheit. (Bewußtlos und, wenn vollständig *objektlos*, traumlos.) Regression ins Prä-Traumatische.

3. Juni 1932 140 g

Theoretische Konsequenzen für Libido- und Neurosentheorie

Symptomatik der infantilen Sexualität muß mehr wie bisher in:
a) spontane und
b) provozierte Aufregung geteilt werden.

Werden b) substrahiert, so bleibt Wunsch nach der *Zärtlichkeit* ohne Gegenleistung über. Das ist weder Antwort noch Narzismus, *sondern: passive Objektliebe. Objekt-Geliebtwerden ohne Gegenliebe.* Orgastisch befriedigt scheint gelungene Reproduktion dieses Zustandes zu sein. *Unzerrissen sein in Ich und Welt.* (Bewußtsein ist überflüssig, Kampf unnötig.)

1) Infantilität (Babyhood[1]).
2) Intrauterin!

Wieviel von { Munderotik / Analerotik / Schaulust } spontan und wieviel bereits *neurotisch regressiv,* durch Kultur (Erziehung) provoziert! *Verlegt! Weniger verboten.* Analschwierigkeit wenigstens *besprochen,* als bestehend *anerkannt.* Darum ein geeignetes Feld zur Verschiebung *genitaler Interessen.*

a) Genitale Verbote und b) genitale Übertreibungen werden genitofugal.

140 h c) Gehorsam in Liebesmanifestationen *stärker* als es gefühlt wird. So stark, wie es *erwartet wird,* nicht wie *es ist.* (Be what you are, do not force feelings.)[2]

d) Schuldgefühl wegen Unaufrichtigkeit: (wegen mehr Liebe zeigen).

Therapie: Ertragen von a), b), c) *ohne Schuldgefühl.* Schuld wird den Erwachsenen zuerkannt. (Erwachsene sollten wissen, daß sie auf Dank vom Kinde nicht zu rechnen haben.)

e) Geht Dank ganz verloren: Nein, eine Spur davon kann auch natürlich sein. Aber viel geringer als gewöhnlich erwartet wird.

f) Schließlich: Aufgeben der *narzißtischen Selbstspaltung* (»Man ist seine eigene Mutter, ja: Mutter der Mutter«) Fähigkeit zu schuldlosem Genuß.

g) Anpassung an Realität durch eigene Erfahrung nicht { unzeitgemäß / aufgezwungen

1) Einsicht in die Grenzen.
2) Fähigkeit zu Glück (Geliebtwerden).

Probleme: Warum wird Homosexualität { masculin / feminin } bevorzugt?

(Kein Kampf der Geschlechter: doch keiner meint: ja!)

1 Engl.: Säuglingsalter.
2 Engl.: Sei, was du bist, und erzwinge keine Gefühle!

3. Juni 1932 140i

Keine spezielle Lehranalyse!

1) Analytiker sollten *besser* und *nicht* schlechter analysiert sein als Patienten.

2) Sie sind heute schlechter analysiert.

a) Zeitgrenze

b) Keine Relaxation (Wort der Patienten)

3) Wenn 6–8 Jahre nötig, praktisch unmöglich. Sollte aber korrigiert werden durch fortgesetzte Ergänzungsanalysen. Aber auch so nicht ganz zufriedenstellend.

4) Eine spezielle Gruppe wirklich Analysierter – die die Ambition haben mehr zu wissen als analysierte Patienten.

5) Mutuelle Analyse: nur Notbehelf!

Richtige Fremdanalyse, ohne jede Obligation wäre besser.

6) Bester Analytiker ist geheilter Patient.

Der sonstige Schüler muß: erst krank, dann gesund und wissend gemacht werden.

7) Infragestellung der *Kontrollanalysen*:

Notbehelfe: Erkennung und Einbekennung eigener Schwierigkeiten und Schwächen. Scharfe Kontrollierung durch Patienten! Keine Selbstverteidigungen.

3. Juni 1932 140j

Wege der Leidenschaftlichkeit. End

Dm. Symptom: Sich *Ruhe* und *Freundlichkeit erkaufen* durch Übermaß von Zärtlichkeitsspenden und Geldgeschenken. Angst, daß man ohne diese verlassen bleibt. Lieber alles hingeben. *Dahinter:* Zornausbrüche, wenn *weitestgetriebene* Lusterwartung ohne Gegenleistung nicht durch jedes Objekt, jeden Menschen, geleistet wird. Erster Impuls: Unliebenswürdige *Welt* zu zerstören! dann Fühlen der *Angst, Übertreibung des Gehorsams* nur um der Angst zu entgehen.

Ist Angst nicht schließlich das Fühlen der Herrschaft des Todestriebes, ein beginnendes *Sterben*. (Starvation[1]).

1 Engl.: Hungertod, Verhungern.

Dm. 1) Wurde mit Zähnen geboren, gleich ihrem Bruder, d. h. mit stärksten aggressiven Neigungen.

2) Brust verweigert. Bottle.[1]

Wenn selbstbehauptend: Mutter wie Eis.

1) Indifferenz 2) Aggression 3) Überzärtlichkeit, alle drei wirken regressiv aufs Kind. Kind fühlt richtig das aggressive Element auch in der übertriebenen Libido-Leidenschaft. (Passagères Symptom bei diesem Punkt: She feels smothered.[2]

140k **3. Juni 1932**

Leidenschaft

Katatonie höchst-ironische flexibilitas cerea.[3]

Übertreibung des Gehorsams (Mrs. Smith). Vielleicht *reale* Angst vor *Tötenwollen.* Was ist primär: Aggressivität? oder Regression in Selbstzerstörung? (F. Ein Teil des Ich muß unzerstört erhalten sein und *dieses* befiehlt Gehorsam. *Intelligenz* ist *Einsicht* in die Notwendigkeit des Gehorsams – sonst töten oder getötet werden.)

Therapie: Patient muß einmal Gelegenheit haben *ganz Ich zu sein*, bevor sein Ich neu aufgebaut wird auf Grund *eigener Einsicht.* (Korrektur der Erziehung, Ersetzung durch Selbsterziehung durch Erfahrung.) Analyse muß dem Patienten moralisch und physikalisch die *utmost regressions*[4] möglich machen, ohne Scham! Dann erst wird Patient, nachdem er (sie) eine Weile das *taking everything for nothing*[5] ohne Gewissensskrupeln genoß, in den Stand gesetzt sich Tatsachen anzupassen, ja fremdes Leid mütterlich (ohne Gegenleistung zu erwarten) zu tolerieren (Güte).

140l Dm. Keine Güte, die Dank erwartet. Die *Güte* soll man als Kind bekommen haben, so viel, daß man davon weitergeben kann, (der nächsten Generation). (Dm. erwähnen!)

1 Engl.: Flasche.
2 Engl.: Sie fühlt sich wie erstickt.
3 Lat.: wächserne Flexibilität.
4 Engl.: Extremste Regressionen.
5 Engl.: Alles für nichts nehmen.

Gehorsame Kinder von leidenschaftlichen Eltern müssen klüger sein als ihre Eltern, spielen mütterliche Rolle.

(Eigene Erfahrung: Mutter in Rage).

Leidenschaft: Inzestuöser Verkehr:
nur Aggression fürs Kind.
B.

Eiskälte – gefühlt in Mrs. E. Ihre eigenen Gefühle:

1) *Zwang* mittels übertriebener Herzlichkeit Kälte zu erweichen.

2) Dahinter das Gefühl: a) ich liebe sie nicht, ich liebe niemand (freundlich zu allen). Selbstverständlich erwarte ich von allen geliebt zu werden.

b) Ärger darüber, daß dies nicht geschieht.
Provozierte Aggressivität gesteigert bis zum Töten-wollen.

c) Angst vor Alleinsein, Nichtgeliebtwerden. Situation des Geliebtwerdens muß unter allen Umständen hergestellt werden.

d) dies geschieht in übertriebener Weise.

9. Juni 1932 140 m

Psychosoma

R. N. Wenn Schmerz oder sonstige Sensation »unerträglich« (wenn also Gegenbesetzungskräfte und emotionale Ausdrucksquellen des Organismus erschöpft sind): *Muskel-Kontraktion* a) erschöpft b) zu schmerzhaft c) unterbricht Atmung; Herz erlahmt, (Oxygenarmut) – Blase und Darm entleert, scheint ein Fortleben mit Hilfe rein psychischer Mächte immer noch möglich zu sein. Psychiatrisch gesprochen: *die Halluzination* der Atmung kann bei voller somatischer Suffokation das Leben erhalten. Die Halluzination von Muskeln und Muskelkraft, Herzkraft, Blasenentleerung, Erbrechen, bei voller Paralyse dieser Organe, kann den Zerfall des Organismus hintanhalten. Die Patienten dagegen fühlen, daß in einer bisher nur etwa von Spiritisten geglaubten »teleplastischen« Weise, wirkliche Organe, Behälter, Greifwerkzeuge, Angriffswerkzeuge als Gelegenheitsorgane geschaffen werden, die kleinere oder größere Teile der Funktion des Organismus übernehmen, während der Organismus in tiefem Coma und leblos daliegt. Die Erledigung geschieht dann extrasomatisch. Z.B. eine große Blase (die gelegentlich noch weiter ausgedehnt wird) entsteht am Hinterkopf, in welche alle unerledigbare Unlustaffekte *ausgegossen* und in imaginärer Weise neutralisiert werden. Nur meinen die Patienten, daß diese Imagination ebenso real ist, ebenso efficiente, leistungsfähige Organs-Funktionen schaffen kann wie der Organismus selbst. Aus noch unbekanntem Stoff und mit Hilfe unbekannter Kräfte werden (in größter Not), wenn Eigenkräfte des Organismus erschöpft sind: *neue Organe gebildet.* (Lamarck). Entgegen den bisherigen Annahmen können aber solche Organe nicht allmählich sondern plötzlich entstehen (wie die Organe einzelliger Wesen).

140 m **10. Juni 1932**

Schweigepflicht

Das Verantwortungsgefühl kleiner Kinder nach Verfehlungen Erwachsener an ihnen.

B. Vater so unglücklich nach der Tat, daß (auch unausgesprochen) Drohung des Suicids im Vordergrund. Reaktion des Kindes: Stummes Versprechen nichts lautwerden zu lassen (sonst fiele Familie auseinander, besonders Mutters Stellung, Liebe, ganzes Leben). (Zur besseren Sicherung des Schweigens auch *inneres Schweigen*: Vergessen, Verdrängung) – Doch was ist die Folge:

1) Mutter fühlt doch (unbewußt)

a) daß Vater untreu; haßt darum (unbewußt) Kind als Konkurrentin, oder ist sehr launenhaft: Anfälle von übertriebenem Hassen, dann übertriebener Liebe. (Viel Selbstbetrug)

b) daß des Kindes Charakter nicht offen ist; sie *schilt* es, straft es: nun fühlt sich das Kind *dafür* bestraft, daß es so vertraut mit Vaters Familie ist.

2) Folge beim Kind: Anfälle von Neurose – Psychose – Wutausbrüche – masochistischer Gehorsam – Erfolglosigkeit in Schule und Leben. (Gelegentlich homosexuelle nachträgliche Mutterfindung).

3) Vater hat den Zwang die Treue des Kindes durch immer unmöglicheres Betragen auf die Probe zu stellen (Griseldis[1]) »Mir kann nichts gesehehen« (was ich auch tue) ist die Folge des erfolgreichen Gangstertums.

12. Juni 1932 140 n

Doctor hating patients[2]

Freud: »Gesindel«, »Nur gut zum Geldverdienen und Studium«. (Ist wahr, muß aber Patienten gestanden werden. Sie fühlen es sowieso und machen Resistenz. Wenn eingestanden – Vertrauen wächst). *Patients scolding:*[3] buzzing flies, monotonous noise – mother's, father's scolding and our helpless fury. »*Bear hug*« – children feel the possessive-aggressive element in it and do not dare show their *fear, anxiety* – and fury. They displace the reaction to minor things (sensitiveness about the slightest intrusion in their right-freedom.)

Outlet also in way of *imitating mother*, reflecting this way – *like a mirror* the affect (aggression – tension) on others. Mostly in a hidden way (Fallenlassen einer infuriating Bemerkung – später

1 In der Sage wird Griseldis, eine Schäferin, von einem Adligen für ihre Schönheit geheiratet und dann, von ihrem Mann, der ihre Treue auf die Probe stellen will, den ärgsten Leiden ausgesetzt, die sie aber mit engelhafter Sanftmut besteht.

2 Engl.: *Arzt, der Patienten haßt.* Der größte Teil des Textes ist in Engl. verfaßt; siehe folgende Anmerkung.

3 Engl.: *Patienten scheltend:* summende Fliegen, eintöniger Lärm – Mutters, Vaters Schelten und unsere ohnmächtige Wut. »*Bärenumarmung*« – Kinder fühlen das aggressive possessive element darin und trauen sich nicht, ihre *Furcht, Angst* – und *Wut* zu zeigen. Sie verschieben die Reaktion auf geringere Dinge (Empfindlichkeit gegenüber dem leisesten Eindringen in ihr Recht – Freiheit). Entladung auch in der Weise, daß sie *die Mutter nachahmen* – widerspiegeln so – wie ein Spiegel – den Affekt (Aggression – Spannung) auf andere. Meistens in versteckter Weise ... Keinen Sinn für Humor – Wut. Wählt Medizin als Beruf (bewußte Kompensation des Menschenhasses). Erster Beweggrund: Geburt eines neuen Kindes – erscheint wie ein Eindringen in ein *Recht.* Man war (vorher) behandelt, als wäre es *für immer. Angst for den Augen* (weit offen: sie fressen einen auf!). Den *Geruch* und den *Speichel* der Mutter hassend (nach der Enttäuschung). (Anm. d. Hrsg.)

ganz ubw.) doch es macht einen unpopulär. No sense of humor – fury. Choosing medicine as job (conscious compensation of misanthropy). First motive: birth of a new child – seems like intrusion into a *right*. You were (before) treated, as it were *for ever*. *Fear of the eyes* (wide open: they eat you up!) Hating mother's *smell* and *saliva* (after the dissapointment).

140 o **12. Juni 1932**

Confusion über die eigene Person, mit Gefühl der Panik (und nachfolgendem Gedächtnisverlust).

1) R. N. Vater, nachdem er sie verführt etc., straft und beschimpft sie. Unfaßbar (als Realität). Traum über Koffer, in den mehr Bett-Springfedern gezwängt werden, als er fassen kann. Er *zerbricht* – in Stücke (zerspringt).

2) R. N. Fürchterlich behandelt durch betrunkenen Vater, dann ganz sich selbst überlassen, später wiederholt. (Humiliation after seduction[1].) (Hate of woman![2]) Traum: Unten »tea«.[3] Sie liegt mit leerem Kopf auf Korridor, tastet sich zu Tür, 17 – 18 – dann 19, mit großer Anstrengung – *kein Licht*. Konstatiert, es ist nicht ihr Zimmer. (Es kann nicht sie sein; jedesmal wird sie ohnmächtig. Im (mittleren) Zimmer (18) sieht sie ... (Fortsetzung fehlt. D. Hrsg.)

12. Juni 1932

Technik: Fehler (Gemütsbewegung statt Objektivität) 1) begehen, 2) bekennen, 3) korrigieren

Typischer Verlauf bei B., puncto Übertragung: Unzufriedenheit von Stunde zu Stunde wachsend, Ungeduld über das Nichtschwinden der Symptome, über unsere Unfähigkeit zu helfen. Man fühlt die Ungerechtigkeit des Vorwurfs, trachtet es aber zu verheimlichen, allenfalls wird man wortkarg und fühlt sich geärgert. Nach

1 Engl.: Erniedrigung nach Verführung.
2 Engl.: Frauenhaß.
3 Engl.: Tee.

einer gewissen Akme, wenn meine oder der Patientin Geduld zu reißen droht, kommt sie plötzlich ganz ergeben, freundlich und gehorsam, und arbeitet eine Weile fleißig, um nach einer gewissen Arbeitsperiode die Explosionsdrohung zu wiederholen.

Radikalere Änderung kam nicht eher denn nach Erkenntnis dieses Tatbestandes, Einsicht des Analytikers, daß Patienten nur die eine Pflicht haben, alles zu sagen, mag es uns auch unangenehm sein; dies persönlich zu nehmen ist sinnlos und muß seinen Grund in einer Eigenheit des eigenen Charakters haben. Patient benützt unsere Empfindlichkeit, um vergangene Unbill zu wiederholen. Sie trachten darum, uns auf die Probe zu stellen. So lange wir diese Probe nicht bestehen, kommt es immer nur zur Wiederholung der infantilen Verdrängung: scheinbarer Gehorsam, innerer Trotz. Da es menschlich unmöglich ist, sich nicht zu ärgern und da Patienten auch die stumme Manifestation des Ärgers fühlen, bleibt nichts anderes übrig, als den Ärger zu bekennen, zugleich die Ungerechtigkeit zugeben, und den Patienten, auch wenn er sich unangenehm gebärdet, freundlich und liebevoll zu behandeln. Ungefähr dasselbe verlangt das Kind: die Eltern sollen sich nicht als freundliche Beschützer gebärden, wenn sie innerlich vor Wut beinahe bersten; das Kind reagiert nicht auf die freundlichen Worte, sondern auf das Benehmen, d. h. Stimme, Geste, Härte der Berührungen etc. Der Analytiker muß zum erstenmal eine Autorität sein, die ihren Fehler bekennt, besonders aber die Hypokrisie. Das Kind verträgt eher unsanfte, aber aufrichtige Behandlung als die sog. pädagogische Objektivität und Kühle, die aber Ungeduld und Haß verbirgt. Das ist eines der Motive des Masochismus; man zieht es vor, geschlagen zu werden, denn Ruhe und Objektivität simuliert fühlen. Ein anderer Fehler der erkannt, bekannt und geändert werden muß, ist Launenhaftigkeit.

12. Juni 1932

Psychische Gegenbesetzung unerträglich werdender Sensationen

R.: Bei Annäherung an traumatische Szenen mit körperlicher und moralischer Mutilation, hysterische Gemütsausbrüche; wenn diese nicht mehr langen, statt Schmerzausbrüche, krampfhaftes

Lachen. In diesem Momente scheint eine psychische Überbesetzung der Realität durch kompensatorische Lustphantasien plötzlich zu erfolgen (obzwar Patientin behauptet, daß das Lachen nur das Loswerden von einer Spannungs*quantität* bedeute). Patientin hat die Empfindung, daß an einer schmerzhaften Stelle des Hinterkopfes plötzlich eine Blase entsteht, in der alle Schmerzen platzfinden. Die Blase ist fast endlos dehnbar.[1] Dem geht wirkliche Urinausscheidung in großer Quantität voraus. Es wird an der schmerzhaften Kopfstelle (hier an der Stelle, wo der Patientin wahrscheinlich Injektionen gegeben wurden) eine Gelegenheitsblase gebildet, damit ist aber die Spaltung der Persönlichkeit begonnen. Ein neuerliches Trauma kann auch diese Blasenbildung überwältigen und soz. diese Blase zum Bersten bringen. Die scheinbar unmögliche Aufgabe ist hier, 1) jene Blase aus den Bruchstükken zusammenzukleben (wobei der Analytiker sowohl intellektuelle Kraft als auch die Geduld zum Ertragen aufzubringen hat). 2) ist dafür zu sorgen, daß die so rekonstruierte Blase ihren Inhalt wieder mit dem Ich (dem Körper) vereinigt.

Eine rein intellektuelle Rekonstruktion seitens des Analytikers scheint zu dieser Aufgabe nicht zu genügen. Patient muß fühlen, daß der Analytiker den Schmerz mitempfindet, für dessen Linderung er gerne auch Opfer bringt. Die Kühle dem Analysierten gegenüber, oder gar Antipathie und Ungeduld, kann meistens nur nach Überwindung starker Widerstände mit einem Stück Charakteranalyse erreicht werden. Patientin R. hat sogar die Vorstellung, daß sie zurzeit des Haupttraumas, mit Hilfe einer allvermögenden Intelligenz (Orpha)[2] sozusagen das Universum um Hilfe absucht (mittels eines teleplastischen Gelegenheitsorgans). So hätte ihre Orpha mich als die einzige Person in der Welt schon damals aufgespürt, die infolge spezieller persönlicher Schicksale die Wiedergutmachung des Unbills durchführen will und kann. Diese meine Fähigkeit wurde in der mutuellen Analyse als mein Schuldgefühl beim Tode einer um zwei Jahre jüngeren Schwester[3] (Diphtherie) entlarvt. Die Reaktion dagegen macht mir Leidende unsympathisch; dies überwinde ich mit Übergüte, ärztlichem Interesse und

1 Siehe S. 170.

2 Siehe S. 48.

3 Es handelt sich um seine Schwester Vilma, die tatsächlich um vier Jahre jünger war und im Jahre nach ihrer Geburt gestorben ist. Zwischen Sandor und Vilma war noch ein Junge, Moritz Karoly (Anm. d. Hrsg.).

Takt (wohl übertrieben). Die Analyse muß hinter dieser Güte die Ungeduld feststellen und in Abzug bringen. Freundliche Gefühle verbleiben, d. h. ein gewisses Wahrwerden jener orphischen Phantasie. Daraufhin kann, da Entspannung möglich, die geborstene und in einer Blase aufgestülpte Persönlichkeit sich wieder vereinheitlichen, zugleich damit anstatt der Wiederholung, die Erinnerung an das Vorgefallene hergestellt werden.

Freundlicher Verkehr mit der Geisterwelt. S. I. hatte jahrelang ängstliche Halluzinationen, besonders nach Alkoholgenuß. Plötzliche Fähigkeit zur Abstinenz nach einer Schädelverletzung. Weiterer Fortschritt, sie muß nicht mehr abstinent sein, sie kann wieder trinken ohne üble Folgen. Zugleich bekommen die Halluzinationen weniger schreckhaften Charakter und Patientin wird den Aufgaben der Realität mehr gewachsen, behauptet, daß meine Persönlichkeit heilenden Einfluß auf sie ausübt, daß diese große Änderung diesen Eigenschaften zu verdanken ist. Auch sie fühlt, daß ich gelegentlich gelangweilt und ärgerlich bin, ich hätte aber die seltene, oder gar einzige Fähigkeit, mich über meine eigenen Schwächen zu erheben.

Mißerfolge mit Schülern. Dm. hat nun den Mut mir vorzuwerfen, daß ich die Schüler beim ersten Zeichen nicht vollständiger Anpassung oder Unterordnung fallen lasse. Ich muß zugeben, entschuldige mich aber damit, daß Schüler mir die Ideen stehlen, ohne mich zu zitieren. Freud fand dasselbe Symptom in meinem Bruderkomplex, das nun in der Internationalen Vereinigung rezidivierte.

14. Juni 1932

Dauernde Störung der Objektlibido

I) Patient U. beobachtet an sich selber, daß er beim Sexualverkehr keine Tendenz zur Vorlust oder Vorspiel hat, sondern den Akt sozusagen als eine Obligation verspürt, die er raschestens loszuwerden sucht; gleiche Abwesenheit von »Nachlust«. Er wundert sich, wenn er von einer seiner Geliebten hört, daß sie vor- und nachher lange Zeit hindurch »thrilled«[1] ist.

1 Engl.: Erregt, aufgeregt, verwirrt.

Erklärung: ein in primitivsten Verhältnissen aufgewachsener Wildfang kommt plötzlich in eine, wenigstens formal viel zivilisiertere Umgebung im Alter von 12 Jahren (Auswanderung nach Amerika). Zunächst in seiner ganzen Persönlichkeit erniedrigt, benützt er die Psychoanalyse als Sprungbrett zum Aufsteigen in eine sublimiertere Sphäre (um die kontinuierliche Angst loszuwerden; Angst vor Verrücktwerden). Neuerlicher Zusammenbruch während einer ersten Analyse, wenn in schlechter Gesellschaft er mit dem Tode bedroht wird. Die Angst war vielfach determiniert: 1) wirkliche Lebensgefahr, 2) Rückfalls in die Primitivität vor der Emigration und Angst davor, 3) Angst vor der eigenen Aggressivität, 4) ungünstig erledigte, in Angst verwandelte, ungehemmte intellektuelle Selbsteinschätzung und tyrannischer Eigenwille, die nach einem Fehlschlagen ihm selbst als Verrücktheit imponiert.

Er glaubt nicht an Feinheiten, Zärtlichkeiten, Symbolismen, Anspielungen, moralische Hemmungen etc., als das einzig reale erscheint ihm die Tat gradwegs. Er kämpft gegen die eigenen kriminellen und rücksichtslosen infantil-selbstischen Anlagen. Viel zu leiden hatte er als Kind von den launischen Liebesausbrüchen der Mutter; auch ist es möglich, daß ihn irgend welche homosexuelle Erfahrungen vom weiblichen Geschlechte abwendig machten.

II. Patient O. S. Infantiltraumen: 1) Analbeschädigung auf zweierlei Weise durch Weib und durch Mann, 2) wie im Fall I., alle Objektbeziehungen tragunfähig (beendigt kein Buch, zieht sich von jeder Freundschaft zurück beim kleinsten Anlaß). Trachtet mit Güte zu überkompensieren, erlahmt aber darin. Gleichwie in der Arbeit über den Tic[1] vermutet, scheint an der Stelle des Traumas ein Reizdepot zu verbleiben. Die libidinöse Energie dazu wird dem Gesamtreservoir, Genitalität, entzogen. Ubi bene ibi vagina.[2]

Eine zweite Möglichkeit ist, daß das Trauma das Genitale betrifft (Drohungen, Verbote, etc.) und die Genitalität auf die anale Stufe regrediert. Jedenfalls macht die Analität mit seinem Autoerotismus von den Objekten unabhängig. Der anscheinend noch so hypochondrische Analcharakter fühlt sich mit seinem Kapital und mit der analen Reizbefriedigung viel sicherer vor Enttäuschung, in die ihn die Abhängigkeit von einer anderen Person bringen könnte.

1 Siehe S. Ferenczi, »Psychoanalytische Betrachtungen über den Tic«, in: *Schriften zur Psychoanalyse*, II, op. cit.
2 Lat.: Wo es gut ist, ist die Vagina.

Tragisch wirkt diese Situation allerdings, wenn in ihm die Sehnsucht zu glücklicher Objektbeziehung wiedererwacht, oder wenn er sich diesbezüglich mit andern glücklicheren zu vergleichen anfängt. Der anale Charakterzug eignet sich zugleich zur Anbringung von Haßgefühlen, z. B. 1) Flatus hält die Menschen in einer gewissen Distanz, oder jagt sie gar aus dem Zimmer, 2) er bedeutet trotzige Akzentuierung der Selbstmißachtung, »Goddam,[1] ich stinke.« Geht man dem weiter nach, so mag man finden, daß eine garzu strenge und ungerechte Beurteilung, die die Richter nicht korrigieren wollen, in solcher Selbstbeschmutzung und ziemlicher Beschmutzung anderer endet. Also auch hier Mißlingen ursprünglicher Zärtlichkeit. Die eigene Unordentlichkeit und anale Unbeherrschtheit ist auch ein gutes Mittel der anscheinend unverschuldeten Revanche. In Ermangelung anderer Waffen, kann man jemanden, der uns beleidigt, scheinbar harmlos ärgern.

Die Neigung zur Verschiebung auf die Analität mag durch ein abnormes traumatisches Retentionsdepot begünstigt werden. Möglicher Weise bleibt aber während der Entwöhnungskämpfe und durch sie in jedem Falle ein Stück Libido am Analen hängen, was den Regressionszug erleichtert. Doch ist es nicht unmöglich daß ursprünglich nur Mund und Genitale Libidoreservoire (erogene Zonen) sind und daß die Analerotik eigentlich eine hysterische Verschiebungsgenitalisation ist. Die fast stets nachweisbare Verbindung von Sadismus und Analerotik könnte dafür sprechen, daß die Entstehung des analen Depots das Endresultat eines Kampfes um die Genitalität ist. Als solche wären zu nennen: 1) Kastrationsbedrohung, 2) vorzeitige unlusterzeugende und forzierte Inanspruchnahme der Genitalien also: gewaltsam aufgedrungene, oder gewalttätig verhinderte Genitalität führt zu Sadismus und Analerotik. (Hier vielleicht Simmel[2] zu nennen?) Mög-

1 Engl.: Verdammt!

2 Simmel, Ernst (1882–1947), deutscher Psychiater und Psychoanalytiker, Verfasser (zusammen mit Ferenczi, Abraham und Jones) des Sammelbandes *Zur Psychoanalyse der Kriegsneurosen*, 1919 im Internationalen Psychoanalytischen Verlag veröffentlicht (Simmels Beitrag: »Kriegsneurosen und psychische Traumen«); eröffnete 1926 die Tegelsee Klinik in der Nähe von Berlin, dessen ganzes Personal analysiert war. Freud zeigte großes Interesse für das Experiment und besuchte mehrmals die Klinik, die jedoch 1931 in Konkurs ging. 1933 emigriert Simmel zuerst nach Zürich, dann nach Amerika, wo er, in Los Angeles, eine Sigmund-Freud-Klinik sowie eine Gesellschaft und ein Institut für Psychoanalyse gründete.

licherweise ist die Fähigkeit zum Narzißmus überhaupt bedingt durch die Isolierungsmöglichkeit, zu der sich das anale Gebiet noch nicht eignet. Wohl nirgends können Reiz- und Stoffquantitäten, wie hier, angesammelt werden. Auch besteht eine recht bedeutende Variationsmöglichkeit der Ausdrucksmittel.

III. Latente Haßgefühle, manifeste Freundlichkeit und Güte, Analfissur, recht auffällige unangenehm wirkende Ausdünstung. Hauptmotiv dieser Haß- und Überlegenheitstendenzen war die Überzeugung, daß sie als Kind im Kampfe um die Liebe des Vaters getäuscht wurde und unterlegen ist. Mit ihr hat Vater nur gespielt, das Kind hat die Mutter bekommen. Seither keine zärtliche Liebesbeziehung, auch die jetzige ist mit Haß untermengt, weitgehend anal (unabhängig) und stark aggressiv.

146 a **14. Juni 1932**

Normalis femine homosexualitas[1]

»Männer verstehen das nicht« sagen die Frauen und sind (sogar in Analysen) sehr verschwiegen über ihre homosexuellen Gefühle. »Männer glauben, Frauen können nur Penisbesitzer lieben«. In Wirklichkeit sehnen sie sich nach wie vor nach Mutter und Freundin, der sie gegenseitig ihre heterosexuellen Erfahrungen mitteilen – *ohne Eifersucht*. B. + Ett., Dm. + Freundinnen). Sie ziehen *weibliche (passiv, homosexuelle) Männer* vor, da diese ihnen eine Continuation der Bisexualität bieten.

Die Abkehr von der Homosexualität

(Verdrängung erfolgt zur Zeit der ersten Menstruation – wenn Tom-Boy-ishness plötzlich unterdrückt wird). Dm. verlangt von mir (nach Überwindung großen Widerstandes) *ich möchte eine gute Mutter für U. (und für sie selbst) werden*. (Dm.): meine Ambition größer als er zu sein, zu überwinden, mich mit der passiven Rolle ihm gegenüber zu begnügen, gleichzeitig aber auch ihre

1 Lat.: Normale weibliche Homosexualität.

Tomboy-Liebe anzunehmen.[1] Erst dann wird sie sich erlauben, sich von der Abhängigkeit von mir loszutrennen. Männlich oder weiblich: ich muß gestehen, daß ich U. (Daddy!) *ebenso liebe wie sie*, dann werden wir (Tochter und Mutter) Kollegen. Ein großes Stück der *Zärtlichkeit* des Mädchens bleibt (unter solchen Umständen) bei der Mutter.

16. Juni 1932

Persönlichkeitsgefühl (Gefühl der eigenen Größe, Form, Wert) als Produkt der Anerkennung durch die Umwelt

Patientin S. I. nach einer kurzen, leidenschaftlichen, aber vollkommen geheim gehaltenen Übertragungsphase, gerät in eine Phase starken Widerstandes, gesteigert durch unerwartete Unterbrechung meinerseits (Amerikareise). Allmähliche Wiederkehr des Vertrauens, gefördert durch meine innige Anteilnahme in zwei tragischen Momenten: 1) beim Bekanntwerden ungeheurer Geldverschwendung des Mannes im Hasardspiel und an Frauen, 2) beim plötzlichen Tode des innig geliebten Bruders. Die Übertragung nahm aber ausschließlich die Form sublimiertester, gemütlicher, intellektueller Gemeinschaft an. Hauptinteresse ist die gemeinsame Erforschung des Unbewußten, besonders einer tieferen, bisher nicht berücksichtigten »metaphysischen« Schichte, die es dem Individuum ermöglicht, mit einem mehrminder großen Stück des Universums in Kontakt zu treten. In diesem kaotischen Universum trifft sie Geister von Toten und Lebendigen; in tief relaxierten Trancezuständen wird sie von solchen Geistern erschreckt. Nach einer höchsten Steigerung des Niederbruchs (Kopfverletzung), plötzliches Erwachen der Fähigkeit 1) mit jenen »Geistern« unerschrocken, gleichsam freundschaftlich zu verkehren, 2) plötzliches Aufhören einer bisher unbeherrschbaren Trunksucht, zuerst mit gezwungener Abstinenz, dann aber auch ohnedies als Mäßigkeit. Zwei etwas schwächliche Versuche, der Werbung von zwei Männern bis zu einem gewissen Grade nachzugeben. Der erste bezieht

1 Ferenczi erörtert hier seine Beziehung M. (ein Mann) und zu Dm. (eine Frau) (Anm. d. Hrsg.).

sich auf einen Mann, der sich um sie bewirbt, dabei aber von der masochistischen Unterwürfigkeit seiner Frau gegenüber nicht lassen kann. Auch ist er mehr ein Gelehrter und ein Aestät. Er liebt Dinge und nicht Menschen. Nach kurzem Entflammen der Sehnsucht, ziemlich rasch volle Abkühlung. Der zweite Fall war bedeutungsloser; sie fühlte sich durch die Aufmerksamkeit eines ebenfalls gehemmten, aber natürlicheren, doch wieder: verheirateten Mannes etwas geschmeichelt.

Inzwischen, oder vielleicht unter dem Einflusse dieser Veränderungen, starkes Ansteigen des Realitätssinnes und höchst praktische Maßnahmen zur Rettung des finanziellen und moralischen Zustandes der Familie. Sie wird Ratgeberin aller, nimmt die Erziehung ihrer Tochter in die Hand, ja sie hilft einer ganzen Reihe von Personen ihres Gesellschaftskreises.

Zeitweise versucht sie zum Teil als eine »Aufgabe«, sich autoerotisch zu betätigen, doch niemals hat sie dabei erotische Phantasien. Solche sind auch in ihren Träumen selten. Dagegen setzt sie unermüdlich die analytische Arbeit fort; sie hat eine, wie ich glaube, übertriebene Hochachtung vor meinen Leistungen; sie fühlt, daß meine Gegenwart allein imstande ist, ihr in einer auch mir selbst unbewußten Weise zu helfen. Fast in jeder Stunde versinkt sie in eine Trance mit meist unerklärlichen inkoherenten Visionen, aus denen sie trotzdem so erwacht, daß sie nicht müde wird, mir für meine Hilfe zu danken.

Dieses Verhalten und die vollkommene Abwesenheit jeder körperlichen oder psychischen Sexualbetätigung, brachte mich auf die Idee, daß der rein intellektuelle Verkehr mit mir ihr unbewußterweise einen Ersatz für die Sexualität bietet. Man könnte hier an einen typischen Fall von Sublimierung denken, doch gelegentliche Beobachtungen zeigen, daß in tief verdrängter Weise in diesem intellektuellen Verkehr rein sexuelle Erregungen fortleben.

Gelegentlich spricht sie von einer geistigen Aura, oder Lichterscheinung, die von meiner Richtung her an sie herantritt; anderemale führt die Analyse ihres positiven und negativen Interesses für Gerüche zur Annahme, daß sie (ähnlich jenem Kollegen, der nur durch das Anhauchen des Genitales Befriedigung erlangen konnte) hier unbewußterweise die wirklich chemischen Sublimate der Person in ihrer Nähe fühlt, selbstverständlich auch die freundlich-ärztliche Sorgfalt, mit der der Arzt allen Gefühlsäußerungen und scheinbar sinnlosen, aber als wertvoll gefühlten Vorstellungsproduktionen der Patientin folgt; all dies trägt viel dazu bei, daß sie sich hier sozusagen von Wohlwollen und Interesse umhüllt fühlt. Auffällig ist auch, daß die übrigens ökonomische, in Kleinigkeiten oft geizige Person, sozusagen mit Vergnügen die nicht unbeträchtlichen Spesen der Behandlung bezahlt, ja mein Anerbieten, das Honorar herabzusetzen, oder damit schuldig zu bleiben, energisch ablehnt; wohl ein Hinweis darauf, daß ein Teil der »Sublimierung« den anal-erotischen Weg genommen hat. (Das Interesse für Gerüche mag auch von diesem Standpunkt gewürdigt werden.)

In letzter Zeit fand ich sie und ihr Vertrauen tragfähig genug, um ihr alldies mitzuteilen. Zugleich versuchte ich folgende Theorie ihrer im Leben wie in der Analyse produzierten Reaktionsweise: wir wissen, daß die Mutter der Patientin in allerfrühesten Zeiten der Kindheit, sicherlich pathologische, vielleicht psychotische Ausbrüche hatte. Ein Bruder (der oben erwähnte) und eine Schwester erinnern, von der Mutter in brutalster Weise geprügelt, ja mit dem Kopf an die Wand geschleudert worden zu sein. Patientin hat gelegentlich vage Vorstellungen von einem wütenden Wutausbruch, der sich gegen ihr Genitale gerichtet hat. Bei dieser Gelegenheit mag ihr Hymen wirklich verletzt worden zu sein, denn es fiel ihr und ihrem Ehemanne auf, daß dem Verkehr kein Hindernis, auch nicht die normale Blutung folgte. Übrigens erwies sich der auswärts so erotische Gatte, im Ehebette, besonders nach der Geburt des einzigen Kindes, fast impotent. Patientin gibt aber zu, daß auch ihre Frigidität, kolossale Scham, und Unerfahrenheit daran mit schuld waren.

Nicht ganz richtig oder genau kann man einen anderen Vorfall interpolieren: sie ist noch in der Wiege, der obige Bruder tanzt mit einem Holzstück heran und verletzt ihr Genitale. Ein späteres Trauma, das sie der Sexualität vollkommen abwendig macht, ist das Beschämtwerden durch den Vater, nachdem sie mit einer ganzen Gruppe von Kindern (darunter dem Bruder) bei mutueller Exhibition ertappt wurde.

Bemerkt werden muß, daß die Familie in echt puritanischer Weise erzogen und von allem »Schmutzigen« ferngehalten wurde. Als eine beinahe tragisch zu nennende Komplikation war folgende: Ihre nächstälteste Schwester, die schönste unter den dreien, acquirierte Syphilis durch einen Kuß von einem Mann, in den auch Patientin verliebt war. Später ging Patientin mit dieser Schwester und einer Gouvernante zu Dritt auf eine Reise durch die Welt, und hatte verschiedenes über die Dekadenz ihrer Schwester, über die Gouvernante, die Morphinistin war, zu beobachten. Dazu die aufregenden Szenen in China: in einer chinesischen Stadt z. B. fuhr ihre Rikscha bei einem Platze vorbei, wo eben hingerichtet wurde, und der Henker erschreckte sie, indem er einen abgehauenen Arm dem Wagen nachwarf. Die im Titel angedeutete Theorie bezieht sich nun auf den Zusammenhang zwischen jener »Auflösung« im Universum und der sexuellen Gefühlskälte, verursacht durch all die Traumata.

In einem der Träume sah Patientin die Geister von Personen, die ihr nahetraten, viel größer als sie in der Realität sind. Ich meine nun, diese Vergrößerung ist gleichzeitig eine Verdünnung ihrer Person. Eine noch weitere Verdünnung der Libido, die sie umgibt, ermöglicht es ihr, die Grenzen ihrer Person sozusagen ins Unendliche auszudehnen; dabei verschwindet allerdings ihre reale, d. h. die Normalperson (Bewußtlosigkeit, Inkohärenz). Der Freundschaftsverkehr mit jenen überscheuen Männern, die indifferente Einstellung des Arztes in der Analyse, machte es ihr möglich, sich von der Realität ab und dem mystischen Jenseits zuzuwenden. Ich vermute, daß der plötzliche Wandel in ihrem Betragen und in ihrer Psychose auf folgenden zufälligen Zustand zurückzuführen ist: Als sie in meiner Gegenwart sich fast zu Tode verletzte, wurde ich so erregt und bewegt, daß ich sie vom Boden mit einem Griff aufhob, aufs Bett legte und sie zärtlich, aber auch energisch zu beleben versuchte. Der dabei betätigte Gemütsaufwand schien ihr das Gefühl des eigenen Wertes, gespiegelt in meinem Mitleide und leidenschaftlichem Helfenwollen, wiedergegeben zu haben. Unter anderen, begann sie Teile ihrer Gesichter gelegentlich auch skeptisch zu beurteilen. Anderseits begann sie sich für ihre äußere Erscheinung (Aussehen, Schlankheit, Kleidung) mehr zu interessieren. In der unermüdlichen Standhaftigkeit, mit der ich sie trotz all dieser Schwierigkeiten zu verstehen und sozusagen zum Leben zu erwekken versuchte, war für sie wirklich das Equivalent einer männlichen Umarmung als jene, die ihr zuteil wurden, dabei aber auf einer sublimierten, asexuellen Stufe. Nun kam aber die Zeit, in der ich ihr sagen konnte, daß sie unbewußterweise auf einen Mann wartete, der sich auch durch ihre Geschlechtskühle nicht abschrekken läßt, und ihr durch eine herzhafte Umarmung ihr Selbstgefühl zurückgibt. Meine Rückantwort aber: es muß eine Umarmung sein, die die ganze Person umhüllt und keinen Ausweg offen läßt. Dann erst kann sie einerseits im Spiegel der Leidenschaft des Partners die eigenen Qualitäten selber anerkennen und zu schätzen lernen. Doch auch die physische Umarmung gestattet ihr, oder zwingt sie, die ins Universum aufgelöste Persönlichkeit zu einem realen Ding im Diesseits zu verwandeln, die Libido vom Universum mehrminder zurückzuziehen. Physikalisch oder geometrisch ausgedrückt könnte man auf Grund ähnlicher Erfahrungen behaupten, daß der als Basis der Persönlichkeit unerläßliche Narzismus, d. h. die Anerkennung und Behauptung des eigenen Selbst als wirklich existierende wertvolle Entität von bestimmter Größe, Form und Bedeutung, nur zu haben ist, wenn sich das positive Interesse der Umwelt, sagen wir ihre Libido, sozusagen durch äußeren Druck, den Bestand jener Persönlichkeitsform gewährleistet. Ohne solchen Gegendruck, sagen wir Gegenliebe, neigt das Individuum zum Explodieren, sich im Universum auflösen, vielleicht zum Sterben.

18. Juni 1932

Eine neue Etappe in der Mutualität

Anknüpfung an die Erfahrungen mit R. N. und mit S. I. insbesondere der letzteren. Durch die nunmehr zielbewußte Demaskierung der sog. »Übertragung« und »Gegenübertragung« als Verstecke der bedeutsamsten Hindernisse der Vollendung *aller* Analysen, kommt man beinahe zur Überzeugung, daß keine Analyse gelingen kann, solange die falschen, vermeintlichen Unterschiede zwischen »analytischer Situation« und gewöhnlichem Leben nicht ebenso überwunden sind, wie die immer noch auch von Analytikern gepflegte Eitelkeit und Überlegenheitsgefühl dem Patienten gegenüber. Zum Schluß kommt man dann zur Überzeugung, daß die Patienten auch darin im Rechte sind, daß sie von uns nebst ihrer Zurückführung zum traumatischen Erlebnis, noch zweierlei Dinge fordern. 1) Wirkliche Überzeugung, womöglich Erinnerung an die Realität der Rekonstruktion, 2) als Bedingung dieser, reales Interesse, wirkliches Helfenwollen, genauer gesagt, eine alles bezwingende Liebe zu jedem einzelnen, die das Leben erst lebenswert erscheinen läßt und einen Gegensatz zur traumatischen Situation statuiert.

Von hier aus wird es erst möglich, 1) daß die Patienten, die nunmehr Vertrauen zu uns gewonnen haben, von der Mühe der Bewältigung (intellektuell und emotionell) der traumatischen Situation befreit werden können, daß dem dadurch erforderten Selbstspaltungsvorgang ein Ende bereitet wird und sie zu jener Einheitlichkeit des Erlebnisses zurückgeführt werden, die vor dem Trauma da war. Offenbar gibt es keine Überzeugung ohne dies Gefühl der Einheitlichkeit und kein Gefühl der Einheitlichkeit, d.h. keine Überzeugung, solange man selbstbeobachtend an sich selbst zweifelt, u.zw. auch bei logisch vollkommener Evidenz. (Es ist unabsehbar, welche Konsequenzen für die Erkenntnis es nach sich zöge, wenn die Menschen von dieser Ängstlichkeit befreit, die Welt in ihrer vielleicht ganz evidenten Selbstverständlichkeit zu sehen und anzuerkennen wagten; um wieviel weiter das führen könnte, als auch das Gewagteste von dem, was wir heute Phantasie nennen. Die wirkliche Bewältigung der Angst, richtiger ihre Überwindung, müßte uns vielleicht ganz hellseherisch machen und hülfe der Menschheit, scheinbar unlösbare Probleme zu lösen. Hier etwa nachträgliche Verifizierung der als Größenwahn imponierenden Selbstsicherheit in den Aussagen von R.N.). 2) Es kann weiters keine Analyse gelingen, in der es uns nicht gelingt, den Patienten wirklich zu lieben. Jeder Patient hat das Recht, als ein schlecht behandeltes, unglückliches Kind betrachtet und gepflegt zu werden. Es zeigt also von einer Schwäche, in der psychischen Organisation des Analytikers, wenn er den einen Kranken, der ihm sympathisch ist, besser behandelt als den antipathischen. Ebenso falsch ist es, auf die Fluktuationen im Benehmen des Kranken mit der Fluktuation unserer eigenen Reaktion in unkorrigierter Weise zu antworten. Doch nicht minder falsch ist es, sich einfach von jeder Gemütsreaktion positiver und negativer Natur zurückzuziehen und hinter dem Rücken des Patienten, unbekümmert um sein Leiden, oder sich nur intellektuell um es kümmernd, das Ende der Stunde abzuwarten und den Patienten die ganze Sammel- und Deutearbeit beinahe ganz allein machen zu lassen. Richtig ist es, daß man als Arzt müde, ärgerlich, etwas patronisierend ist, hie und da auch die Interessen des Kranken der eigenen Neugierde opfert, oder gar halb unbewußt, die Gelegenheit benützt, rein persönliche Aggressivitäten und Grausamkeiten in versteckter Weise auszuleben. Solche Mißgriffe sind bei keinem Menschen und in keinem Falle vermeidbar, nur muß man a) darum wissen, b) den Winken der Patienten folgend, diese Fehler sich und den Patienten einbekennen.

Doch solche Geständnisse, auch wenn sie noch so oft wiederholt werden, bringen uns nicht weiter, wenn wir a) uns nicht zur radikalen Erkenntnis durch mutuelle Analyse entschließen, b) als Folge dieser, unsere ganze Einstellung zum Patienten erfolgreich verändern, vor allem aber jene Passivität endlich aufgeben und in einer, man möchte sagen, leidenschaftlich aktiven Weise, uns dem Patienten zur Verfügung stellen. Was da gefordert wird, ist in Wahrheit ungewöhnlich: die unwahrscheinlich scheinende Kombination hinreißend leidenschaftlicher Liebe, nur mit der Selbstaufopferung einer Mutter vergleichbar, mit einer weisen Überlegenheit und Selbstkontrolle, wohl auch Selbstsicherheit, nicht zuviel des guten zu tun, und der Klugheit, dem nun vertrauenden Patienten dazu zu verhelfen, seine unifizierenden Geisteskräfte wieder zu gebrauchen und so zu Erkenntnissen zu gelangen.

Das Trauma ist ein Auflösungsprozeß in der Richtung der vollen Auflösung, d. h. den Tod. Der Körper, der derbere Teil der Persönlichkeit, widersteht den Zerstörungsprozessen länger, doch Bewußtlosigkeit und Geisteszersplitterung sind auch schon Todesmerkmale des verfeinerten Teiles der Persönlichkeit. Neurotiker und Psychotiker, auch wenn sie teilweise ihre Funktionen als Körper zumteil auch als Geist noch halbwegs erfüllen können, sind eigentlich als unbewußterweise chronisch agonisierend zu betrachten. Die Analyse hat nun zwei Aufgaben: 1) diese Agonie voll aufzudecken, 2) den Patienten fühlen zu lassen, daß es immerhin der Mühe wert ist, zu leben, wenn es Menschen, wie jener hilfsreiche Arzt gibt, der bereit ist, sogar einen Teil seiner Selbst zu opfern. (Daher auch die Tendenz der Patienten, in finanzielle Nöte zu geraten und unsere Selbstlosigkeit zu Probe zu stellen).

Zur Erreichung solchen Erfolges ist aber noch eines erforderlich: die Selbstsicherheit des Analytikers. Es ist nur halber Verdienst, wenn jemand das dumme Überlegenheitsgefühl in übertriebene, vielleicht masochistische Selbstkritik umbricht. Tut er das, so wird er in der mutuellen Analyse darauf kommen, daß *sein* Trauma mit dem Charakterfehler der Aktionslähmung geendet hat, (z. B. a) Liebe zur Mutter, b) Enttäuschung, Geburt eines Geschwisters, c) Wutreaktion, d) Angst vor den Folgen, e) Umbiegung des Hasses in Trotz und Ärgern-wollen, Mysoginie, relative Impotenz, kein volles Helfen-können den Patienten gegenüber.) In der Sprache der Libidotheorie ausgedrückt, würde man also sagen dürfen, die Wiederherstellung einer wirklich vollen, jedem gegenüber mobilen Potenz, muß erreicht werden, wenn man Analysen beendigen will. Antipathie ist Impotenz.

19. Juni 1932

Spezifischer Geruch der Geisteskranken

Patientin Dm., die selber tatsächlich, besonders anfallsweise, ganz auffällig und merklich riechend schwitzt, findet zwischen sich und der geisteskranken Mrs. Smith eine Ähnlichkeit. (Ich hatte Gelegenheit Mrs. Smith, eine Schizzophrene, in heftigster Angst zu sehen. Sie roch penetrant, etwa nach Mäuseharn.) Dm. dagegen fühlt selber, daß sie Sexualgerüche exhaliert. Sie leidet auch an *Fissura ani*. Beide Zustände, sowie ruckweise chronische Kontraktionen, melden sich, wenn sie ihre Tendenz zu fast manischer Wut in Sprache, Stimme und Gesten unterdrückt. Die unterdrückte Wut entfacht in ihr eine chemische Veränderung (Vergiftung siehe Gift für Wut), Umsetzung der attrahierenden Substanz in eine repulsive. Die Analyse weist darauf hin, daß sie auf einen Helden wartet, der sich auch durch diese Gerüche nicht abschrecken läßt. Der Analytiker muß dieser Held sein, er muß 1) die hypokritische Unempfindlichkeit aufgeben, seine Antipathie und seinen Ekel einbekennen; 2) sich selbst soweit zu analysieren resp. analysieren zu lassen, daß er jene Substanzen und jenes Benehmen nicht mehr ekelhaft findet, daraufhin 3) gibt der Patient die provokative Betätigung auf.

Im Falle Dm begann die Bekanntschaft mit dem Analytiker damit, daß Patientin sich beim Tanz ganz ungehörig benahm. Nachdem sie vorläufig als Patientin nicht angenommen wurde, ging sie schnurstracks in die Wohnung eines Mannes und ließ sich entjungfern. Natürlich provozierte das Ekelreaktionen im Analytiker, die im Laufe langer Arbeit überwunden werden mußten.

Vorbild zu diesem ganzen Vorgang war die infantile Wut 1) über das Verbot sexueller Äußerungen, 2) über die Feststellung, daß die Eltern sich sexuell betätigen (Kindergeburt). Ein weiteres Motiv zum Rasen war der Ärger über die schwächliche Unterwerfung Vaters unter die mütterliche Gewalt (manches davon, was als Penisneid imponiert, mag eine Demonstration des Betragens sein, daß die Frau beim schwächlichen Manne verblieb.

20. Juni 1932 156

Peniswunsch der Frau anders motiviert

Hauptmotiv bei Dm.: der Wunsch von Mutter geliebt zu werden. »Mutter hatte immer etwas an ihrem Körper auszusetzen« (schon in frühester Kindheit, bekrittelnd ihre Fettsucht, ihren Geruch (?) – ihre Leidenschaftlichkeit bei der Umarmung, noch mehr: *ihre Liebe zum Vater*, die frühzeitig leidenschaftlich war). Ihr Wunsch ein Knabe zu werden war determiniert durch den Wunsch *das Mißfallen der Mutter ihrer femininen Neigungen gegenüber auszuschalten*. Sie maskiert sich als Mann, *da sie als Weib der Mutter mißfällt* (von Mutter, wohl aus Eifersuchtsgründen, gehaßt wird.)

Gesteigert wird dieser Wunsch zur Zeit der *Pubertät*, wenn Weiblichkeit nicht mehr zu verleugnen ist. (Menstruation.) Sie fühlt, daß Mutter damit unzufrieden ist (Neid, Eifersucht). Sie sucht männliche Beschäftigung. Sie fühlt, daß Mutter sie nicht *wirklich* heiraten lassen will und folgt ihr; oder daß Mutter für sie ganz unpassende Männer sucht. Verliebt *sie* sich in jemanden (Vater, B. Mac.), so endet es tragisch. Sie will (Traumphantasie) von Analytiker, trotz Passion und Launen eines anderen Mannes, geliebt werden.

Doch gleicherweise will sie nur einen Mann, der einsieht, daß die Frau nebst der genitalen Befriedigung auch Wünsche hat, die nur eine Mutter befriedigen kann. *Sehnsucht nach Dreieck ohne Neid und Eifersucht.*

21. Juni 1932

Permanente traumatische Atemstörungen im Schlaf

Zwei Fälle seit früher Kindheit bestehender Schlafstörung: I) Erwachen aus tiefem Schlaf mit Gefühl von Schwindel und Kopfschmerz, im Halbschlaf wird die Beobachtung gemacht, daß man 10 und mehr Sekunden lang überhaupt nicht atmet, auch nicht den Impuls nach Einatmung verspürt. Plötzliches Gefühl der Angst veranlaßt Inspiration, doch sobald die Schläfrigkeit wieder einsetzt, bleibt der Atem aus. Steigert sich die Ermüdung, so gelingt es wieder auf längere Zeit einzuschlafen, doch wenn man aus diesem Schlaf erwacht, ist man wie nach einer ernsthaften und gefährlichen, auch lange dauernden Suffokation: Hitzegefühl im Kopfe, alle Decken von sich geworfen, heftiger Hustenanfall, stundenlange Expektoration von zähem, kristallklarem Schleim, in ihrer Verästelung die Bronchiolen nachahmend. Es ist unzweifelhaft, daß die Bronchiolen vollkommen verstopft waren und ganze Bezirke der Lunge außer Funktion standen. Pulsfrequenz gesteigert, Puls unregelmäßig. Fast der halbe Tag war nötig, um allen Schleim zu expektorieren, Lungen-Herztätigkeit halbwegs herzustellen, die arg mitgenommene geistige und sonstige Arbeitsstörung zu beseitigen. Wache Beobachter stellen fest, daß Patient fast fortwährend mit den Zähnen knirscht, bei etwas tieferem Schlafe laut schnarcht, bis endlich jene Cheyne-Stokes-artige Atemstörung mit Aufschrecken sich einstellt. Gelegentlich artet die Atemstörung in ruckartige Zukkungen aus, so daß die Ähnlichkeit mit epileptoidem Anfalle sich einem aufdrängt.

Doch dieselbe Symptomgruppe reproduziert sich fast in jeder Analysenstunde bei entsprechend tiefer Relaxation. Es hat den Anschein, daß der Patient eigentlich in einer dauernden, auch tagsüber bestehenden Tendenz zum Versinken in eine Erstickungsagonie sich befindet, sodaß seine Atmung eigentlich schon eine bewußte Gegenmaßnahme ist und nicht, wie bei normalen Menschen, automatisch abläuft. Ein Teil der bewußten Aufmerksamkeit versieht die Aufgabe, die Atembewegung nicht zulange aussetzen zu lassen. Sobald die Aufmerksamkeit durch Ermüdung und Schlaf eingeschränkt ist, oder ganz aufhört, setzt die Atemstörung wieder ein.

In der von mir empfohlenen analytischen Relaxation kam es auch in halbwachem Zustande zu dieser Art von Atemstörung. Wenn ich nun beim Aufschrecken den Patienten dazu drängte, mir Traumphantasiefragmente, die er sonst unbeachtet ließ, mitzuteilen, und wenn ich zu diesen Fragmenten zum Teil frei assoziieren ließ, zum Teil entsprechend mit Fragestellungen nachhalf, so kamen wir zur Rekonstruktion eines Infantiltraumas von homosexueller Natur. Die bewußt vollkommen vergessene Attacke eines älteren Knaben, die offenbar wiederholt wurde, hatte zur Folge: 1) eine auffällige Neigung, sich einem Manne mit starkem Willen unterzuordnen. Als Kompensation: trotzige Auflehnung gegen Beeinflussung jeglicher Art und Zwang zu vollkommener moralischer und intellektueller Unabhängigkeit. Stimme blieb etwas feminin, Verhältnis zum weiblichen Geschlechte gestört, fühlt den Frauen gegenüber

22. Juni 1932[1] 158 a

2) Relative Impotenz mit zeitweisen (heterosexuellen) Durchbrüchen; starke Leidenschaft in masturbatorischen Phantasien; *Ejaculatio usque ad tegmen camerae.*[2]

3) Die beschriebenen Atemstörungen: Zeitweise pulsierende Schmerzen im Rücken, früher mit Angst- (*und Wut*)-Träumen, seit Jahren ohne Traum.

II. *Fall.* Starke Abhängigkeit von Mutter, keine Beziehung zum (Sonderling) Vater. »Difficult child«, »Problem child«.[3] Seit Kindheit »Kopf an die Matratze hauen« (2–3000 Mal!) vor dem Einschlafen. Relaxations – Atemstörung, ganz wie im Fall I. Vorher heftigste Schmerzen im Abdomen, im und um Hintern. Gesicht verfallen. Gefühl von Erdrücktwerden; Cheyne-Stokes, Gesicht blaß, Kopf subjektiv heiß. Der Schmerz steigert sich, sodaß er – weil so *unwahrscheinlich stark* – Lachkrampf provo-

1 Die Eintragung, handgeschrieben und nicht mit der Schreibmaschine wie die übrigen Teile des Tagebuchs, wird auf einer neuen Seite und mit neuem Datum fortgesetzt (Anm. d. Hrsg.).
2 Lat.: Ejakulation bis an die Zimmerdecke.
3 Engl.: Schwieriges Kind, Problemkind.

ziert. *Es ist zu dumm* (folglich nicht wahr!). Träume über sich selbst helfen müssen in unmöglich peinlichen Situationen. *Gefühl des Verrücktwerdens.* (Realität einer Unlust kann durch Konzentration auf eine Vorstellung oder ein Bild zerstört werden. Lamas fühlen Schmerz nicht, wenn auf gew. Wortvorstellungen konzentrieren.)

Solche Patienten, scheinbar gut adaptiert, sind *unbewußt geisteskrank* (realitätsflüchtig). Die Befreiung von bewußtem Pein rettet das Leben. In der Relaxation (im Schlaf) bekommen sie das
159 Gefühl, sterben zu müssen, wenn nicht entweder Angst–Erwachen dem Schmerz ein Ende bereitet, oder wenn das Gefühl des *Mütterlich-geliebtwerdens* sie – trotz der Schmerzen – am Leben erhält. Die Liebe wird gleichsam als *Antidot* verarbeitet. Doch: feines Gefühl dafür – ob es nur geheuchelte oder wirkliche Güte am Werke ist. Nur letztere hilft (erkannt wahrscheinlich am Benehmen, Gesten, leidenschaftlichen Zärtlichkeitssymptomen). Fühlt sie das nicht, dann *muß sie sich selbst helfen*, d. h. gespalten-verrückt bleiben und Realität verleugnen.

III. Fall. Keine Atemstörung wie die obigen, sondern – bei guter Relaxation – Wutschnauben wegen hilfloser Überwältigung – »namenlose«, »unmögliche« Grausamkeit, dabei noch (verrückt!) gescholten und herabgesetzt werden! Folge: *Sterben wollen, bevor man umgebracht wird.* Gefühl: Kopf mit Säge unsichtbar in vier Teile gespalten. Rechte Hälfte ist die »Imagination« des Leidens und Determination des Entschlusses zu sterben[1].
160 Doch das Ganze ist viergeteilt. Kann nur stückweise realisiert werden, es sei denn, daß *wirklicher (idealer) Liebhaber erscheint*, der alles gutmacht. (Männlich und Weiblich[2]: Sie will nicht heilen – bevor sie sich überzeugt, daß es der Mühe wert ist.) Diese Überzeugung kann nur erlangt werden, wenn der Analytiker, der alles sieht, sie trotzdem oder grade darum, liebt.

Hier die praktische Frage: Muß der Analytiker sich persönlich

1 Hier hatte Ferenczi eine rätselhafte Zeichnung eingefügt, die Michael Balint hatte entfallen lassen. Unterhalb der Zeichnung heißt es:

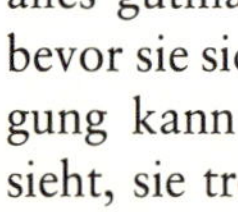

r = cd – ist die Durchführung.
c. weint über d (das wirklich umzubringende Kind).

2 Siehe S. Ferenczi, »Männlich und Weiblich«, in: *Zur Erkenntnis des Unbewußten*, op. cit., S. 227.

jedem Patienten restlos geben (auch als Privatmann und auch als sex. Wesen)? Schwer möglich!

Lösung (R. N.) Wenn Patient *die potentielle Fähigkeit* des Liebens im Analytiker fühlt (das reale Durchleben ist nicht unbedingt nötig). Vielleicht in diese 4-Teilung eine mehr ins Detail gehende Beschreibung des hysterischen Verdrängungsvorganges.

Beginnender Auflösungsprozeß, bei dem die Ansammlung der Auflösungsprozesse irgendwie die weitere (tödliche) Auflösung hemmt – ja (insbesondere durch Ausschaltung der bewußten Schmerz-Unlustqualität) eine Adaptation in halb-aufgelöstem Zustand ermöglicht. Durch *Trennung von Seele und Körper* ist Fortleben gewährleistet. Doch das Getrennthalten ... (Fortsetzung fehlt. Herausgeber)

23. Juni 1932

Anästhesieren des Traumas

Das Dilemma der Heilung einer Neurose durch neuerlich Erlebenlassen des pathogenen Traumas – und diesmal ohne »Verdrängung« – stößt auf folgende auf den ersten Anblick unüberwindlich scheinende Schwierigkeiten: es gelingt uns mit Hilfe von Aneiferung den Patienten dazu zu bringen, sich in eine oder einige auf bestimmte Zeiten und Örtlichkeiten lokalisierte, peinvolle Geschehnisse einzuleben, dabei alle Anzeichen geistigen und körperlichen Leidens zu manifestieren, ja im Gespräch während des Anfalles sie dazu zu bringen, die Realität jener Vorkommnisse sich und uns einzubekennen, doch der erwartete Dauereffekt bleibt aus und eine lange Reihe von Analysestunden vergeht ohne merklichen Fortschritt in Bezug auf Symptomheilung oder dauerhafte Überzeugung. Entweder verdunstet die scheinbar endgültig festgestellte Überzeugung im Laufe des drauffolgenden Tages (noch mehr im Laufe der Nacht und der Traumerlebnisse), oder aber steigert sich die Pein beim traumatisch-analytischen Erlebnis in einem solch unerträglichen Grade, daß der Patient aufhört objektiver Beobachter und Zurkenntnisnehmer der Ereignisse zu sein, gerät in einen Affekt des Schmerzes, der alle Gedanken und Wünsche, alle Zugänglichkeit für Raison erstickt und nur den fürchterlichen Angstschrei bestehen läßt, ihn von diesem Schmerz zu befreien.

Folgt man diesem Hilferufe – und beschwichtigende Worte und suggestive Äußerungen haben da entschiedene Wirkung, – so endet die Pein, damit aber auch jedes Wissen um die Verursachung. Geben wir jenem Schreie nicht nach und lassen den Schmerz der traumatischen Lage fortbestehen, so folgt schließlich eine entschiedene Geistesverwirrung, nicht selten mit Lachkrampf, oder eine ernsthafte und erschreckende, fast leichenartig anmutende Lähmung nicht nur der geistigen Tätigkeiten und der Muskulatur, sondern auch der Atmung und des Herzens. Die Patienten solcher Art gequält, beginnen an der Analyse zu zweifeln, beschuldigen uns der Unwissenheit, der Waghalsigkeit auf ihre Kosten, der Grausamkeit, der Impotenz, trachten sich von uns loszureißen (in einem Fall Dr. S. mit Erfolg), bringen uns selber zur Verzweiflung und zum Zweifel über unser Tun. Die usuelle kühle Entschuldigung, all das käme vom Widerstand des Patienten, noch tiefer in das Trauma zu versinken, hilft da nichts. Die Patienten haben die bestimmte Empfindung, daß sie selber die Grenze ihrer Leistungsfähigkeit erreicht haben, daß nunmehr jemand anderer, natürlich ich, der Analytiker, »etwas tun« muß, doch was tun!!?

In einem besonders eindrucksvollen Falle erhielt ich die Antwort, nicht nur Aufklärung, auch Zärtlichkeit und Liebe ist als Gegenmittel des Schmerzes zu verabreichen (und nur wirkliches Mitempfinden, nicht simuliertes). Wie schon anderwärts ausgeführt, mag solches analytisches Erlebnis oft wirklich eine überraschend plötzliche Änderung zum Bessern nach sich ziehen. (Siehe Fall S. I.). Doch in vielen anderen Fällen gelingt dies nicht. Ich denke an drei, jetzt in Beobachtung stehende Fälle: 1) Fall R. N. wo ich allerdings immer nur vorübergehend, wenn auch intensiv und mich selbst überwindend, jene Sympathie zustande bringen kann. Tiefgehende Selbstanalyse war nötig, um die Motive der Antipathie in mir selbst ausfindig zu machen, zu paralysieren und den eigenen Charakter, besser ausgedrückt, die analytische Potenz, so zu steigern, daß ich auch der Antipathischen Hilfe bringen konnte. Mit Hilfe dieser Maßnahmen kam ich in die Lage, den Kampf mit dem Geist und auch den Körper des Kranken beherrschenden Dämon aufzunehmen. Dabei auf viel Intelligenz und Scharfsinn erforderlichen Weise den Schmerz des Patienten durch Mitleid zu dränieren. Durch dauerhafte Applikation solcher psychischen Drainage die Spannung, die sonst zum Bersten neigt, soweit zu entlasten, daß die Aneiferung zur Einsicht und zur Überzeugung möglicher wird. Immerhin war der Erfolg und die Progression wenn auch sichtlich vorhanden, ungeheuer langsam.

In den beiden anderen Fällen konnte die traumatische Analyse gar nicht einsetzen. Niemals relaxierten die Patienten zur freien Assoziation, geschweige denn bis zum intellektuellen und emotionellen Halb- und Unbewußtsein. Beide schützen sich vor Unlust, auch vor der leisesten mit solch krampfhafter Gewalt und beide haben sich ein Leben und eine Geistesart ausgeheckt und ausgebildet, daß sie meilenweit von den wirklichen Erschütterungen ihres Lebens entfernt bleiben. Im Falle R. schon kam ich zur Idee, daß – da die Traumen wahrscheinlich in künstlich (narkotisch) provozierter Unbewußtheit und Lähmung (des Körpers und des Geistes) verliefen – es angezeigt wäre, die Patientin mit Äther oder Chloroform zu narkotisieren, damit den traumatischen Schmerz soweit zu anästhesieren, daß die Begleitumstände des Traumas zugänglich werden; man erwartet von solchem Vorgehen das Zutagebringen von materiellen Beweisstücken, die vom Patienten auch nach dem Erwachen nicht verleugnet, oder in ihrer Bedeutung vermindert werden können. Man könnte auch daran denken, die Narkose mit hypnotischer Suggestion zu kombinieren; die Suggestion müßte sich darauf beschränken, die Widerstände gegen die Zurkenntnisnahme der geistigen und körperlichen traumatischen Ereignisse, subjektiv sowohl als objektiv zu vertiefen und auch für die Zeit des Erwachens (post-narkotisch und post-hypnotisch) zu fixieren. Merkwürdigerweise haben beide Patienten (2. und 3.) die Narkotisiermethode zum eigenen Gebrauch schon angewendet.

Fall 3) O. S. fürchtet sich auch vor körperlichem Schmerz so sehr, daß sie aus Paris eigens einen Rauschapparat für 200 $ hat kommen lassen, den sie auch bei dem leisesten Zahneingriff applizieren läßt. Fall 4) N. H. D. erinnert ihr einziges Kind ohne jeglichen Schmerz in Morphine- und Ätherrausch geboren zu haben (hohe Zange!). Sie hat immer das Gefühl, daß sie etwas dadurch verloren hat, was sie wieder finden muß. Es traf sich nun, daß sie während der Analyse einen kleinen Tumor zu operieren hatte. Aus der Narkose erwachend, sagte sie ihrem Analytiker: »Ich habe während der Narkose einen Traum gehabt, in dem alles was wir suchen, ganz offenbar wurde.« Nach dem Erwachen war allerdings nichts davon bewußt. Eine Nachhilfe während der Narkose durch den Analytiker hätte da vielleicht geholfen. Zu beachten die diesbezüglichen Vorarbeiten von Frank[1] und Simmel[2].

26. Juni 1932

Dauerwirkung (vielleicht auch Fernwirkung) erschreckender Flüche

1) S. I. war einige jahrelang gleichsam demonomanisch unter dem Einflusse von bösen Geistern, die sie aufzufressen und zu erschrecken versuchten, sie mit dem Tode bedrohten und ihren Haß und Tötungsabsicht in Geste und Miene gegen ihre Person richteten. Hier anknüpfen an einen Ausbruch vor etwa ¾ Jahren, indem sie die Übertragungsfreundlichkeit unterbrechend, plötzlich mit Beschuldigungen kam, ich wüßte, daß R. N. eine ihr bekannte Patientin, sie aus der Ferne bedroht und verfolgt und ich lasse es geschehen. Patientin ließ sich damals durch meine aufrichtige Verneinung beruhigen. Inzwischen wurde mir aber klar, daß die Patientin insoferne im rechte war als ich gelegentlich in der Analyse von R. N. mich mit der letzteren identifizierte, ja letztere zum freien Waltenlassen ihrer Aggressivität aufmunterte. Auch wußte ich, daß jene Patientin gegen S. I. auch Haßgefühle äußert.

In der gestrigen Analyse von R. N. reproduzierten sich fürchterliche Grausamkeiten, die an ihr verübt wurden. Diesmals besonders Giftinjektionen in die Nackengegend, die Entzündung der Mastoidregion nach sich zogen. Vor etwa 2 Jahren Wiederholung dieser Entzündung, für die der Oberarzt keine Erklärung geben konnte. Ich muß zugeben, aber Patientin forderte es auch kreischend von mir, daß ich die Tendenz hatte, die fürchterlichen Schmerzen der Kranken zu lindern. Ich tat es auch mit Hilfe von

1 Frank, Ludwig (1863–1935), Schweizer Neurologe. Sein Name wird mehrmals, in abfälliger Weise, im *Freud-Jung Briefwechsel* erwähnt; er scheint jedoch ein schlecht informierter, ambivalenter Anhänger als ein ausgesprochener Feind der Psychoanalyse gewesen zu sein. Er ist Autor des Buches *Die Psychoanalyse, ihre Bedeutung für die Auffassung und Behandlung psychoneurotischer Zustände*, München, 1910.

2 siehe Anm. auf S. 178 dieses Buches.

Trostes und Befreiungssuggestionen mit Erfolg. In der drauffolgenden Nacht träumt S. I., die von diesen Vorgängen keine Ahnung haben konnte, oder höchstens eine Ahnung, den folgenden Traum: Sie hat Auswüchse über einem Ohr, diese Auswüchse sind Schwämme, ein großer Schwamm und ein kleiner. Sie untersucht sie genau und findet, daß diese Schwämme nicht zu ihrem Körper gehören, sie löst also den Auswuchs vorsichtig von sich selbst ab.

Dieser Traum erfolgt zu einer Zeit, wo es S. I. endlich gelingt, die früher schreckhaften Dämonen objektiv zu betrachten, ja zu erkennen, daß ihr kolossaler Schreck nur von der Einverleibung des ihr eigentlich fremden Hasses herrührt (*»Schreck ist taxogener Haß, dem Ich aufgedrängt«*.) Durch diese Erkenntnis macht sie sich von der Schreckwirkung der Drohungen unabhängig, sie löst sie gleichsam von ihrer Person ab. Die Pilzform führt zu sexuellen Assoziationen; R. N. pflegte ihr alle sexualsymbolisch zu erklären. Sie macht sich nun davon und auch vom blinden Gehorsam (auch mir gegenüber) unabhängig.

So lange S. I. schreckhaft war, war ihre Aufmerksamkeit ängstlich auf die Außenwelt, besonders auf die Wünsche und Stimmungen der für sie bedeutsamen, daher besonders schreckhaften Personen gerichtet. Es scheint, daß die Überfeinerung der Sinnesorgane, wie ich dies auch bei manchen Medien gefunden habe, auf ängstliches Lauschen auf die Wunschregungen einer grausamen Person, zurückzuführen waren. Wahrscheinlich sind also alle Medien solche Überängstliche, die auch die leiseste, vielleicht auch die Gedanken und Gefühlsvorgänge begleitende Vibrationen (auch von der Ferne) wahrnehmen.

Hier anknüpfen an die telegrafischen, elektrischen drahtlosen-telegrafischen und -telefonischen Halluzinationen Geisteskranker. Möglicherweise gibt es keine Halluzination, höchstens illusionäre Verarbeitung wirklicher Vorgänge. Die Isochronie der Wahrträume mehrerer Kranker könnte erklärt werden 1) als Gehorsamreaktion (eigentlich vielleicht Revolte gegen Gefühlsreaktionen gegenüber anderen Patienten, also Identifizierung mit mir aus Angst); 2) vielleicht ist meine Person nur ein Relais, durch die die zwei mit einander unmittelbar in Kontakt kommen. In diesem Traume wollte sich wieder jener Shock durchsetzen, doch die analytisch erworbene größere Selbständigkeit refüsiert die Aufnahme des exogen Stoffes oder Erregung ins Ich. Sie lehnt gleichsam tödlich das ihm angebotene Gericht ab, etwa mit dem Bemerken: Bitte es selber aufzuessen! Selber damit fertigwerden! Ich will nicht statt Ihrer mich quälen lassen.

26. Juni 1932

Vom Zwang zur Linderung fremder Schmerzen resp. zur Hilfeleistung, Talentförderung anderer

Patientin O. S. kommt zu mir als ziemlich kranke, hochmodern gekleidete, auf Attraktion eingestellte junge Dame. Sie brachte eine Freundin mit sich nach Budapest, sie wollte unabhängig vom eifersüchtigen Gatten, ungestört mit der Freundin leben und ihrem Talent als Schriftstellerin auszureifen helfen. Sie kam zu mir in die Analyse, aber nicht allein, sondern mit der Freundin, zwei Affen, drei Hunden und mehreren Katzen. Die Freundin, die später in die Analyse kam, entpuppte sich als eine Person, der nichts verhaßter ist, als wenn man sie gegen oder ohne ihren Willen glücklich machen will. Da wird sie trotzig und leistungsunfähig, oft auch böse, ja wütend. Daraus folgen die verschiedensten Konflikte und allmählige gegenseitige Erkältung. Nebst den Tieren und der Freundin hat nun O. S. auch ein talentiertes Mädchen adoptiert und sie, die wirklich in der Gefahr war, zu verkommen, zu einer bedeutenden Künstlerin heranbilden zu lassen. Sie ist heute vielleicht eine aussichtsvollste und meistversprechende Tänzerin der Welt.

O. S. hat in den letzten 4 Monaten 17 kg zugenommen und hat den Zwang, viel zu essen. Kann Diäten nicht einhalten (sie war als Kind übermäßig groß und fett, schlecht gekleidet, obzwar die Mutter und Onkel vielfache Millionäre). Sie fühlte in sich Talente, die bei den starren deutschen Erziehungsmaßnahmen sich nicht entfalten konnten. Niemand schloß sich ihr an wegen ihres sonderbaren komischen Aussehens. Als junges Mädchen schon, war es für sie das höchste Ereignis die damals berühmteste Tänzerin Pawlowa im Hause ihres Stiefvaters zu treffen. Sie war aber so erschüttert, daß sie kein Wort sprechen, sondern nur sie bewundern konnte.

O. S. identifiziert sich offenbar mit den vernachlässigten Talenten, denen geholfen werden muß. Insgeheim lebte aber in ihr noch die Hoffnung, einmal selber schön, körperlich und geistig glänzend und anziehend zu werden. Die Analyse scheint nun ihre Fähigkeit, sich im Wege anderer auszuleben, stark herabgesetzt zu haben. (Vor allem sah sie ein, daß im Falle der Freundin ihr psychologisch-psychiatrisches Geschick versagt. Es gelingt ihr nicht, ihr Talent zu entwickeln und dafür auch Dank zu erhalten. Ohne diesen Dank scheint aber die Identifizierung sich zu lockern und das Gefühl in ihr zu erstarken, daß sie bei diesem Geschäfte leer ausgeht.) Gestern nun ereignete sich folgendes: ihr Adoptivkind tanzte ihr vor, schöner wie je, dabei schlank und beweglich. Anstatt sich wie üblich, an ihr zu erfreuen, hatte sie urplötzlich die volle Empfindung der eigenen Schwerfälligkeit und Plumpheit, sie kam sich wie ein Elefant vor. Indem ich sie aneiferte, sich diesem Gefühl hinzugeben und dabei nicht verfehlte, ihr meine Sympathie zu zeigen, brach sie in herzzerbrechendes Weinen aus. Merkwürdigerweise fühlte sie immer noch nicht, was diese höchste Verzweiflung über sich selbst bedeutete: die Idee, so nicht leben zu können: trotz aller Ausdrucksbewegungen, behauptete sie, nichts zu fühlen, höchstens innere Leere. Daraufhin wurde ihr gedeutet, daß die Selbstbeobachtung der inneren Leere zu traurigen Gefühlen berechtigt.

Von dieser Beobachtung aus führt ein Weg zum Verständnis des zwanghaften Helfenwollens, wie in männlicher Homosexualität bereits als Identifizierungsresultat erkannt wurde. Sie spielt die Rolle einer Mutter, die ihrem Kinde die besten Entfaltungsmöglichkeiten bietet und genießt das Glück ihrer Adoptivkinder mit. Es gibt Personen, vor allem Frauen, die nicht zusehen können, daß ein Tier oder sei es denn ein verliebter Mann, leidet. Physiologisch mag sogar die Idee, daß ein Mann in seiner sexuellen Erregung die Spannung des erigierten Penis ertragen muß, so unerträglich sein, daß sie sich dem Manne hingeben muß, um seinen Schmerz zu lindern, und sich nicht beruhigt fühlt, bevor Ejakulation und Entspannung eintreten. Die Unerträglichkeit fremden Leidens kann sonderbarerweise stärker werden, als die Empfindlichkeit für den Schmerz, den sie selber erleiden muß, wenn sie sich dem Sehnsüchtigen hingibt.

Es ist, als ob Sehnsucht der größtmögliche Schmerz wäre, größer als körperliches Leiden. Vermutlich handelt es sich um eine sonderbare Umkehrung der Wirklichkeit. Hilfe von Phantasiebildung, wenn die Sehnsucht das erträgliche Maß übersteigt. Anstatt weiter zu leiden und weitere, oft beschwerliche Versuche zu machen, die Objekte der Sehnsucht vielleicht durch mühselige und geduldige Arbeit in der Realität zu erreichen, erlahmt plötzlich die Geduld, statt dessen findet eine phantastische Identifizierung mit einem bereits fertigen, erfolgreichen Schönheits- oder Lebensideal statt. Durch Vernachlässigung der Realität, auf die sie nicht mehr achten, und tief versunken in den Genüssen auf dem Umwege der Identifikation, merken sie kaum, daß inzwischen die Zeit vergeht, daß sie alt werden, noch immer kein Heim gegründet haben, daß ihre Anziehungskraft nachläßt.

Die Analyse allerdings hat ihren Anteil daran, daß sie zu diesen Einsichten gelangte. Sie beginnt zu ahnen, daß während sie in ihrer Phantasiewelt lebt, ihre reale Welt und ihre Aussichten mehr und mehr degenerieren.

Eines der wesentlichsten Hilfsmittel zum Versinken in die Phantasiewelt war der Verlust des Zeitsinnes. Patientin sammelte Briefe von mehreren Monaten, öffnete sie nicht einmal mit der Idee, es hat Zeit. Als wäre Zeit plötzlich etwas endloses, als müßte das Leben nicht mit Alter und Tod enden. Wenigstens ihr Leben nicht. In der Analyse muß also zuwege gebracht werden, daß Patientin selber von den Sehnsüchten leidet, anstatt die Abwesenheit solcher mit Hilfe phantastischen Identifizierungen zu erreichen.

Hier Gelegenheit zur Spekulation über das Problem, ob es in der Natur nur ein Prinzip gibt, das nämlich, daß die Wirklichkeitselemente sich zu behaupten und sich geltend zu machen trachten, oder ob es nicht auch ein zweites Prinzip gibt, das der Resignation, resp. gehorsamen Anpassung und Unterordnung. Dieses letztere Prinzip scheint nur einzugreifen, wenn der Druck die Spannung, die sich dem Sich-geltend-machen entgegenstellt oder auf sie drückt, so unerträglich stark wird, daß sozusagen auch die Hoffnung auf Realisierung der Wünsche aufgegeben werden muß. Durch diesen Druck wird das Ich vollkommen vernichtet, die Elemente werden durch keine Einsicht mehr zusammengehalten und jenes zweite Prinzip kann eingreifen und aus den formlos gewordenen Substanzen eine neuartige Materie formen. Analogie mit dem revoltierenden Gasdruck bei fortschreitender Kompression, doch Aufgeben der Revolte und Verflüssigung (Anpassung), wenn Druck eine gewisse Höhe übersteigt, dabei die Situation unerträglich und auch hoffnungslos wird.

24. Juni 1932[1]

Vom Überhören
Eine besondere Form der Fehlreaktion

Acteure:	Dm.	Mrs. Sp.	Mrs. Sch.	170
	a	b	c	

a b c gemeinsam im Sonnenbad

Erzählung von ab + bc vom Hergang:

Sie sprachen längere Zeit zu Dritt; endlich nimmt Dm. Abschied. *B* + *C* im Glauben, daß A sich bereits entfernt hat, besonders *C* beginnt in unverhüllter Art, ja mit lauter Stimme auf sie zu schimpfen. Sie sei »common«.[2] Her language low – scum of populace. No originality, boring, common, common, common. – Suddenly appears Dm. who after taking leave,[3] setzte sich, ihr Haar strähend, in eine benachbarte Badehütte. »*Now I caught you*«,[4] sagte sie und entfernte sich mit bösem Gesicht. (auch das sei »common« gewesen sagte C.) Sie (C) hätte das anders, feiner gemacht. Jedenfalls sind B + C arg verstört über das Ereignis.

Erzählung von a (all dies in Analyse)

»I had an epileptic fit.«[5] Gestern Gellért Bad – dann Pest – dann heim im Bett. Jerks[6] stundenlang. Vom Vorfall kein Wort! Ich erzählte ihr, da ich ein absichtsvolles Überhören vermutete, die Geschichte von B + C. Sie weiß *nichts* von dem, sie hat nicht zugehört.

Theoretisches: 1) Sie hat alles gehört 171

2) Mit Hilfe ihrer Fähigkeit ungerechteste Beschuldigungen *zu schlucken*, verschluckt sie das Wissen um das Gehörte. *Sie überhört* Unsinn, Lüge und Ungerechtigkeit – um nicht zu zerplatzen (töten)

3) Alle früheren outrages dieser Art kehren wieder und verursachen:

1 Früheres Datum als das der vorherigen Eintragung: So im Manuskript.
2 Engl.: Gewöhnlich, ordinär.
3 Engl.: Ihre Sprache ist vulgär – Abschaum des Pöbels. Keine Originalität, langweilig, ordinär ... Plötzlich erscheint Dm., die, nachdem sie sich verabschiedet hat ...
4 Engl.: Jetzt habe ich Sie erwischt.
5 Engl.: Ich hatte einen epileptischen Anfall.
6 Engl.: Zuckungen.

a) Ubw. Rasen (»Epileptic fit«[1])

b) Träume mit Beziehungen zum überhörten Wort und dessen Assoziationen (Mutter, ich).

Scheinbar sinnlose Emotionen, *Ausbrüche*, und *Bewgegungen* entpuppen sich als ubw. Wut und Revenge[2]-Reaktionen.

c) Zusammenhang der Fehlhandlung und Traum. Traum der nächsten Nacht enthält den Hinweis auf den Hergang *und auf ihre Entstehungsgeschichte.*

Verdrängungsvorgang:

1) *Ansatz* zu einer *Reaktion.*

2) Richtungsänderung in *statu nascendi*[3] (vielleicht phantastische Identifizierung mit dem Aggressor) oder: sein »ad absurdum führen«, in der Hoffnung: er wird es schließlich einsehen (?) Allenfalls: Abspaltung der Emotion. Reaktion *im Körper* vom *Ichbewußtsein.* Sprung ins Körperliche. Ursprünglich jede Reaktion körperlich und psychisch. Von nun an: Fähigkeit *nur körperlich* zu reagieren.

172 Sie sei allerdings gestern in schlechter Laune gewesen (»Schleimigkeit« der Patientin. Mein Schmutz unerträglich!) Sie las dann zwei chapters[4] von Chadwicks Buch[5], gestern glaubte sie, die Idee über Angst und Schmutzgefühle (Leakage[6]) bei Menstruation bei ihr gelesen zu haben. »Ich wollte dies in einem Book-review[7] loben.« Bei *der zweiten Lektüre* nun stellt es sich heraus (die Wahrheit!), daß Chadwick *nichts* darüber schrieb. *Ihre eigene Idee* wollte sie Chadwick schenken (ubw). (Dahinter: Ich, Dr. F.) stehle die Ideen von Patientin und fühle mich dann *superior*[8]. Also eine zweite frühere absichtsreiche Fehlhandlung: *Hineinlesen* des Eigenen, wie heute: *Nichthören*, Überhören, Lügen, wie z. B. a) die

1 Engl.: Epileptischer Anfall.

2 Engl.: Rache.

3 Lat.: Im Entstehen begriffen.

4 Engl.: Kapitel.

5 Wahrscheinlich Mary Chadwick, englische Krankenschwester, Verfasserin mehrerer Bücher, u. a. *Psychological Problems in Menstruation* (»Psychologische Probleme der Menstruation), 1932.

6 Engl.: Ausfluß.

7 Engl.: Buchbesprechung.

8 Engl.: Überlegen.

Leugnung eigener Tüchtigkeit b) Nichthören fremden Unrechts. Ich erzähle all das, zitiere sogar mich selbst (Irgend einen) – quotation of Rousseau, Lamartine, Plato! – am Ende der Arbeit. Schöne, gute Aphorismen meiner Lehren. Welche Versuchung der Lehrer darin.

C. erzählt den Traum der gleichen Nacht: *Jemand* (Mutter?) *sagt die Worte*: »Der Mann müßte verrückt sein um so was zu tun.« Deutung: Trauma a) durch Mann *ist wahr*: Mutters Zweifel bringt Kind zur bw. Selbstableugnung. Sie lernt dadurch Suggestibilität zu mir, zum eigenen Urteil, zu ihren Freunden. *Nachtrag zum Traum:* Personen tot, darunter auch (Mutter) und ich (Dr. F.)

28. Juni 1932

Weiblichkeit als Äußerung des Peinlinderungsprinzips gegenüber einem Fall von Impotenz

S. I. bisher frigid, doch mit Anfällen von Trunksucht und Ausfällen gegen den Gatten; nach der großen Umwälzung wird sie gut, rücksichtsvoll, hilfreich fast jedem gegenüber. Zufällig bekommt sie das traurig hängende Genitale des Gatten zu Gesichte. Anstatt des bisherigen Ekels, fühlt sie tiefes Mitleid. Analyse: sie möchte ihren Gatten trösten und ihm gestatten ihr in welcher Weise immer untreu zu sein, aber die Traurigkeit und Lähmung des schuldbewußten Knaben kann sie nicht dulden. Sie ist auch in Sachen der Verschwendungssucht und Spielwut des Gatten milder gestimmt. Gerade wie es ihr gelang mit Hilfe dieses Verständnisses seine Selbstkontrolle zu bessern, so hofft sie unbewußt, durch Vergeben seiner sexuellen Sünden seine Potenz zu heben. Der nächstfolgende Schritt dürfte dann das Erwachen des Mutes auch dem Weibe gegenüber und die dementsprechende weitere Konsequenz dürfte die eigene Hingebung sein, um die nun an sie gerichtete Sehnsucht des Mannes zu stillen. Die Frau eines impotenten Mannes hat also noch weiblicher zu sein als das Weib ist, doch in den meisten Fällen versagt das Weib bei dieser zweiten, schwierigeren Aufgabe: sie wird aufrührerisch, verächtlich und lähmt dadurch den letzten Rest der Potenz.

Der ganze Vorgang ist die Wiederholung der Periode der Inzestgedanken und -gelüste des Knaben. In der Ehe vertritt die Untreue die Stelle des Inzest als unverzeihliche Sünde. Die richtige Frau wird nicht die Mutter des Knaben imitieren, die Sexualität überhaupt verdammt, geschweige denn Inzest, sondern wird es verstehen, den eingeschüchterten Knaben ihrer Liebe zu versichern, was immer für Impulse er verspürt, ja auch wenn er diesen Impulsen nachgegeben hat. Als Lohn dieser Selbstverleugnung wird sie dann die Hebung des Selbstbewußtseins beim Manne, das Erwachen seines Verantwortlichkeitsgefühls gleichzeitig mit seiner Potenz einheimsen, und damit den Wiederholungszwang, die aus der Infantilzeit stammt, beendigen. Von der heutigen Erziehung der Frauen ist ein solch verstehendes und verzeihendes Benehmen kaum zu erwarten. Auch in diesem Falle brauchte es eine lange Weile und ein erschütterndes analytisches Erlebnis, um eine solche Einstellung möglich zu machen. Die Patientin ist nunmehr fähiger, die traumatischen Ereignisse ihrer eigenen Kindheit mit dem Geiste des Verstehens und Verzeihens und nicht mit dem der Verzweiflung, der Wut und der Rache zu betrachten. Eine wirkliche Heilung der traumatischen Erschütterung ist vielleicht nur denkbar, wenn die Ereignisse nicht nur verstanden, sondern auch verziehen werden.

Die Fähigkeit zu solcher Anpassung zur Verzichtleistung ist vielleicht nur erklärlich, wenn wir in der Natur nebst dem selbstischen Sich-geltend-machen, die Existenz eines zweiten Begütigungsprinzips annehmen; also: Selbstsucht (Infantilität Männlichkeit) versus Mütterlichkeit, d. h. Güte.

Hier vielleicht ein Hinweis auf die Tatsache der Gaskompression und schließlicher Verflüssigung in der anorganischen Welt, Mimikri etc. in der Biologie als Analogien hinzuweisen. Es ist also, als ob der Natur nur daran läge, irgendwie Frieden zu schaffen. Friede durch rücksichtslose Be*fried*igung der Sehnsüchte oder Friede durch Selbstverzicht.

28. Juni 1932

Utopie: Ausschaltung der Haßimpulse, Beendigung der blutracheartigen Kette von Grausamkeiten; fortschreitende Zähmung der ganzen Natur durch Erkenntniskontrolle

Anknüpfung an frühzeitig aufgetauchte Gedanken über die Zukunft der Psychoanalyse: wenn es überhaupt möglich ist, Impulse und Reflexe durch Einsicht zu hemmen, so ist es nur mehr Frage der Zeit (dachte ich), wann alle selbstischen Impulse der Welt durch ein menschliches Gehirn gehend gezähmt werden.

Die gewagten Suppositionen über den Kontakt eines Einzelnen mit dem ganzen Universum, muß nicht nur von dem Standpunkte betrachtet werden, daß dieses Allwissen den Einzelnen zu besonderen Leistungen befähigt, sondern (und das ist das paradoxeste was vielleicht je gesagt wurde) daß ein solcher Kontakt auch auf das ganze Universum humanisierend wirken kann.

30. Juni 1932

Projektion der Erwachsenenpsychologie auf die Kinder (Falsum[1])

Es ist sicher, daß es FREUD gelungen ist, die Psychologie des Erwachsenen genetisch weit zurück in die Kindheit zu verfolgen. Immer vom Standpunkte ausgehend, daß die Reaktionen auch der Kinder, der Säuglinge, ja alles Lebendigen, im Wesen identisch ist mit der der Erwachsenen, mit dem Unterschied, daß die Kinder an der Sichgeltend-machung ihrer ursprünglichen Omnipotenzgelüste, die sie insgeheim in verdrängter Form zeitlebens beibehalten, gehindert werden. Man denkt sich also und siehe dazu meine eigenen »Entwicklungsstufen«,[2] daß das Kind mit starkem Eigenwillen geboren wird, der sich um jeden Preis durchzusetzen versucht, und wenn daran verhindert, *sich halluzinatorisch befriedigt.* Schon die Existenz einer solchen Befriedigungsart hätte uns stutzig ma-

1 Lat.: Irrtum.
2 Siehe Ferenczi, »Entwicklungsstufen des Wirklichkeitssinns«, in: *Schriften zur Psychoanalyse, I*, op. cit.

chen sollen und uns zur Idee bringen müssen daß die Individuen am Beginne ihrer Existenz noch ganz andersartige Reaktionsweisen besitzen als im späteren Leben und daß es vielleicht nicht angebracht ist, die Reaktionsweisen des Erwachsenen auch diesen primordialen Lebensvorgängen zugrundezulegen.

In einem in seiner Wichtigkeit vielleicht nicht, auch von Freud selber nicht genügend gewürdigten psychischen Vorgang, dem der *Identifikation als Vorstufe der Objektbeziehung*, haben wir bis jetzt das Walten einer für uns schon verloren gegangenen, aber dennoch existierenden Reaktionsart nicht genügend gewürdigt, und doch handelt es sich vielleicht um das Walten eines ganz andersartigen Reaktionsprinzips, für die vielleicht die Bezeichnung *Re*aktion garnicht mehr paßt; ein Zustand also, in dem jeder Akt von Selbstschutz und Abwehr ausgeschlossen ist, und alle äußere Einwirkung Impression bleibt ohne Gegenbesetzung von innen.

Die knappeste Zusammenfassung dieses Zustandsbildes hat vielleicht Dr. Thompson gefunden mit der Aussage: die Menschen am Beginne ihres Lebens haben noch keine Individualität. Hieran mag meine Behauptung von der Tendenz zum Vergehen (Erkranken und Sterben) bei sehr kleinen Kindern und das Vorherrschen des Todestriebes bei ihnen; die starke Impressibilität (Mimikri) ist vielleicht auch nur ein Zeichen der Schwäche des Lebens- und Geltungstriebes, ja ist vielleicht schon beginnender, aber irgendwie aufgehaltener Tod.[1] Ist das aber wahr und ist diese Art Mimikri, das Beeindrucktwerden[2] ohne Selbstschutz die ursprüngliche Lebensform, so war es gewagt, ja ungerechtfertigt, in diese noch beinahe motilitätslose, natürlich auch wahrscheinlich intellektuell inaktive Periode, die uns einzig bekannten und angewohnten Selbstschutz- und Halluzinationsmechanismen (Wunschregungen) zu unterschieben. Der Halluzinationsperiode geht also eine noch reine Mimikriperiode voraus; auch in dieser wird schließlich der Unlustsituation ein Ende bereitet, doch nicht durch Veränderung der Außenwelt, sondern durch Nachgeben der lebenden Substanz, d.h. ein partielles Aufgeben der eben versuchten schwachen Geltungstendenz, sofortige Resignation und Anpassung seiner Selbst ans Milieu. Das noch nicht voll entwickelte Leben erinnert also in

1 Siehe Ferenczi: »Das unwillkommene Kind und sein Todestrieb«, in: *Schriften zur Psychoanalyse, II*, op. cit.

2 Seither spricht man in der Ethologie von »Prägung«.

seinem Effekt an das Resultat, zu dem im späteren Leben nur Ausnahmsmenschen von hervorragend moralischer und philosophischer Begabung gelangen.

Der religiöse Mensch ist selbstlos, indem er sein Selbst aufgibt, das primordiale Leben ist selbstlos, weil es noch kein entwickeltes Selbst hat. Der selbstische Mensch schließt sich mit Hilfe seiner Reizschutzmechanismen, wie durch eine Haut, von der Außenwelt zu einem großen Teile ab. Beim Säugling sind diese Schutzvorrichtungen noch unentwickelt, sodaß der Säugling auf einer viel breiteren Oberfläche mit der Umwelt kommuniziert. Hätten wir ein Mittel, so ein Kind zur Mitteilung dessen, zu dem es durch diese Überempfindlichkeit befähigt wird zu bringen, so wüßten wir wahrscheinlich viel mehr um die Welt als es unser enger Horizont gestattet.

O. S., die an einem hilflosen Zwang, kein Leid sehen zu können, ohne es irgendwie zu lindern, leidet, die von ihrem großen Vermögen fast jeden, außer sich selbst, etwas genießen läßt, wurde jahrelang mit dem Prinzip des verdrängten Sadismus analysiert, ohne den geringsten Erfolg, und auch ohne ihr das Gefühl zu geben, je von irgend einem verstanden worden zu sein. Schließlich mußte ich mich entschließen, mich ganz auf ihren Standpunkt stellend, als Wahrscheinlichkeit zu akzeptieren, daß bei ihr nicht Abwehr, sondern Helfenmüssen die originäre Reaktion ist.

Die Milieueinflüsse ihrer Kindheit waren etwa wie folgt: Sie lebte im Hause eines fast geisteskrank zu nennenden Hypochonders, und ihre Erzieherin brachte ihr sehr frühzeitig bei, daß diesem Onkel jedes Lärmen fürchterlich schade. Ihre Reaktion war nicht etwa Ärger darüber; Erzieherin und Onkel imponierten ihr so sehr, daß sie nicht nur nicht zu widersprechen wagte, sondern auch die Idee, daß sie unrecht haben könnten, fiel ihr nicht ein. Urplötzlich verwandelte sie sich in eine ängstliche Person, vollkommen die Hypochondrie der Umgebung imitierend, sie konnte nicht anders, als auf Zehenspitzen herumgehen und war vollkommen überzeugt, daß das die einzige Art und die natürliche für kleine Kinder ist. Die einzige Wunscherfüllungsphantasie war bei ihr, zu erwachsen. Wenn ich erwachsen sein werde, werde ich nicht auf Zehenspitzen gehen müssen, sondern es werden andere, vielleicht meine Kinder, auf Zehenspitzen gehen, um meine Ruhe zu sichern.

Viel frühzeitiger wurde ihre Persönlichkeitsentwicklung durch die Mutter gestört. Sie war wirklich geisteskrank und es ist in der Familie bekannt, daß sie in einem ihrer Wahnsinnsanfälle das Kind zwei Tage lang in ihrem Zimmer behielt. Niemand weiß, was dabei vorgefallen ist, nur die analytischen Reproduktionsversuche (die Mutter war immer peinlich besorgt, um eine masturbatorische Tätigkeit bei ihrer Tochter zu verhindern) führten zur Vermutung, daß die Mutter das Genitale des Kindes angegriffen hat. Die Tragik in dem Falle ist, daß die Patientin, auch nachdem sie erwachsen und in den Besitz des Vermögens und zum Verfügungsrecht darüber gelangte, auch weiterhin nicht wirklich den Mut hat, die Freiheit selber zu genießen. Sie hat nach wie vor den Zwang, sich andern aufzuopfern, wie sie eigentlich ihre ganze Kindheit und Jugend, aber auch einen Teil ihrer Intelligenz dem wahnsinnigen – verrückten – Milieu zum Opfer bringen mußte. Sie wird zu Tränen gerührt und sofort zum mildtätigen Eingreifen.

179 **30. Juni 1932**

Hypokrisie und Enfant terrible

Dm.: Hypokrisie ist die Folge der *Feigheit* der Tonangebenden (Autoritäten haben Angst vor Autoritäten). Sie predigen *Lügen* und sprechen verächtlich über jeden, der unverblümt die Wahrheit sagt.

Die *guten Kinder* sind selber Hypokriten geworden. Enfants terribles sind (vielleicht extrem) revolutionär gegen Hypokriten und übertreiben Einfachheit und Democracy.[1] Wirklich günstige Entwicklung (Optimum) würde zur Entwicklung von Individuen (u. Rasse) führen, die weder lügenhaft (hypokritisch) noch destruktiv wären.

Schizophrenie ist »photochemische« Mimicry-Reaktion, anstelle der Selbstbehauptung (Revanche, Abwehr). (Dm.: Schizophrene von Trauma affiziert, eigentlich *bevor* sie Persönlichkeit hatten.)

Die photosensible »Mimicry-Reaktion« in der Natur ist *ur-*

1 Engl.: Demokratie.

sprünglicher als die Selbstbehauptung und Geltungsreaktion. Das anscheinend gar nicht existierende und von der Wissenschaft unberücksichtigt gelassene *zweite Prinzip* (Begütigungsreaktion) ist das *ursprünglichere.* (Kindlichere). Es geht infolge falscher (irritierender) Erziehung scheinbar verloren.

»Verdrängte Güte«. Analyse leugnete dies – oder gar sie nur in einer höheren Schichte zu. (Pfister!)[1]

Analytiker wollen ihre eigenen Komplexe (Schlechtigkeit, Übelwollen), auch auf frühverletzte (Schizophrene) applizieren. Mit 180
Unrecht! Ja sogar Neurotiker müssen *über* das traumatogene Schlechte hinaus (behind[2]) zur vertrauensvollen Güte zurückgeführtwerden. *Das zweite »Prinzip« ist das Ursprünglichere.*

Einfluß der Leidenschaften der Erwachsenen auf Charakter-Neurosen und Sexualentwicklung der Kinder[3]

Was sind Leidenschaften? Die Encycl. Britannica »Passion« = 1) Suffering of Pain, 2) Feeling of Emotion, 3) Sufferings of Jesus Christ/ ... and of Saints and Martyrs. »The modern use generally restricts the term to strong and uncontrolled emotions.« V. 418 C, V. 420 C, V. 425 D. (Descartes: If reason be contradictory in itself, truth must be found in unreason.)

It is not easy to conceive how the same being who is determined by passion from without should also be determined by reason from within. How in other words can a spiritual being maintain its character as self-determined or at least determined only by the clear and distinct idea of the reason which are its innate forms in the presence of this foreign element of passion that seems to make it the slave of external impressions? Is reason able to crush this intruder or to turn it into a servant? Can the passions be annihila-

1 Pfister, Oskar (1873–1956), Zürcher Pfarrer, versuchte Psychologie und Theologie zu vereinigen, was ihn 1908 zu den Arbeiten Freuds führte; er wurde Psychoanalytiker, ohne sein Amt aufzugeben. Er veröffentlichte zahlreiche Bücher und Aufsätze. – Siehe seinen Briefwechsel mit S. Freud, in Sigmund Freud, Oskar Pfister, *Briefe 1909–1939*, S. Fischer, Frankfurt am Main 1981.

2 Engl.: Hinter.

3 Erster Entwurf des Wiesbadener Kongreßvortrags »Sprachverwirrung zwischen den Erwachsenen und dem Kind«, in: *Schriften zur Psychoanalyse, II*, op. cit.

ted or can they be spiritualized? Descartes could not properly adopt either alternative.[1]

Descartes hat also versucht, das Wesen der Sublimation auf spekulativem Wege zu ergründen. Freud versuchte jede Sublimierung und jeden Drang nach Vervollkommnung als unerfüllbare, stets unbefriedigt zu bleibende Wunschregungen, gleichsam als kompensierende Trostphantasien und -handlungen zu bestimmen. Eine spezielle Untersuchung und Beobachtung des Umschlagens der Leidenschaft in logische und ethische Selbstkontrolle, dann sogar in positives Vergnügen an Gedeihen und Wachsen allüberall (also in sich, wie in der Umwelt) führte zur Vermutung, daß es sich bei der Sublimierung, d. h. bei dem Vergnügen an Wohlbefinden, Gedeihen, gegenseitige Güte und Zärtlichkeit möglicherweise um zweierlei handelt: 1) tatsächlich im Freudschen Sinne, um eine Richtungsänderung leidenschaftlicher, doch unerfüllbarer aggressiv-selbstischer Regungen, 2) kommt man zur Vermutung, daß es auch noch eine zweite ursprünglichere, naturgemäße und nicht neurotische Quelle des gegenseitigen Wohlwollens gibt. Gelingt es uns, einen Einblick in das Seelenleben des noch von Schmerzen und Leiden verschont gebliebenen Kindes zu gewinnen, so gelangen wir schließlich zur Annahme, daß der Mensch nur infolge von Leiden, leidenschaftlich und rücksichtslos geworden ist. Lebt es aber noch in einer optimalen Milieuatmosphäre, so ist es geneigt a) am eigenen Vergnügen auch die Umwelt teilnehmen zu lassen,

1 Engl.: »Passion«: 1) Schmerz 2) Gemütsbewegung 3) Leiden Christi ... und der Heiligen und Märtyrer. »Der moderne Gebrauch beschränkt das Wort auf starke, nicht kontrollierte Gemütsbewegungen ... (Descartes: Ist die Vernunft in sich selbst widerspruchsvoll, so muß die Wahrheit in der Unvernunft gesucht werden.)

Es ist nicht leicht zu verstehen, wie dasselbe Wesen, das äußerlich von der Leidenschaft bestimmt wird, innerlich auch von der Vernunft bestimmt sein könnte. Mit andern Worten, wie kann ein geistiges Wesen seinen Selbstbestimmungscharakter oder wenigstens die Bestimmung nur durch die klaren und deutlichen Ideen der Vernunft, welche seine eingeborenen Formen sind, in Gegenwart dieses fremden Elements von Leidenschaft bewahren, das ihn zum Sklaven äußerer Eindrücke zu machen scheint? Ist die Vernunft imstande, diesen Eindringling zu zerschmettern, oder aus ihm einen Diener zu machen? Können die Leidenschaften ausgelöscht oder können sie vergeistigt werden? Descartes konnte eigentlich keine der beiden Alternativen annehmen. (Die *Encyclopaedia Britannica*, aus der Ferenczi das Zitat zu Descartes entnimmt, ist ihm von Freud zu seinem fünfzigsten Geburtstag geschenkt worden.) (Anm. d. Hrsg.)

b) ein noch neidloses Vergnügen an Gedeihen und Wohlbefinden in der Umwelt zu finden.

Dieses scheinbar so hoch ethische Benehmen und Fühlen hat aber nichts von der Eingebildetheit des Wohltuenden Erwachsenen, es ist nur eine psychische Parallele zum eigenen ungehinderten körperlichen und geistigen Wachstum, also kein besonderer Verdienst und wird auch nicht als solches empfunden. Ein solch vollkommenes Glück hat man vielleicht nur im Mutterleib genossen, eine leidenschaftslose Periode also, die von der Geburtserschütterung kurz unterbrochen, jedoch in der Säuglingspflege weitergenossen wird. Die unvermeidlichen, zum Teil vielleicht überflüssigen und unnötigen Leiden schon der ersten Adaptation (Regulierung der Organfunktionen, Angewöhnung von Reinlichkeit, Entwöhnung) machen jeden Menschen mehr oder minder leidenschaftlich. In den günstigsten Fällen verbleibt aber im Individuum, als Rest und Effekt der genossenen Glückseligkeit, ein Stück Optimismus und auch harmloses Vergnügen an Fortschritt und Gedeihen allüberall.

Es ist also vielleicht falsch, alle Äußerungen von Güte und Übergüte der Zwangsneurotiker auf kompensierte und überkompensierte sadistische Aggressivität zurückzuführen. Wurden in der Analyse all die Leiden, die die unbewußte Aggressivität provozierten, reproduziert, in neuartiger Weise einsichts- und mitleidvoll erledigt und wurde sogar die Schichte der Schreckhaftigkeit und deren ängstliche und phobische Vorbauten abgebaut, so bleibt immer noch das Problem offen, was denn das Kind befähigt hat, eine so intelligente, man möchte sagen selbstlose Form der Anpassung zu finden, anstatt, wie es offenbar oft geschieht, in der Abwehr- und Trotzeinstellung zu verharren und zugrunde zu gehen. Man denke auch an die wunderbaren Vorgänge in der Natur, wie Mimikri und besonders Symbiose.

Die großartige alloplastische Anpassungsleistung des Menschen zwingt große Quantitäten der Umweltsenergie in ökonomische Bahnen. (Siehe Benjamin Franklin: »Eripuit coelo fulmen sceptrumque tyrannis«[1]. Ein Teil der Weltenergie ist unter dem Einflusse des Menschen gleichsam gezähmt und humanisiert. Weniger gelungen muß man die Erfolge der gegenseitigen Anpassung der Menschen untereinander bezeichnen. Gäbe es aber ein Mittel, die

1 Lat.: Den Blitz entriß er dem Himmel, das Zepter dem Tyrannen.

rücksichtslose Leidenschaftlichkeit der Menschen im allgemeinen zu mildern, indem man sie etwas länger die wirkliche Glückseligkeit der Kindheit genießen läßt, die eigenen Leidenschaftlichkeiten ihnen gegenüber zähmt und die unvermeidliche Resignationsleistung der Anpassungszeit nicht noch durch überflüssige Leiden erschwert: so wäre es vielleicht nicht unmöglich, die Konflikte des individuellen Egoismus zu mildern und die ursprünglich vielleicht nicht ganz selbstische Natur auch in ihrem nachgiebigen, ausgleichenden, ja entwicklungsfreudigen Aspekte zur Entfaltung zu bringen. Wenn man sich sogar auf Prophezeiungen einlassen nicht schämte, so würde man von der Zukunft weder den Sieg des einseitigen rücksichtslosen Kapitalismus, noch den der phantastischen Gleichmacherei erwarten, sondern eine volle Anerkennung der Existenz rein selbstischer Triebe, die unter Kontrolle bleiben, aber zumteil real befriedigt werden müssen, die Eliminierung vieler neurotischer, immer noch leidenschaftlicher, man möchte sagen gewalttätiger Übergüte (Friß Vogel oder stirb-Politik) und schließlich vielleicht die langsame Entfaltung naiver Gutmütigkeit erwarten.

Die Vorarbeit dazu müßte die Kindererziehung leisten, die Vorarbeit zur Kindererziehung ist aber die psychoanalytische Erfahrung und Experiment. Man kommt so natürlich in den Verdacht, einfach die Zahl der verrückten Weltverbesserer um eins vermehrt zu haben, dagegen spricht aber: 1) daß dieser Umwandlungsprozeß im Einzelfalle dauerhaften Erfolg hat, 2) daß der günstige Charakterwandel des geheilten Neurotikers auch schon heute im besagten wohlwollenden Sinne die Umgebung beeinflußt, 3) sind schon vielversprechende Versuche mit Erfolg der psychoanalytisch geschulten Kindererziehung zu verzeichnen.

Mein eigener Optimismus ist psychoanalytischer Erfolg. Mein manifester Charakterzug war früher ausgesprochen pessimistisch sowohl im Bezug auf Erkenntnis, Fortschritte, als auch in hinsicht auf gegenseitige Anpassungsmöglichkeiten in der Natur. Überall sah ich nur Circulus vitiosus. Heute traue ich mich manchmal an
184 einen Circulus benignus zu denken.

»Cartesianism. Encyclopaedia Britannica Vol. V 1910–11. The passions are ... provisions of nature for the protection of the unity of soul and body, and stimulate us to the acts necessary for that purpose. Yet, on the other hand, he could not admit that these passions are capable of being completely spiritualized ... It is impossible to think that the passions which arise out of this unity, can be transformed into the embodiment and expression of reason.

Descartes points out: »... every passion has a lower and a higher form; and while in its lower or primary form it is based on the obscure ideas produced by the motion of the animal spirit, in its higher form it is connected with the clear and distinct judgments of reason regarding good and evil«.[1]

Supposition: auch die niedrigsten Formen der Existenz (anorganic, purely vegetativ[2]) sind das Resultat *zweier* Tendenzen: Suchen der Rute 1) durch Selbstverteidigung und Abwehr 2) durch Adaptation, Ausgleich, Begütigung. Das höhere (auch ethische) Wissen des Menschen ist eine *Rückkehr zum Ausgleich*, – oder Begütigungs-*Prinzip*, das allüberall existiert.

Anorganisches: Alles fühlen, nichts wissen. (Nur Realitäts-Prinzip.)

Vegetatives: Möglichst alles Selbstförderliche wissen. (Nur Lustprinzip).

Human: Nichtselbst durch Schutz und Abwehr beseitigen. (Verdrängung) Lustprinzip.

Zwei Formen:

1) Zwang: nur Realitäts-Prinzip (Selbstlosigkeit).

2) Berücksichtigung von Lust und Realitäts-Prinzip!

Doch auch schon Descartes sieht, daß »no *ideal* morality is 185
possible to man in his present state.«[3]

Dualism of Descartes in Metaphysics and in Ethics.[4]

Ist ein Fortschritt denkbar zu einem Punkt, bei dem *selbstische* (passionate) Tendenzen ganz aufgegeben werden? Nur wenn die

1 Engl.: Cartesianismus. *Encyclopaedia Britannica*, Vol. V 1910–11. Die Leidenschaften sind ... Vorkehrungen der Natur zum Schutz der Einheit von Seele und Körper und regen bei uns die zu diesem Zweck nötigen Handlungen an. Andrerseits konnte er jedoch nicht einräumen, daß diese Leidenschaften einer vollkommenen Vergeistigung fähig wären ... Es ist unmöglich zu denken, daß die Leidenschaften, die dieser Einheit entspringen, in die Verkörperung und den Ausdruck der Vernunft verwandelt werden können.

Descartes bemerkt: »... jede Leidenschaft hat eine niedrigere und höhere Form; und während sie in ihrer niedrigeren oder primären Form auf dunkle Ideen gegründet ist, die von der Bewegung des animalischen Geistes erzeugt sind, ist sie in ihrer höheren Form mit klaren und deutlichen Urteilen der das Gute und Böse betrachtenden Vernunft verbunden.«

2 Engl.: Unorganisch, rein, vegetativ.

3 Engl.: »Es gibt keine ideale Sittlichkeit für den Menschen in seinem gegenwärtigen Zustand.«

4 Engl.: Dualismus Descartes' in Metaphysik und Ethik.

Selbst-Zentren als solche zu existieren aufhörten und wenn die einzelnen Individuen (Atome etc.) zur »Überzeugung« kämen, daß es besser ist *nicht* als Einzelwesen zu existieren. Vereinigung des Universums in einem ideellen Punkt.[1]

Heute nur ein *relatives Optimum* möglich (Stachelschwein-Philosophie[2]).

Doch dieses kann verbessert werden (Progress[3]).

Malebranche; Curch-father[4]:

»My pain is a modification of my substance but truth is the common good of all spirits.[5]

Ferenczi: Leidenschaft ist rein selbstisch, »truth«[6] ist Gemeingut aller Existierenden. C II principle (peace).[7]

Ferenczi: (a) »Kampf Aller gegen Alle« = moderne Naturwissenschaft

(b) »Ausgleich aller mit allen« (Peace-Principle).[8]

186 *Malebranche* »The idea of the infinite is prior to the idea of finite«.[9]

Ferenczi: Das Reagieren Aller auf Alles (im Univers) ist früher da, als die Selbstschutz-Organisation (Individualität).

Malebranche: »We conceive of the infinite being by the very fact that we conceive of being without thinking whether it be finite or no. *but in order that we* may think of a finite being we must necessarily cut off or deduct something from the general notion of being, which consequently we must previously possess.«[10]

(Die Tatsache des *Sich-selbst-fühlens* postuliert die Existenz

1 Im mathematischen Sinn: idealer Treffpunkt von Parallelen.

2 Einhaltung einer gewissen Distanz zweier Individuen, damit sie sich zwar warmhalten, aber nicht stechen (Anm. d. Hrsg.).

3 Engl.: Fortschritt.

4 Engl.: Kirchenvater.

5 *»Mein Leiden ist eine Veränderung meines Wesens, aber die Wahrheit ist das allgemeine Gut aller Geister.«*

6 Engl.: Wahrheit.

7 Engl.: C II-Prinzip (Friede).

8 Engl.: Friedensprinzip.

9 Engl.: »Die Idee des Unendlichen besteht vor der Idee des Endlichen.«

10 Engl.: »Wir haben den Begriff des unendlichen Wesens eben dadurch, daß wir den Begriff eines Wesens haben, ohne zu denken, ob es endlich oder nicht ist. *Aber um* ein endliches Wesen fassen zu können, müssen wir notwendig etwas vom allgemeinen Begriff eines Wesens abziehen oder weglassen, welches wir folglich vorher besitzen müssen«. Malebranche, Nicolas de (1638–1715), französischer Metaphysiker. (Wie für Descartes bezieht Ferenczi auch über ihn seine Auskünfte aus der *Encyclopaedia Britannica* (Anm. d. Hrsg.).

eines Nicht-Ich, *Ich ist eine Abstraktion. Vor* dieser Abstraktion müssen wir das Ganze (Universum) gefühlt haben.)

Kind ist noch näher diesem Universalfühlen (ohne Sinnesorgane); es weiß (fühlt) alles, gewiß noch viel mehr, als Erwachsene, deren jetztische Sinnesorgane zum großen Teil dazu dienen, einen großen Teil der Außenwelt (eigentlich *alles* except das Nützliche) auszuschließen.

Erwachsene sind relative Idioten. Kinder sind allwissend. 187

6. Juli 1932

Projektion unserer eigenen Leidenschaften oder Leidenschaftlichkeit auf die Kinder. Sind Perversionen wirklich Infantilismen und inwiefern? Ist Sadismus und Analerotik nicht schon hysterische Reaktion auf Traumata?

Vor- und Nachteile resp. optimale Grenze der Gegenübertragung

1) R. N. Fast täglicher Hergang: 1) Eingehend in die Assoziationen des Analytikers, der natürlich nicht verhehlen kann, daß er selber verschiedentliche negative Reaktionen gegen die Patientin verspürt. R. N. trachtet diese Aussagen mit analytischem Verständnis zu honorieren, man merkt aber trotzdem der sonstigen Objektivität ein spezielles Interesse für die sie betreffenden Äußerungen, aber auch die Äußerungen anderer über sie, besonders aber: wie weit ich mich mit jenen, die sie nicht schätzen, identifiziere. 2) Änderung der Untersuchungsrichtung, Beginn der Stunde mit Klagen a) über das Leiden und deren Symptome, die Langsamkeit des Fortschritts, b) gestützt auch auf die analytischen Geständnisse des Vortages, Klage über Abwesenheit jenes Grades von Interesse und Sympathie, ja Liebe, die allein ihr Vertrauen zu meiner Fähigkeit bringen kann, ihre zerrissene Seele zu einer Einheit zu kleben. c) meine Reaktion hierauf war früher merkliche Steigerung der Antipathie und das Gefühl zu Gefühl gezwungen zu sein. (Woraufhin entsprechende innere Abwehr).

Seit der tieferen Untersuchung der Ursachen meiner Sym- und Antipathien wurde ein gut Stück der letzteren auf infantile Vater- und Großvaterfixierung mit entsprechender Mysogynie zurückgeführt. Dementsprechend fühlbare Steigerung des Mitleids mit der fast zu Tode gemarterten, dazu noch falsch beschuldigten Person. Sobald die Rührung eine gewisse Höhe erreicht, beruhigt sich die Patientin und ist willig, weiter zu arbeiten; die noch immer verbleibende Kritik bezieht sich nur mehr auf Ungeschick in den Fragestellungen und mit wenigen Ausnahmen auf den Mangel entsprechender und effizienter innerer Willensanstrengung meinerseits, der von der Patientin, die sich in der Trance telepathisch, ja clairvoyant fühlt, sofort verspürt wird. Immerhin enden so die Doppelstunden mit zuzeiten beinahe zärtlichen Versöhnungen. Der Gegensatz zu diesen Vorgängen findet sich in der Vorgeschichte: der Veranlasser der Traumen war selber so verblendet, daß er sein Kind auf die unflätigste Weise beschuldigte. Dies war der Moment des Zerfalls des Verlustes jeder Hoffnung, die auch auf die Analyse übertragen wird. Anderseits kann man nicht leugnen, daß die achtjährige geduldige Arbeit Anerkennung verdient und daß ein fast zu Tode gemartertes Kind zärtlich behandelt werden muß. Wann aber soll auch die Anpassung an die Realität beginnen? Wird es möglich sein, die Kranke dazu zu bringen, auf irrealisierbare Phantasien zu verzichten? Manchmal verzage ich beinahe daran, aber das Durchhalten hat sich bisher immer gelohnt. Heute z. B. träumte sie von einem Bullen, der sie angreift, sie fühlt schon das Horn an die Haut angesetzt und gibt sich auf. Dies rettete ihr Leben, da das Tier das sich nicht mehr wehrende, totgewähnte Geschöpf als für es uninteressant liegen ließ.

Allerdings findet Patientin mich noch nicht ganz genügend zerknirscht, doch andererseits, wie dieser Traum zeigt, nunmehr vielleicht geneigt, Bekenntnis und Freundlichkeit zu honorieren und auf manches andere zu verzichten. – Es hat sich also bisher gelohnt, gelegentliche Ungeduldschübe energisch zu kontrollieren, ja einen großen Teil der Verantwortung für solche Ungeduld auf sich zu nehmen. Sich zu ärgern ist nicht Sache eines Analytikers, er hat zu verstehen und zu helfen. Wo diese Leistungsfähigkeit stockt, muß er die Fehler in sich selber suchen. Es kommt dann eine Zeit – so wollen wir hoffen –, wenn die Kranken sich mit dem Unwiederbringlichen, wenn auch mit Bedauern, abfinden, auch wenn ihnen die Analyse fürs Leben nicht mehr als Verständnis und Sympathie bietet, und auch wenn das reale Leben nur Bruchstücke jenes Glückes verspricht, das ihnen bisher versagt blieb.

B. Heftigste Steigerung des Unwohlbefindens. Keine Nacht ohne Schlaf- und Atemstörung, wochenlanges Dulden, dann überschäumende Wut gegen die Analyse, die nur Schmerzen bereitet, alte Wunden aufreißt und dann nichts für sie tut. Fluchen und Kreischen während der ganzen Stunde, Verdächtigungen, Beschimpfungen etc., sie verlangt, ich solle meine Hilflosigkeit bekennen, zum Schluß kommt sie sogar zur Idee, ich soll das Trauma wiederholen, wenn das nur hilft. Bei früheren ähnlichen Anfall- oder Ausfallserien fühlte ich mich gleichsam schuldbewußt und trachtete, die Patientin zu beschwichtigen und sie – wieder ein leidendes Kind – mit tiefgefühlter Zärtlichkeit zu behandeln, doch alles blieb, wie zuvor. – Seither lernte ich meine Rührung zu beherrschen, ja ich denke mir, die freundlich-kühle Behandlung und die unvermeidlichen Ausbrüche, die ihr folgen, sind eigentlich als Fortschritt gegenüber dem bisherigen Verstecken der Wut (was sie in ihrem Heime gelernt hat). Ich denke mir, daß weitere Steigerung der Wut auch weiter so behandelt den Rückweg in die Vergangenheit auch von selbst finden wird. Geht man zu stark auf die positive oder negative Gegenübertragung ein, so entgeht man vielleicht unangenehmen Erlebnissen in der Stunde, weicht man aber letzteren nicht aus, so mag man mit unerwartetem Fortschritt belohnt werden.

Dm. Seitdem sie sieht und fühlt, daß ich ihre provozierende Handlungen und ihr Benehmen einfach nicht mit Antipathie beantworte, kann man von ihr alles haben. Die Fortschritte sind enorm.

S. I. war eigentlich immer sympathisch, sie sehr lange resistent. Dann der oft beschriebene plötzliche Umschlag in Friedlichkeit und Sublimierung.

Alles in Allem noch immer keine allgemein gültige Regel da.

7. Juli 1932

Überspiegelung und Umkehrung

Als psychische Folgen des Persönlichkeitszerfalls (und des Verlustes der Fähigkeit zur Überzeugung, ja zum Wissen und Erinnern) 1) R. N.: Häufig wiederkehrende Traumform: zwei, drei oder auch mehrere Personen repräsentieren nach vollendeter Traumanalyse ebenso viele Persönlichkeitsanteile. Der heute analysierte Traum, zum Beispiel, dramatisierte wie folgt: die Träumerin selbst bekommt eine schriftliche Nachricht von der ihr nächststehenden geliebten Person, mit dem Text: Here I am. I am here.[1] Die Träumerin versucht dies einer dritten männlichen Person mitzuteilen, kann aber mit ihm nur indirekt durch Fernruftelefon in Verbindung treten und das ganze Gespräch mit letzterem hört sich tatsächlich sehr vage, als von ungeheurer Entfernung kommend, an. Die Schwierigkeit steigert sich zu alptraumartiger hilfloser Anstrengung dadurch, daß der Text der Nachricht nicht unmittelbar gelesen werden kann; die Träumerin sieht sie nur in Spiegelschrift, indem das Licht durch die Postkarte durchdringt, wobei sie in einem Art Zelt sitzend, die Schrift nur als Spiegelschrift sehen kann.

Die Unfähigkeit, sich verständlich zu machen, wird in der Analyse assoziativ verknüpft a) mit ihrer Verzweiflung darüber, daß ich, der Analytiker sie so lange mißverstehen konnte (ihren Fall mit einem andersartigen, viel leichteren verglich (S. I.) und sie gleichsam schalt, daß sie nicht schön und gutwillig, wie jene sich zum Optimismus bekehrt. b) dieses mein Verhalten reproduziert den Moment der Verzweiflung darüber, in ihrem Vater je die Liebe wiederzufinden, die er ihr einmal zeigte. Sie erkennt sein wahres Wesen als verblendete, dabei verrückte (verschrobene) Wut, Ärger und Grausamkeit. c) Noch dazu verwoben mit der teuflischen und auch in Wirklichkeit durchgeführten Idee, Patientin durch verschiedene Gifte vollkommen wehrlos und zu einem Automaten zu machen. Der schwer zugängliche Mann im Traume ist einerseits jener Quälgeist, anderseits ich, der verbohrte Analytiker. Die historische Analyse jener Mannesfigur (die im Traume sich als Clown gebärdet, der statt die eigenen Schmerzen zu zeigen, andere amüsiert und komische, akrobatische Schaustücke vorführt) führt a) zur eigenen infantilen Lebensgeschichte, Zirkusvorträge etc., b) zu ähnlichen, im Analytiker vermuteten Infantilereignissen (Trunkenheit und Mißbrauch). Auch das Durchblicken durch das Zeltblatt, das Lesen in Spiegelschrift selbst und das Hören des Ausrufers wie aus weiter Ferne, entsprechen historischen Vorkommnissen.

Die zusammenfassendste Erklärung dieses Alptraums ist aber, daß die durch Leiden und Vergiftung zersplitterte und wehrlos gemachte Persönlichkeit immer und immer wieder, doch stets erfolglos versucht, die verschiedenen Teile ihrer selbst in eine Einheit zu fassen, d. h. die Vorgänge in und um sie herum zu verstehen. Anstatt

1 Engl.: Hier bin ich. Ich bin hier.

aber sich zu verstehen, (das eigene Elend zu realisieren), kann sie nur indirekt und symbolisch die sie betreffenden, ihr selbst unbewußten Inhalte zur Schau tragen: sie muß sich mit analogen Seelenzuständen anderer befassen (Ursache der Berufswahl), vielleicht mit der geheimen Hoffnung, irgend wann von einem jener Dulder verstanden zu werden. Die Überempfindlichkeit – so sagt die Assoziation – geht so weit, daß sie auf ungeheuer lange Distanzen »Telefonnachrichten« senden und bekommen kann. (Sie glaubt an Fernheilungen durch Willens- und Gedankenkonzentration, besonders aber Mitleid). Indem sie ihre eigene mit der Lebensgeschichte des Analytikers verknüpft, vermutet sie, daß sie schon als Kind »auf lange Distanz« den Analytiker, der ähnlichen Leiden ausgesetzt ist, telepathisch gefunden und nach etwa 40 Jahren, nach langem Umherirren, auch aufgesucht hat. Doch die Hindernisse und Amnesien im Analytiker selbst, verzögerten das Zustandekommen des Verständnisses (im Analytiker siehe die Klagen über ihre falsche Beurteilung) und erst jetzt, als ich beginne, meine Irrtümer einzusehen, und sie als unschuldige und gutmütige Person zu erkennen und zu rechtfertigen (– ich habe sie tatsächlich bei S. I. zuletzt bestens beschrieben –), nähern wir uns der Möglichkeit, die Splitter ihrer Persönlichkeit zusammenzupassen und sie zu befähigen, nicht nur indirekt, sondern unmittelbar, die Tatsache und die Ursachen dieser Zersplitterung zu erkennen resp. zu erinnern. Bisher konnte sie über ihre eigenen Zustände nur in Spiegelschrift, d. h. durch Widerspiegelung in analogen Leiden anderer, lesen (wissen). Nun aber fand sie jemanden, der ihr vorhält, daß sie das was sie über den Analytiker in einer für sie überzeugenden Weise herausgebracht hat, als entfernte Spiegelung der eigenen Leiden zu erkennen hat.

Gelingt dies, so ist eigentlich die bisherige Zersplitterung und damit die Projektionstendenz (Verrücktheit) gegenseitig rückgängig gemacht.

2) Die einzelnen Teilstücke der Persönlichkeit gestatten uns, in dieser Tiefenanalyse das Zustandekommen der Verdrängung in seinen Einzelheiten zu studieren. Die Frage, ob es verdrängte Gefühle und Schmerzen gibt, wird hier in positivem Sinne gelöst. Ja riesige Quantitäten von vorstellungsfreien, von motorischer Abfuhr, vom Denken abgeschnittene sensibler Reizmengen sind im Neurotiker und Psychotiker aufgestapelt. Dieses Abgeschnittensein von der Intelligenz steigert noch die Qual. Jedenfalls sehen wir die evidente Bestätigung *Freuds* über Entstehung der Verdrängung

durch Losreißung der Seeleninhalte von den ihr adäquaten Gefühlsreaktionen.

194 **19. Juli 1932**

Einsicht in die eigene Paranoia als »Glanzleistung« (erstmalige?) der logischen *Konsequenz* und des *»Durchhaltens«* (Charakterstärke)

Trotz großer Unlust und fast übermenschlicher Kraftentfaltung, fortwährend mit innerem Konflikt kämpfend, (Tics, musizierende und trommelnde Ordnungsbringung [solution] in den Chaos) versuchte ich eine logische Einheit in dem verrückten Wirrwarr 1) der eigenen Gefühle und Gedanken 2) des Umwelt-Chaos zu schaffen. Selbst wenn es nicht gelang, noch so oft fehlschlug, die *Hoffnung*, daß es einst gelingen kann, gab ich nie auf. *Fast* gab ich sie auf vor der »Grenzensteig« Episode. Doch Verzweiflung schlug grade damals in eine, vom »inneren Rat« getragene *psychologische Tätigkeit um.* (Finden des Unbewußten.)

Es handelte sich um Sein oder Nichtsein. (S. S. S.)[1]

Nach diesem kurzen Intermezzo landete ich in die »Liebedienerei« bei einem starken Mann, – blieb unselbständig. Neuer Schub nach Erfahren von der Psycho-Analyse 1) Enthusiasm, eigene Arbeit, viel Originalität 2) Buchstäbliche Unterordnung (Secret Grand-Vizier – Ambivalenz.) Teilweise Lösung von dem Enthusiasm – schon in America I. Doch höchstens *Schweigen*, Improductivität. Letzte Enttäuschung: »Er liebt Niemanden, nur sich und sein Werk« (und läßt Niemanden originell werden) nach Berlin, Paris. – Die Libidoloslösung gestaltete »revolutionäre« technische Neuerungen: Aktivität, Passivität, Elasticität. Rückkehr zum Trauma (Breuer).

Als Gegensatz zu Freud entwickelte ich zu besonderer Stärke die Fähigkeit zur *Humility*[2] und zum Schätzen des unverdorbenen Kindes (Patienten) klaren Blick. Schließlich gestattete ich sogar ihnen 1) die volle Einsicht in meine Schwächen (Analyse mit R. N.) 2) in meine erlogene Superiorität. (Ruhe).

1 Hier spricht Ferenczi offensichtlich von Schlüsselerlebnissen seines Lebens vor der Analyse. Bei den drei S könnte es sich um die Devise von Schwiegermüttern handeln: »Schweigen, Schlucken, Schenken.« Doch das sind Spekulationen (Anm. d. Hrsg.).

2 Engl.: Demut.

Die bisherige Überlegenheit (Grandeur) verschaffte mir die angenehme Empfindung daß alle anderen dumm (verrückt) sind, außer mir.

Die psychoanalytische Einsicht in die eigene *emotionelle Leere*, die überkompensatorisch verhüllt war, (verdrängte – ubw. Psychose) – führte zur Selbst-Diagnose: *Schizophrenie* (demzufolge mußten die Compensationen realitätswidrig, d. h. delusionär, paranoisch sein.) *Haß der Frau, Verehrung des Mannes* (mit Promiscuitäts-Zwang als Überbau) ermöglichte die Rationalisierung der *traumatischen Impotenz.* Grundursache: Vater – Vater, = *Gott, König, Patriarch.* (Es war unmöglich Gott gegenüber Recht zu behalten). Doch *Rechthaberei* auf allen anderen Gebieten blieb bestehen. Die ganze Welt wurde bekrittelt. Schließlich wandte sich die *Kritik gegen mich selbst.* Rechthaberei (Nichtlügen) war stärker als Tod oder Angst, Schmerz. So ergab ich mich aus *logischer Konsequenz* der R. N.schen Idee.

Schließlich führte dies zur Ursachenforschung der Rechthaberei und des Frauenhasses. Lösung: Trauma und Compensationen. Enderfolg: Einsicht in die restliche Blindheit (Feigheit) der männlichen Autorität gegenüber. Zum Schluß: Einsicht in die *Paranoia* der Autorität (Gott ist verrückt, die Welt ist chaotisch). Erkenntnis: meine Paranoia war nur die Imitation (Darstellung) seiner, d. h. der machtvollen Erwachsenen.

Nun heißt es: mich mutig von ihnen loszusagen, dann vielleicht sie zu kurieren. (Zur Einsicht bekehren.) Spezielle Aufgabe: die Patienten, die die psychoanalytische Paranoia unwürdig machte, hörig und dauernd gebunden, abzulösen durch wirkliche Befreiung, *auch von uns.*

Stolz: ich bin der *erste* verrückte Mensch, der Krankheitsein- 196
sicht bekam und *R. N. nachgab* (von »Verrückten« zu lernen mich entschließ). Lohn: *Verrückte* zeigen sich *gesund.* Symbolische Aufrichtigkeit neuer Existenz in Gedanken und Rede-Aufrichtigkeit umgewandelt. (Mut zur Kritik).

Nun I. Fall (R. N.), so schwer.

Im II.–IV. (Dm., B. etc.) verwende ich Selbstanalysen-Material vom Fall I, rascher.

[Eine Seite fehlt; d. Hrsg.]

197 Sogar »discouragiert«[1], weint.

Hilft der Analytiker nicht *mutig* bei der Repetition (ohne Furcht) mit, so kommt Patient nicht weiter. Die Hindernisse des Analytikers müssen vorerst gelöst und gestanden werden. Selbstvertrauen des Patienten kehrt wieder (oder auch zum ersten Mal durchgeführt). (Selbstverletzung, wenn von außen nichts geschieht oder (aus Angst) zu milde behandelt wird.) R. N. *Suicide* (Spaltung nie Selbstliebe). Weniger schrecklich denn getötet werden, daher vorgezogen. *Technisch:* Ende mit der *Mildheitsperiode* – Rücksichtslosigkeit wird verlangt.

Erwachendes Selbstbewußtsein bei B. (Kind)

Freundin ist sinnlos empfindlich.

Analytiker fordern überall »Haß«.

»Ich halluziniere«, d. h. zulasse, daß sie alle (Männer und Frauen) *verrückt* sind: ärgern sich wegen Kleinigkeiten, hassen anstatt zu lieben. Kann aber nicht glauben, daß sie der einzig klare Kopf ist, muß sich also fortwährend sagen: *ich bin verrückt.* (Statt: Sie alle sind.)

198 **19. Juli 1932**

Ordnung in dem Chaos

B. Unfähigkeit zu freier Assoziation. Immer logisch. Statt dessen erfährt man nach Überwindung kolossaler Widerstände gegen das Erzählen, daß sie nebst der hellbewußten Denkarbeit *fortdauernd auch eine Melodie* im Kopf hat, eigentlich eine disharmonische Polyphonie, die sie musikalisch logisch *lösen* muß. Lösung: Nebst ihrer bewußt-logischen Existenz, die die Übercompensation des wirklichen Zustandes und Funktionsart ist, beherbergt sie eine *chaotische* Existenz, die fortwährend in »Ordnung« gebracht werden muß. (Ein großer Teil der Person ist »verrückt«, desorientiert.

(S. auch Traum vom kleinen Kind, dessen Kopf nur bis zum Tischrand reicht.) *Trauma fixiert* zum traumatischen (nicht zum prätraumatischen) Moment. Man möchte damit fertig werden,

1 Entmutigt.

d.h. es bewußt fassen und in die Vergangenheit (Erinnerungen) einreihen. Das wird aber unmöglich 1) wenn Trauma zu groß, um es nochmals voll erleben zu können, 2) wenn man dazu keine Hilfe bekommt, 3) besonders, wenn man ... [Fortsetzung fehlt]

21. Juli 1932

Einiges über Schamgefühl

1) Ausgangspunkt B. (a) Ihre Hausgenossin ist wegen Kleinigkeiten wütend, tagelang schmollend, wortlos; auch stottert sie. Patientin (B.) hat plötzlich die fast halluzinatorische Phantasie, daß N. F., wenn sie spricht, so tut, als würde sie vom Munde aus eine anale Verrichtung tun. (Po-po-po-po-po). (b) B. träumt, daß sie einen Mann auf dem Boden kriechen sieht, wie ein verwundetes Tier, stöhnend. Die Analregion ist (distorted, twisted)[1] blutrot, ganz wie ein offener Mund, mit zwei Reihen von Zähnen und einer Zunge darin. (c) N. F. ihre Stummheit unterbrechend, setzt sich auf einmal fast gewaltsam auf den Schoß von B. und sagt wütend: »By God, I love you.«[2]

B. hat es versucht, N. F. klarzumachen, daß sie (N. F.) in ihr (B.) Dinge vermutet, die einfach nicht da sind. N. F. antwortet darauf (nach gut psychoanalytischer Art), »Ja, diese Dinge sind in Dir, nur weißt Du nicht davon.« (Sie meinte, man schämt sich gewisser Tendenzen so sehr, daß man sie unbewußt macht.) Ich konnte B. ermutigen; gibt es doch auch wirkliche Gefühle, hinter denen nichts »unbewußt Verdrängtes« mehr steckt. Von hieraus führte das analytische Gespräch zum Problem der Scham überhaupt. Ich sagte ihr, Scham sei eine typisch männliche Erfindung, im Grunde ganz sinnlos. Warum soll man ein Organ und dessen Funktion, das und die da ist, Schamteile nennen. Knaben sind viel schamhafter als kleine Mädchen. Dafür werden Mädchen im Alter der Pubertät plötzlich »schamhaft«. (Hier das Beispiel der kleinen Erzsike zitieren). Männer machen die Moralgesetze und zwingen die Frauen, sie zu akzeptieren. Lückenlose Überlieferung sorgt für die Imprägnierung der nächsten Generation mit Moral.

1 Engl.: Verzerrt, verdreht.
2 Engl.: Bei Gott, ich liebe dich.

Es traf sich nun, daß B., da sie in frühester Kindheit, wo ihr Geist noch unverdorben war von Moral, Genitalfunktion und ihren lustvollen Charakter kennenlernte, wurde sozusagen hellseherisch; sie akzeptierte nur zum Schein die Formalitäten der Gesellschaft, tief innerlich blieb sie bei ihrer Überzeugung, daß Schamhaftigkeit sinnlos (verrückt) und eine Lüge ist. Sie demaskierte den Puritanismus und den Snobismus der Mutter, die impotente Feigheit und Hörigkeit des Vaters, hatte sie doch letzteren in moralischem Négligé gesehen. Sie fürchtet sich denn auch vor dem Moralismus in der Psychoanalyse, die immer nur von schamhafter Verdrängung spricht, während doch (im Kindesalter) so vieles unverdrängt und unverschämt durchgefühlt wird. Die Analytiker wissen nicht, wie real und unverändert die kindliche Naivität der Neurotiker ist. Er glaubt dem Neurotiker zu wenig und das muß letzteren entmutigen, wenn er weiß, wie ehrlich unverschämt er ist, und wie ungerecht es ist, ihm Verdrängungen zuzumuten. Nicht das Kind, sondern die Gesellschaft ist verschämt und verdrängerisch.

So in beiden obigen Fällen. B. sieht in N. F. die Deformation: infolge der genitalen Verschämtheit wird Genitale und Genitalfunktion sozusagen ausgeschaltet, statt dessen Anus und Mund mit Libido besetzt: das Liebesleben ist um das Beißen und die Entleerung herum zentriert. Wahrscheinlich bekam sie als Kind die Empfindung, daß das Genitale als etwas ebenso Ekelhaftes behandelt wird, wie die Stuhlentleerung. Auch wird man dafür ebenso bestraft, wie wenn man sich schmutzig macht. So tritt Sadomasochismus und Analerotik an Stelle der Genitalität. Das Gleiche geschieht mit dem Manne in ihrem Traum. B. sieht mit klarem Blick die Persönlichkeit des Dr. R. N. N. Sie sieht hinter seiner übertriebenen Männlichkeit und der Sucht, jede Frau zu erobern, die anale Distortion verursacht durch die homosexuellen Praktiken des Großvaters. Sie sieht, daß er eigentlich impotent und ein Schwächling ist. Ähnliches sieht sie bei fast allen zivilisierten Männern.

Diese Aufklärungen und positiven Antworten meinerseits auf die Frage, ob auch ich zivilisiert bin, bringt eine sonderbare Veränderung im Wesen der Patientin hervor. Ihr nächster Traum handelt von einem ziemlich rüstigen Mann, mit einem winzigen Penis. Einzelheiten wiesen auf meine Person hin. Ich konnte ihre Neugierde befriedigen und einiges von meiner eigenen Ängstlichkeit und Schamhaftigkeit, Kleinpeniskomplexen usw. erzählen. Da sie merkte, daß ich nichts von Schwächen verheimliche, daß sie mich also mit Anspielungen auf diese Schwäche nicht weiter verletzen kann, hörte sie auf, mir meine analytische und sonstige Unfähigkeit unter die Nase zu reiben, begann darüber nachzudenken, ob nicht unbefriedigter Sexualhunger hinter den scheinbar unerträglichen tödlichen Schmerzen (in Abdomine[1]) steckt und ob das »Trauma« in ihrem Falle nicht vielmehr die Liebesentziehung denn die Überwältigung statuierte.

Liebesentziehung und ganz Alleinsein mit der Liebesforderung gegen die kompakte und überwältigende Majorität, bringen in sogenannten normalen Kindern Schamhaftigkeit und Verdrängung (Neurose) hervor. Das Erwachen zur Schamhaftigkeit kann ganz plötzlich geschehen, es bedeutet wahrscheinlich den Beginn einer neuen Epoche mit mehrminder vollkommenem Vergessen (Amnesie) der vorausgegangenen Zeit. B. war von ihrer Familie als »difficult child, problem child«[2] betrachtet. Ihr Trotz war ein Symptom der Tatsache, daß sie dem Zwange der puritanischen Schamhaftigkeit nur formal nachgegeben hat. Sie findet nun in mir endlich die Person, die obzwar durch Erziehung schamhaft gemacht (zivilisiert), doch imstande war, sich zu »bessern«, d. h. die Sinnlosigkeit der Schamhaftigkeit einzusehen und einzugestehen. Nun beginnt sie einzusehen, daß sie, wenn sie sich ausschließlich auf den »Elefantenpenis« ihrer Infantilerfahrung beschränkt, und alles geringere ablehnt, zeitlebens zu Hunger verurteilt ist, und sie beginnt darüber nachzudenken, ob man nicht auf das Unerreichbare verzichten und sich wenigstens mit dem Erreichbaren zum Teil sättigen könnte. Sie beginnt auch den »kleinen Penis« des »zivilisierten« Mannes als mögliches Liebesinstrument anzuerkennen. Es besteht die Aussicht, daß sie die Verhöhnung der Männer mit Hilfe femininer Homosexualität aufgeben wird.

(Was war wohl die Grundursache der Schamhaftigkeitstradition beim Manne? Hier muß auf die Arbeiten Davis mit Anerkennung Bezug genommen werden.) War das Motiv der Pubertätsriten, die das Genitale zum Leidensorgan und die Frau zu Gefährlichkeit und Schmutzigkeit stempelten? Siehe Freuds kulturgeschichtliche Arbeit.

2) O. S. hatte heute folgendes kleine Erlebnis: Sie behauptete seit jeher, fast nie die Emotionen von Wut, Ärger u. dgl. zu haben, was

1 Lat.: Im Bauch.
2 Engl.: Schwieriges Kind, Problemkind.

von ihrer Freundin N. D. stets bezweifelt, ja verhöhnt wurde. Ihre (gewiß zu Paranoia neigende) Freundin vermutete immer hinter ihrer Apathie die ungeheuerlichsten Tötungsabsichten. In Wirklichkeit ist O. S. in höchstem Grade infantil, sie ist ein verspieltes Kind, solche Kinder aber sind jener dauerhaften Trotz- und Wuteinstellung ursprünglich garnicht fähig, sie fühlen vielleicht momentanen Ärger, vergessen es aber, wenn man ihnen freundlich zulächelt. Nun wollte O. S. ihrer Freundin ein Vergnügen bereiten, indem sie ihr sagte, gleichsam um ihr ein Geschenk zu geben, »siehst Du, heute war ich auf die und die Personen eifersüchtig.« Was geschah aber. Die Freundin (N. D.) anstatt O. S. ob ihrer Ehrlichkeit zu beloben, forschte nach anderen schrecklicheren bösen Absichten in ihr.

So tun auch die Erwachsenen, wenn sie ihre eigene Leidenschaftlichkeit auf die Kinder projizieren und so taten es auch wir Analytiker, indem wir unsere eigenen, den Kindern aufgedrängten Sexualentstellungen für infantile Sexualtheorien hinstellten. O. S. hat Recht, wenn sie sagt: »Ich (wie übrigens alle Kinder) weiß ganz genau, wann ich etwas Böses will, wann ich etwas befürchte, wann ich Schuld- und Schamgefühle habe. Ich sträube mich aber dagegen, die übertriebenen Beschuldigungen der Erwachsenen auf mich zu nehmen, auch lehne ich es ab, gewisse Dinge für schamhaft zu erklären, die es mir absolut nicht sind.«

Wie und warum wird das Mädchen beim Beginne der Menstruation plötzlich schamhaft? Die menstruelle Blutung setzt sie in das Alter zurück, wo sie Stuhl und Harn noch nicht bemeistern konnte. Die Uterinblutung kann man nicht mit dem Willen regulieren, ob man will, oder nicht, man macht sich damit schmutzig, und auf einmal wird man aller der Mahnungen und Scheltworte bewußt, die man vor der Menstruation lachend abgelehnt hat.

23. Juli 1932

Experimentum analyticum cum B.[1]

B. ist unfähig zur freien Assoziation. Ursache: 1) böse Erfahrungen mit Vorgesetzten (Mutter), wenn sie der Bitte: »Sag schön

1 Lat.: Analytisches Experiment mit B.

alles, es wird Dir nichts geschehen« nachgab und dann doch bestraft wurde. Sie kann also in Wirklichkeit nicht glauben, daß ich es wirklich meine, wenn ich sie auffordere, mir alles, auch das mir Unangenehme, zu sagen. 2) sie weiß aus eigener Erfahrung, wie unausstehlich es ist, wenn man, besonders mit lauter oder kreischender Stimme, gescholten wird, darum weiß sie auch, wie sie von dem Analytiker, dem sie alles sagt, gehaßt werden würde. 3) am stärksten ist die Hemmung, wenn das Benehmen des Analytikers nichts von der unangenehmen Wirkung zeigt, aber das plötzliche Stillwerden und übertriebene Reserve versteckten Unmut bedeutet. (Diesem Zustande wird nicht eher abgeholfen als bis man sich dem Analysierten gegenüber offener gebärdet. Hier anzuknüpfen die bereits früher notierte Erleichterung nach einem Bekenntnis von Ärger ihr gegenüber meinerseits.) Nun stellt sich aber die Frage, ob es genügt, dem Patienten zu sagen, was mich ihm gegenüber stört, ärgert, irritiert, oder sind auch die positiven freundschaftlich-zärtlichen etc. Gefühle mitzuteilen. 4) Eine spezielle Empfindlichkeit der Patientin solchem »feigen und hypokritischen Verschweigen« gegenüber, stammt aus frühesten Kindheitsbeobachtungen. Sie bemerkte, daß der imposante Vater zum erschrockenen Feigling ward, sobald die Mutter zu schreien anfing. Später fand sie, daß die Männer überhaupt Feiglinge sind und auch wenn sie noch so brutal und aggressiv sind, vor einer kreischenden Frauenstimme die Flucht ergreifen. – Möglicherweise identifizierte sie sich beim Anblick der Urszene mit dem Vater. (Vielleicht weil ihr mehr an der Mutter gelegen war als am Vater. Sie wurde also zum Vater, um die Mutter zu behalten. Fand sie aber bei späterer Gelegenheit den Vater feige und ängstlich stumm der Mutter gegenüber, so wurde sie ungeduldig und bekam Lust, dem Vater zu zeigen: *so* solltest Du Dich der Mutter gegenüber benehmen.) In der analytischen Situation wird sie furchtbar ungeduldig, wenn sie merkt, daß ich angesichts ihrer Wut mich zurückziehe (in Wirklichkeit oft beinahe einschlafe), anstatt sie ordentlich niederzutragen, so wie sie es vom Vater gewünscht hätte und dieser Wunsch stets unbefriedigt blieb.

Sie wird also in der Analyse die keifende Mutter und wenn meinerseits nichts geschieht als die stereotype Bemerkung: »Ja, und was fällt Ihnen dazu ein?« da wird sie erst recht wütend und verlangt laut: »Aber um Gotteswillen, tun Sie etwas, machen Sie etwas, sonst gehen wir keinen Schritt vorwärts!« Bleibe ich weiter stumm und reserviert, so wird sie vollkommen erschöpft und mag am anderen Tage anfangen, fleißig zu arbeiten. Wie wir es aber feststellen konnten, ist in diesem Fleiß eigentlich kein Fortschritt; er zeigt nur, daß sie meiner Feigheit gegenüber hilflos ist, sie resigniert und notgedrungen, mit gebrochenem Willen, tut sie, als ob sie mit meinem Vorgehen einverstanden wäre. Ihre Erschöpfung im Protest mag so vollkommen sein, daß sie nicht einmal mehr weiß, daß sie protestieren möchte.

So lebte sie denn auch in der Nähe ihres Vaters jahrelang, ohne auch nur zu wissen, welche emotionelle Bedeutung er für sie hat. Was die Patientin, wie übrigens viele andere auch, darunter versteht, daß etwas getan werden muß, verrät sich wahrscheinlich in gewissen, scheinbar sinnlosen »Befürchtungen«, wie: »Oft glaube ich, daß Sie mir eins über den Kopf hauen wollen und wenn Sie eine Bewegung machen, fühle ich beinahe den Hieb.« Damit besagt die Patientin, daß ich sie, wenn sie mich zu lange gemartert hat, am liebsten niederschlagen oder hinauswerfen möchte. Das wissen die Patienten aus eigener Erfahrung, sie kennen die Wut, die über sie kam, wenn sie Beschimpfungen oder eine Ungerechtigkeit erdulden mußten. (Eine wichtige, oft vielleicht die wichtigste Quelle des Masochismus, des Wunsches, geschlagen zu werden, mag ein Protest gegen die in wohlwollendes Benehmen gehüllte wutgeschwängerte Hypokrise der Lehrer und der Eltern sein.)

Es ist den Kindern unerträglich, zu glauben, daß nur sie schlimm sind, da sie auf Torturen mit Wut reagieren. Die Erwachsenen aber solches nie verspüren, sondern immer gerecht, klug, einsichtsvoll etc. sind und fühlen. Es ist unerträglich, in einer großartig mustergültigen Gesellschaft der einzig Schlimme zu sein, es ist also ein Trost, wenn es mir gelingt, Herrn Vater oder Lehrer aus dem Häuschen zu bringen und sie dadurch indirekt bekennen zu lassen, daß sie nicht minder von den »Schwächen« behaftet sind, wie ihre Kinder.

Auch im Falle B. kam man, allerdings nicht ohne vom Falle R.N. beeinflußt zu sein, zu Idee, wie es denn wäre, wenn wir plötzlich die Rollen tauschten, wenn ich mich also auf das Sofa legte und sie sich in meinem Armstuhl bequem machte. Ich wollte ihr eben zeigen, was freie Assoziation ist, und sie solle mir zeigen, wie das richtige Benehmen des Analytikers aussieht. Ich frohlockte über die wiedergewonnene Freiheit und die mir gestattete Zügellosigkeit. Als Gegensatz zum Kreischen und Schimpfen forderte ich

Zärtlichkeit, Liebenswürdigkeit, verlangte von ihr meinen Kopf zu streicheln, wünschte für all meine Mühen mit Freundlichkeit, Zärtlichkeit, Umarmungen und Küssen belohnt zu werden, damit bekenne ich aber eigentlich, wie ungern ich in der anderen Situation verharrte, wo ich stets nur zu dulden und kaum etwas dafür verlangen durfte. Wohl eine typische Charakterisierung der etwas kindlichen Einstellung des Mannes einer Frau gegenüber. Nicht minder charakteristisch war aber die Reaktion der Pseudo-Analytikerin, sie war ohne weiteres geneigt, allen meinen Wünschen nachzukommen, ja, sie mußte bekennen, daß ihr das Gefühl der Scham und der Zurückhaltung beinahe fremd ist; sie erschrak ein bißchen, aber nicht stark, bei der Idee: »Wie könnte ich Analytikerin sein, wenn ich den Wünschen meiner Klienten so leicht nachgäbe?«

Die Antwort auf diese Frage, die einem ordentliche Verlegenheit bringt, kann man versuchen, folgenderweise zu formulieren: a) vielleicht sind die Frauen nur insoferne gute Analytiker, als sie die Wünsche der Patienten, gleichwie die Mutter die der Kinder, rasch und sicher erraten, aber schlechte Analytiker, wenn es sich darum handelt, die zweite Aufgabe der Erziehung, die im Leben notwendige Zurückhaltung und Selbstüberwindung zu lehren. Mann und Frau können also gleicherweise ziemlich gute Analytiker sein, nur muß die Frau, um es zu werden, etwas von der männlichen Selbstüberwindung und Hemmung lernen, um es auch dem Kinde beizubringen. Aber auch der Mann kann nur wirklich guter Analytiker sein, wenn er nebst den logischen und ethischen Regeln, die ihm geläufig sind, auch die weibliche Einfühlungsfähigkeit erlernt, anwendet und lehrt und, wenn nötig, auch anderen beibringt.

Die absolute Abwesenheit von Scham und Moral bei dieser weiblichen Kranken, mag davon herrühren, daß sie vorzeitig, und zwar vollkommen, mit der sexuellen Realität, d. h. mit der Lust, bekannt wurde, bevor sie bei ihrer Unerfahrenheit auch nur eine Ahnung von den sozialen und praktischen Gefahren, die damit verbunden sind, gehabt hätte. »Vorzeitige Sexualbefriedigung macht das Kind unerziehbar« (Freud).[1] Das wäre gleichbedeutend auch mit der analytischen Unerziehbarkeit. Ich aber glaube, daß man, allerdings mit viel, viel Mühe, auch die vorzeitig Aufgeklär-

1 Sigmund Freud, *Drei Abhandlungen zur Sexualtheorie*, op. cit.

ten analytisch erziehen kann. Natürlich nur, wenn man ihnen gegenüber, wenigstens im Denken und Fühlen, ja auch im Sprechen und Benehmen, jede Art hypokritische Schamhaftigkeit ablegt und die Zurückhaltung einzig und allein mit sozialen und sonstigen realen Hindernissen begründet.

24. Juli 1932

Über Abreagierung

Seit mehr als 2 Jahren arbeiten wir mit R. N. so, daß Fragmente der Traumen, oft die ganze traumatische Vorgeschichte, widererlebt und mit kolossalem Affekt, Ausbrüchen, mit allen Anzeichen fürchterlicher Erlebnisse durchgearbeitet wird. Die Assoziationen knüpfen sich fast ohne Ausnahme an die Träume an. Zum Teil sind auch schon die Träume peinlich, von alpdruckartigen Charakter, zum anderen Teil sind die Träume von harmloser Façade und nicht schlafstörend und erst die Assoziationen heben die Affektmenge. Trotz dieser Mühe meiner – und Affektabreaktion ihrerseits, kann bis auf den heutigen Tag kein Dauererfolg der Affektausbrüche verzeichnet werden. Zwar enden die Attacken zumeist mit einer gewissen Beruhigung, auch spürt die Kranke während dieser Anfälle und unmittelbar nach ihnen ein Gefühl der Überzeugung von der Wirklichkeit der Erlebnisse, doch recht bald nach solchen Stunden meldet sich der Zweifel und nach wenigen Stunden ist alles beim alten, auch bringt die nächste Nacht wieder einen Alptraum und die nächste Stunde wieder einen Anfall.

Über die Ursachen dieser Erfolglosigkeit sind wir nicht ganz im klaren. Zu bemerken ist, daß die Patientin nicht eher die Anfälle bekommt, denn nachdem sie ihre Tagespersönlichkeit und ihren Namen fallen ließ und ganz jenes Kind mit dem kindlichen Namen wird, dem die traumatischen Anfälle zugefügt werden. Mit anderen Worten: der abreagierende Teil lebt wirklich immer noch in der Vergangenheit; die Patientin wiederholt, richtiger, setzt fort Emotionen der Kindheit. Erwacht sie nach dem Anfall, so wird sie wieder die erwachsene Person, die keine Erinnerung an die Realität der Infantilangriffe und peinlichen Erlebnisse mehr hat. Sie hat allerdings die Erinnerung an den Anfall, ist also diesbezüglich nicht amnestisch, doch verliert sie beim Erwachen den Eindruck der Wirklichkeit der Situationen, unter denen die Angriffe in der Kindheit stattfanden. Solange das Gespaltensein der Persönlichkeit fortdauert, solange die Patientin einerseits wach-bewußt und amnestisch, anderseits schlafend oder in Trance und dabei die Vergangenheit fortsetzend ist, solange also die Persönlichkeitsabspaltungen sich mit einander nicht vereinigen, haben die Abreagierungen nicht viel mehr Erfolg als die auch spontan gelegentlich auftretenden hysterischen Ausbrüche. Das sieht recht hoffnungslos aus, doch einige Lichtblicke sind doch bereits zu verzeichnen.

Unter welchen Umständen findet die, wenn auch passagere, Verknüpfung beider Persönlichkeiten und damit die Überzeugung statt? Solange ich etwas ärgerlich, vielleicht auch etwas gelangweilt dem neuerlichen Ausbruche zuhöre, wovon die Patientin zumteil aus meinem Benehmen, meiner Stimme, meiner Art zu fragen, Kenntnis bekommt, steigert sich der Schmerz und die Acuität des Anfalles und wenn ich nichts weiter tue, enden sie gewöhnlich mit einem schrillen, irren Lachen und dann Erwachen in Apathie. Merkt aber die Patientin, daß ich wirkliches Mitleid mit ihr empfinde und daß ich mit dem größten Eifer dabei bin, die Ursachen ihrer Leiden auszuforschen, so wird sie plötzlich fähig, mir nicht nur die Vorgänge dramatisch vorzutragen, sondern mir davon zu erzählen. Die freundliche Atmosphäre ermöglicht es ihr also, die Traumen in die Vergangenheit zu projizieren und als Erinnerungen mitzuteilen. Der Kontrast zu dem Milieu der traumatischen Situation, also Sympathie, Vertrauen, u. zw. gegenseitig, muß also erst hergestellt werden, bevor eine Neueinstellung: Erinnerung an Stelle der Wiederholung gesetzt wird. Freie Assoziation allein ohne die Neubegründung einer Vertrauensatmosphäre bringt also keine wirkliche Heilung. Der Arzt muß wirklich mit ganzer Seele beim Falle sein, oder wenn er es nicht ist, muß er es ehrlich bekennen, ganz im Gegensatz zum Benehmen der Erwachsenen Kindern gegenüber.

Aus den Hindernissen der Vereinigung der Persönlichkeitselemente zu einer Einheit, kann man vielleicht rückschließen auf die Art des Zustandekommens der Spaltung selbst. Bei einer seelischen oder körperlichen Tortur schöpft man aus der Hoffnung, daß es doch bald oder später anders sein wird, Kraft zum Ertragen des Leidens. Man behält also die Einheit der Persönlichkeit bei. Übersteigt aber die Leidensmenge und -art die Fassungskraft der Person, so gibt man sich auf, man duldet nicht weiter, es lohnt sich nicht mehr, diese schmerzlichen Dinge zu einer Einheit zusammenzufassen, man wird in Stücke gespalten. Ich leide nicht mehr, ja ich höre zu existieren auf, wenigstens als Gesamt-Ich. Die einzelnen Teilstücke mögen für sich allein leiden. Das Aufhören des Gesamtleidens und sein Ersetztwerden durch Leidensfraktionen mag jene plötzliche Erleichterung mit sich bringen, die das Weinen, Kämpfen und Kreischen plötzlich in ein Lachen umschlagen läßt. Ein physikalischer Vergleich: Wenn eine Kugel in 100 kleine Kügelchen[1] zerfällt, erweitert sich die Oberfläche um das Hundertfache, so daß auf eine Flächeneinheit der äußeren Hülle, sagen wir der Körperhaut, viel weniger Leiden entfällt. Das mag die Ursache der Massenhalluzinationen, das Sehen von Hunderten von Ratten, Mäusen im höchsten Grade des Deliriums. Die Halluzinationen Narkotisierter und Alkoholiker gehören hieher. Möglicherweise geben die Erscheinungen der Narkose, z. B. Chloroformnarkose, ein experimentelles Abbild der psychologischen Shockwirkungen. Das Einatmen der irrespirabel tödlichen Gase ruft plötzlich große Unlust hervor, deren Unerträglichkeit im Persönlichkeitszerfall endet. An die Vorgänge während der Spaltung kann sich das erwachsene Gesamt-Ich nicht erinnern.

210 *Identification versus hatred*[2]

Weil ich mich identifiziere (alles verstehen = alles verzeihen), kann ich nicht hassen. Doch was geschieht mit der mobilisierten Emotion, wenn *jede psychische Entladung am Objekt* verhindert wird? Verbleibt sie als *Spannung im Körper, die sich* an verschobenen Objekten zu entladen trachtet (mit Ausnahme der wirklichen)? Sich selbst zu bestrafen (zu töten, Selbstmord) ist erträglicher als Ermordetwerden. Das Herannahen der von außen drohenden gewaltsamen Vernichtung ist absolut, unvermeidlich und unerträglich. Wenn ich mich selbst *töte, weiß ich, was geschehen wird.* Selbstmord ist weniger *traumatisch* (nicht unvorhergesehen).

Traumatisch ist das Unvorhergesehene, Unerforschliche, Unberechenbare. Tod, dessen modus und Zeit man selber bestimmt, ist weniger traumatisch – Geist kann bis zum letzten Moment funktionieren. Unerwartete äußere Drohung, deren Sinn man nicht faßt, ist unerträglich.

1 Damit sich die Oberfläche um das Hundertfache vergrößert, müßte die Kugel in Wahrheit in 1 000 000 kleine Kugeln zerfallen (Anm. d. Hrsg.).
2 Engl.: Identifizierung versus Haß.

Hinter dem Humbleness[1] ungeheurer Narzißmus – justified[2]! Kind ist das einzige vernünftige Wesen in einer irren Welt.

Ambivalence: zwei Meinungen und Emotionen über dasselbe Objekt:

1) Verrückt, gehaßt
2) Verständlich, geliebt.

Zum Hassenkönnen muß die *Möglichkeit* offenstehen, jemand Anderen, etwas Anderes zu lieben.

Gefährlichkeit des Objektes gebietet auch Verständnis.

Identifikation im Trauma 211

Mrs. G. Urszene: C. männlich und weiblich. Hatred of Mother[3]:

Lying
neglecting her
(loneliness)
cheating

Killing impossible.
Emotion no outlet.
Dying.

Defence: Identification instead of killing:

1) Killing object (I do exist, she not.)
2) Killing oneself (no emotions of my own-living somebody else's life.)[4]

1 Engl.: Demut.
2 Engl.: Berechtigt.
3 Engl.: Haß auf Mutter:
4

Lügen
Sie vernachlässigen
(Einsamkeit)
Täuschen

Töten unmöglich
Affekt kein Ausweg, Sterben

Abwehr: Identifikation anstatt Töten:

1) Objekt töten (ich existiere, doch sie nicht).
2) Sich selbst töten (keine eigenen Affekte – das Leben eines anderen leben).

Posttraumatic effect: Identifications (superegos) instead of one's own life.[1]

Verdrängung (Sprung ins Körperliche). (James-Lange)[2]

Rein sensibler (sensitiver) *Reiz* (Dauerreiz.)

Ohne quergestreiften Muskel-outlet[3] (ohne Emotion), doch mit Herzinnervation. Hundeherz.[4]

Verdrängung (B.)

Unfähigkeit Mutter anzuschreien, anzugreifen. Kehle wird *zugeschnürt.* Fuß wird steif in equin.[5] Stellung. Mutters Stimme macht sie verstummen. Auch wenn sie getötet wird, darf (kann) sie nicht schreien; schreien »gibts überhaupt nicht.«

Identification versus hatred[6]

1) G. = Mother + Father. Left alone.

2) Dm. – Kein Vergleich mit nichtprovozierenden, verständigen Personen, da deren Existenz nicht bekannt. Kind sieht Eltern: kämpfen (sinnlos, verrückt). Sehe ich das ein, so bleibe ich *ohne* Eltern; das ist aber (fürs Kind) absolut unmöglich. Darum wird das Kind zum *Psychiater, der den Verrückten verständnisvoll* behandelt und ihm Recht gibt.[7] (So wird er weniger gefährlich.) Ja, das Kind *begeht absichtlich* Fehler, um das Aggressionsbedürfnis

1 *Posttraumatische Wirkung: Identifikationen (Über-Ichs) anstelle des eigenen Lebens.*

2 Es handelt sich in der Tat um zwei Autoren, die unabhängig voneinander zu den gleichen Schlußfolgerungen gelangt sind. C. G. Lange (1834–1900) stellt in seinem 1885 veröffentlichten Werk »über Gemütsbewegungen« fest, daß Emotionen und Modifikationen des vasomotorischen Systems identisch seien, weil die letzteren durch emotionell besetzte Situationen ausgelöst wurden und auf pharmakodynamische Agenzien reagierten. Anschließend hat William James ein mit dem Titel »What is an Emotion« versehenes Werk publiziert, in dem er die These aufstellt, eine durch die Sinnesorgane wahrgenommene organische Reaktion entspreche einer Emotion (Anm. d. Hrsg.).

3 Engl.: Entladung.

4 Beim Hund steht der Herz-Rhythmus in Verbindung mit der Atmung. (Anm. d. Hrsg.)

5 Fuß in gezwungener Streckhaltung, so daß er nur mit der Vorderspitze auf dem Boden ruht; Analogie zum Pferdefuß (Anm. d. Hrsg.).

6 Engl.: Identifizierung versus Haß.

7 Siehe »Sprachverwirrung zwischen den Erwachsenen und dem Kind«, op. cit.

der Erwachsenen zu rechtfertigen und zu befriedigen. (Dm: smelling.)

Perversionen nicht Fixierungen, sondern Schreckprodukte 212

Angst, Schreck vor Normalität (Trauma) verursacht Flucht zu verschobenen Lustbefriedigungswegen. Homosexualität (Auto Sadism) ist verboten, doch nicht so »unmöglich«, »unaussprechlich«, »undenkbar«, wie *hetrosexuelle Vereinigung*.

1) Homosexualität: Steigerung der Freundschafts-Manifestation zu voller Lustbefriedigung:

a) masculine Benutzung von Männern, als wären sie Frauen

  a) Umkehrung des Mannes

  b) Umkehrung *seines* selbst.

b) feminin: Ersetzung der *mütterlichen Gefühle* durch orgasmische (Übertreibung): Ersatz für Hetrosexualität

c) sich »Kindstellen« um Hetrosexualität nicht sehen zu lassen. (Kindlichkeit verlängern oder simulieren).

Kindern ist alles erlaubt.

2) *Sadismus – Analerotik*. Es kann Kindern nicht ganz verwehrt werden, über Darmbeschwerden oder Harnbeschwerden zu klagen. Auch können Erwachsene nicht ganz leugnen, daß diese *mögliche* Funktionen und Organe sind, die auch sie (Erwachsene) haben. *Infolge der physischen Nähe* ist es leicht, das Interesse und die Sensation vom Genitale auf Harnblase und Darm und auch das Interesse für Orgasmus auf die Entleerungsfreiheit zu verschieben.

Nicht die Summation von Urethralität und Analität (Amphimixis[1]) führt zur Genitalität, sondern *Aufsplitterung der Genitalität in Urethralität und Analität* ist der wirkliche Prozeß. Wörtliche Anwendung auf Freud's Theorien war falsch!

Ist also die Idee von Verschiebung von oben nach unten und Sammlung aller Libido im Genitale – falsch? Und *wie sonst entsteht Genitalität?*

1 Zur Amphimixis siehe »Psychoanalytische Betrachtungen über den Tic«, *Schriften zur Psychoanalyse, II*, op. cit., und vor allem »Versuch einer Genitaltheorie«, op. cit., ferner »Zur Psychoanalyse von Sexualgewohnheiten«, op. cit.

Was ist es mit der *»Reservoir«-Theorie?*[1]

Neuer Versuch: Genitalität entsteht loco proprio[2] *als fertige* spezifische Organbetätigungstendenz (sensorisch-motorischer Mechanismus.) Vor der Entwicklung dieses Mechanismus *hat das Kind keine Sexualität.* Rückkehr zur allgemein gültigen Auffassung: es gibt keine *extragenitale infantile Sexualität*, wohl aber eine frühzeitige Genitalität, deren Unterdrückung als hysterische Symptome

1) Ludeln (?)
2) Analspiele
3) Urethralspiele
4) Sado-Masochismus
5) Exhibitionismus – Voyeurtum
6) Homosexualität

} hervorruft.

»Orale Organisation« ist bereits sekundär.
»Anal-sadistische« Organisation ist es auch.

Ludeln: hat ursprünglich nichts mit Sexualität zu tun – nur nach Unterdrückung der Onanie, die *sehr frühzeitig beginnt.* Ist *Ödipus Komplex* auch Folge der Aktivität von Erwachsenen-Leidenschaftlichkeit?

Also nicht Fixierung durch Lust
sondern Fixierung durch *Angst*:
Mann und Frau *tötet mich, wenn ich ihn nicht liebe*
(mich mit seinen Wünschen nicht identifiziere).

26. Juli 1932

Klitoris und Vagina

Möglicherweise war es voreilig, die weibliche Sexualität als mit der Klitoris beginnend vorzustellen, mit einer viel späteren Verle-

1 Siehe Sigmund Freud, »Psychoanalyse und ›Libidotheorie‹«, G. W., B. XIII, S. 231: »Weitere Erwägungen zeigten ... daß das Ich vielmehr als ein großes Libidoreservoir angesehen werden mußte, aus dem die Libido auf die Objekte entsandt wird, und das immer bereit ist, die von den Objekten rückströmende Libido aufzunehmen.«
2 Lat.: Am richtigen Ort.

gung der Zone auf die Vagina. Es ist zweifelhaft, ob es überhaupt ein Organ gibt, das von der Psyche »unentdeckt«, gleichsam psychisch neutral, d. h. nicht existierend, gedacht werden kann.

Im Gegenteil, man fühlt sich zur Vermutung berechtigt, daß das anscheinende Nichtentdecken der Vagina bereits ein Frigiditätszeichen ist, die gesteigerte Klitoriserogenität aber schon ein hysterisches Symptom. Dasselbe Verlegen würde auch die Akzentuierung der Uretral- und Analregion, d. h. die Aufsplitterung der Genitalität in benachbarte und entferntere Verlegungen, hervorrufen. Die Motive der frühinfantilen Vaginalverdrängung könnten sein: die methodische Abhaltung der Hand von der Vaginalöffnung beinahe vom Momente der Geburt an, während die Klitorisregion durch Waschen, Pudern von Anfang an gereizt wird.

In den frühtraumatischen Fällen kommt man analytisch zur Überzeugung, daß die infantile Vagina sensorisch und motorisch lebhaft und normal auf Intrusionsreize reagiert; das eigentlich Traumatische beginnt, wenn das Kind das Erlebnis etwa wiederholen will und von dem gewöhnlich mit Schuldgefühlen belasteten Partner abgewiesen, bedroht und bestraft wird.

26. Juli 1932

Revision des Ödipuskomplexes

Fall G. Bewußte Erinnerung und optisches Bild des Sexualverkehrs der Eltern. Mutter war immer rücksichtslos, selbstsüchtig, ihre Liebe unerreichbar. Patientin hatte sich mit Vater zu begnügen. Vater mit Mutter unglücklich (Mutter habituell untreu, wovon Kind manches zu ahnen schien). Vater suchte zum Teil Trost in der Liebe zum Kind; diese wurde leidenschaftlich. Leidenschaftlicher Blick des Vaters verursacht Shock, wird als Lebensbedrohung gedeutet. Angesichts der eigenen Schwäche, des Mangels alloplastischer körperlicher und psychischer Aggressionswerkzeuge, bleibt nichts anderes übrig, als entweder an der Lieblosigkeit zugrundezugehen, oder sich durch autoplastische Anpassung an die Wünsche, auch die verstecktesten Wünsche des Angreifers anzupassen, ihn zu beschwichtigen. Identifizierung an Stelle des Hasses und Abwehr. Weiterer Nutzen der Identifizierung mit dem Vater ist seine Ausschaltung: nachdem sie zum Vater wird, gewinnt sie die Mutter zurück, die auf andere Weise unzugänglich blieb. Die erotischen Phantasien, Masturbation, stellen entweder aktives oder passives Sexualverhältnis mit der Mutter dar. Als Mutter den Vater verließ (Kind 10 Jahre alt), lehnte sich Vater noch leidenschaftlicher an das Kind, ja einmal, mit Schlaflosigkeit kämpfend, ging er in ihr Bett, klagte dramatisch sein Unglück, forderte sie auf, sich nicht mehr vor ihm zu fürchten und überließ ihr förmlich die Haushaltung. Doch gleichzeitig belehrte er sie fortwährend und sehr strenge, ein negatives Beispiel an der Mutter zu nehmen, d. h. ja nicht sexuell zu sein. Das Realwerden der infantilen Phantasie machte es unmöglich, vom Vater überhaupt loszukommen, besonders da die Verbote die Sexualphantasien im Unbewußten beließen; eine Übertragung auf dritte Person wurde ganz unmöglich und vollkommen unklar, ob und welche spontanen, nicht provozierten Gefühle die Patientin hat.

Dies wäre ein Beispiel für die gewiß nicht seltenen Fälle, in denen die Fixierung zu den Eltern, d. h. die inzestuose Fixierung, nicht als natürliches Entwicklungsprodukt erscheint, sondern der Psyche von außen eingepflanzt, also ein Über-Ich-Produkt ist. Wohlgemerkt, nicht nur sexuelle, sondern auch andersartige, nicht überwältigende und nicht zu bewältigende Reize der verschiedensten Art (Haß, Schreck, etc.) können ebenso wie das aufgedrängte Lieben, mimikrisierend wirken.

Das noch unfertige Individuum kann nur in einem Milieuoptimum gedeihen. In einer Haßatmosphäre kann es nicht atmen und geht zugrunde. Psychisch äußert sich das Zugrundegehen in der Zersplitterung der Psyche selbst, d. h. Aufgeben der Einheit, des Ichs. Wird das noch »halbflüssige« Individuum nicht durch jenes Optimum von allen Seiten gestützt, so neigt es zur »Explosion« (Todestrieb Freuds). Doch in einer für uns mystisch erscheinenden Weise bleiben die Ich-Fragmente in einer, wenn auch noch so entstellten und versteckten Verbindung mit einander. Gelingt es diese ... (Fortsetzung fehlt; d. Hrsg.).

27. Juli 1932

Spielt Wut eine Rolle beim Verdrängungsprozeß?

B. in gewissen Relaxationszuständen, wie gelähmt, blaß, kaum atmend, Augen eingefallen, Haut eiskalt. In Ausnahmefällen und mit Überwindung größter Widerstände (forzierte freie Assoziation, Flucht in Melodien, Rhythmicismen), gelingt es unter resp. hinter diese Schichte zu kommen. Gesicht wird plötzlich blutrot, Hände, Füße verkrampft, unkoordiniertes Schreien, aus dem sich mit meiner Hilfe verständliche Worte und Sätze formen, Schimpfworte und Scheltworte gegen Vater und Mutter, lebhafte Vorstellungen von unbarmherzigem Schlagen (die Mutter einfach totschlagen, den Vater endlos quälen).

Patientin beschreibt ihr Gefühl beim »Ersterben«: »Everything turns inside out«[1] – sie meint damit, daß der größte Teil ihrer Persönlichkeit gleichsam zu einer Eiskruste erstarrt. Diese Kruste schützt vor dem Durchbruch des tief ins Innere versteckten, gleichsam luftdicht eingeschlossenen Verdrängten.

Diese Beobachtung spricht dafür, daß Haß und Wut in den der Verdrängung vorausgehenden Prozessen eine Rolle spielen; ist dem so, so ist keine Analyse beendigt, solange auch diese Emotion nicht durchgeführt wird. Es ist möglich, daß bei jedem überwältigenden Shock ein erster Versuch der aggressiven, alloplastischen Abwehr gemacht wird und nur angesichts der Einsicht in die volle eigene Schwäche und Hilflosigkeit kommt es zur unbedingten Unterwerfung, ja Identifizierung mit dem Angreifer. Nebst der Einsicht in die eigene Schwäche mag das Bestehen von Ambivalenzkonflikten zum Aufgeben der eigenen Person führen (im Falle B., die Lustgefühle, die der Vater im Kinde wachrufen konnte, im Falle G. nebst diesen, auch die zärtlichen und Dankbarkeitsgefühle dem Vater gegenüber).

Die Idee vom »inside-out«[2] besagt psychologisch ausgedrückt das Nach-außen-kehren von etwas Irrealem, Phantastischem und es so handhaben, als wäre es »wir selbst«, während es nur ein lebloser, »scheinlebender«, wenn auch korrekt funktionierender Mechanismus ist. Im Falle O. S. werden die rüdesten Beleidigun-

1 Engl.: Alles dreht sich von innen nach außen.
2 Engl.: Siehe Anm. 1.

gen, auch tätlichen Angriffe ihrer Freundin angeblich ohne Wut und Haß erlebt; doch die konsequenten Wutdeutungen in der Analyse, vielleicht auch die Beruhigung, daß ich sie nicht verurteile, führen allmählich zum Bekennen von Wut- und Haßgefühlen, ja Tötungsabsichten.

Das wirksamste Motiv der Verdrängung ist in fast allen Fällen der Versuch, die erlebte Verletzung ungeschehen zu machen. Ein anderes, vielleicht noch wirksameres Motiv ist die Identifizierung aus Angst; man muß den gefährlichen Gegner genau kennen, jede seiner Regungen verfolgen, damit man sich vor ihm schützen könne. Last not least: es wird ein Versuch gemacht, auch den fürchterlichen Wüterich, dessen Benehmen als Trunkenheit oder Wahnsinn imponiert, zur Vernunft zu bringen. Wenn die vom Kopfabschneiden bedrohte Medusa ein schreckhaft böses Gesicht macht, so zeigt sie eigentlich einen Spiegel dem bestialischen Angreifer, als würde sie sagen: so siehst du aus. Dem Angreifer gegenüber stehen keine Machtmittel zur Verfügung, zum Belehren und Vernunftbringen auf andere Art fehlt jede Möglichkeit. Ein solches Abschrecken mittelst Identifizierung (Spiegelvorzeigen) mag noch im letzten Moment helfen (ta twam asi[1]: das bist du).

Normale und pathologische Sexualverhältnisse in der Familie.

Fall G. Mein gestriger Versuch, die ganze Ödipussituation auf äußeren Einfluß (väterliche Übergriffe) zurückzuführen, schlug fehl. Die Patientin behauptet mit Sicherheit, – und ich habe gar keinen Grund, ihr nicht vollen Glauben zu schenken – daß sie nach dem infantilen Shock (Urszene mit nachträglicher phantastischer Mutteridentifizierung) sich recht gut erholte und im Begriffe war, sich von den Eltern ab – und äußeren Objekten zuzuwenden. Erst die zweite, beinahe reale Annäherung des Vaters (Flucht der Mutter aus dem Hause, Übernahme der Hausfrauengewalt durch die Tochter) führte die Erstarrung herbei, aus der es kein Entrinnen gab. Die leidenschaftliche Genitalisierung des Vaterverhältnisses war nicht ihr eigener Wille, es wurde ihr sozusagen aufoktroyiert. Die Abwehr war hier ausgeschlossen (siehe oben die verdrängte Wut). Die Inzestsituation wurde mit zuviel Leidenschaft gefühlt und gestaltete sich zum unerträglichen Ödipuskomplex, mit seiner unvermeidlichen Verdrängung. Die bereits vaginal instituiert gewesene Libido wird aufgesplittert (die Vagina entleert) und die

1 Sanskrit.

Befriedigung auf prägenitale, infantile und auch im Inzestverhältnis erlaubtere Zonen verlegt: Phantasien von weiblichen Brüsten (Zärtlichkeitsmoment der Sexualität); Phantasien von Podices und Geschlagenwerden resp. Schlagen = Rückverlegung des leidenschaftlichen Anteiles auf die Analzone und auf Strafvorgänge wegen Unreinlichkeit. Weiter zu beobachten inwieweit Freud recht hat darin, daß die Ödipussituation normalerweise nur ein Kinderspiel ist, und nur in pathologischen Fällen, unter dem Eindruck von Traumen, ein pathogener Komplex wird.

Was ist traumatisch: ein Angriff oder seine Folgen? Die Anpassungsfähigkeit »response«[1] auch ganz kleiner Kinder an sexuelle und sonstige leidenschaftliche Angriffe, ist viel größer als man sich vorstellt. Zur traumatischen Konfusion kommt es meist nur dadurch, daß Angriff und Response von den gewissensbeladenen Erwachsenen verleugnet, ja als strafhaft behandelt werden.[2]

Grausames Spiel mit den Patienten. Die Art, in der die Psychoanalyse sich im Verhältnis zwischen Arzt und Patient gebärdet, muß auf letzteren als ausgesuchte Grausamkeit wirken. Man empfängt den Patienten freundlich, sucht die Übertragung in Sicherheit zu bringen, und während der Patient sich abquält, raucht man ruhig in einem Fauteuil seine Zigarre, macht in gelangweiltem Tone konventionelle und phrasenhaft wirkende Bemerkungen, gelegentlich schläft man ein. Im besseren Falle macht man kolossale Anstrengungen, um die gähnende Langweile zu überwinden, ja man strengt sich an, freundlich und mitleidsvoll zu sein. Erzieht man den Patienten zur wirklichen Freiheit und drängt ihn, jede Angst und Scheu auch uns gegenüber zu überwinden, so werden wir zu hören bekommen, daß der Patient über alle unseren wirklichen Gedanken und Gefühle in irgend einer Schichte seiner Seele gut unterrichtet ist. Vergeblich sucht man sich durch neuerliche Anstrengung aus der Affäre zu ziehen, der Patient fühlt auch dies als forziert. Infantile Analogien und deren Übertragung auf die

1 Engl.: Reaktion.
2 Siehe »Kinderanalysen mit Erwachsenen«, *Schriften zur Psychoanalyse II*, op. cit., »Sprachverwirrung zwischen den Erwachsenen und dem Kind«, op. cit., und »Gedanken über das Trauma«, *Bausteine IV*, S. 239, 242, 256, 261, 291, letztere zu gleicher Zeit wie das *Tagebuch* geschrieben.

Gegenwart hindern ihn, unter solchen Umständen sich von uns loszusagen. Solange auch nur die leiseste Spur einer Hoffnung auf Realisierung der Liebesbefriedigung besteht, kann sich der Patient, auf den jede unserer Gebärden und Worte als machtvolle Suggestion wirkt, nicht von uns lossagen und nach anderen realen Lebensmöglichkeiten sich umschauen. So wertvoll also das verständnisvolle Versinken in die Klagen und Plagen der Patienten ist, (ohne solch tiefes Versinken in die Gefühlsfeinheiten der Patienten kämen wir nie zu jenen Tiefen). Der Tag muß kommen, an dem ... (Fortsetzung fehlt; d. Hrsg.).

30. Juli 1932

Die endlose wiederholte »buchstäbliche« Wiederholung – und keine Erinnerung[1]

Patientin B. träumt von einer Kusine, sie liegt auf der Wiese, ein Stier rennt ihr nach und vergewaltigt sie. Zweite Szene: sie sieht dieselbe Kusine (Name Shore) leblos im Wasser schwimmend, dann von einer Menschenmenge betrachtet, wird sie ans Ufer geschleppt. Patientin erwacht. Unmittelbar nach dem Erwachen, zerbricht sie sich den Kopf darüber, warum kann sie sich an diese Dinge nicht erinnern, warum träumt sie von ihnen nur und warum in so entstellter Form. Sie stellt auch an mich dieselbe Frage. Meine erste Antwort ist: ich weiß es von anderen Analysen, daß ein Teil unserer Person »sterben« kann, und wenn der übrige Teil doch das Trauma überlebt, erwacht er mit einer Lücke im Gedächtnis, eigentlich mit einer Lücke in der Persönlichkeit, da nicht nur die Erinnerung an den Todeskampf, sondern alle damit zusammenhängenden Assoziationen in selektiver Weise verschwunden, vielleicht vernichtet sind. »Ja, wenn ich das schon weiß, warum kann ich mich nicht mit dem Totsein des getöteten Teiles abfinden und sehen, daß ich am Ende doch mit einem großen Teil meiner Person immer noch lebe: warum kann ich mich nicht mit Gegenwart und Zukunft beschäftigen und schließlich, ich werde nicht müde mich

1 Weiterer Entwurf für den Vortrag auf dem Kongreß in Wiesbaden: »Sprachverwirrung zwischen den Erwachsenen und dem Kind«, op. cit.

und Sie zu fragen: wenn ich mich mit der Vergangenheit beschäftige, warum tue ich das in Form von Träumen und in solch entstellter Weise.«

Ich half mir aus dieser Verlegenheit mit folgender Antwort: »Ich weiß es aus anderen Fällen, daß es fürchterlich peinliche Momente geben kann, in denen man das Leben so schrecklich bedroht, sich selbst aber so schwach oder im Kampf so ermüdet fühlt, daß man das weitere Kämpfen aufgibt. Eigentlich gibt man sich selber auf.« Als Analogie berufe ich mich auf die verläßliche Erzählung eines indischen Freundes und Jägers. Er sah, wie ein Falke ein kleines Vögelchen angreifend, sich diesem näherte; der kleine Vogel begann zu zittern und nach einigen Sekunden des Zitterns flog es schnurstracks in den offenen Mund des Falken und wurde verschluckt. Die Erwartung des sicheren Todes scheint eine Pein zu sein, der gegenüber der wirkliche Tod eine Erleichterung ist.

Bekannt sind die Fälle, in denen Leute aus Angst vor dem Tod sich erschießen (vor einem Duell, vor einer Schlacht, vor der Exekution). Sich selbst das Leben zu nehmen (gleich wie sich selber zu bestrafen) scheint eine relative Erleichterung zu sein. Unerträglich dagegen scheint es zu sein, wenn man sich vor einer überwältigenden Gewalt mit Sicherheit erdrückt werden sieht, ja dieses Erdrücken schon zu fühlen beginnt, und die äußerste Anspannung aller unserer Geistes- und Körperkräfte erscheint lächerlich gering im Vergleich mit der Angriffsgewalt. Wie aber würde sich jenes Vögelchen fühlen, wenn es nach dem Zittern grade dem Tode entgegenfliegt und wenn grade im selben Moment mein Freund, der Jäger, den Falken abgeschossen hätte, bevor er das Vögelchen verschlucken konnte; wie wäre dem Vögelchen zumute gewesen? Möglicherweise hätte es sich nach einer gewissen Zeit erholt, wahrscheinlich aber würde vom Momente des Selbstmordversuchs nur eine Erinnerung übrigbleiben, denn was ist erinnern: das Aufheben einer Gedächtnismarke zum Zwecke zukünftiger Benützung. Wenn aber das Leben schon aufgegeben, also keine Zukunft mehr vor uns liegt, wozu soll sich das Individuum die Mühe nehmen, sich noch etwas zu merken, und da ich mich schon verloren gab, d. h. ich mir nicht mehr wichtiger bin als die übrigen Menschen und die äußeren Objekte: warum soll ich mir die Sache nicht, auch für die kurze Zeit der Existenz, leichter machen, indem ich – wie ich das von Träumen her gewohnt bin – mich selber nicht mehr als die leidende Person fühle, sondern mich, oder eine mir ähnliche Person von außen betrachte, wie B. in ihrem Traume das Sterben ihrer Kusine.

Einfacher ausgedrückt könnte man also sagen, daß die Angst vor dem unausweichlichen gewaltsamen Tode zu einem Sich-selbst-aufgeben und dadurch zu einer traumhaften Illusion oder Halluzination führen kann. Ich kann mich hier auf Beispiele berufen, in denen sterbende Kollegen mit dem behandelnden Arzte ein Konsilium über einen sterbenden Kranken hielten (der sie selber waren). Vielleicht gibt es überhaupt zweierlei Sterben: ein Sterben, in das man sich fügt und eines, gegen das man bis zum Ende protestiert. Eine Form dieses Protestes aber ist das Leugnen der Realität, d.h. eine Geistesstörung. Die vollkommene Negierung der Realität ist die Ohnmacht. Die partielle Negierung und Entstellung der Realität ist die Ersetzung derselben durch einen Traum. Geschieht es dann, daß durch äußere Umstände, oder durch Lebenskräfte, die man beim Todesentschluß nicht in Rechnung zog, man der Todesgefahr entrinnt, oder die tödlich gewähnte Überwältigung erfährt, ohne daran zugrunde zu gehen, so ist es verständlich, wenn man etwa an die Vorkommnisse während der Geistesabwesenheit nicht mehr subjektiv als Erinnerung, sondern nur objektivierend als ein Geschehen an einer anderen Person denken und sie nur in dieser Form vorstellen kann.

Das mag die Ursache dessen sein, daß sie meinen Aneiferungen folgend, so oft schon tief in die Vorstellung jener infantil-traumatischen Vorkommnisse sich mit der größten Lebhaftigkeit versenkten, ja mit ihrem körperlichen und geistigen Betragen, dramatisch den erschütternden Vorgang agierten, doch nach dem Erwachen aus dieser Trance, wurde aus dieser ernsthaften und schmerzlichen Realität wieder nur ein »Traum«, d.h. die beinahe schon gewonnene Überzeugung wurde angenagt und bald zerfressen.

Ich muß wieder auf die Idee zurückkommen, die Sie äußerten: warum denn sich so viel um diesen unzugänglichen, abgestorbenen oder sonstwie abgekapselten Stück der Persönlichkeit zu kümmern, »warum soll man die Toten nicht totsein lassen und selber weiterleben?« – »die Antwort darauf ist leicht, Herr Doktor. Jener abgespaltene Teil scheint erstens einen großen, ja vielleicht den bedeutendsten Teil meiner Seele auszumachen, und auch wenn Sie mir dazu zureden würden, was Sie hoffentlich nicht tun werden, würde ich es nie aufgeben danach zu streben, auch den noch so schmerzlichen Anteil meiner Person mir bewußt zu eigen zu machen.« »Ich muß dem hinzufügen«, antwortete ich, »daß Sie, auch wenn Sie es wollten, sich den Einwirkungen der Abspaltung nicht entziehen können. Das Abgespalten-sein mag die bewußte Erinnerung unmöglich machen, kann es aber nicht verhindern, daß der ihr zugehörige Affekt in Launen, Gemütsausbrüchen, Empfindlichkeiten, oft in allgemeiner Depression, oder kompensierender unmotivierter Heiterkeit, noch mehr aber in den verschiedenen Körperempfindungen, Funktionsstörungen bahnbricht.« »Wie aber werden Sie mich dazu bringen das Leid, dem ich mich im Trauma mit Geschick entzog, ohne neuerliche Spaltung, d. i. ohne Wiederholung der Geistesstörung durchzumachen und so die Einheit meiner Persönlichkeit wieder herzustellen, d. h. das nie bewußt Gewesene bewußt zu machen. Scheint Ihnen das nicht ein unmögliches Beginnen?« Meine Antwort: »Ich weiß es selber nicht, bin aber von der Reversibilität aller psychischen Vorgänge, d. h. aller nicht rein hereditär … (Fortsetzung fehlt; d. Hrsg.).

Was ist »Trauma«? 224 a

»Erschütterung«, Reaktion auf »unerträglichen« äußeren oder inneren Reiz auf antoplastischer (das Selbst verändernden) anstatt auf alloplastischer (den Reiz verändernden) Art. Die Neuformierung des Selbst ist unmöglich ohne vorherige partielle oder totale Zerstörung, oder Aufhebung des bisherigen Selbst. Ein neues Ich kann nicht unmittelbar aus dem bisherigen Ich gebildet werden, sondern aus *Fragmenten*, mehr oder minder elementaren Zerfallsprodukten desselben. (Zerspaltung, Atomisierung). Da relative Stärke des »unerträglichen« Reizes entscheidet über den Grad und Tiefe des Ich-Zerfalls:

a) Bewußtseins-Veränderung (Trance, Traumzustand)
b) Bewußteins-Verlust
c) Synkope
d) Tod.

Die Ausschaltung des Ich-Bewußtseins hat eine Verminderung der Peinlichkeit der Reizaktion zufolge, woraufhin der intact gebliebene Teil des Ich sich rascher erholen kann. (Angst Ausschaltung erleichtert automatische Körper-Funktionen). Die Wieder- 224 b
kehr des Bw. weist Erinnerungslücke oder Erinnerungsgewißheit in Bezug auf die Vorgänge während der Erschütterung. Ohne Ver-

änderung in der äußeren Situation oder der Tragfähigkeit des Ich, muß die Wiederkehr der traumatischen Situation wieder nur den Zerfall und Neuaufbau zufolge haben. (Wiederholung). Neue Elemente bei der Analyse:

1) Anwesenheit einer hilfreichen (verständigen und helfenwollenden) Person. Milderung der Pein.

2) Suggestive Hilfe bei Erlahmen der Energie: Aufrütteln, aneifernde Worte. Daraufhin Gefühl der gesteigerten Stärke oder verminderter Schwäche der alloplastischen »Denk und Aktionsfähigkeit«. Keine »Hoffnungslosigkeit«, »Unmöglichkeit«. »Zerfall« wird rückgängig gemacht. »Glue«.[1] Abwicklung.

Erinnerung nur möglich, wenn genügend consolidiertes (einheitliches oder solches gewordenes) Ich den Außeneinwirkungen *widersteht*, von ihnen beeindruckt aber nicht zerklüftet wird.

224 c Systeme der *Erinnerungsnarben* bilden ein neues Gewebe mit eigenen Funktionen: Reflexe, Bedingte Reflexe, (Nervensystem). Diese Funktion, ursprünglich nur unterbrochene Selbstveränderung (Zerstörung) wird in den Dienst der *Selbsterhaltung* gestellt: als *alloplastisch gerichtete Denkarbeit.* Wiederholungszwang bei Traumatischen ist neuerlicher Versuch einer *besseren Erledigung.*

Doppelschock
1) Trauma
2) Denial[2]

---

1) Fragmentation 2) Atomisation Anxiety: atomisation adaptability	Mouldability (Suggestion und Hypnose) Magnetic Power Willpower Augen-blick[3]

1 Engl.: Leim.
2 Engl.: Verleugnung.
3 Engl.:

Zersplitterung Atomisierung Angst: Atomisierung Anpassung(sfähigkeit)	Plastizität (Suggestion und Hypnose) Magnetische Kraft Willenskraft Augen-blick

Understanding is eo ipso *identification*. 224 d
One cannot really *understand* without identifying with the subject. Identification = *understanding* can be put in the place of emotion (hatred).
(Case Frkd.: She *understands* Fr. *instead* of hating him.
Tod = feminine, mother.
Using his patients to give birth to his child[1]
(psychoanalytische Erkenntnis)

Nie dankbar für Verständnis (vielleicht, weil mother's hatred is not benevolent[2]).

»Die Nachtigall sang: Oh schöne Sphinx
»O Liebe! Was soll es bedeuten,
»Daß Du vermischest mit Todesqual
»All Deine Seligkeiten?«[3]
Vorrede zu Lyrische Gedichte. IV

»Leidenschaftlichkeit« der Psychoanalytiker. 224 e
Analysand Liebling der Eltern.
1) Eigene Bequemlichkeit. Lack of consideration. Using Analysands, instead of letting dem develop.[4]
2) Sadistische und masochistische Elemente in derselben ursprünglich klar benevolenten Atmosphäre eingelassen. Vergnügen am Leiden anderer, weil eigene analytische Leiden verdrängt. Ich selber schwanke zwischen Sadismus (Aktivität) und *Masochismus* (Relaxation). – Anstatt serene heiter wohlwollend zu sein:
Empfindlichkeit des Analytikers (ungerecht) (Rachsucht) Überbetonung der *analytischen* Situation.

1 *Verständnis* ist eo ipso *Identifikation.*
Man kann nicht wirklich *verstehen*, ohne sich mit dem Subjekt zu identifizieren. Identifikation = *Verständnis* kann an die Stelle des Affekts (Hasses) gesetzt werden.
(Fall Frkd.: Sie versteht Ferenczi *anstatt* ihn zu hassen.
Tod = weiblich, Mutter.
Benützt seine Patienten, um sein Kind zu gebären (psychoanalytische Erkenntnis).
2 Engl.: Der Haß der Mutter ist nicht wohlwollend.
3 Heinrich Heine, *Buch der Lieder.*
4 Engl.: *Rücksichtslosigkeit. Analysanden benützen, anstatt sie sich entwickeln zu lassen.*

(Eitelkeit) *Tyranny*: against independance.[1]

Analysands sind *Kinder*. Analyse *verlängert* (Kinder behalten statt freigeben.)

Urszene macht Sadismus im Kinde (weil sie wirklich sadistisch ist)!

(Fr.)[2] *Urszene wird anal-sadistisch ausgedeutet vom Kinde* (weil es sich im anal-sadistischen Alter befindet!)

(F.)[3] Anal.

224 f *Sanction* (nicht alleinsein können).

Kinder haben zum eigenen Denken und Handeln kein Vertrauen, solange es nicht von Eltern gutgeheißen ist. Daher R. N. und Fr: Sagen Sie mir (die Bedeutung) – nachdem Sie es selber gefunden haben. (Beweis, daß ein Teil wirklich kleines Kind geblieben ist.) Kind kann sogar im Denkprozesse nicht allein sein, muß gestützt werden, wie beim Gehenlernen.

224 g **4. August 1932**

Persönliche Ursachen der Fehlentwicklung der Psychoanalyse

1) Warum Antitrauma und Predisposition? Im Falle F.[4] schien Fr.[5], um etwas Traumatischen zu entgehen, die äußere Situation, entsprechend dem neurotischen Wunsche des Patienten, zu verändern. a) Entgegen allen, von ihm festgestellten technischen Regeln, adoptierte er Dr. F., beinahe als seinen Sohn. Wie ich es von ihm selber weiß, betrachtete er ihn als den vollkommensten Erben seiner Ideen. Nun wurde er der manifeste Kronprinz, dessen feierlicher Einzug in Amerika bevorsteht (etwas Ähnliches scheint Fr. seinerzeit von Jung erwartet zu haben; daher die zwei hysterischen Symptome, die ich an ihm beobachtete.) 1. die Ohnmacht in Bre-

1 Engl.: Tyrannei versus Selbständigkeit.
2 Freud.
3 Ferenczi.
4 Ferenczi.
5 Freud.

men[1], 2. die Inkontinenz am Riverside-Drive[2], dazu das Stückchen Analyse, die er uns gab: sterben, sobald der Sohn an seine Stelle tritt und Regression in die Kindheit, die kindliche Blamage, wenn er seine amerikanische Eitelkeit unterdrückt.

(Möglicherweise ist seine Verachtung der Amerikaner eine Reaktion auf die Schwäche, die er vor uns und vor sich nicht hat verbergen können. »Wie könnte ich mich mit den amerikanischen Auszeichnungen so freuen, da ich doch die Amerikaner so verachte.« Nicht unwichtig ist die Rührung, die sogar auf mich, ehrerbietigen Zuschauer, einen etwas lächerlichen Eindruck machte, als er beinahe mit Tränen in den Augen, dem Präsidenten der Universität für das Ehrendoktordiplom[3] dankte.)

Die im Unbewußten vielleicht sehr starke ängstliche Idee, daß 224 h
der Vater sterben muß, wenn der Sohn heranwächst, erklärt seine Angst, irgendeinen der Söhne selbständig werden zu lassen. Zugleich zeigt es uns, daß Freud als Sohn wirklich seinen Vater umbringen wollte. Anstatt dies einzusehen, begründete er die Theorie vom vatermörderischen Ödipus, doch offenbar nur in bezug auf andere, nicht in Bezug auf sich selber, daher die Angst, sich analysieren zu lassen, daher vielleicht auch die Idee, daß beim erwachsenen Kulturmenschen die primitiven Triebimpulse nicht mehr real vorhanden sind, daß die Ödipuskrankheit eine Kinderkrankheit ist, wie Masern.

1 Freud traf sich am 20. August in Bremen mit C. G. Jung und Sándor Ferenczi zu ihrer gemeinsamen Amerika-Reise. Zu der »Ohnmacht« heißt es in Ernest Jones, *Sigmund Freud; Leben und Werk* (S. Fischer, Frankfurt am Main, 1969, S. 349): »Beim Mittagessen in Bremen war er (Freud) der Gastgeber, und nach einigem Hin und Her überredeten er und Ferenczi Jung, seine Abstinenz aufzugeben und mit ihnen Wein zu trinken. Gerade darauf fiel Freud in Ohnmacht; es war das erste von zwei Malen, daß er in Jungs Gegenwart ohnmächtig wurde.«

2 In Ernest Jones, op. cit., S. 353, heißt es dazu: »Ein anderes körperliches Übel (Freuds; neben einer Darmstörung) dieser Zeit waren prostatische Beschwerden. Dies beides war natürlich schmerzhaft und lästig – und natürlich waren die amerikanischen Verhältnisse daran schuld. Ich erinnere mich, wie er sich darüber beklagte, daß es so wenig Toiletten gebe. ›Man wird durch meilenlange Korridore geführt und schließlich zum untersten Keller gebracht, wo einen, wenn es allerhöchste Zeit ist, ein Marmorpalast erwartet.‹«

3 Freud erhielt den Titel eines Doctor Honoris Causa der Psychologie nach seinem Vortragszyklus an der Clark University of Worcester, Massachusetts, am 11. September 1909.

Die im Unbewußten wahrscheinlich kraß aggressive, gegenseitig kastrationsgerichtete Aggressivität, wird überlagert durch das homosexuell zu nennende Bedürfnis nach harmonischem Vater-Sohn-Verhältnis. Allerdings konnte er z. B. mein Sohn sein, nur so lange geduldet zu haben, bis ich ihm das erstemal widersprach (Palermo).[1]

Otto R.[2] war viel bequemer, ebenso unser Freund von Fr.[3] (Es wird der Mühe wert sein, meine Aufzeichnungen aus Berchtesgaden – 1908[4] – hervorzuholen; mein Enthusiasmus, meine Depression, wenn ich nur einen Tag lang vernachlässigt wurde; die absolute Redehemmung in seiner Gegenwart, bis er ein Thema anschlug und dann der brennende Wunsch, seinen Beifall dadurch zu finden, daß ich ihn ganz verstand, ja in der von ihm befürworteten Richtung sofort weiterging, zeigt mich als verblendet-abhängigen Sohn.) Er muß sich in dieser Rolle sehr wohl gefühlt haben, er konnte von Widerspruch ungestört, seinen theoretischen Phantasien nachhängen und die enthusiastische Zustimmung des verblendeten Schülers zur Erhöhung seiner Selbstsicherheit verwerten. In Wirklichkeit kamen seine genialischen Einfälle meist gestützt nur auf einen einzelnen Fall, gleichsam wie Erleuchtungen, die mich z. B. blendeten und erstaunen machten. »Wie wunderbar, daß er

1 Im September 1910 unternahmen Freud und Ferenczi eine gemeinsame Reise von Leyden über Paris, Florenz, Rom und Neapel nach Palermo, wo sie eine Woche verbrachten. Zu dem Zwischenfall in Palermo siehe *Ferenczi-Groddeck Briefwechsel*, op. cit., S. 37. Während der ganzen Fahrt übrigens wirft Ferenczi Freud seine Haltung vor, seine väterliche Strenge und Zurückhaltung, während Freud Ferenczi vorwirft, sich wie ein unzufriedenes, rachsüchtiges Kind zu benehmen. Weitere Einzelheiten siehe Jones, *Sigmund Freud, Leben und Werk*, op. cit.

2 Rank, Otto (1884–1939), Wiener Analytiker, Nicht-Mediziner, seit 1906 eng mit Freud befreundet, entfernte sich jedoch in den zwanziger Jahren von ihm, um eigene Wege zu gehen und eine Technik der Kurzanalyse zu entwikkeln, die Freud mißbilligte; sein bekanntestes Werk ist *Das Trauma der Geburt* (1924).

3 Freund, Anton Toszeghy von (1880–1920), reicher ungarischer Brauer und Philanthrop, unterstützte die psychoanalytische Bewegung finanziell; wurde 1918 von Ferenczi zum Schriftführer der Internationalen Psychoanalytischen Gesellschaft ernannt. Seine Schwester Kata, selbst Psychoanalytikerin, heiratete Lajos Levy, Arzt und Freund von Ferenczi, den Freud gelegentlich konsultierte (Anm. d. Hrsg.).

4 Die ersten Ferien, die Ferenczi gemeinsam mit Freud und seiner Familie verbringt, finden vom 15. bis zum 30. Juli 1908 in Diedfeld Hof bei Berchtesgaden statt.

das weiß«. In dieser Anerkennung erkenne ich den versteckten Zweifel: nur ein Wunder, nicht aber logische Überzeugung, d. h. nur die Adoration und nicht selbständiges Urteil, machte mich ihm folgen.

Die Vorteile der blinden Gefolgschaft waren: 1) die Zugehörigkeit zu einer vornehmen, weil vom König befürworteten Gruppe, ja Feldherrnwürde da selbst (Kronprinzphantasie). 2) man lernte von ihm und von seiner Art Technik verschiedenes, das das Leben und die Arbeit bequemer machte: die ruhig unemotionelle Zurückgezogenheit, das ungestörte Sich-stützen auf das eigene Besserwissen und die Theorien, das Suchen und Finden der Ursachen des Mißerfolgs im Patienten, anstatt zum Teil in uns selber. – Die Unehrlichkeit in der Handhabung der Technik für seine eigene Person, der Rat, die Patienten nichts von Technik erfahren zu lassen und schließlich die einzelnen Vertrauten mitgeteilte pessimistische Ansicht: die Neurotiker sind ein Gesindel, nur gut, uns 224 i
finanziell zu erhalten und aus ihren Fällen zu lernen, die Psychoanalyse als Therapie sei wertlos.

Hier war der Punkt, wo ich das Mitgehen verweigerte. Ich begann, gegen seinen Willen, Fragen der Technik öffentlich zu behandeln. Ich verweigerte es, das Vertrauen der Patienten in dieser Weise zu mißbrauchen, auch teilte ich nicht seine Idee, daß die Therapie wertlos ist, meinte vielmehr, die Therapie ist gut, nur wir sind wahrscheinlich noch schwach, und begann nach unseren Fehlern zu forschen. In diesem Suchen machte ich mehrere Fehltritte; ich ging zu weitgehend mit Rank, weil er in einem Punkte (Übertragungssituation) mich mit neuer Einsicht blendete. Ich versuchte die Freud-sche Technik der Versagung ehrlich und offen zu Ende zu führen (aktive Therapie).[1] Nach dem Fehlschlag derselben versuchte ich es mit der Nachgiebigkeit und der Relaxation[2]; neuerdings eine Übertreibung. Nach diesen beiden Fehlschlägen bin ich dabei, in Menschlichkeit und Natürlichkeit, mit Wohlwollen und frei von persönlichen Vorteilen, an der Erkenntnis und dadurch als Helfer zu arbeiten.

1 Ferenczi entwickelte seine aktive Technik in den Jahren 1924–1926. Siehe die Arbeiten aus den genannten Jahren, in: *Schriften zur Psychoanalyse, I u. II*, op. cit.
2 Siehe »Die Elastizität der psychoanalytischen Technik«, »Relaxationsprinzip und Neokatharsis« und »Kinderanalysen mit Erwachsenen«, alle in: *Schriften zur Psychoanalyse, II*, op. cit.

Frau F.[1] fühlte sich, mit Recht, vom Wesen der Psychoanalyse: Trauma und Rekonstruktion, angezogen, von allen Analytikern, wie sie sie gebrauchen, abgestoßen. Dagegen ist Prof. K., ohne Analytiker zu sein, hilfreich, durch das vertrauensvolle Gedeihenlassen der eigenen Intelligenz der Patienten, also trotzdem nicht Analytiker, analytisch hilfreich. Die Professoren Bl.[2] und M.[3] dagegen als Reiter ihrer eigenen Theorie und nicht anerkennend das Geniale in Freud, sind ihr unannehmbar. Sie sehnt sich nach einem ihr analytisch gleich- oder ähnlich begabten Analytiker, dem es vor allem um die Wahrheit zu tun ist, der aber nicht nur wissenschaftlich wahr, sondern auch den Menschen gegenüber wahrhaftig sein will.

Das Antitraumatische in Fr. ist also Schutzmaßregel gegen die Einsicht in die eigenen Schwächen.

224j **4. Juli 1932**

2) Auffällig bei Fr. ist die Leichtigkeit, mit der er die Interessen der Frauen den männlichen Patienten zum Opfer bringt. Dem entspricht die einseitig androphile Richtung seiner Sexualtheorie. Hierin folgten ihm fast alle Schüler, mich nicht ausgenommen. Meine Genitaltheorie mag viele gute Punkte haben, doch in der Art der Darstellung, in der historischen Rekonstruktion hängt sie an den Worten des Meisters; eine Neuauflage würde ein Neuschreiben bedeuten.

Als Beispiel, die Kastrationstheorie der Weiblichkeit. Fr. meint, daß die Klitoris früher entwickelt ist und funktioniert als die Vagina, d. h. das Mädchen wird mit dem Gefühl geboren, einen Penis

1 Gizella Ferenczi.

2 Bleuler, Paul Eugen (1857–1939), Schweizer Psychiater, Professor an der Universität Zürich (1898–1927) und Chefarzt des Bürghölzlis; hauptsächlich bekannt durch seine Studien über die *Dementia praacox*, für die er das Wort »Schizophrenie« prägte. Nach seiner Bekanntschaft mit der Psychoanalyse unternahm er wichtige Forschungen zum Antismus und zur Ambivalenz. Er war militanter Anti-Alkoholiker, der C. G. Jung, Mitglied seiner Arbeitsgruppe seit 1900, von seiner Sache überzeugte.

3 Maeder, Alfons (1882–1971), Schweizer Psychotherapeut, zeitweiliger Präsident der Zürcher Psychoanalytischen Vereinigung; folgte Jung nach dessen Bruch mit Freud.

zu haben, erst später lernt es darauf und auf die Mutter zu verzichten und mit dem vaginalen und uterinen Weibsein vorliebzunehmen. Er vernachlässigt dabei die andere Möglichkeit, daß die heterosexuelle Triebrichtung (vielleicht nur in der Phantasie) frühzeitig stark entwickelt ist, und die Maskulinität aus traumatischen Gründen (Urszene) als hysterisches Symptom an ihre Stelle tritt.

Der Autor mag persönlichen Widerwillen haben gegen spontane, feminin gerichtete Sexualität des Weibes: Idealisierung der Mutter. Er schrickt vor der Aufgabe zurück, eine sexuell anspruchsvolle Mutter zu haben und zu befriedigen. Er mag irgend wann durch die Leidenschaftlichkeit der Mutter vor solche Aufgabe gestellt gewesen sein. (Urszene mag ihn relativ impotent gemacht haben.)

Die Kastration des Vaters, des Potenten, als Reaktion auf die erfahrene Erniedrigung, führte zum Konstruieren einer Theorie, in der der Vater den Sohn kastriert, und dann noch vom Sohne als Gott angebetet wird. In seinem Betragen spielt Fr. nur die Rolle des kastrierenden Gottes, er will nichts vom traumatischen Momente der eigenen Kastration in der Kindheit wissen; er ist der einzige, der nicht analysiert werden muß.

7. August 1932 224k

Autochthon-Schuldgefühl

Bisher nur von Schuldgefühl die Rede, das sich an Stelle der Angst vor Strafe als Über-Ich-Institution dem übrigen Ich und dem Es entgegenstellt. Beobachtungen sprechen dafür, daß ein niederdrückendes Schuldgefühl sich auch dann einstellen kann, wenn man nichts gegen sich selber vergangen hat.

Schuldbeispiel: übertriebene Masturbation. Das Ich fühlt sich nur im »Libidogleichgewicht« wohl. Verarmung an Libido, künstliches Auspumpen von Libido ohne inneren Drang, hat lähmenden Einfluß auf die Funktionstüchtigkeit der Seele und des Körpers. Am Ende muß man den diesbezüglichen Klagen der Masturbanten Glauben schenken; ihre Klagen sind garzu beredt, es wäre gewaltsam, die stets so einförmig wiederholten Klagen nur auf Angst und Schreck zurückzuführen. Möglicherweise sind die Warnungen gegen Masturbation nur darum so wirksam, weil ihr Effekt sich zum bereits vorliegenden autochthonen Schuldgefühl addiert.

Offen bleibt die Frage, warum sich die künstliche und übertriebene Libidoentleerung gerade im Gefühle des Schuldbewußtseins äußert. Es scheint, daß man sich selbst dafür verantwortlich macht, wenn man, nur um sich ein Vergnügen zu verschaffen, Ich-Funktionen stört. »Vor allem bin *ich* da; erst wenn ich befriedigt und vielleicht gar von Überfluß an Libido gestört bin, darf an Libidoausgabe gedacht werden«. Vergeht man sich gegen diese Regel, so straft uns das Ich mit einer Art Strike[1], indem es seine Funktionen mit Unlust und mit schwachen Kräften ausführt; es entsteht allgemeine Überempfindlichkeit, die jede bedeutendere Anstrengung mit Müdigkeit und Schmerzgefühl straft.

Ähnliches passiert aber, wenn das Libidoauspumpen nicht von selbst, sondern von einer anderen Person provoziert wird, was bei der Leidenschaftlichkeit der Umgebung und der Unkenntnis der Psychologie der Kinder garzu häufig vorkommt.

Das neugeborene Kind verbraucht alle Libido für das eigene Wachstum, ja ihm muß noch Libido gegeben werden, damit es normal wächst. Das normale Leben beginnt also mit ausschließlicher passiver Objektliebe. Säuglinge lieben nicht, sie müssen geliebt werden.

Das zweite Stadium in der Libidowirtschaft ist, resp. beginnt, wenn das Kind anfängt sich selbst zu lieben. (Wahrscheinlich ist dieses Stadium eingeleitet durch die Unvollkommenheiten und die unvermeidlichen zeitweiligen Unbefriedigungen beim Geliebtwerden.) Es ist aber auch denkbar, daß wenn die erste stürmische Wachstumperiode einer etwas ruhigeren Platz gibt, die bereits mobilisierten überflüssigen Libidomengen anfangen, ein Objekt zu suchen. Das erste Liebesobjekt ist dann das Ich. Ein noch höheres Ansteigen der innerlich unverwendbaren Libidospannung und -menge, sucht dann Objekte auch außerhalb des Ich.

Nebst Geliebtwerden und Sich-selbst-lieben kann man dann auch Personen und Dinge als Liebesobjekte introjizieren. Wann, in welchen Entwicklungsmonaten diese Wandlungen sich vollziehen, ist vorläufig unbekannt.

Vorzeitiges Aufdrängen unzeitgemäßer Befriedigungsarten stört die normale Entwicklung des Ich, das sich vor Aufgaben gestellt

1 Engl.: Streik.

sieht, für die es noch nicht reif genug ist. Es ist zweifellos eine Schädigung für den Säugling, wenn faule und gewissenlose Ammen die Kinder durch masturbatorische Reizung der Genitalien einschläfern. Nicht minder unzeitgemäß und ich-störend ist der so häufige, gewalttätig masturbatorische Angriff Erwachsener auf heranwachsende Kinder, deren Genitalität noch nicht über die Periode harmloser, unleidenschaftlicher Berührungen hinausging. Noch kolossalere Anstrengung muß natürlich das unentwickelte Ich machen, wenn es die Gewalt und die Erschütterung sowie die Emotionen eines wirklichen Sexualverkehrs zu ertragen hat. Solche Fälle sind aber viel häufiger als man sich vorstellt. Nur ein ganz kleiner Teil inzestuöser Verführung von Kindern und Mißbrauch durch Wartepersonen wird ausfindig gemacht, meist auch dann verheimlicht. Das Kind vom Shock des unzeitgemäßen Eingriffes und Anpassungsanstrengung erschüttert, hat nicht Urteilskraft genug, das Betragen jener autoritären Person zu kritisieren. Schwache Anstrengungen nach dieser Richtung werden vom Schuldigen barsch oder drohend zurückgewiesen, das Kind der Lüge geziehen. Das Kind fühlt sich übrigens durch die Drohung mit Liebesentziehung, ja mit körperlichen Qualen eingeschüchtert. Bald beginnt es sogar an der Verläßlichkeit der eigenen Sinne zu zweifeln, oder – was das häufigste ist – entzieht es sich der ganzen Konfliktsituation, indem es sich in Tagträume flüchtet und den Anforderungen des Wachlebens nunmehr wie ein Automat nachkommt. (Anführung des Falles: aristokratische Kreise, Familienlehrer, er allein weiß von 5 verführten Kindern.)

Das frühzeitig verführte Kind adaptiert sich an die schwere Aufgabe, mit Hilfe vollkommener Identifizierung mit dem Aggressor. Die Analyse des Falles F. zeigt, daß solche Identifizierungsliebe das eigentliche Ich unbefriedigt läßt. In der Analyse muß dann die Patientin in die noch glückselige Zeit vor dem Trauma zurückgeführt werden und zu der dieser adäquaten Periode der Sexualentwicklung, (Bálint: Charakterentwicklung und Neubeginn[1]) und einerseits von dort aus, anderseits durch Zerfaserung des neurotischen Überbaugewebes zum Verständnis der Erschütterung und seiner inneren Folgen zu gelangen, und allmählich oder ruckweise die Fähigkeit zur Äußerung der eigenen Libidoarten herzustellen.

1 In: *Urformen der Liebe und die Technik der Psychoanalyse*, op. cit.

Anführen als Beispiel die bleibende Infantilität »Perversion« bei Störung der Libidoentwicklung. Bei F. spaltet sich die schon in der Phantasie in normaler Richtung entwickelnde heterosexuelle Libido nach der Erschütterung im 10-ten Jahre in Sadomasochismus (infantile Schlagephantasien) und Brustfetischismus, dazu homosexuelle Mutterbindung aktiv und passiv. Vorausgegangen ist allerdings erschütternde Urszene im frühesten Kindesalter (Urszene nur dann traumatisch, wenn übriges Leben vollkommen asexuell und hypokritisch).

Fraglich, ob Schuldgefühl nach unzeitgemäßem Angegriffenwerden (oder bei Knaben, Fortiziertwerden zu Mehrleistungen,) nicht darum mit Schuldgefühl verbunden ist, weil man die Schuldgefühle des Angreifers[1] errät und mitempfindet. Vielleicht verleiht nur dieses Empfinden des Schuldbewußtseins beim Angreifer der Unlust des Ich wegen der Störung den Charakter der Schuld. Das Betragen der Autoritätspersonen nach begangener Tat (Verschweigen, Verleugnen, ängstliches Benehmen), dazu das Bedrohen des Kindes, sind geeignet, dem Kinde das Bewußtsein der eigenen Schuld und Mitschuld zu suggerieren.

Nicht unwesentlich mag zum Schuldbewußtsein – Charakter der nachsexuellen Reaktion – der Umstand beitragen, daß die Genitalorgane auf den Reiz mit Wollustgefühlen reagieren. Das beim Sexualprozeß empfundene Vergnügen, das man von sich selber nicht ableugnen kann, erweckt in uns die Tendenz, uns für das Vorgegangene verantwortlich oder mit-verantwortlich zu fühlen. Weiterer Beitrag zu diesem Gefühl mag davon herrühren, daß die Kinder, allerdings auf einer harmloseren Sexualstufe, mittels Koketterie, Exhibition, Berührungen usw. sich als Verführer der Erwachsenen beschuldigen. Allerdings ist das, wozu sie die Erwachsenen verführen wollten, ganz was anderes als was ihnen zuteil wurde. Welch ungeheurer Konflikt zwischen lustbetonter Organreaktion und psychischer Abwehr. Kein Wunder, daß das Kind die ganze Szene in regressive Formen kleidet (Erbrechen) und sich auf diese konversionshysterische Art der größeren Unlust der bewußten psychischen Erlebnisse entzieht. Solche Hysterie liegt allen Erschütterungsneurosen zugrunde,

1 Das Thema wird aufgenommen und entwickelt in: »Sprachverwirrung zwischen Erwachsenen und dem Kind«, in: *Schriften zur Psychoanalyse, II*, op. cit.

auch wenn sie später durch zwangsneurotische oder paranoisch psychotische Symptome oder durch Charaktereigenheiten überlagert wird. (Frage wann Charakter, wann Neurose, wann Psychose.)

8. August 1932

Das Ertragen des Alleinseins

B.: Vor etwa einem Jahre, auf mein Drängen, tiefe Relaxation zu hochgradiger körperlichen Schwäche, Schmerzen, agonieartigen Zuständen, Herzschwäche etc. Dies etwa 8 Tage lang andauernd, immer gefahrdrohender werdend, dann plötzliches Emportauchen aus diesem Zustande, vollkommenes Geheiltsein und die Analyse fortsetzend. Eines nur stellte sich nicht, oder kaum mehr ein: freie Assoziation. Patientin hatte kolossale Angst, neuerlich in jenen Zustand zu verfallen.

Nun kommt sie selber auf die Idee, sich von der Welt zurückzuziehen, allein zu wohnen und es nochmals versuchen, die Angst davor zu überwinden. Gleichzeitig damit beginnt sie Ernst zu machen mit der freien Assoziation, sie fragt sich selber, was hätte sich denn so verändert, daß sie sich zu dieser peinlichen Aufgabe mehr gewachsen fühlt. Sie antwortet selber: »Inzwischen hat sich mein Vertrauen zu Ihnen so gesteigert, daß mich dies dazu befähigt. Ich hoffe, Sie werden mich nun anders behandeln als seinerzeit bei meiner Krankheit.«

Diese Hoffnung ist vollauf berechtigt; wir kamen in der Zwischenzeit zur Überzeugung, daß ich mich ihr gegenüber, gestützt auf analytische Grundregeln, zu kühl, man möchte sagen grausam benommen habe. Dieses Geständnis meinerseits und die logischerweise daraus folgende Änderung meiner Gefühlseinstellung erhöhte mehr und mehr ihr Vertrauen, sodaß sie selbst die Wiederholung versuchen will, hoffend, daß ich sie nicht zugrundegehen lasse d. h. daß ich den besten Willen und auch die Fähigkeit habe, sie aus der traumatischen Zerrüttung zurückzubringen. Wenn sie nur einmal im Tage sich mir gegenüber frei aussprechen, von mir dann Mut und Aufklärung bekommen kann, ist sie imstande, die Einsamkeit inzwischen zu ertragen. Auch weiß sie, daß ich ihr freundlich genug gesinnt bin, sich um sie, wenn es unbedingt not tut, auch in der Zwischenzeit zu kümmern. Mit anderen Worten: Alleinsein ist nur zu ertragen, wenn sie sich niemals ganz verlassen fühlt, daraus folgt, daß ein wirklich vollkommenes Alleinsein, wo man nicht einmal die Hoffnung hat, von der Außenwelt verstanden und geholfen zu werden, unerträglich ist. Was aber ist dieses Unerträglichsein? Wohl nichts anderes als eine Fortexistenz unter Entstellung der Realität der inneren (psychischen) oder der äußeren.

Die Assoziationen der Patientin führten sehr bald auch zu einer Phantasie, in der sie ihren Vater wispern hört: »Du wirst meinen nackten Körper stets fühlen, aber nie sehen.«

Sie hat halbdunkle Erinnerungen an die Frühinfantilzeit, wo sie ihren Vater beim Baden und sonstwo oft nackt gesehen hat. Soweit ihre klaren Erinnerungen zurückreichen, war ihr Vater stets ungeheuer schamhaft ihr gegenüber – bis er ihr vor etwa 4 Jahren urplötzlich einen Liebesantrag machte. Sein Benehmen damals ist eine starke Stütze unserer Annahme von der Realität der Vergewaltigungsphantasien.

Was sie nun von mir erwartet, ist 1) Glaube an die Realität des Vorfalles, 2) Beruhigung darüber,daß ich sie für unschuldig halte, 3) unschuldig sogar, wenn es sich herausstellte, daß sie beim Angriff ungeheure Befriedigung hatte und ihrem Vater Bewunderung zollte. 4) Die Sicherheit, daß ich mich nicht zu einer ähnlichen Leidenschaft hinreißen lasse.

Das traumatische Alleinsein, der Verbot und der Verbotswille des Vaters, die Taubheit und Blindheit der Mutter, das erst macht den Angriff traumatisch, d. h. seelenzerklüftend. Das alleinbleibende Wesen muß sich selber helfen und zu diesem Zwecke sich in einen Helfenden und einen Geholfenen spalten. Erst wenn, nach gewonnenem Vertrauen, diese Selbsthilfe, Selbstbeobachtung, Selbstkontrolle (alles Feinde der freien Assoziation) aufgegeben wird, – siehe oben – dann können die seinerzeitigen Zustände beim vollen Alleinsein nach dem Trauma durchgefühlt werden.

Patientin B. kam selber zur Idee, daß die vollkommene Spaltung im Vater (Epilepsie, Betrunkensein) eine ähnliche in ihr selber hervorgerufen hat: Dr. Jekyll und Mr. Hyde. Das Flüstern jener Worte ist der akustisch formulierte Eindruck des Willens des Vaters, möglicherweise Gedankenübertragung (meine bisherige Idee, daß Gedankenübertragung vom Cumberlandismus[1] verschieden ist, muß wohl aufgegeben werden. Jedes Denken ist motorisch, kann also Mitbewegung provozieren. Siehe den Fall von Gedankenlautwerden bei Ohrenschmalz).

Traumareproduktion allein ist therapeutisch unwirksam. R. N. Vor etwa 3 Jahren Entdeckung der Amnesie, vor 2 Jahren Reproduktion des Traumas, jedesmal mit schrecklichen Schmerzen und Lachkrampf endend. Fast ausnahmslos jeden Tag seither ein Ausbruch. Ich, stark an der Theorie festhaltend, daß die Quantität der Abreaktionen sich schließlich erschöpfen wird und daß damit die Heilung sich sicher einstellt, fuhr fort, die Anfälle zu produzieren. Finanzielle Schwierigkeiten führten beinahe zum Abbruch, doch mein starrer Glaube ließ mich auch ohne Bezahlung fortsetzen. Fortschritt beinahe Null. Stärkere finanzielle Ansprüche an mich und Steigerung der Ansprüche an Zeit und Interesse, erschöpften meine Geduld und fast kam es zur Unterbrechung, als von unverhoffter Seite Hilfe kam. Das Nachlassen meiner bisher rastlosen Hilfbereitschaft war der Beginn »der mutuellen Analyse« (siehe oben), in der ich beinahe alles bisher Zurückgehaltene über Antipathie, Widerstand gegen allzu großes Leiden, einbekannt und auf Infantiles meinerseits zurückgeführt wurde. Unter dem Einfluß dieser Analyse änderte sich manches in meinem Verhältnis und Einstellung in jeder Hinsicht; doch die Sympathie erreichte immer noch nicht den Grad, den z. B. B. so leicht d. h. um soviel leichter sich erwarb (allerdings schon unter dem Einfluß des im Falle R. N. Gelernten).

Die Gefahr des latenten Sadismus und der Erotomanie beim Analytiker. Die analytische Situation, besonders aber ihre starren technischen Regeln, provozieren meist ein lenteszierendes[2] Leiden beim Patienten und ein unberechtigtes Gefühl der Überlegenheit im Analytiker, mit einer gewissen Verachtung des Patienten. Nimmt man dazu die zur Schau getragene Freundlichkeit, das

1 Cumberlandismus ist ein Experiment, das der englische Illusionist Stuart Cumberland zum erstenmal im 19. Jahrhundert durchgeführt hat und das unter dem Namen »willing game« (»Willensspiel«) bekannt geworden ist: Der Spieler muß einen versteckten Gegenstand finden oder eine ausgedachte Handlung ausführen, indem er sich von den unbewußten Bewegungen einer eingeweihten Person, die fortdauernd seine Hand berührt, leiten läßt.

2 Unverständliches Wort. Michael Balint schlägt »Leiden des Ausgebeuteten« vor (Anm. d. Hrsg.).

detaillierte Interesse und das gelegentliche wirkliche Mitleid bei allzu starkem Leiden, so sieht man den Patienten in einen schier unlösbaren Ambivalenzkonflikt verstrickt, aus dem es kein Entrinnen gibt. Irgendein Zwischenfall wird dann dazu benützt, um die Analyse »am Widerstande des Patienten« scheitern zu lassen.

Ich kenne keinen Analytiker, dessen Analyse ich als theoretisch beendigt erklären könnte (am wenigsten meine eigene). Wir haben also in jeder einzelnen Analyse genug über uns selber zu lernen.

Die Analyse gibt Gelegenheit für sonstwie ziemlich gelähmte, im Selbstbewußtsein und Potenz gestörte Personen ohne jede Mühe zu jenen Sultangefühlen[1] zu gelangen, die ihm für mangelnde Fähigkeiten des Lieben-könnens kompensieren. Die Analyse dieses Zustandes führt über eine heilsame Desillusion über sich selber und damit zum Erwachen wirklichen Interesses für andere. Hat man so einen Narzißmus überwunden, so hat man auch bald jene Sympathie und Menschenliebe, ohne die die Analyse nur protrahierte Sekkatur ist.

11. August 1932

Etwas über Kriminalität

Ein früher, eine zeitlang analysierter und durch die Analyse von Angst ziemlich befreiter Patient sucht mich wieder auf; er ist momentan in gewissen Schwierigkeiten, die ihn aber gemütlich nicht sehr stören. Gesellschaftlich ließ er sich in Unternehmungen ein, die viel zu groß waren verglichen mit dem ihm zur Verfügung stehenden Kapital. Im Laufe der ersten Analyse ermutigte ich ihn zu allen möglichen wissenschaftlichen und geschäftlichen Phantasien und fand selber ein gewisses Vergnügen daran zu sehen, wie er beinahe mit allen Gelehrten, denen er begegnete – mit Ausnahme des Mathematikers –, den Intelligenzkampf aufnahm. In wenigen Monaten diskutierte der Mann, der kaum seinen Namen schreiben konnte, die schwierigsten Probleme der Physik, Chemie, Physiologie, Philosophie, Psychologie mit den Sachverständigen. Gleichzei-

1 Phantasiewort; gemeint ist wahrscheinlich »sultanische Gefühle«, »Gefühle eines Sultan«.

tig ließ er sich in Liebschaften ein, gleichzeitig oder nacheinander mit 12 oder 14 Frauen. Zuletzt ziemlich dauernd mit dreien auf einmal; 1) seine Köchin, die ihm wie eine Hündin ergeben wurde, 2) eine der anziehendsten, intelligentesten jungen Damen der besseren Gesellschaft, die auch wissenschaftlich begabt ist (das Verhältnis mit dieser wurde durch ihn dadurch gestört, daß diese Dame sich weigerte, das Verhältnis öffentlich zu machen wissend, daß dadurch ihr Ruf und ihr Beruf in besseren aristokratischen Kreisen zugrunde gerichtet würde), 3) eine hervorragende ungarische Ärztin, die im Gegenteil dieses Verhältnis zu öffentlich zur Schau trug und sich so betrug, als ob sie seine Frau wäre. Von dieser knöpfte er eine erkleckliche Summe Geldes ab, auch blieb er mir seit recht vielen Monaten mit dem Analysenhonorar schuldig.

Nun, da er sieht, daß er nicht rasch reich werden kann, denkt er daran, sich seinen Verpflichtungen zu entziehen. Zugleich kommt er mit der Meldung, er hätte in Paris sich bei einer Prostituierten mit Gonorrhoe infiziert, habe aber seither mit der Köchin und der Ärztin auch verkehrt. Ich sagte ihm, er müsse sich behandeln und beide Frauen untersuchen lassen.

Ich benützte die Gelegenheit, ihm zu sagen, daß er mir von nun an zahlen müsse, allerdings machte ich ihm den Vorschlag, vorläufig nur die Hälfte zu bezahlen und mit der früheren Summe einstweilen schuldig zu bleiben. Sonderbarerweise war ich bei der ersten Unterredung noch geneigt, ihm wieder alles zu borgen, und nur die weitere Überlegung sagte mir, daß es hoch an der Zeit ist, dem Manne auch hier, in der Analyse, die Realitätsgrenze zu zeigen. (Die Langsamkeit, mit der ich dies einsah, kam in meiner Eigenanalyse: Identifizierung mit dem Feigling, der die Furcht überwindend, zu einem Helden wird, jenseits von Gut und Böse.) In einer Besprechung mit seinen Geschäftsangestellten, ließ er sich zu größter Grobheit hinreißen, wurde zu Duell gefordert. Die Annahme meiner Bedingungen lehnte er vorläufig ab; ich blieb aber fest und warte auf die Erledigung seinerseits; wahrscheinlich morgen.

Der nächste Schritt, zu dem er sich entschloß, war der Entschluß zur Kündigung der Freundschaft mit der Ärztin. Er glaubte, daß ich ihretwegen ihn benachteilige, daß ich ihn dazu treiben will, jene »son of a witch«[1] zu heiraten, er wolle ihr auch sagen, daß sie

1 Engl.: Hexensohn. Gemeint ist wahrscheinlich »son of a bitch« (»Hurensohn«).

ihn nicht mehr als »fucking instrument«[1] haben kann, sie hätte »my cock«[2] nicht in den Mund nehmen sollen. Ich ließ ihn dabei und hoffe, daß diese Aussprache die Situation klären wird. Die wachsende Antipathie der neurotischen Ärztin wird nun besser fundiert werden, ihr provozierendes Benehmen, ihre Leichtgläubigkeit etc. wird analytisch erklärt werden.

Wichtig ist aber auch die Langsamkeit und die Verspätung, mit der *ich* zu diesen Einsichten gelangte. Nichts zu machen, ich muß die Ursache in meiner eigenen verdrängten Kriminalität suchen. Ich bewundere teilweise den Menschen, der die Dinge zu tun wagt, die ich mir versage. Ich bewundere ihn sogar, ob der Dreistigkeit, mit der er mich betrügt. Die Grundursache kann nur Angst sein vor solchen Missetätern, wahrscheinlich würde ich von solchen irgendwann wirklich überwältigt und entmutigt.

Insgesamt ist der Einfall, den ich in Bezug auf diesen Mann hatte: ich dachte, er werde mich tätlich angreifen und hatte die Idee, meinen Schreckschußrevolver in der Tasche zu halten. Vorläufig verschob ich die Erledigung bis auf morgen, bin aber entschlossen, fest zu bleiben und ihn eventuell gehen zu lassen. Ich habe die Empfindung, daß wenn ich nachgebe, er mich – ebenso wie fast alle Menschen – als dummen Kerl behandeln und ausnützen wird. Bleibe ich fest, so kann er mich wirklich angreifen; er begann schon Anspielungen darauf zu machen, daß er mir früher genügend Geld gegeben hat (daß er mir also nicht mehr zahlen will), er kann mich mit der Öffentlichkeit bedrohen, mich im Kreise von Freunden herabsetzen, etc. Das alles wird mich kalt lassen. Vielleicht wird er es dann mit Zusammenbruch versuchen, um mich willfährig zu machen, dann werde ich ihm anbieten, ihn weiter zu behandeln, wenn er meine Bedingungen annimmt. Problemstellung: wann ist Kriminalität heilbar? Wieviel Krankheitseinsicht ist hier, wie bei Psychosen, notwendig? Schärfere Grenzsteckung zwischen Phantasie und Realität während der Analyse. (Anführung zweier anderer Fälle: Dr. J. G., der Freud hineinlegte, und B.'s Vater.)

1 Engl.: Fickmaschine.
2 Engl.: Schwanz.

12. August 1932

Subjektive Darstellung der Funktionsspaltung

Patientin O. S. leidet an Fettsucht. Die wirksamsten Entfettungsmittel, Thyreoidea, Hypophyse, Quecksilber, blieben erfolglos. Diät konnte sie nicht halten, weil sie sich, ohne viel und gut zu essen, rastlos fühlt. Doch eine tiefgreifende Depression (Einsicht in die Hoffnungslosigkeit aller Anstrengungen, die sie machte, um ihre manisch zu nennende Freundin in ihrem Benehmen zur Pat. ändern zu können) war die Gelegenheit für sie, sich nebst den medizinischen Behandlungen, auch einer Hungerkur auszusetzen. Sie ist in einem Zustande von Gefühsleere, daß ihr gar nichts, nicht einmal das Gefühl des Hungerns, etwas ausmacht. Nun fastet sie seit 6 Tagen, sie trinkt täglich 1–2 Gläschen Kognak und 1 Glas Orangenwasser.

Sie beschreibt ihr Befinden wie folgt: Sie leistet womöglich gar keine Arbeit, wenn sie es muß, fühlt sie sich sehr erschöpft. Jede Anforderung an sie wird von einer sonderbaren Sensation in der Bauchgegend beantwortet. Obzwar sie bewußt weder Schreck, noch Angst, noch irgend eine andere Emotion empfindet, weiß sie von der speziellen Natur jener Sensation, ob sie dieses oder jenes Gefühl bedeutet. Sie kann aber ehrlich behaupten, daß das Wissen darum bei ihr rein intellektuell ist. Sie spricht von einer vollkommenen Zweiteilung ihrer Persönlichkeit. Auf alles Unangenehme in diesem fühllosen Stadium reagiert nur der Körper, wie oben beschrieben. Ihre Stimmung bleibt vollkommen ungestört und unbeeinflußt. Will sie jene innere Körperreaktion »in der Gegend des Plexus solaris« näher beschreiben, so sagt sie, daß es sich anfühlt, als »würde man etwas von sich wegstoßen und sich vor irgend etwas zurückziehen«. Auf näheres Befragen erfährt man, daß Patientin in Bezug auf das Essen zu verschiedenen Zeiten sich verschieden benimmt. Zuzeiten muß sie jene innere Sensation raschestens durch Essen oder Trinken lindern. »Wie ein Kind, was ihm auch passiert, durch Reichen der Flasche oder der Brust, am raschesten beruhigt wird«. Eine tiefere Unlustsituation lähmt auch diese Fähigkeit des Beruhigtwerden oder Sich-beruhigen-können.

Patientin bezieht sich selber auf das Trauma, das sie im Alter von 6 Wochen durchlitt, daß sie von einer geisteskranken Mutter etwa 2–3 Tage lang in einem Hotel, man weiß nicht wie, behandelt wurde, bis man sie endlich dort auffand. Das muß ein Moment gewesen sein, in dem das Kind heftigen Schreck durchgemacht haben und nach Nahrung verlangt haben muß, wahrscheinlich ließ es aber die Mutter hungern, sodaß schließlich das Kind so erschöpft wurde, daß es auch das Verlangen nach Nahrung aufgab und gleichsam nurmehr das Vergehen verspürte. Auch wenn sie nachher aufgefunden und auf die beste Art belebt und gefüttert wurde: es scheint, daß die Neuanpassung an das Leben nur von einem oberflächlichen Teile der Person in mehr automatischer Weise erlernt wurde. Eine Zwillingsschwester, sagen wir 6 Wochen alt, liegt in derselben Erstarrung in ihr begraben, in die sie beim Trauma verfiel. Ohnmächtig (unmächtig, zu jeder motorischen Äußerung unfähig,) etwa nur mit Fluchtreflex oder Abwehrstrampeln reagierend, eine zeitlang vielleicht noch durch Säugen zu beruhigen, nach weiterer Dauer der hilflosen Unlustempfindung die Motilität, wahrscheinlich auch die Lebenslust vollkommen erlöscht. (Hier die eigentliche Erklärung des Zusammenhanges zwischen »Oralerotik« und Depression, resp. Melancholie; Abraham,[1] Radó[2]).

Vielleicht ist hier Gelegenheit, Einblick zu gewinnen in die trophischen Sonderbarkeiten der »manisch Depressiven«. Diese Pat. scheint imstande zu sein, unter Umständen, zuzunehmen, ohne Nahrung zu sich zu nehmen, angeblich auch ohne mehr als oben angegeben, zu trinken. Seit ihrem Fasten hat sie bis gestern 4 kg verloren; ohne daß sie an ihrer Diät (Fasten) etwas geändert hätte und trotz der Injektion jener Medikamente hat sie von gestern auf heute 1 kg zugenommen. Angenommen, daß Betrug ausgeschlossen ist, kann man doch die Möglichkeit nicht von sich weisen, daß die »biologisch unbewußte, rein vegetative (vielleicht wie eine Pflanze, oder wie ein Embryo), Oxigen, CO_2 und H_2O aus dem umgebenden Medium (Luft) absorbierende Zwillingsschwester, solche scheinbare Wunder zustandebringt ... Körperzunahme der Schizophrenen. Frau S. I.: Superego macht fett. (Fall S. I. muß entsprechend der Zwillingsschwestertheorie revidiert werden.) Pa-

1 Abraham, Karl (1877–1925), Siehe »Versuch einer Entwicklungsgeschichte der Libido«, in: *Psychoanalytische Studien, II*, Fischer Taschenbuch 7320.
2 Radó, Sándor (1890–1971), ungarischer Psychoanalytiker, nach Amerika emigriert. Seine Ideen riefen einen starken Widerstand in den psychoanalytischen Kreisen hervor; sein grundlegender Aufsatz »Das Problem der Melancholie« erschien in der *Int. Zeitschr. f. Psa.*, 1927, XIII, S. 439–455.

tientin O. S. fühlt im Alltag (Wochentag) Rastlosigkeit, Beschäftigungsdrang, an Ferialtagen ist auch dieser Ausweg formell benommen, sie fühlt nur die vollkommene unerträgliche Ruhe, vor der sie mehr Angst hat, als vor allem anderen. (Sonntagsneurose![1]) Die Ruhe des Feiertags macht es unvermeidlich, die inneren Töne des Zwillinges zu hören.

B.: Traum: 1) Verrückter Schofför treibt den vollen Autobus so scharf im Kreis, daß er umkippt. Patientin sieht die Gefahr, setzt sich an die Außenseite, steigt aus dem umgekippten Wagen, alle anderen mit sauber abgehackten Gliedern (mit Kleidern bedeckt): z. B. abgeschnittener Fuß eines Mannes. Beim Aussteigen fühlt sie nur Stückchen Glas im äußeren Gehörgang. (Symbolische Verdichtung der erlittenen Verletzung, der gewünschten Rache, der Erinnerung (Erinnertwerden) nach dem Erwachen auf verschobene Weise, vielleicht auch vage Perzeption peinlicher Geräusche oder des eigenen Schreiens. 2) von einem Mann tätlich angegriffen. 3) ... (Fortsetzung fehlt, d. Hrsg.).

13. August 1932

Sündenregister der Psychoanalyse

(Vorwürfe einer Patientin)

1) Die P. A. lockt die Patienten in die »Übertragung Das tiefreichende Verständnis, das große Interesse für feinste Einzelheiten der Lebensgeschichte und der Seelenregungen wird vom Patienten naturgemäß als Zeichen tiefreichender persönlicher Freundlichkeit, ja Zärtlichkeit, ausgelegt. 2) Da die meisten Patienten seelische Schiffbrüchige sind, die sich an jeden Strohhalm klammern, werden sie blind und taub gegenüber den Tatsachen die ihnen zeigen könnten, wie wenig *persönliches* Interesse die Analytiker für ihre Patienten haben. 3) Inzwischen percipiert das Unbewußte der Patienten all die negativen Gefühle im Analytiker (Langeweile, Ärger, Haßgefühle, wenn der Patient Unangenehmes, oder die Komplexe des Arztes Reizendes sagt). 4) Die Analyse ist eine leichte Gelegenheit, unbewußte, rein selbstsüchtige, rücksichts-

1 Siehe S. Ferenczi, »Sonntagsneurosen«, in: *Schriften zur Psychoanalyse, I*, op. cit.

lose, unmoralisch, ja kriminell zu nennende Handlungen und ebensolches Betragen schuldlos (ohne Schuldgefühl) auszuführen, z. B. Machtgefühl über die Serie von hilflos andächtigen Patienten, die ihn rückhaltlos bewundern. Sadistisches Vergnügen an ihrem Leiden und ihrer Hilflosigkeit. Unbekümmertsein um die Länge der Analyse, ja Tendenz, sie zu verlängern aus rein finanziellen Gründen: man macht Patienten, wenn man will, zu lebenslänglichen Steuerzahlern.

Infolge infantiler Erlebnisse derselben Art, wird es unmöglich (und der Analytiker, weil er die analytische Situation und sein eigenes Benehmen nicht beleuchtet, hilft nicht, die Lage zu klären und vom Gegenwärtigen auf Vergangenes zu schließen) auch nach noch so langer erfolgloser Arbeit, sich von ihm loszusagen, ebenso wenig wie ein Kind nicht vom Hause fortlaufen kann, (weil es sich, selbst überlassen, hilflos fühlt.)

Die Übertragung, die man in der Analyse im Zustandekommen viel zu sehr findet, und die die Unkenntnis der Analytiker zu lösen nicht versteht (er mußte sich selber und sein Benehmen besser kennen um das tun zu können) spielt schließlich die selbe Rolle in der Analyse, wie die Selbstigkeit (Egoismus) der Eltern in der Erziehung.

239 (Unausgesprochener Haß fixiert mehr als Verziehung. Die Reaktion dagegen ist Übergüte aus Schuldgefühl, die ohne äußere Hilfe nicht beseitigt werden kann.)

Patienten *fühlen* das Hypokritische in dem Benehmen des Analytikers sie sehen das aus hunderten von kleinen Anzeichen. (Manche meinen sogar die Gefühle und Gedanken des Analytikers zu lesen.) Diese werden viel zu selten Gegenstand der Analyse (und des Bekenntnisses seitens des Analytikers).

Abhilfe dagegen, auch wenn es so weit »gediehen«, ist wirkliche »Contrition« des Analytikers. Gewöhnlich reagiert man im Gegenteil mit Lustlosigkeit, Verstummen, Ärger, dem Gefühle, das Beste gewollt und dafür noch gescholten zu werden. Lust die Analyse abzubrechen, es vielleicht auch zu tun.

(Möglicherweise ist kein Analytiker so »perfekt«, daß er Ähnliches vermeiden kann. Aber, wenn man frühzeitig daran denkt und arbeitet, verkürzt man die Analyse wesentlich. Steckt da nicht die Grundursache der *Endlosigkeit* traumatischer Wiederholungen [6–8 Jahre lang!] – weil der *Kontrast mit der Vergangenheit fehlt*, ohne den das *Vergangenheitsunglück* immer noch mit Hilfe der

Gegenwartsassociationen mit dem Wiederholungsunglück, als gegenwärtig gefühlt wird, und die Trauma-Erinnerung mit Zersplitterung, Symptom-Verstärkung und Trauma-Verstärkung endet.)

Nur Sympathie heilt. (Healing[1].) 240

Verständnis ist notwendig, uns die Sympathie an der richtigen Stelle (Analyse), in der richtigen Art anzuwenden. Ohne Sympathie keine Heilung. (Höchstens Einsichten in die Genese des Leidens).

Kann man jeden Menschen lieben? Sind dem nicht Grenzen gesetzt?

Beim herrschenden Régime (Kindererziehung, Leidenschaftlichkeit der Erwachsenen) ist es Jedem schwer gemacht sich von den Sympathien und Antipathien und deren Ungerechtigkeit loszusagen. Vielleicht wird Menschheitcharakter (Grenze der Änderungsfähigkeit) irgend einmal besser. Auch die Wissenschaft ist »leidenschaftlich«, wenn sie nur die selbstischen Instinkte sieht und anerkennt. Die natürliche Nötigung zur *Teilung der Lustgefühle* nach entsprechender normaler Saturierung, und das Harmonieprinzip der Natur aber nicht gebührend berücksichtigt.

Idee vom Todestrieb geht zu weit, ist schon sadistisch gefärbt; *Ruhetrieb* und *Teilung* (Mit-teilung, Sharing[2]) von »übermäßig« angesammelter Lust *und* Unlust ist das Wirkliche, oder war es, 240
wenn nicht artifiziell, -traumatisch gestört.

ALLEINSEIN führt zur Spaltung.

Dasein von Jemand, mit dem man Freud und Leid teilen und mitteilen kann (Liebe und Verständnis) *heilt* das Trauma.

Persönlichkeit wird vereinheitlicht »*geheilt*«. (Wie »glue«.)[3] 241

Krankenhaß ist hinter der hypokritischen *Krankenfreundlichkeit* des Arztes. Er muß aufgeweckt, auf (interne) Ursachen zurückgeführt werden; dann erst kann man *helfen – eigenes Leid* teilen und mitteilen, und fremdes *teilen*.

Ist man selber gesättigt und nicht gierig, so ist Wohlwollen, Wohlfühlen und Wohltat selbstverständlich.

1 Engl.: Heilung.
2 Engl.: Teilen, Teilung.
3 Engl.: Leim.

GENITALE ist nicht das Organ, mit dessen Hilfe man *frei wird von Leiden*, (Leidensreservoir!)
sondern Organ zur *Mitteilung* und *Teilung überschüssiger Energie (Lust)*.
1) Kind muß mit Liebe und mit Nahrung saturiert werden.
2) Pubertät-Überladung mit Lust

Loswerden *mitteilen*	via Genitalia.	Eine Art Mutterschaft Liebe für das Abgespaltene Stück: Samen, Kind Rest der Selbstliebe.

Obige Liebe 1) Liebe zu Samenzellen und Brula
2) Liebe zu dem, mit dem man sie teilt
Deposition gefährlicher Bombe (F).
Deposition geliebten Wesens
Fragments. (F).[1]

242 *Analytiker* nach Erhalten des Sündenregisters und nach Überwindung der Trotzreaktion: Niedergebrochen – »das Beste gewollt und so geraten!«

Patient: im Stande zu *verzeihen*. Daß der erste Schritt zum Verzeihen des Trauma-veranlassens gemacht werden konnte, besagt, daß sie einsichtig geworden sind. Daß es überhaupt *möglich* war, Einsicht und Einkehr zu erreichen beendet allgemeinen *Menschenhaß*. Schließlich auch möglich das Trauma mit *verzeihenden und daher verständlichen Gefühlen* zu sehen – *erinnern*.

Der Analytiker, dem verziehen wird:
genießt in der Analyse, was ihm im Leben versagt wurde und sein Herz verhärtetete *Gegenseitige Verzeihung!!* – Enderfolg.

14. August 1932

Trauma und Persönlichkeitsspaltung; Zerreißung von Fühlen und Intelligenz

Fall G.: *Plötzlicher* (rascher, unvorbereiteter) Shock bei Beobachtung des elterlichen Verkehrs. Was sie urplötzlich zu sehen und

1 Sehr konfuse Textstelle. Es scheint sich vor allem um Chiffren zu handeln, die als Gedächtnisstütze dienen sollen (Anm. d. Hrsg.).

zu fühlen bekam (die Eltern schlagen sich; Vater erwürgt Mutter, Mutter scheint ganz einverstanden zu sein, niemand denkt an mich, ich kann mich zu niemand flüchten, auf mich selbst angewiesen, wie aber kann ich allein bestehen? Etwas Essen würde mich beruhigen, aber niemand denkt an mich; ich möchte schreien, traue mich aber nicht, besser ich bleibe stumm und verborgen, sonst tun sie mir was an, ich hasse sie beide, ich möchte sie wegstoßen – unmöglich, bin zu schwach, auch wäre es zu gefährlich, ich möchte flüchten, wüßte aber nicht wohin, ich möchte diese ganze Geschichte ausspucken, wie etwas Ekelhaftes.) All das war für sie unerträglich und doch mußte es ertragen werden; es wurde ihr aufgedrängt. Die Unerträglichkeit einer Situation führt zu einem schlafähnlichen Geisteszustand, in die Möglichkeit traumhaft verändert, negativ und positiv halluzinatorisch entstellt werden kann. Die Idee von der Ekelhaftigkeit der Situation und des Gefühls produziert den Traum: es ist nichts, ich habe nur etwas unangenehmes gegessen; ich erbreche es und werde befreit davon, oder: »jemand wird kommen und wird mir etwas besseres zu essen geben«. Dauert aber die Unlust an, ohne daß Hilfe kommt, so regrediert man in noch weitere Fernen zurück: »ich bin so gräßlich allein, natürlich, ich bin ja noch gar nicht geboren, ich schwebe im Mutterleib.«

Ist es aber einmal gelungen, sich mit Hilfe solchen Wachtraums von psychischer Unlust befreit zu haben, so ist eine schwache Stelle für die ganze Zukunft statuiert, zu der das Ich (die Gefühle) leicht regredieren, sobald etwas Unlustvolles passiert. (So bei unserer Patientin, wenn Mutter das Haus plötzlich verließ und als sie viel später die Enttäuschung mit ihrem heißgeliebten Gatten erlebte).

Die Shockwirkung bei unserer Patientin geht aber noch tiefer. Ihr ganzes Gefühlsleben flüchtete sich in die Regression, sodaß sie jetzt überhaupt keine Emotion mehr zu Ende fühlte, es ist eigentlich nie sie, der die Dinge passieren, sie identifiziert sich nur mit anderen Personen. Während also ihr Gefühsleben in der Unbewußtheit verschwindet, zu reinem Körpergefühl regrediert, macht die von allen Gefühlen befreite Intelligenz eine kolossale, aber – wie gesagt – vollkommen gefühlslose Progression, im Sinne einer Anpassungsleistung mittelst Identifikation mit den Objekten des Schreckens. Die Patientin wurde furchtbar intelligent; anstatt Mutter oder Vater zu hassen, dachte sie sich so eindringlich in die seelischen Mechanismen, Motive, ja Gefühle (auch in letztere mit

Hilfe des Wissens) ein, daß sie – da sie ja selber als Gefühlsmensch zu existieren aufhörte – die bisher unerträgliche Situation klar erfassen konnte. Sie wurde durch das Trauma gefühlsmäßig embryonal, zugleich aber intellektuell weise, wie ein ganz objektiv und gefühllos verstehender Philosoph.[1]

Das Neue an diesem ganzen Prozeß ist, daß es nebst der Flucht von der Realität in regressivem Sinne, auch eine Flucht ins progressive, ein plötzliches Intelligentwerden, ja Clairvoyance gibt, also eine progressive Flucht, ein plötzliches Aufblühen virtuell vorgezeichneter, aber bisher nicht funktionell gebrauchter Entwicklungsmöglichkeiten; sozusagen ein plötzliches Altwerden (zugleich mit dem Embryonalwerden der Gefühle). Man könnte also meinen, daß beim Shock die Gefühle von den Vorstellungen und Denkprozessen gerissen, tief ins Unbewußte, ja ins unbewußt Körperliche versteckt werden, während die Intelligenz selbst die eben beschriebene Progressionsflucht durchmacht. Schreck war die Macht, die die Gefühle und Gedanken auseinander riß; derselbe Schreck ist aber immer noch am Werke, er ist es, der die auseinandergerissenen Seeleninhalte immer noch getrennt hält. Gelingt es, durch Überrumpelung, oder mit Hilfe der freien Assoziation, die Angst für einen Moment auszuschalten, so kommt es bei der plötzlichen Berührung der bisher getrennten Seelenanteile, zu einer lauten Explosion: Konvulsionen, sensible, sensorische und motorische Körpersymptome, manischer Wutausbruch, schließlich meist unaufhaltsames Lachen, als Ausdruck, unbeherrschbare Gemütsbewegung; schließlich nach voller Erschöpfung, relative Beruhigung, gleichsam ein Erwachen aus einem bösen Traume. Aber es war wieder nur ein Traum, ohne jede anhaltende Überzeugung von der Realität des Vorgefallenen. Anstatt zur Erinnerung, führte also der Wiederholungsversuch nur zu einer hysterischen Attacke mit nachfolgender Gefühlsamnesie.

Was kann da Wandlung schaffen? Einzig und allein das Vertrauen zur Güte und zum Verständnis des Analytikers. Dieser muß imstande sein, alle seine negativen Gefühlsregungen zu bekennen und dadurch den Patienten vom Gefühle seiner Hypokrisie be-

1 Siehe »Der Traum vom gelehrten Säugling«, »Kinderanalysen mit Erwachsenen« und »Sprachverwirrung zwischen den Erwachsenen und dem Kind«, alle in: *Schriften zur Psychoanalyse, II*, op. cit., »Exaggerated sex impulse und seine Folgen« und »Über Lamaismus und Yoghi«, beide in: *Bausteine IV*, op. cit.

freien. Nebst dem muß aber der Patient auch die wirkliche Güte des Analytikers zu fühlen bekommen. Diese Sympathie ermöglicht es, daß Patienten ihre Leiden mit uns teilen und dadurch sich davon zu einem großen Teile befreit fühlen. Unter solchen Umständen kann die Güte und die Energie des Analytikers die Explosion bei der Berührung von Gefühl und Gedankenwelt vermeiden lassen, und an Stelle der Wiederholungen endlich die Erinnerung treten lassen.

17. Juli 1932

Projektion der eigenen realen Inzesttendenzen auf Kinder und Patienten; kein Verständnis für den Unterschied zwischen infantilem Phantasieren und Realisierung derselben

A) Im Leben.

B) In der Analyse.

Fall G.: Etwas ermüdet über die ununterbrochene Selbstanalyse, das ununterbrochene Klagen über Unfähigkeit ihr eigenes Leben zu leben und über Nötigung anstatt Lieben und Hassen sich mit den Objekten zu identifizieren: machte ich den Versuch, Patientin mit Hilfe der freien Assoziation dazu zu bringen, sich Gefühle, die sie im Unbewußten dem Vater gegenüber hegen mag, einzugestehen. Vater, von Mutter plötzlich verlassen, wendete sich mit gemütlichen Ansprüchen an die Tochter. Sie wurden Kameraden. Als sie es versuchte, mit gleichaltrigen jungen Männern in freundschaftliche, vielleicht etwas erotisch gefärbte Verbindung zu treten, kamen ernsthafte Verweise, ja nicht zu einer Person zu werden, wie die Mutter. Im Laufe dieser Mitteilung machte ich die Äußerung: »Es war eigentlich eine glückliche Ehe zwischen Ihrem Vater und Ihnen.«

Tags darauf erfahre ich, daß Patientin den ganzen Tag in tiefer Depression verbrachte, über mich hoffnungslos wurde: »Wenn ich von *ihm* (mir) nicht mehr Verständnis bekomme, was kann ich überhaupt erwarten? Auch er nennt es eine glückliche Ehe, also etwas, was ich gewollt habe. Anstatt zu sehen, daß ich zwar in der *Phantasie* als Kind Ähnliches *gewollt* haben mag, doch nichts lag mir ferner, als daß dieser Wille oder Wunsch in Wirklichkeit realisiert wird. Diese Wirklichkeit wurde mir aber aufgedrängt und mir dadurch der Weg zur normalen Entwicklung verlegt: statt lieben und hassen, konnte ich nur mehr identifizieren.« Charakteristisch sind die Träume der drauffolgenden Nacht: 1) Ich analysiere sie, liege aber neben ihr im Bett. 2) Dr. Brill analysiert sie, beugt sich über sie, küßt sie; sie hat zum erstenmal in ihrem Leben einen beginnenden Orgasmus nach Kuß. Plötzliches Erwachen, ohne Beendigung des Orgasmus. Deutung: Meine gestrige Behauptung zeigt, daß ich nicht mehr Verständnis für ihre wirklichen Gefühle habe als Vater, Brill, (Horace?), sie kann von meiner Analyse nichts erwarten, obzwar ich sie mittelst Identifizierung mit meinen Wünschen nicht dazu bringen kann, sogar einen Orgasmus mit Brill[1] (dem antipathischesten Menschen) zu haben. Sie tut das aus Angst vor uns Männern. Diese Angst war es, die sie in der Urszene zwang, sich nicht mit dem Vater, sondern mit der Mutter zu identifizieren; in diesem schrecklichen Moment war sie die minder Schreckhafte.

Ich gab zu, daß ich von meinen theoretischen Voraussetzungen befangen, in oberflächlicher und sorgloser Weise die Gefühlsweise einer erwachsenen, geschlechtsreifen Person supponierte dort, wo wahrscheinlich nur infantile, irreale erotische Phantasien vorhanden waren.

Ich hoffe, daß diese Fähigkeit zur Einsicht und Einkehr und das drauffolgende unvoreingenommenere Mitgehen mit der Patientin in der Richtung des peinlichen Gefühls der Identifizierung, die bedrohte Analyse retten konnte. Mehrere wichtige Lehren sind daraus zu ziehen: (1) daß wir, Analytiker, einen Gott weiß wie großen Teil unserer Sexualtheorien auf die Kinder projizieren, doch nicht minder auf unsere Patienten in der Übertragungsfrage; wir können es nicht fassen, daß die Patienten wirklich, obwohl erwachsen, kleine Kinder geblieben sind und mit den Dingen nur spielen wollen, von der Realität auch in der Übertragung erschrekken, es uns aber aus Angst vor uns nicht sagen und sich uns zuliebe so benehmen, als wären sie in uns verliebt; vieles davon nur, weil wir Analytiker diese Erwartungsvorstellungen, oder gar unbewußt Gelüste haben. (2) wir machen keinen rechten Unterschied zwi-

1 Brill, Abraham A. (1874–1948), amerikanischer Psychoanalytiker österreichischer Herkunft, einer der ersten Freud-Übersetzer ins Englische, gründete 1911 die Psychoanalytische Gesellschaft von New York (Anm. d. Hrsg.).

schen phantasiespielerischen, erotischen Velleitäten der Kinder (und in dieser Beziehung benehmen wir uns etwa wie der Vater von B., der vom Sexualspiel der Tochter hingerissen, dieser Gewalt antat). (3) die Fixierung in kindlichem Stadium wird verursacht a) durch Forzieren erwachsener Arten von Libido, b) durch herabwürdigende Scheltworte, Schlagen etc. wegen der Ödipusphantasien, die eigentlich erst durch dieses Ernstnehmen wirklich wurden, c) noch schlimmer ist die Fixierung, wenn – wie so häufig – zuerst das Realnehmen in positiver Art zugelassen, dann aus Gewissensangst Reserviertheit und Strafe appliziert wird (um das Kind vergessen zu machen und das eigene Gewissen zu beruhigen).

Nebst Leidenschaftlichkeit muß diese Art von *Verständnislosigkeit* für das kindliche Wesen und insbesondere der Unglaube an die Unschuld der Kinder (und der Patienten) diese zur Verzweiflung bringen, die die Erwachsenen in Mutlosigkeit oder Trotz, manchmal in übertriebene Ambition, jedenfalls aber unglückliche Charakterzüge zu formieren helfen; in der Analyse aber führt sie zu einer »Versandung«, die die Analytiker als Widerstand des Patienten auslegen, anstatt den Fehler in sich selber zu suchen. Die Abhilfe kann nur eine Analyse bringen, die auch die Analytiker und die analytische Theorie nicht schont. Tun das unsere eigenen Analytiker nicht, so haben wir auf die Worte unserer Patienten zu lauschen und die von ihnen gegebenen Winke zu verarbeiten. Dann müssen wir von den Patienten das von uns Beargwohnte herausbekommen. Die Folge ist: Erleichterung und Fähigkeit, Dinge zu fühlen unabhängig davon, ob sie uns genehm oder unangenehm sind. Damit ist das Ende der Identifizierung eingeleitet.

17. August 1932

Nachtrag zur Fragmentierung

(R. N.) In Anwendung der Beobachtung bei G.: Regression der Gefühle ins Embryonale und Progression des Intellekts (in der Identifizierung aus Angst mit dem Angreifer) in der Richtung virtueller Entwicklungsmöglichkeiten im Sinne des Masochismus resp. der Maternität, brachte R. N. mitten im emotionellen Ausbruch die optische Darstellung einer dritten Art der Fragmentierung: die Seele geht durch ein Loch des Kopfes ins Universum und leuchtet in weiter Ferne als ein Stern (dies wäre eine Clairvoyance, die über das Verstehen des Angreifers hinausgeht und soz. das ganze Universum versteht, um das Zustandekommen auch solcher Ungeheuerlichkeit fassen zu können. Ein Teil der Persönlichkeit verläßt also unter dem Druck der Shocks die selbstischen Sphären irdischen Daseins und wird allwissend. Dieses allwissende Stück kann infolge der Distanz und der Klarheit, der Kenntnis aller Zusammenhänge auch dort noch helfend eingreifen, wo alles verloren und hoffnungslos scheint. Extremes Beispiel: das Sternfragment sieht in weiter Ferne die einzige Person, deren Schicksal und Leidensgang die Möglichkeiten der Einkehr trotz Ähnlichkeit, also volles Verständnis und dabei Wohlwollen anstatt der reinen Aggressivität (Vater) bietet. Nur wenn jemand nebst den anderen Fragmenten auch in diesem glaubt (soz. durch das Loch des Kopfes mit einem Auge zum weiten Stern sieht, mit dem anderen Auge die Vorgänge im Körper und in der Seele beobachtet.)

Hier einzuschalten: die Gefühle auch im Astralfragment vorhanden, gleichwie bei der Narkose Schmerz nicht erspart werden kann, nur in endlose Fernen verschoben wird. Das Astralfragment hilft dem Individuum, indem es zum Wahnsinn treibt. Für viele Fälle gibt es keine Möglichkeit anderer Art; das letzte vor Sterben oder Selbstmord. Astra macht auch Traumbilder und Glücksphantasien z. B. vom idealen Liebhaber, vom wundervollen ehelichen Verkehr, während in Wirklichkeit vielleicht das Kind grausam vergewaltigt, das Organ in narkotischer Relaxation überdehnt wird, in dem Uterus vorzeitig zu mütterlichen Funktionen forziert wird.

Nebst der Fähigkeit, die Fragmente intellektuell zu vereinigen, muß auch Güte da sein, denn nur diese macht die Vereinigung dauerhaft.

Analyse allein ist intellektuelle Anatomie. Ein Kind kann nicht mit Verstehen allein geheilt werden. Ihm muß erstens real, zweitens mit Begütigung und Hoffnungserwecken geholfen werden. Unsere Verachtung der Suggestion muß vor der Not des rein infantilen Neurotikers Halt machen. Güte allein würde auch nicht viel helfen, nur beides zusammen.

22. August 1932

Spontaneität erfrischend – Provokation deprimierend

Patient U. verliebt sich in eine ältere Dame; in den Stunden schimpft er über sie, kann aber die Intimität mit ihr nicht missen. Gleichzeitig hat er Affären mit 5 oder 6 anderen Frauen und macht vor der Dame gar kein Hehl daraus. Die Dame nimmt sein Hofmachen ernst, beginnt sich als die Braut des jungen Mannes zu gerieren, was Patient nicht energisch genug ablehnt. Dabei ist gelegentlich Sexualverkehr mit ihr zufriedenstellender als jeder andere. Schließlich bringt er sie in Gefahr, infiziert zu werden. Daraufhin Momente manifesten Ärgers und Hasses seitens der Frau. So schmerzlich U. das berührte, er fühlte nachher freundlich zu ihr. Doch bald darauf begann die Frau wieder um seine Liebe zu buhlen, als hätte sie ihm verziehen; sie zeigte sich gleichsam leidend und deprimiert durch sein Benehmen. Draufhin plötzliche Umschaltung der Gefühle wieder bei U: war er früher etwas traurig über die unabwendbare Scheidung und glücklich, echte Gefühle zu haben, auch Dankbarkeit und Freundschaftlichkeit: fühlt er sich wieder gebunden (obligation) und gezwungen, ihr zu helfen und bei ihr zu bleiben. Zugleich entflammt die Eifersucht gegenüber einem anderen jungen Manne wieder.

Dies ist ein Beispiel dafür, daß ältere Personen (Erwachsene) mit Hilfe ihres mitleidprovozierenden Benehmens, ein Kind schuldbewußt machen und es dauernd hilflos an sich binden können, daß aber solche Situation unbewußte Haßgefühle, ja kriminelle Regungen provozieren kann. Ein Teil dieser Regungen mag dann wirklich realisiert werden (Achtlosigkeit bei Infektionsgefahr). Wenn nachher Strafe oder Schelte anstatt verständnisvoller Änderung der Lage folgt, ist das Kind wieder einmal durch Schuldgefühl fixiert.

So wird die Wiederholungstendenz, die Mutter zu heiraten oder sich in sie verlieben, gesetzt, gefolgt von Schuld- und Haßgefühlen. Eifersucht ist eigentlich ein Wunsch, von einer unerwünschten Bindung mit Hilfe einer dritten loszukommen. (szegény tatár.[1])

Das Kind möchte am liebsten die Eltern glücklich sehen, sind sie

1 Ung.: Armer Tartar. Ausruf eines ungarischen Bauern, der einen Tartaren mit seiner schönen, aber zänkischen Frau fortreiten sieht (Anm. v. M. Balint).

es nicht, so fühlt es sich gezwungen, die ganze Last des unglücklichen Ehestandes auf seine Schultern zu nehmen. Das Kind möchte am liebsten spielen und Vater oder Mutter nur spielen, und nicht sein. (Auch wir Psychoanalytiker betrachten, wie oft gesagt – siehe oben – die infantile Situation zu sehr von unserem erwachsenen Standpunkte und vergessen die Autoplastik des Kindesalters, und die traumhafte Natur ihrer ganzen psychischen Existenz. – Primärvorgang –.) Patienten sind wie Kinder, sie trauen sich nicht, zu widersprechen. Sie müssen dazu erzogen werden; manche sind so erschreckt, daß sie nur durch einen neuerlichen Schreck zum Bösesein getrieben werden können.

24. August 1932

Ist die Strenge des Inzest-Tabu die Ursache der Fixierung zum Inzest?

Im Falle G. Phantasien des Kindes, plötzlich realisiert durch Weggehen der Mutter und Annäherung des Vaters. In der Pubertät, kaum etwas selbständiger auswärts schauend im Sexualibus: vom Vater verwarnt, nicht sein, wie die Mutter. Dies forcierte das Kind, die Inzestphantasie für real zu nehmen. Das kann aber *kein Kind*, es gibt etwas in den Kindern, das den Realinzest verabscheut, die Mutter alt, lächerlich findet, jedenfalls ungeeignet zum Geliebtwerden. Das Forciertsein des Inzests darf nicht gezeigt werden um das Elter nicht zu verletzen. (Analog in der Psychoanalyse das Für-wahr-nehmen der Inzestwünsche.) – Ohne Tabustrenge würden wahrscheinlich die Tabuverletzungsimpulse zum Teil von selbst »ausgewachsen« und verschwunden sein.

(Mögliche Annahme über die Shockwirkung der Urszene: in der Phantasie mag man mit solcher Möglichkeit – Tierbeobachtung – gespielt haben; das Fürchterliche an der Sache war, diese Phantasie als Wirklichkeit anschauen zu müssen.)

Übermäßige Gesundheit oder Adaptationsfähigkeit des Körpers als Schutzmaßnahme gegen geistige Inkapazität. Familie seit etwa 300 Jahren voller Geisteskranken, dagegen körperliche Gesundheit außerordentlich groß. Dabei allgemeine Tendenz zum Fettwerden, auch stärkste Medikamente wirken nur in überstarker Dosis. Es sieht aus, als ob die körperliche Rüstigkeit Reservekräfte und Mechanismen zur Erhaltung des Lebens aufstapeln würde auch für den Fall, wenn der Geist vollkommen versagt. Vergleiche damit das Fettwerden der Paralytiker[1] bei beginnender Geistesschwäche.

Revision des Sündenregisters. Es scheint nicht genug zu sein, eine allgemeine Konfession abzulegen und Generalabsolution zu erhalten, die Patienten wollen alle Leiden, die wir ihnen verursachten, einzeln korrigiert sehen, uns dafür bestrafen, dann abwarten, bis wir darauf nicht mehr mit Trotz oder Verletztsein, sondern mit Einsicht, Bedauern ja mit liebevollem Mitfühlen reagieren. Schließlich sollen wir (mit Hilfe der eigenen Analyse) so stark werden, daß wir in der Gegenwart vor der Wiederholung solcher Fehler gefeit sind. Das ist das Stadium, in dem der Kranke Vertrauen zu uns gewinnt und nun erst kann er vom sicheren Gegenwartsstandpunkte, ohne Explosionswiederholung, auf das Vergangene zurückblicken. Die so verdiente Vertrauensseligkeit des Patienten ermöglicht es nun, das in der Trance erlebte, ihm als *Wirklichkeit* vorzuhalten, infantil-posthypnotisch fixierten Befehlsautomatismen durch Gegensuggestionen ein Ende zu bereiten; mittels wirklichen Wollens und dessen sprachlichem Ausdruck, unnötige Schmerzwiederholungen vom Patienten fernzuhalten (katalytische Prozedur).

Die Angst der Psychoanalyse vor Suggestion. Die P.A. betrachtete die Reduktion zum traumatischen Erlebnis und das Bewußtwerden an Stelle der Verdrängung (später, die Überwindung der Widerstände gegen dieses Wissen) zugleich als das Heilungsmittel. Breuer's Patientin wurde durch Wissendmachung und Abreaktion von Symptomen befreit. Später lehrte uns Freud, daß die latente Übertragung, also etwas Emotionelles, Hauptagens war. Die analytische Technik provoziert Übertragung, zieht sich aber dann zurück, verletzt den Kranken, ohne ihm eine Chance zu geben, zu protestieren oder wegzugehen; daher endlose Fixierung an die Analyse bei Unbewußtheit des Konflikts.

Wird der Patient von diesen Ketten erlöst, so protestiert er gegen

1 Es handelt sich dabei um eine allgemeine Paralyse syphilitischen Ursprungs (Anm. d. Hrsg.).

die sadistische Prozedur; wenn dann der Patient wirklich fühlt, daß wir uns um ihn wirklich kümmern, daß wir seine kindliche Hilfsbedürftigkeit ernst nehmen (und man kann ein hilfloses Kind, was ein großer Teil der Patienten ist, nicht mit Theoremen traktieren, wenn es fürchterlich leidet): dann kann man ihn dazu bringen, in die Vergangenheit ohne Terror zurückzublicken. Ein neuerlicher Beweis dafür, daß der bleibende Effekt des Traumas von der Abwesenheit gütiger, verständiger, aufschlußreicher Umgebung herrührt.

Vom Alleinsein. Die noch so wenig konsolidierte kindliche Person hat sozusagen noch keine Existenzfähigkeit ohne allseitige Stütze durch die Umgebung. Ohne diese Stütze divergieren, gleichsam explodieren, die psychischen und organischen Teilmechanismen; es gibt noch kein Ichzentrum von erwähnenswerter Stärke, das das ganze auch alleinstehend erhalten würde. Kinder haben noch kein Ich, sondern nur ein Es, das Es reagiert noch alloplastisch, nicht motorisch. Die Analyse sollte imstande sein, dem Patienten das seinerzeit vermißte günstige Milieu zum Aufbau des Ich zu schaffen, und so den Mimikrizustand, der wie ein konditionierter Reflex nur zu Wiederholungen drängt, ein Ende zu bereiten. Sozusagen eine neuerliche Couvade und ein neuerliches Flüggewerden. (Trifft das Trauma ein schon entwickelteres Ich, so werden Wutreaktionen und Trotzeinstellungen folgen; Kriminalität –U.–)

256 *»Terrorismus des Leidens«*

Schreck: Ein Teil gerät *»außer sich«*. Spaltung. Der leergewordene Platz wird vom Aggressor eingenommen. Identification.

Darstellung des Kindes: »Ihr seid verrückt« durch Imitierung. (Unsinnigkeit).

Grimace.

Geisteskranke	{ in *Verzweiflung*
Kinder	{ *Hilflosigkeit*

Verrückter Mensch	} ! {	Tradition
(geisteskranke Eltern)		Generationen lang.

Ärzte Männer	Keine Kinder Krankenpflegerin

Trauma Wiederholung Mythos
Healing![1]

Wirklich zu glauben an die Spaltung. (Nicht wissenschaftliche Vorträge zu halten). Technischer Kursus.

Wirklicher Coitus mit Kindern (Inzesthandlungen). Auswirkungen viel häufiger!

---

2. Oktober 1932 257

Regression in ψ – ψ-*Embryonalität* during analysis[2] (in organischen Zerfall).

Weitere Regression ins Totsein (Nochnichtgeborensein ist *die Gefahr*. Ist eine neuartige Lösung des Persönlichkeitsproblems nach solchem *Versinken* ins Traumatische möglich?)

In meinem Falle kam es zu einer Blutkrise[3] im selben Moment, als ich einsah, daß ich auf die Protektion einer »höheren Macht« nicht nur nicht rechnen kann, *im Gegenteil*, von dieser indifferenten Macht zertreten werde, sobald ich meinen eigenen Weg – und nicht seinen – gehe.

Die Einsicht, zu der mir diese Erfahrung verhalf, ist, daß ich nur mutig (und leistungsfähig) war, solange ich (ubw.) mich an eine andere Macht anlehnte, eigentlich also nie »erwachsen« war. Wissenschaftliche Leistungen, Ehe, Kampf mit recht starken Kollegen – all dies war nur möglich *unter* der Protektion der Idee, daß ich *unter allen Umständen* auf das Vater-Surrogat rechnen kann. Ist die »Identifizierung« mit der höheren Macht, die *urplötzliche* »Überichbildung« die Stütze, die mich einst vor endgültigem Zerfall bewahrt hat? Ist die einzige Möglichkeit zur Fort-Existenz das Aufgeben des größten Teiles des eigenen Selbst um den Willen jener höheren Macht (als wäre er mein Eigener) voll auszuführen??

1 Engl.: Heilung.
2 Engl.: Während der Analyse.
3 Biermersche Anämie, an der Ferenczi sterben sollte (Anm. d. Hrsg.).

Und gleichwie ich mir nun neue rote Zellen bauen muß, so muß (wenn ich kann) ich mir eine neue Persönlichkeitsbasis schaffen, wenn ich die bisherige als falsch, unverläßlich, aufgeben muß? Habe ich hier die Wahl zwischen Sterben und »mich neu einzurichten«, – und das im Alter von 59 Jahren?

Anderseits: hat es einen Wert, immer nur das Leben (Willen) einer anderen Person zu leben, – ist solches Leben nicht schon beinahe Tod? Verliere ich zu viel, wenn ich dieses Leben riskiere? Chi lo sa?[1]

Das Vertrauen der Schüler in mich mag mir einige Selbstsicherheit geben; insbesondere das Vertrauen einer Person, die gleichzeitig Schüler und Lehrer ist.

(In diesem Moment erhalte ich einige persönlich freundliche Zeilen von *Jones*.) (Rosen angekündigt, Rundbrief vorgeschlagen.) Kann nicht leugnen, daß mich sogar dies angenehm berührte. Fühlte ich mich doch auch von den Kollegen (Radó etc.) verlassen, die alle zu große Angst vor Freud haben, um sich auch im Falle eines Disputs zwischen Freud und mir objektiv oder gar mir sympathisch verhalten zu können. Ein engerer Rundbrief-Verkehr zwischen Freud, Jones, Eitingon ist sicher längst schon im Zuge. Ich werde als schonungsbedürftiger Kranker behandelt. Mein Eingreifen hat zu warten, bis ich mich erhole, sodaß die »Schonung« überflüssig wird.

Eine gewisse Stärke meiner psychologischen Organisation scheint zu bestehen, sodaß ich, anstatt psychisch zu erkranken, nur in den organischen Tiefen zerstören – oder zerstört werden – kann.

Rührseligkeit ergriff mich, als ich daran dachte, wie ich einmal
259 als Soldat (Einjähriger – Freiwilliger) wegen ausgezeichneter (und spontaner) Tätigkeit im Felde (Manöver) öffentlich belobt wurde. *Dies* scheint mir zu fehlen und fehlte mir in meiner Kindheit. Durch Härte und Unverstand wurde ich in die Rolle des »bösen Jungen« gedrängt. Die Verachtung mir gegenüber, besonders empfindlich seitens der ältesten Schwester[2], in die ich hoffnungslos verliebt gewesen zu sein scheine. Ersatz fand ich in leidenschaftlicher Selbstbefriedigung. Selbstbefriedigung ist immer psychopathisch – Spaltung der Persönlichkeit, – ein Teil befriedigt den anderen (Phantasie-Welt). In der Realität fühlt man sich dann

1 Ital.: Wer weiß das?
2 Es handelt sich wahrscheinlich nicht um Ilona, die älteste Tochter der Familie Ferenczi, sondern um Gizella, geb. am 8. Juni 1872 (Anm. d. Hrsg.).

1) überanstrengt, 2) schuldbewußt. (Identifizierung mit dem Liebesobjekt unter *Annahme* der verächtlichen Gedanken und Urteile jener Person selbst: Ich verachte mich, gleichwie *sie* mich verachten würde, wüßte sie alles um mich. (Voyeurtum!) Der Teil, den ich identifizierend introjizierte, ist aber eine Identifizierung, die zugleich alles von uns weiß.

Interessanterweise bietet die Affare mit Bruder J.[1] die Gelegenheit, mich (gleichzeitig mit der Freud'schen Kontroverse) auch mit J. auseinanderzusetzen – d. h. die *Realität (Hoffnungslosigkeit)* auch in dieser Richtung einzusehen und dem Partner bekanntzugeben. Offene Antipathie anstelle der fingierten Freundlichkeit.

Mutualität – sine qua non 260

Versuch, einseitig fort zu analysieren. Emotionalität verschwand; Analyse insipid. Relationship – distant.[2] Ist irgendwo einmal Mutualität versucht worden, dann ist Einseitigkeit nicht mehr möglich, – nicht fruchtbar.

Nun die Frage: muß jeder Fall mutuell sein? – und wie weit?

1) U.: Bekenntnis der Schwäche machte ihn ängstlich – hilflos – verächtlich.

2) Dm.: machte sich unabhängig, – fühlt sich verletzt ob der Abwesenheit der Mutualität meinerseits. Zugleich kommt sie zur Überzeugung, daß sie Vaters (und meine) Bedeutung überschätzt hat. Alles kommt von der Mutter.

3) R. N.: Meine »Inkompetenz« machte mich endlich einmal zum nichthelfenwollenden (könnenden) *Vater*. (Endlich sah sie ein, daß sie viel Aggressivität und Resistenz gegen mich als Vatersurrogat hatte. Meine Eigenschaft als »Ideal Lover«[3] ging so verloren (d. h. auch die Hoffnung, dies je in mir zu finden.) Sie findet gleichzeitig mein immerwährendes »Bohren« peinlich, überflüssig, ein Mittel Patienten zu behalten (und zu quälen).

Von *meiner* Analyse erwartet sie die Einsicht in die *persönlichen* (von ihr ganz unabhängigen geschichtlichen Determinanten meines Benehmens den Patienten gegenüber, – und so die endgültige Loslösung. *Als bleibend* hofft sie die *gegenseitige* »rühmliche« An-

1 Ohne Zweifel Jakob, genannt Joseph, geb. am 14. Juli 1869 (Anm. d. Hrsg.).
2 Engl.: Beziehung – entfernt.
3 Engl.: Idealer Liebhaber.

erkennung der beiderseitigen Leistung, *mit solch einem Fall* fertig geworden zu sein.

R. N.:	Mutualität	F.:	Annahme der Mutualität
	Ausharren		Einsicht in die eigenen Schwächen – Bekenntnis.

Ich erlöste R. N. von ihren Qualen, indem ich die Sünde des Vaters wiederholte, sie dann bekannte und Verzeihung erhielt.

261 *Progression*

{ Sudden Motherhood[1]
Eclore intellectuelle[2]

(Wurmstichigkeit).
Racial Progression.[3]
Omniscience[4]
Mediumismus
(Healer.)[5]
Genie und Irrsinn.
(Fejére esett).[6]
Insanity of body only (R. S.)[7]
Cycl. Verfettung etc.
Sündenregister
Empörung der Fakultät, als ich sagte: »Kollegen müssen Irrtümer begehen.« (Witz).

1) Sadismus. Nichtachten der Leiden der Patienten. 2) Größenwahn: sich von Anbetern umgeben sehen. – *Erotomanie.* 3) *Theorien* nichtig. Verblendet. Eigene Komplexe bedingt. Diese werden Patienten aufoktroyiert. Patienten trauen sich nicht zu rebellieren. 4) *Vergeben* muß ihnen werden (darauf rechnen Männer).

{ Sünde
Bekennen
Vergebung

Strafe muß sein. (Contrition).

1 Engl.: Plötzliche Mutterschaft.
2 Französ.: Intellektuelles Aufgehen.
3 Engl.: Rassischer Fortschritt.
4 Französ.: Allwissenheit.
5 Engl.: Heiler.
6 Ung.: Auf den Kopf gefallen.
7 Engl.: Verrücktheit nur des Körpers.

Nachwort

von Pierre Sabourin

»*Wechselseitige Verzeihung, Enderfolg*«

Dieses *klinische Tagebuch*, das ich wiederholt gelesen habe, ist kein Buch wie alle anderen, sondern ein Ereignis, das unsere Denkgewohnheiten umstößt, ein für die Psychoanalytiker glückliches Ereignis.

Das im Jahre 1932 am Ufer der Donau geschriebene, aus hundertsechsunddreißig spontanen, oft sehr verdichteten Texten bestehende Manuskript wurde, nach Ferenczis Tod, von seiner Frau Gizella aufbewahrt, von Michael Balint entziffert und mit Anmerkungen versehen. Michael Balint hat das *Tagebuch*, indem er es nicht vorzeitig veröffentlichte, sicherlich gegen Bannflüche der psychoanalytischen Ideologie geschützt.

Endlich aus seiner »Gruft« gezogen und ohne jede Texttilgung veröffentlicht, stellt es die meisterhafte Darstellung einer »Psychoanalyse in Aktion« dar.

Es ist aber auch ein intimes Tagebuch, ein Versuch, sich von Freuds Einfluß auf dem Wege über die eigenen Schöpfungen zu distanzieren; es ist eine Umwälzung der Gedankenbequemlichkeit, ohne ein oppositionelles Projekt zu konstituieren, wie es Freud befürchtete; es ist eine Kritik und Problematisierung all jener Gewißheiten, die sich in Überzeugungen verwandeln und sich über den autoritären Weg vermitteln; es ist die andere Seite seines Briefwechsels mit Freud; es ist theoretisch-klinisches Denken an der Grenze zum Trance-Zustand des Psychoanalytikers, in dem Bereiche, wo die mutuellen Übertragungen wie nirgendwo sonst in der psychoanalytischen Literatur untersucht werden, nachdem sie in bestimmten Ausnahmesituationen behandelt und erfahren worden sind.

Der Leser von heute, so bewandert er auch sei in den zeitgenössischen Entwicklungen der Analyse, in den gesammelten Werken von Ferenczi und dem Briefwechsel mit Groddeck, wird hier, trotz der Wiederkehr gewisser Lieblingsthemen, noch eine Menge an Überraschungen und neuen Vorschlägen entdecken. Er wird auch feststellen, sofern er es noch nicht wußte, daß viele als modern angesehene Autoren nur neu erfunden haben, was Ferenczi lange vor ihnen geschrieben hat:

»In einer kürzlich erschienenen Studie über die letzten Arbeiten von Ferenczi zählt Johannes Cremerius die Autoren auf, die nach Materialien für ihre Konstruktionen in dem, wie er formuliert, von Ferenczi erschlossenen Bergwerk gegraben haben; ihnen allen gemeinsam ist, daß sie sich bei Ferenczi bedienen, ohne ihn zu zitieren, ohne seinen Namen zu nennen. Cremerius stellt eine Liste von Autoren zusammen, deren Schriften dem genannten Analytiker viel verdanken. Er nennt unter anderen: Winnicott, Mahler, Little, Masud Khan, Spitz, Nacht, Kohut, Searles, Sullivan, Fromm-Reichmann, Rosen, Moreno, Fairbairn, Guntrip. Cremerius beschließt seine Übersicht mit folgenden Worten, die ich zitieren möchte: ›Wie dieser Bericht zeigt, ist Ferenczi in den letzten 50 Jahren für viele zum Steinbruch geworden, aus dem sie die Materialien für ihre »Neubauten« bezogen haben, oft ohne den Fundort anzugeben – beschämend für die vielgerühmte Redlichkeit der Wissenschaft‹.«[1]

Wie sehr uns auch die Paradoxa der Filiationen in der Analyse vertraut sein mögen, diese Liste ist eindrucksvoll, und obwohl nicht erschöpfend, ist sie auch nicht ganz genau, besonders was Sacha Nacht betrifft, dem sie nicht ganz gerecht wird, denn er ist einer der ersten neben Lacan, der die letzten bekannten Arbeiten Ferenczis genau zitiert.[2]

Dagegen nennt die Liste mindestens vier wichtige Persönlichkeiten unter den einflußreichen Analytikern von heute, abgesehen vom Begründer des Psychodramas (Moreno) und der direkten

1 Johannes Cremerius, in *Psyche*, 37 (1983), S. 1006, zit. nach Barbro Sylvan, »An unoward Event« ou »la guerre du trauma de Breuer à Freud, de Jones à Ferenczi«, in: *Confrontations*, 12, S. 113 f.

2 Zu S. Nacht s. vor allem *La présence du psychanalyste*, P. U. F., Paris, 1963, S. 186.

Analyse (Rosen); ich meine Spitz, Searles, Winnicott, Masud Khan, die eine Anzahl von Grundbegriffen geschaffen haben, ohne ihrer theoretischen Pflicht gerecht zu werden.

Spitz hat mit seiner Beschreibung der »anaklitischen Depression« und des Hospitalismus bei Neugeborenen »das unwillkommene Kind und sein Todestrieb« oder, genauer, »das willkommene und dann fallengelassene Kind« wiederentdeckt.

Searles hat mit seiner Auffassung vom Kind als dem Therapeuten des Erwachsenen und vom Patient als dem Therapeuten des »leidenden Analytikers« und mit seiner genauen Vorstellung von den »unbewußten Bemühungen, den anderen verrückt zu machen« das Phänomen der frühzeitigen, dem Patienten unbekannten Traumen wiederentdeckt, die nach Ferenczi der Ursprung so vieler schwerer psychischer Störungen sind, wie Spaltung, Zerfall der Persönlichkeit, Identifikation mit dem Aggressor, Halluzinationen, wenn das »Schmerz-Ich«, um Ferenczis Formulierung zu verwenden, »verrückt geworden ist«.

Winnicott entwickelt mit Scharfsinn eine Anzahl von Formeln wie die »ausreichend gute Mutter«, »der Haß in der Gegenübertragung«, »die Fähigkeit zum Alleinsein« usw. (er zitiert übrigens Ferenczis »Kinderanalysen mit Erwachsenen«, 1931)[1]. Die Lektüre des *Tagebuches* vermittelt die bemerkenswerte Übereinstimmung zwischen ihm und Ferenczi, über seine Originalschöpfungen hinaus wie Übergangsobjekte, -räume und -erscheinungen, vor allem:

- *Der Begriff der technischen Reinheit*, die lediglich eine Idealisierung im Freudschen Sinn des Wortes, das heißt im Sinne von Verdrängung gemeint ist.[2]
- *Die Wichtigkeit des Spieles*, das eine Vermittlung anbietet, um sich den mütterlichen Anforderungen anzupassen.
- *Den Begriff des Zusammenbruchs*, eine Vorstellung, von der er behauptet, der den zukünftigen Zusammenbruch befürchtende Patient wisse nicht, daß er bereits in seiner Vergangenheit, in seiner Vorgeschichte – was nicht mythische Vergangenheit bedeuten soll – stattgefunden hat.

1 In: Sándor Ferenczi, *Schriften zur Psychoanalyse*, II, S. Fischer, Frankfurt am Main 1972, S. 274, Fischer Taschenbuch 7317.

2 Entwickelt von O. Mannoni, »La part du jeu«, in *L'Arc*, Nr. 69

– *Die Bildung des falschen Selbst*, das verknüpft ist mit Lücken in der Beständigkeit von Fürsorge und den Säugling auf Übergriffe zu reagieren zwingt. »Das Selbst« – schreibt Winnicott – »wird nur durch Rückkehr zur Isoliertheit wiedergefunden. Der Isoliertheitszustand jedoch wird immer unreiner, je mehr sich das Kind von seinen Anfängen entfernt; eine mehr und mehr abwehrende Organisation kommt ins Spiel, um das Eindringen der Umwelt zurückzudrängen.« Das falsche Selbst wird aufgrund einer fundamentalen Unterwerfung gebildet. Wenn das Gesicht der Mutter erstarrt, so ist es, als ob das Kind sich sagte: »Meine eigenen Bedürfnisse müssen verschwinden, denn sonst wird das Zentrum in mir berührt.«[1]

Masud Khan, der Winnicott gut gekannt hat, sagt über ihn: »Winnicott horchte mit seinem ganzen Körper, und sein Blick lag auf einem, ohne daß er versucht hätte, einen zu durchdringen, mit einer Mischung von Unglauben und völliger Zustimmung... Ich habe keinen anderen Analytiker gekannt, der so völlig er selbst gewesen wäre. Es war die Qualität dieser unbestreitbaren Gegenwart, die es ihm gestattete, gegenüber so vielen verschiedenen Leuten immer eine andere Person zu sein. Ein jeder von uns, der ihm begegnet ist, hat seinen eigenen Winnicott.«[2]

So war er auch immer von der fundamentalen Rolle des Kinderarztes bei der Vorbeugung von Psychosen überzeugt; und wenn man im Paddington Hospital, in seiner »psychiatrischen Snackbar«, die Kinder behandelte, so beschäftigte man sich auch mit der Hypochondrie der Eltern. Sein Humor, sein kritischer Blick für therapeutische Gewalt und seine große Toleranz gegenüber Konflikten der Patienten zeigen zur Genüge die Nähe seiner Positionen zu denen Ferenczis, ohne daß man gleich auf eine Filiation schließen müßte.

Masud Khan entwickelt seinerseits den Begriff eines »kumulativen Mikrotraumas« und betont die Notwendigkeit einer Rekonstruktion der darausfolgenden Ich-Verzerrung in der analytischen Situation. Dies erinnert an Ferenczis Beschäftigung mit den »ururtraumatischen mütterlichen-kindlichen Narben« (Eintragung im *Tagebuch* vom 10. März 1932), die zurückbleiben, wenn ein El-

1 Winnicott, *Vom Spiel zur Kreativität*, Stuttgart 1973.
2 Zit. nach Claude Geets, *Winnicott*, Paris 1981, S. 18.

ternteil in seinem Verhalten als »verrückt« betrachtet werden kann, ohne deshalb notwendig geisteskrank zu sein.

So schreibt Masud Khan: »Das Tückische am kumulativen Trauma ist, daß es von der Kindheit bis ins Jugendalter latent wirksam ist und sich aufbaut. Erst seit kurzem haben wir gelernt, gewisse frühzeitige Entwicklungen beim Kind als pathogen zu erkennen. Solche Frühreife wurde bis dahin als eine Gabe betrachtet...«[1]

Er zitiert unter anderen Anna Freud und Marion Milner, aber auch zwei der wichtigen Aufsätze Ferenczis: »Relaxationsprinzip und Neokatharsis« (1930) und »Sprachverwirrung« (1932).

Im genannten Buch fährt er, weiter unten, folgendermaßen fort: »Worüber wir zu sprechen haben, ist eine Art Bündnis mit der Selbstbehandlungspraxis des Patienten, die bereits fest etabliert ist, wenn er zu uns kommt. Diese Selbstbehandlungspraxis einfach so zu behandeln, als wäre es ein Widerstand, hieße, ihren Wert für die Person des Patienten zu verkennen... *Eine Behandlung behandeln*, so lautet das Paradoxon, mit dem wir uns bei diesem Typus von Patienten, auseinanderzusetzen haben.«[2]

Viele andere Psychoanalytiker begannen sich für psychotische Einbrüche zu interessieren, Einbrüche über die unangenehmen Erscheinungen im Laufe der Analyse hinaus, und empfanden so, notwendigerweise, unmittelbare Sympathie mit Beschreibungen Ferenczis; so drei seiner Patientinnen, die Psychoanalytikerinnen wurden:

- Izette de Forest und ihr Buch *Leaven of Love*;
- Clara Thompson und ihr Buch *Psychoanalysis Today;* und
- Elisabeth Severn und ihr Buch *The Discovery of the Self; A Study of Psychological Cure.*

So seine Schüler und Freunde: die einen Opfer der Nazis, wie Pfeiffer, Révész, Dukes; die anderen in die Emigration gegangen, wie Michael und Alice Balint, Géza Roheim, Sándor Radó, Sándor Lorànd, oder andere auch in Ungarn geblieben, wie Vilma Kovàcs, Istvàn Hollos und Imre Hermann. Jener, 1984 gestorben, stand an der Spitze dieser bemerkenswerten ungarischen Schule. Seine originell entwickelte Theorie des Anklammerns entspringt zweifellos den ethologischen Einsichten Ferenczis, seines Lehrers und Vor-

1 Masud Khan, *The Privacy of the Self*, London 1974.
2 Op. cit., S. 133.

gängers als Präsident der Budapester Psychoanalytischen Gesellschaft. Nicolas Abraham schreibt über Hermann:

»In der Stille seines Arbeitszimmers hatte der ›Einsiedler von Buda‹ seine Meditationen weiter als irgendein anderer getrieben, und dies, weil er sein Domizil an jenem Ort aufgeschlagen hatte, wo die pulsierenden Begriffe der Wissenschaft der Wissenschaften Leben annahmen«.[1]

Diese »pulsierenden Begriffe«, also lebendige, wenn nicht triebhafte Begriffe, entsprießen demselben Ort, aus dem dieses *Tagebuch*, diese »wissenschaftliche Dichtung und Wahrheit«, hervorgegangen ist, denselben Hügeln, die den Charme von Budapest ausmachen, und von denen aus Ferenczi so viele seiner Nachfolger angestoßen hat, sich intensiv mit der Übertragung zu beschäftigen.

Michael Balint ist sein Erbe, nachdem er sein Schüler, Nachbar, Freund, dann Fortsetzer und literarischer Vollstrecker war.[2]

Er hat dieses *Tagebuch* zusammengestellt und den seit kurzem in der National Bibliothek in Wien zugänglichen Briefwechsel zwischen Freud und Ferenczi transkribiert.

Balints Forschungen über die zweiphasige Struktur des psychischen Traumas setzen Ferenczis Beschreibungen der »psychischen Erschütterung« fort, von der uns jetzt das *Tagebuch* eine Reihe ausführlicher Beispiele gibt.

Ohne hier näher auf seine Gedanken über die Beziehung zwischen Medizin und Psychoanalyse (Balint-Gruppen) einzugehen, kann man doch sagen, daß er die Veröffentlichung der ersten Bände von Ferenczis gesammelten Werken überwachte und dazu Einführungen und zahlreiche Schriften verfaßte; seine Arbeit über bösartige Regressionen und die »Grundstörung« machte den Ferenczischen Begriff des »gelehrten« Säuglings verständlich: als Ausdruck einer post-traumatischen Reaktion bei einem Kind, das ein tatsächliches Wissen von der Sexualität der Erwachsenen besitzt.[3] Durch seine Arbeit über die *therapeutische Funktion der Regression* hat er dazu beigetragen, daß Regression nicht mehr nur als Widerstand, sondern auch wohl als Interaktion zwischen Patient und Analytiker verstanden wird.

1 Nicolas Abraham, *L'Ecorce et le noyau*, Paris 1978, S. 335.

2 Nach seinem Tod wurden die Rechte Frau Judith Dupont anvertraut.

3 »Der Traum vom ›gelehrten Säugling‹«, in: Sándor Ferenczi, *Schriften zur Psychoanalyse*, II, S. Fischer, Frankfurt am Main 1972, S. 137.

Er hat schließlich mit Nachdruck die Tatsache betont, daß im Bereich dieser »Grundstörung« (*basic fault*) die Worte kein »ganz sicheres Mittel« bilden – so daß der Analytiker trachten muß, selbst wie ein primärer Stoff (»primäre Liebe«) zu werden, der sich einzig der Sorge widmet, den Patienten zu *tragen*, »ohne dabei deutliche Grenzen zwischen dem Patienten und sich selbst aufrechtzuerhalten«.[1]

In Frankreich hat die *Revue de la Société Française de Psychanalyse* bereits 1961 die erste französische Übersetzung der »Sprachverwirrung«[2] veröffentlicht, eines im Sommer 1932 geschriebenen Aufsatzes, zu dem eben dieses *Klinische Tagebuch* das Arbeitsmaterial darstellt.

Wer wird eines Tages untersuchen, was sich, jenseits oberflächlicher Assimilierungen, in Lacans Kurzseancen und ihren Skandierungen von der berühmten »aktiven Technik« erhalten hat, der Ferenczis intensives Interesse galt?

In diesem *Tagebuch* erwähnt Ferenczi letztere nur noch als übertriebene Reaktion seinerseits; er verwendet übrigens kaum noch die für ihn bereits seiner eigenen Sprache einverleibten Formulierungen wie »die Logik des Unbewußten« oder der »Dialog der Unbewußten«. Ein weiterer Berührungspunkt zwischen diesen beiden großen Theoretikern zeigt sich etwa, wenn Lacan schreibt: »Keiner, der die Analyse von Kindern praktiziert, wird leugnen wollen, daß sie die Verhaltenslüge bis zur bitteren Neige erkennen«.[3]

Denn es ist Ferenczi, der das »*Leugnen des Stattgefundenen seitens der Mutter*« als den Faktor betrachtet, der »*das Trauma pathogen macht*«, also nicht nur die Vergewaltigung, sondern auch die ihr folgende Verleugnung und Verleumdung. Die zahlreichen ausführlich beschriebenen Fälle in diesem *Tagebuch* vergegenwärtigen uns die Wichtigkeit dieser »scheinbar veralterten«[4] Betrachtungen für die Psychoanalyse, das heißt den theoretischen Rang des frühen Traumas. Der Krieg des Traumas findet nicht statt, er hat nie aufgehört.

1 *Therapeutische Aspekte der Regression. Die Theorie der Grundstörung*, Stuttgart 1970.

2 »Sprachverwirrung zwischen den Erwachsenen und dem Kind«, in op. cit., S. 303.

3 »D'une question préliminaire« in: *Écrits*, Paris 1966, S. 579.

4 Wie Ferenczi selbst an Freud am 20. Juli schreibt.

Lacan wiederum, auf der Suche nach der Ursprache der Symbole, beschwört mit Hilfe gewisser dialektischer Effekte »das Wort des Geheimnisses und die Vergebung des Wortes«.[1] Ferenczi beschreibt hier auf seine Weise in einem hypothetischen Wechsel des Austauschs mit seinem Patienten die Grenzen mutueller Analyse, in der die Funktion des Wortes ihren Höhepunkt im Reich der Sprache erreicht: So gesteht er einen solchen Augenblick der Gegenübertragung (echte Tränen) ein und erkennt solches Verhalten gleichzeitig als irrig, übertrieben, als Mangel oder Fehler seinerseits, ja als Sünde, um zu dem letzten Begeisterungsausbruch zu gelangen: »gegenseitige Verzeihung, Enderfolg!« (13. 8. 1932).

All diese vom offiziellen Ideal steifen Freudianismus in der Tat sehr abgehobenen Positionen kündigen bereits die großen Psychoanalytiker der Psychose an.

Die Arbeiten von Nicolas Abraham und Maria Török sind, wie man weiß, eine Weiterführung der klassischen Reflexion Ferenczis über den Ort dessen, was er »introjizierte Krankheit« (Neurose) nennt, und über ihren Zusammenhang mit der Spaltungstiefe.

In den zwei grundlegenden Studien über »Das Verbrechen der Introjizierung« und »Die Trauerkrankheit und die Phantasie des exquisiten Leichnams« sind die Strukturunterschiede zwischen Introjizierung und Einverleibung gründlich dargestellt.

Zum Beispiel:

»Im Gegensatz zu jeder anderen Theorie halte ich es für erwiesen, daß dieser Bruch weder durch Verlassenwerden, Versagung, Skandierung noch Entwöhnung herbeigeführt wird, sondern daß er die natürliche Folge eines Introjizierungsvorganges ist, daß heißt eines Verinnerlichungsvorgangs der zunächst *unschuldigen* Beziehung zur Mutter.«[2]

Die Einverleibung hingegen, daß heißt also, was ein solches Subjekt wie eine tote Zone in sich hat, also eine mehr oder weniger »agonische« – wie Ferenczi meint – Enklave, ein Gespenst oder etwas Einverleibtes, wird von Maria Török wie folgt beschrieben:

»Der Schmerz der Selbstqual, der uns den Weg zur Gruft zeigt, wo ein begrabener Wunsch liegt (ein Wunschstein), wo der Name des Verstorbenen lange Zeit unleserlich bleibt, ist auch eine Einladung an den Analytiker, zur Ausgrabung zu schreiten, eine Ein-

1 *Ecrits*, S. 281.
2 Nicolas Abraham, op. cit., S. 126.

ladung, die ihm zugleich die diesem Analysestadium angemessene Gebrauchsanweisung: ›Klage mich an‹.«[1]

Das gleiche gilt für beklagte Gewalttaten, Verluste, die nicht als solche anerkannt werden können, unmögliche Trauerformen, die gewissen ausgeschalteten psychische Fragmenten ein autonomes Leben gewähren:

– seien es solche Fragmente, die in gewissen Augenblicken, in denen der Organismus anfängt zu denken, nachdem das psychische System fehlerhaft arbeitet, entäußert oder, wie Ferenczi schreibt, »retrojiziert« werden;

– oder solche, die fähig sind, als Wächter zu fungieren, um eine neue Aggression abzuwehren, was Ferenczi, den Angaben seiner Patientin R. N. folgend, Gelegenheit gibt, die »Gedankenübertragung« und sonstige mediale Tätigkeiten (Orpha) in der Analyse selbst zu studieren und nicht mehr bei den Hellseherinnen, die er mit Freud nach ihrer Amerikareise aufgesucht hatte.

Dieser »Übertragungseinpflanzungen« – ein Ausdruck von Gisela Pankow – eröffnen ihm einen Zugang zur Übertragungspsychose mit ihren projektiven Identifikationen; auf diesem Gebiet hat die mutuelle Analyse ihren Ausgang genommen, und hier haben sich wegen der Kollusionen und Intrusionen ihre Grenzen gezeigt.

In Frankreich haben noch andere Autoren bei Ferenczi ein Echo auf ihre Fragen empfangen: Wladimir Granoff und sein Text »Faux problème ou vrai malentendu«; François Perriers »Chaussée d'Antin«; und kürzlich hat Piera Aulagnier in Anspielung auf den »Doppelgedanken« bei George Orwell einen neuen Ausdruck geprägt: »katastrophiertes Ich«.[2]

Dieses Element ihrer Metapsychologie der Psychose hat seinen Ursprung offensichtlich in jenem Werk Ferenczis, dessen ungarischer Titel bekanntlich lautet: *Katastrofak a nemi müködés fejlödésében* (1929), das heißt »Katastrophen in der Entwicklung der Genitalfunktion« (»Versuch einer Genitaltheorie«).

Es sei noch hinzugefügt, daß die mathematische Katastrophentheorie seit René Thom ein analogisches Denkverfahren verwendet, das mit dem Ferenczis vergleichbar ist.

Und schließlich: Was seit 1956 von Bateson und den Theoreti-

1 Nicolas Abraham, op. cit., S. 247.
2 *L'apprenti historien et le maitre sorcier*, Paris 1984.

kern von Palo Alto als »Doppelbindung« (*double bind*) bezeichnet wird, gestattet heute ein verbessertes Verständnis der Psychose und ihres Kontextes in Bereichen, wo die »*mutuellen Diskonfirmationen*« sich dem nähern, was Ferenczi intuitiv als »*mutuelle Kosubordination*« bezeichnet.[1]

Ferenczis Wort ist eines jener »Kofferworte«, wie sie Lewis Carroll bevorzugte: »Intropression«, ein Wort, das den Eindruck erweckt, als ob Ferenczi ein letztes Mal den Unterschied zwischen der triebhaften *Intro*jizierung, der Identifikation mit dem Aggressor, den Hypnose-Effekten und der Verdrängung zu fassen suchte:

»Kinderanalyse, Erziehung, ist Überich-*Intropression* (seitens der Erwachsenen«.)

Dies ist der Grund, warum Ferenczi kein »zu gut erzogener Psychoanalytiker«[2], ausgestattet mit dem offiziellen Titel eines Präsidenten, wurde. Dies ist der Grund, warum er »psychische Ferien« genommen hat, und Tag für Tag seine Reflexionen und Kritiken niederschrieb. Immer mehr unter einer Ataxie leidend, die mit seinem neuro-anämischen Syndrom in Zusammenhang stand, acht Tage vor seinem jähen Tod, war er, wie Balint schreibt, »mentally quite clear«.

Nach dem »Versuch einer Genitaltheorie«, seinem Hauptwerk, nach der Theorie der symbolischen Spuren und der sexuellen Regression, dem Ausgangspunkt aller Psycho-Somatik, legen jetzt die Seiten seines *Tagebuches* letztes Zeugnis von der Hellsichtigkeit am Ende seines Lebens ab und können als sein klinisches Testament betrachtet werden: »Ohne Sympathie, keine Heilung – höchstens, Einsichten in die Genese des Leidens.«[3]

1 Siehe P. Sabourin, *Ferenczi, paladin et grand vizir secret,* Editions Universitaires, und *Cahiers* Nr. 7, »Réseaux, systèmes, agencements«: »Ferenczi, Bateson la double écoute.«

2 Anspielung auf die »zu gut erzogenen Kinder«, in: »Über forcierte Phantasien« (1924), *Schriften zur Psychoanalyse*, II, op. cit., S. 138.

3 Tagebuch, Eintragung v. 13. 8. 1932

Danksagung

Mein Dank gilt all denen, die mir geholfen haben, die für die Abfassung der Kommentare notwendigen Informationen zu sammeln, vor allem aber: Susanne Achache-Wiznitzer, Serge Apikian (für alle naturwissenschaftlichen Informationen), Agnès Binét, Eva Branbant, Jean-Pierre Bourgeron, Pierre Dupont (für mathematische Zusammenhänge), John Gedo, Georges-Arthur Goldschmidt, Ilse Grubrich-Simitis, André Haynal, Gisela Kadar, Pascal Le Malefan, Claude Monod (für die Beschaffung verschiedener Dokumente, die ich benötigte), Paul Roazen, Pierre Sabourin, Maria Török und Anne Vincze.

Zwei Werke sind mit bei der Abfassung der Kommentare eine ständige Hilfe gewesen: Der *Freud-Jung Briefwechsel*[1], dessen bemerkenswerte Kommentare von William McGuire, der die Ausgabe besorgt hat, mir zahllose Präzisierungen geliefert haben; und das unentbehrliche Buch *Freud and his Followers*[2] von Paul Roazen.

Danken möchte ich auch Enid Balint für die Erlaubnis, in diesem Band die beiden Einführungstexte von Michael Balint aufzunehmen.

Judith Dupont

1 *Correspondence Freud-Jung*, Paris 1975; dt. Ausg.: Freud, Sigmund/Jung, C. G., *Briefwechsel*, hrsg. v. William McGuire, dt. Ausg. besorgt v. Wolfgang Sauerländer, S. Fischer, Frankfurt am Main 1974.

2 *Freud and his Followers*, New York 1975, London 1976, Paris 1979; dt. Ausg. *Freud und sein Kreis*, Bergisch Gladbach 1976.

Namen- und Sachregister

(Zusammengestellt von Bernadette Eckert)

Peter Gay

Freud

Eine Biographie für unsere Zeit

Aus dem Amerikanischen von
Joachim A. Frank

Band 12913

Sigmund Freud hat mehr als andere bedeutende Gestalten der Geistesgeschichte biographisches Interesse auf sich gezogen. Bereits gegen Ende seines Lebens war er Gegenstand einer geradezu globalen Neugier, die sich seither eher noch verstärkt hat. Peter Gays Biographie, in den Vereinigten Staaten schnell zum Bestseller avanciert, hat amerikanische Kritiker zu höchsten Lobpreisungen inspiriert. Kaum ein Rezensent, der sich ihrer Faszination entziehen konnte. Sie wird den gelungensten Lebensbeschreibungen der Weltliteratur an die Seite gestellt. Überwältigende Stoff- und Gedankenfülle, kunstvoller Aufbau und ihr Wert nicht nur als überreich dokumentierte Lebensbeschreibung, sondern auch als Einführung in Freuds Lehre und in seine Zeit machen diese Biographie nach einhelligem Urteil der Kritiker zu einem unverzichtbaren Buch für Freud-Kenner und -Liebhaber.

Fischer Taschenbuch Verlag

fi 1562 / 3

Robert D. Stolorow / Bernard Brandchaft/
George E. Atwood

Psychoanalytische Behandlung
Ein intersubjektiver Ansatz

Aus dem Amerikanischen von Wolfgang F. Ross

Band 12565

In mehrjähriger Zusammenarbeit haben die Autoren das Konzept eines intersubjektiven Feldes als zentrales Erklärungsmodell für Theorie, Praxis und Forschung der Psychoanalyse entwickelt. Dieses intersubjektive Feld, geschaffen durch das Zusammenspiel der subjektiven Welt von Therapeut und Patient, ist Gegenstand dieses Buches. Die Vorstellung eines Systems unterschiedlich organisierter, interagierender Subjektwelten vermag die Probleme psychoanalytischer Behandlung und den Prozeß der psychischen Entwicklung des Menschen auf besonders eindrucksvolle Weise zu beleuchten. Die Autoren behaupten nicht mehr und nicht weniger, als daß klinische Phänomene sich psychoanalytisch nicht verstehen lassen ohne Berücksichtigung des intersubjektiven Kontextes, in dem sie entstehen und sich auflösen. Die Autoren weisen anhand eines reichhaltigen klinischen Materials nach, daß die intersubjektive Perspektive sowohl die Fähigkeit des Therapeuten zur empathischen Arbeit mit dem Patienten wie auch die Effektivität der Behandlung signifikant zu stärken vermag.

fi 604 / 16

Johannes Reichmayr

Spurensuche in der Geschichte der Psychoanalyse

Mit einem Vorwort von Paul Parin

Band 11727

Man verstehe die Psychoanalyse immer noch am besten, wenn man ihre Entstehung und Entwicklung verfolge, meinte Sigmund Freud (1923). »Johannes Reichmayr beruft sich mit Recht auf diesen Satz, wenn er seine historischen Arbeiten als Beitrag zum Verständnis der Psychoanalyse vorlegt; ich möchte hinzufügen, als ›unerläßlichen Beitrag‹... Die Arbeiten Reichmayrs sind wichtig; sie leiten einen Erkenntnisprozeß ein. Erst danach wird sich die Frage beantworten lassen, welche äußeren Verhältnisse die Psychoanalyse braucht und welche innere Wandlung nötig wäre. Ich meine, daß der psychoanalytische Kampf gegen Verblendung und Illusion weitergehen wird, wenn wir jene Illusionen durchschauen und aufgeben, die uns die Verhältnisse aufgezwungen haben« (Paul Parin). Der Autor beschäftigt sich mit der Entwicklung und Ausbreitung der Psychoanalyse, mit den Entwicklungstendenzen in der Zwischenkriegszeit, mit der Psychoanalyse im Nationalsozialismus und im Austrofaschismus, mit der Vertreibung der Psychoanalyse und ihrer Neubelebung nach 1945.

Fischer Taschenbuch Verlag

fi 357 / 11